Bilanzierung im Handels- und Steuerrecht

Ihr Bonus als Käufer dieses Buches

Als Käufer dieses Buches können Sie kostenlos unsere Flashcard-App „SN Flashcards" mit Fragen zur Wissensüberprüfung und zum Lernen von Buchinhalten nutzen. Für die Nutzung folgen Sie bitte den folgenden Anweisungen:

1. Gehen Sie auf **https://flashcards.springernature.com/login**
2. Erstellen Sie ein Benutzerkonto, indem Sie Ihre Mailadresse angeben, ein Passwort vergeben und den Coupon-Code einfügen.

Ihr persönlicher „SN Flashcards"-App Code

Sollte der Code fehlen oder nicht funktionieren, senden Sie uns bitte eine E-Mail mit dem Betreff „**SN Flashcards**" und dem Buchtitel an **customerservice@springernature.com**.

Klaus von Sicherer

Bilanzierung im Handels- und Steuerrecht

6., vollständig überarbeitete Auflage

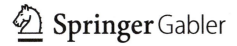

Klaus von Sicherer
München, Deutschland

ISBN 978-3-658-34721-5   ISBN 978-3-658-34722-2   (eBook)
https://doi.org/10.1007/978-3-658-34722-2

Die Deutsche Nationalbibliothek verzeichnet diese Publikation in der Deutschen Nationalbibliografie; detaillierte bibliografische Daten sind im Internet über http://dnb.d-nb.de abrufbar.

© Der/die Herausgeber bzw. der/die Autor(en), exklusiv lizenziert durch Springer Fachmedien Wiesbaden GmbH, ein Teil von Springer Nature 2011, 2013, 2015, 2016, 2018, 2021
Das Werk einschließlich aller seiner Teile ist urheberrechtlich geschützt. Jede Verwertung, die nicht ausdrücklich vom Urheberrechtsgesetz zugelassen ist, bedarf der vorherigen Zustimmung des Verlags. Das gilt insbesondere für Vervielfältigungen, Bearbeitungen, Übersetzungen, Mikroverfilmungen und die Einspeicherung und Verarbeitung in elektronischen Systemen.
Die Wiedergabe von allgemein beschreibenden Bezeichnungen, Marken, Unternehmensnamen etc. in diesem Werk bedeutet nicht, dass diese frei durch jedermann benutzt werden dürfen. Die Berechtigung zur Benutzung unterliegt, auch ohne gesonderten Hinweis hierzu, den Regeln des Markenrechts. Die Rechte des jeweiligen Zeicheninhabers sind zu beachten.
Der Verlag, die Autoren und die Herausgeber gehen davon aus, dass die Angaben und Informationen in diesem Werk zum Zeitpunkt der Veröffentlichung vollständig und korrekt sind. Weder der Verlag noch die Autoren oder die Herausgeber übernehmen, ausdrücklich oder implizit, Gewähr für den Inhalt des Werkes, etwaige Fehler oder Äußerungen. Der Verlag bleibt im Hinblick auf geografische Zuordnungen und Gebietsbezeichnungen in veröffentlichten Karten und Institutionsadressen neutral.

Planung/Lektorat: Catarina Gomes de Almeida
Springer Gabler ist ein Imprint der eingetragenen Gesellschaft Springer Fachmedien Wiesbaden GmbH und ist ein Teil von Springer Nature.
Die Anschrift der Gesellschaft ist: Abraham-Lincoln-Str. 46, 65189 Wiesbaden, Germany

Vorwort zur sechsten, vollständig überarbeiteten Auflage

„πάντα ῥεῖ", alles fließt (**Heraklit** ca. 544–483 v. Christus)

Die Neubearbeitung der sechsten Auflage führte neben den üblichen Fehlerkorrekturen auch zu aktuellen bilanz- und steuerrechtlichen Änderungen wie beispielsweise der bilanziellen Behandlung von Hard- und Software-Produkten ab 2021. Die Kapitel „Latente Steuern" und „GuV" wurden völlig neu bearbeitet und wesentlich erweitert. Neu hinzugekommen sind die Behandlung von Leasinggeschäften und ein Kapitel über weitere steuerbilanzielle Positionen. Der Autor hat auch versucht, wichtige handels- und steuerrechtliche Fragen mit internationalen IFRS- und US-GAAP Regelungen zu komplettieren. Das Werk legt großen Wert auf fundierte theoretische Grundlagen, die mit einer praxisorientierten Anwendung abgerundet werden.

Weiter soll noch auf eine sehr wichtige Änderung ab der sechsten Auflage hingewiesen werden: Der Aufgabenteil wurde aus dem Gesamtwerk herausgenommen. Aber die Printausgaben dieses Werks beinhalten einen kostenlosen Zugang zu der Lern-App von Springer Nature Flashcards. Mit dieser App haben Sie die Möglichkeit, interaktiv zu lernen. Weiter unterstützt Sie diese App, sich mit über 150 Aufgaben/Fragen die Lerninhalte dieses Buches anzueignen und zu wiederholen, um damit einen optimalen Lernerfolg zu erzielen.

Auch die Erstellung der sechsten Auflage wäre ohne Unterstützung nicht möglich gewesen. Deshalb möchte ich mich an dieser Stelle ganz besonders bei Frau Eva Čunderlíková für ihre sehr wertvollen Hinweise vor allem bzgl. der internationalen Rechnungslegung (sie arbeitet seit einigen Jahren als Accounting Managerin bei einem sehr großen amerikanischen S&P-Unternehmen) und ihre engagierte Hilfe im Rahmen der Korrektur und Recherchearbeiten und der technischen Abwicklung ganz herzlich bedanken. Auch bei Frau Verena Fleischmann möchte ich mich für die Bearbeitung neuer und geänderter grafischen Abbildungen sehr bedanken.

Dem Lektorat des Springer Gabler Verlags, insbesondere Frau Caterina Gomes de Almeida, bin ich für die äußerst angenehme und harmonische Zusammenarbeit sehr dankbar und verbunden.

München   Klaus von Sicherer
Mai 2021

Vorwort zur ersten Auflage

Alles ist im Fluss (Heraklit ca. 544–483 v. Christus).

Diese weise Erkenntnis des griechischen Philosophen galt bis vor Kurzem auf alle Fälle für das deutsche Steuerrecht. Inzwischen kann hier auch das Bilanzrecht eingeordnet werden, das sich mit enormer Dynamik entwickelt hat. Am 26. März 2009 wurde das Gesetz zur Modernisierung des Bilanzrechts, das Bilanzrechtsmodernisierungsgesetz, genannt BilMoG, vom Bundestag verabschiedet und ist am 29. Mai 2009 in Kraft getreten. Damit ist dem Gesetzgeber seit dem Bilanzrichtliniengesetz von 1985 vor dem Hintergrund der Globalisierung und der Harmonisierung der internationalen Rechnungslegungsvorschriften die größte deutsche Bilanzrechtsreform gelungen.

Dieses Lehr und Lernbuch versucht als Grundlagenwerk, in die sehr komplexe Bilanzierungsproblematik des Handels und Steuerrechts einzuführen. Es werden grundsätzliche Fragen der Bilanzrhetorik diskutiert, die im betrieblichen Rechnungswesen eingebettet sind und darauf aufbauend werden die handels und steuerrechtlichen Sonderheiten behandelt, die nicht bei der Frage der Sinnhaftigkeit des Maßgeblichkeitsprinzips enden.

Dieses Buch wendet sich an Studierende der Wirtschaftswissenschaften, an Auszubildende der wirtschafts und steuerberatenden Berufe sowie an Praktiker aus Wirtschaft und Verwaltung, die besonders auch an den durch das BilMoG veranlassten Änderungen des Bilanzrechts in handels und steuerrechtlicher Hinsicht interessiert sind. Um die manchmal doch sehr komplizierten Sachverhalte besser verstehen zu können, werden in diesem Buch schwierige Vorschriften mit vielen anschaulichen Abbildungen visuell zu erklären versucht. Der Lernerfolg kann am Schluss des Buches mit einschlägigen Fragen und Aufgaben (inklusive Lösungen) kontrolliert werden.

Die Erarbeitung der Thematik Bilanzrecht setzt elementare Grundkenntnisse der Buchführung voraus. Das Begreifen des Stoffes macht es auch erforderlich, die einschlägigen Wirtschaftsgesetze und das Einkommensteuergesetz zu studieren.

Frau B. A. Cathleen Hofstetter bin ich für ihre wertvolle und sehr engagierte Mithilfe und ihre konstruktiven Anregungen sehr dankbar.

München   Klaus von Sicherer

Inhaltsverzeichnis

1	**Rechnungswesen im Unternehmen**		1
	1.1	Rechtsgrundlagen	7
	1.2	Zeitlicher Ablauf der Jahresabschlusserstellung	11
	1.3	Funktionen des Jahresabschlusses	13
	1.4	Grundsätze ordnungsgemäßer Buchführung	16
		1.4.1 Grundsätze ordnungsmäßiger Dokumentation	17
		1.4.2 Grundsätze ordnungsmäßiger Inventur	18
		1.4.3 Grundsätze ordnungsmäßiger Bilanzierung	18
	1.5	Handels- und steuerrechtliche Voraussetzungen	21
		1.5.1 Handelsrechtliche Buchführungspflicht	21
		1.5.2 Steuerrechtliche Buchführungspflicht	23
		1.5.3 Befreiung von der Buchführungspflicht	25
2	**Inventur als Basis für den Jahresabschluss**		29
	2.1	Inventurformen nach HGB	30
		2.1.1 Stichtagsinventur gem. § 240 Abs. 2 HGB	30
		2.1.2 Permanente Inventur	30
		2.1.3 Vor- oder nachverlegte Inventur	30
	2.2	Inventurvereinfachungsverfahren nach HGB	31
	2.3	Inventur nach dem Steuerrecht	32
3	**Handelsrechtlicher Begriff des Vermögensgegenstandes und steuerlicher Begriff des Wirtschaftsgutes**		35
	3.1	Bilanzierung dem Grunde nach	35
	3.2	Aufbau und Gliederung der Handelsbilanz	37
	3.3	Steuerbilanz	40
4	**Bilanzierung der Aktiva**		41
	4.1	Anlagevermögen	41
		4.1.1 Immaterielle Vermögensgegenstände	42
		4.1.2 Sachanlagen	47

		4.1.3	Finanzanlagevermögen	53
		4.1.4	Bilanzierung von Leasinggegenständen	58
	4.2	Umlaufvermögen		62
		4.2.1	Vorräte	64
		4.2.2	Forderungen und sonstige Vermögensgegenstände	65
		4.2.3	Wertpapiere	69
		4.2.4	Liquide Mittel	69
	4.3	Planvermögen		70
5	**Weitere Bewertungsfragen der Aktiva**			**75**
	5.1	Anschaffungskosten		75
	5.2	Herstellungskosten		78
		5.2.1	Anschaffungsnahe Herstellungskosten	81
		5.2.2	Abgrenzung Erhaltungs- und Herstellungsaufwand	81
	5.3	Weitere Verfahren der Bewertung zur Ermittlung der Anschaffungs- und Herstellungskosten		82
		5.3.1	Grundsatz der Einzelbewertung	82
		5.3.2	Festwertverfahren	83
		5.3.3	Gruppenbewertung	84
		5.3.4	Sammelbewertungsverfahren	85
	5.4	Abschreibungen		89
		5.4.1	AfA-Tabellen	92
		5.4.2	Abschreibungsmethoden	93
	5.5	Wertaufholungsgebot		102
	5.6	Vorliegen einer dauernden Wertminderung		103
	5.7	Beizulegender Zeitwert		104
	5.8	Teilwert		104
		5.8.1	Teilwertbegriff und Teilwertvermutungen	104
		5.8.2	Teilwertabschreibung	108
		5.8.3	Wertaufholung	111
		5.8.4	Anwendungsbereich	111
	5.9	Gemeiner Wert		111
	5.10	Substanzwert		112
6	**Bilanzierung der Passiva**			**113**
	6.1	Eigenkapital		113
		6.1.1	Gezeichnetes Kapital	114
		6.1.2	Kapitalanteile	116
		6.1.3	Rücklagen	116
		6.1.4	Jahresüberschuss/Jahresfehlbetrag	120
		6.1.5	Gewinnvortrag/Verlustvortrag	120
		6.1.6	Bilanzergebnis – Ergebnisverwendung	120
		6.1.7	Nicht durch Eigenkapital gedeckter Fehlbetrag	123

		6.1.8	Eigenkapitalspiegel	124
	6.2	Fremdkapital		125
		6.2.1	Verbindlichkeiten	126
		6.2.2	Rückstellungen	132
7	**Übrige Bilanzpositionen**			145
	7.1	Rechnungsabgrenzungsposten		145
	7.2	Latente Steuern		147
		7.2.1	Konzeption der latenten Steuerabgrenzung	147
		7.2.2	Ansatz latenter Steuern	152
		7.2.3	Bewertung von latenten Steuern	156
		7.2.4	Typische Sachverhalte, die zum Ausweis latenter Steuern führen	158
		7.2.5	Latente Steuern in Rechnungslegungen anderer Länder	158
8	**Weitere steuerbilanzielle Positionen**			159
	8.1	Ausgleichsposten für Organschaftsverhältnisse beim Organträger		159
	8.2	Steuerlicher Ausgleichsposten		160
	8.3	Steuerfreie Rücklagen		161
	8.4	Sonstige Sonderposten		164
9	**Unterschiede bei den handels- und steuerrechtlichen Wertansätzen**			167
	9.1	Verzeichnis gem. § 5 Abs. 1 Satz 2 und 3 EStG		169
10	**Gewinn-und-Verlust-Rechnung**			171
	10.1	Zusammenhang zwischen GuV und Bilanz		171
	10.2	Verfahren zur GuV-Rechnung		173
	10.3	GuV-Posten		176
		10.3.1	Umsatzerlöse	176
		10.3.2	Sonstige betriebliche Erträge und Aufwendungen	180
		10.3.3	Erhöhung oder Verminderung des Bestands an fertigen und unfertigen Erzeugnissen	182
		10.3.4	Andere aktivierte Eigenleistungen	184
		10.3.5	Material- und Personalaufwand	185
		10.3.6	Vertriebskosten und allgemeine Verwaltungskosten	186
		10.3.7	Finanzergebnis	186
		10.3.8	Steuern vom Einkommen und Ertrag und sonstige Steuern	187
		10.3.9	Besondere Positionen in der GuV	187
	10.4	Verkürzte GuV-Gliederung für Kleinstgesellschaften		187
	10.5	Steuer-GuV		189
11	**Maßgeblichkeitsprinzip**			191
	11.1	Grundsätzliches		191
	11.2	Maßgeblichkeit in der EU und den USA		192

	11.3	Aushöhlung des Maßgeblichkeitsgrundsatzes....................	194
	11.4	Beibehaltung oder Abschaffung der Maßgeblichkeit..............	195
	11.5	Formelle und materielle Maßgeblichkeit.......................	197
	11.6	Materielle Maßgeblichkeit nach § 5 Abs. 1 Satz 1 EStG............	198
	11.7	Entflechtung der Handelsbilanz von der eigenständigen Steuerbilanzpolitik – Fazit.................................	199
12	**Steuerliche Einkunftsermittlungsmethoden**.......................		201
	12.1	Gewinnermittlung durch Betriebsvermögensvergleich..............	202
	12.2	Einnahmen-Ausgaben-Rechnung	207
		12.2.1 Grundlagen......................................	207
		12.2.2 Betriebseinnahmen................................	212
		12.2.3 Betriebsausgaben.................................	213
		12.2.4 Besonderheiten ohne Gewinnauswirkungen..............	215
		12.2.5 Einlagen und Entnahmen...........................	215
		12.2.6 Aufzeichnungspflichten............................	218
	12.3	E-Bilanz...	219
13	**Wechsel der Gewinnermittlungsart**...............................		225
	13.1	Handels- und steuerrechtliche Buchführungspflicht................	225
	13.2	Gründe für den Wechsel zur Einnahmenüberschussrechnung.........	226
	13.3	Ermittlung des Übergangsgewinns	227
	13.4	Gründe für den Wechsel zur Bilanzierung.......................	231
14	**Sonderbilanzen und Ergänzungsbilanzen**..........................		237
	14.1	Sonderbilanzen...	237
	14.2	Ergänzungsbilanzen.......................................	242
15	**Anhang**...		249
16	**Kapitalflussrechnung**...		255
	16.1	Grundlagen..	255
	16.2	Ermittlung der Kapitalflussrechnung...........................	256
	16.3	Kapitalflussrechnung – Gestaltung	257
Literatur..			263
Stichwortverzeichnis..			267

Abkürzungsverzeichnis

A	Aktiva
AB	Anfangsbestand
Abb.	Abbildung
Abs.	Absatz
a. F.	alte Fassung
AfA	Absetzung für Abnutzung
AfS	Absetzung für Substanzverringerung
AG	Aktiengesellschaft
AHK	Anschaffungs/Herstellungskosten
AK	Anschaffungskosten
AktG	Aktiengesetz
AN	Arbeitnehmer
AO	Abgabenordnung
ARA	Paktive Rechnungsabgrenzungsposten
Art.	Artikel
ASC	Accounting standard comittee
AV	Anlagevermögen
BAB	Betriebsabrechnungsbogen
BetrAVG	Gesetz zur Verbesserung der betrieblichen Altersversorgung
BewG	Bewertungsgesetz
BFH	Bundesfinanzhof
BGB	Bürgerliches Gesetzbuch
BGH	Bundesgerichtshof
BilMoG	Bilanzrechtsmodernisierungsgesetz
BilReG	Bilanzrechtsreformgesetz
BilRUG	Bilanzrichtlinie-Umsetzungsgesetz
BMF	Bundesministerium der Finanzen
BMG	Bemessungsgrundlage
BMJ	Bundesministerium der Justiz
bspw.	beispielsweise

BStBl	Bundessteuerblatt
BW	Barwert
bzgl.	Bezüglich
bzw.	beziehungsweise
d. h.	das heißt
DIHT	Deutscher Industrie- und Handelstag
DRS	Deutscher Rechnungslegungsstandard
DRÄS	Deutscher Rechnungslegungs-Änderungsstandard
DRSC	Deutsches Rechnungslegungsstandards Commitee e. v.
EAV	Ergebnisabführungsvertrag
EB	Endbestand
EG	Europäische Gemeinschaft
EGBGB	Einführungsgesetz zum Bürgerlichen Gesetzbuch
EGHGB	Einführungsgesetz zum Handelsgesetzbuch
Eh.	Einzelhandel
e. K.	eingetragener Kaufmann
EK	Eigenkapital
ELSTER	Elektronische Steuererklärung
ERiC	Elster Rich Client
ESt	Einkommensteuer
EStDV	Einkommensteuer-Durchführungsverordnung
EStG	Einkommensteuergesetz
EStH	Einkommensteuerhinweise
EStR	Einkommensteuerrichtlinien
EU	Europäische Union
EuGH	Europäischer Gerichtshof
evtl.	eventuell
FAQ	Frequently asked questions
FE	Fertigerzeugnis
ff.	fortfolgende
Fifo	First in – first out
FK	Fremdkapital
FördergebietsG	Fördergebietsgesetz
FW	Firmenwert
gem.	gemäß
GenG	Genossenschaftsgesetz
GewSt	Gewerbesteuer
GewStG	Gewerbesteuergesetz
ggü.	gegenüber
GJ	Geschäftsjahr
GKV	Gesamtkostenverfahren
GmbH	Gesellschaft mit beschränkter Haftung

GmbHG	GmbH-Gesetz
GoB	Grundsätze ordnungsgemäßer Buchführung
GoBil	Grundsätze ordnungsgemäßer Bilanzierung
GoD	Grundsätze ordnungsgemäßer Dokumentation
GoI	Grundsätze ordnungsgemäßer Inventur
grds.	grundsätzlich
GrESt	Grunderwerbsteuer
GruB	Grund und Boden
GuV	Gewinn-und-Verlust-Rechnung
GWG	Geringwertige Wirtschaftsgüter
H	Haben
HB	Handelsbilanz
HGB	Handelsgesetzbuch
Hifo	Highest in – first out
HK	Herstellungskosten
h. M.	herrschende Meinung
HRefG	Handelsrechtsreformgesetz
Hrsg.	Herausgeber
HS	Halbsatz
IAS	International Accounting Standards
i. d. R.	in der Regel
IDW	Institut der Wirtschaftsprüfer
IFRS	International Financial Reporting Standards
IHK	Industrie- und Handelskammer
i. H. v.	in Höhe von
inkl.	inklusive
i. S. d.	im Sinne des
i. V. m.	in Verbindung mit
i. Z. m.	in Zusammenhang mit
JA	Jahresabschluss
Jü	Jahresüberschuss
KapESt	Kapitalertragsteuer
KapG	Kapitalgesellschaft
Kfz	Kraftfahrzeug
KG	Kommanditgesellschaft
KleinstKapG	Kleinstkapitalgesellschaften
KMU	Klein- und mittelständische Unternehmen
KSt	Körperschaftsteuer
KStG	Körperschaftsteuergesetz
KWG	Kreditwesengesetz
Lifo	Last in – first out
L + L	Lieferung und Leistung

Lofo	Lowest in – first out
MicroBilG	Kleinstkapitalgesellschaften-Bilanzrechtsänderungsgesetz
Mio.	Million
ME	Mengeneinheit
MwSt	Mehrwertsteuer
ND	Nutzungsdauer
n. F.	neue Fassung
NIL	not in list
NWP	Niederstwertprinzip
o. a.	oben angeführt
OHG	Offene Handelsgesellschaft
P	Passiva
PKW	Personenkraftwagen
PRAP	passive Rechnungsabgrenzungsposten
PublG	Publizitätsgesetz
R	Richtlinie
RAP	Rechnungsabgrenzungsposten
RBW	Restbuchwert
RND	Restnutzungsdauer
Rz	Randziffer
S	Soll
SEC	Securities and Exchange Commission
sog.	sogenannte
StB	Steuerbilanz
Stpfl.	Steuerpflichtiger
U'	Unternehmen
u. a.	unter anderem
UE	Umsatzerlöse
UFE	unfertige Erzeugnisse
UKV	Umsatzkostenverfahren
US	United States
US-GAAP	US-Generally Accepted Accounting Principles
USt	Umsatzsteuer
UStG	Umsatzsteuergesetz
UWG	Gesetz gegen unlauteren Wettbewerb
UV	Umlaufvermögen
VAG	Versicherungsaufsichtsgesetz
VG	Vermögensgegenstand
vgl.	vergleiche
v. H.	von Hundert
VJ	Vorjahr
VZ	Veranlagungszeitraum

WG	Wirtschaftsgut
WP	Wirtschaftsprüfer
XBRL	Extensible Business Reporting Language
z. B.	zum Beispiel
zzgl.	zuzüglich

Abbildungsverzeichnis

Abb. 1.1	Das Rechnungswesen im Unternehmen	2
Abb. 1.2	Inhalt des Dritten Buches des HGB	3
Abb. 1.3	Jahresabschluss bei Einzelkaufleuten	3
Abb. 1.4	Vereinfachte Bilanz einer Kleinstkapitalgesellschaft § 266 Abs. 1 Satz 4 HGB	4
Abb. 1.5	Gewinn- und Verlustrechnungsschema	4
Abb. 1.6	Jahresabschluss von Kapitalgesellschaften	4
Abb. 1.7	Jahresabschluss von kapitalmarktorientierten Kapitalgesellschaften	5
Abb. 1.8	Größenkriterien für Kapitalgesellschaften gem. §§ 267, 267a HGB	5
Abb. 1.9	Fristen zur Aufstellung des Jahresabschlusses	11
Abb. 1.10	Prüfung des Jahresabschlusses	12
Abb. 1.11	Offenlegung des Jahresabschlusses	13
Abb. 1.12	Aufgaben des Jahresabschlusses	14
Abb. 1.13	Grundsätze ordnungsgemäßer Buchführung	17
Abb. 1.14	Kaufmannsarten	24
Abb. 1.15	Handels- und steuerrechtliche Buchführungspflicht ab 01.01.2016	27
Abb. 2.1	Inventurarten	31
Abb. 3.1	Bilanzdarstellung	38
Abb. 3.2	Bilanzdarstellung nach Kapitalverwendung und Kapitalherkunft	38
Abb. 3.3	Gliederungsschema für kleine Kapitalgesellschaften § 266 HGB	39
Abb. 3.4	Beispielshandelsbilanz für Einzelunternehmen und Personengesellschaften	39
Abb. 3.5	Steuerbilanz	40
Abb. 4.1	Gliederungsschema der Aktivseite für kleine Kapitalgesellschaften	42
Abb. 4.2	Anlagengitter	50
Abb. 4.3	Bilanzierung beim Leasinggeber	61
Abb. 4.4	Bilanzierung beim Leasingnehmer	62
Abb. 4.5	Bilanzierung von Fremdwährungsforderungen	68
Abb. 5.1	Anschaffungskosten	76

Abb. 5.2	Systematik zur Ermittlung der Herstellungskosten in der Handels- und Steuerbilanz	79
Abb. 5.3	Wertansätze des Anlagevermögens	90
Abb. 5.4	Wertansätze für das Umlaufvermögen	90
Abb. 5.5	Abschreibungsmethoden	95
Abb. 5.6	Teilwertbestimmung nach der Subtraktionsmethode	107
Abb. 5.7	Teilwertbestimmung nach der Formelmethode	107
Abb. 6.1	Gliederungsschema der Passiva für kleine Kapitalgesellschaften	114
Abb. 6.2	Eigenkapital von Kapitalgesellschaften	115
Abb. 6.3	Eigenkapital von Personengesellschaften gem. § 264a HGB nach § 264c Abs. 2 HGB	115
Abb. 6.4	Arten von Rücklagen	117
Abb. 6.5	Ergebnisverwendung	121
Abb. 6.6	Fremdwährungsverbindlichkeiten	131
Abb. 6.7	Handels- und steuerrechtliche Rückstellungen	133
Abb. 6.8	Bilanzierung der Pensionsrückstellung	135
Abb. 6.9	Abzinsung von Rückstellungen	141
Abb. 7.1	Rechnungsabgrenzungsposten	146
Abb 7.2	Typische Sachverhalte, die zum Ausweis latenter Steuern führen	157
Abb. 9.1	Handels- und steuerrechtliche Wertansätze	168
Abb. 10.1	Zusammenhang zwischen GuV und Bilanz	172
Abb. 10.2	Gewinn-und-Verlust-Rechnung in Staffelform	172
Abb. 10.3	Verfahren der GuV-Rechnung gemäß § 275 Abs. 2 und 3 HGB	174
Abb. 10.4	Neuerungen nach BilRUG	177
Abb. 10.5	Abgrenzung der Umsatzerlöse nach § 277 HGB a. F	178
Abb. 10.6	Abgrenzung der Umsatzerlöse nach BilRUG gem. § 277 Abs. 1 HGB n.F	179
Abb. 10.7	Abgrenzung der Umsatzerlöse nach BilRUG	179
Abb. 10.8	Abgrenzungsbeispiele	180
Abb. 10.9	Verkürzte GuV für Kleinstkapitalgesellschaften und Kleinstpersonengesellschaften nach § 264a Abs. 1 HGB	188
Abb. 12.1	Steuerliche Gewinnermittlung	202
Abb. 12.2	steuerpflichtiger Gewinn	204
Abb. 12.3	Abgrenzung Betriebs- und Privatvermögen	205
Abb. 12.4	Pauschbeträge für Sachentnahmen (Eigenverbrauch) 01.01.2021–31.12.2021	217
Abb. 13.1	Gewinnauswirkungen bei Wechsel der Gewinnermittlungsart	235
Abb. 14.1	Arten von Sonderbilanzen	238
Abb. 15.1	Anhangsangaben	250
Abb. 16.1	Cashflow aus laufender Geschäftstätigkeit	259

Abb. 16.2	Cashflow aus laufender Geschäftstätigkeit bei Anwendung der indirekten Methode	259
Abb. 16.3	Cashflow aus der Investitionstätigkeit	260
Abb. 16.4	Cashflow aus der Finanzierungstätigkeit	260
Abb. 16.5	Finanzmittelfond	261

Rechnungswesen im Unternehmen

Aufgabe des betrieblichen Rechnungswesens (engl.: **accounting**) eines Unternehmens ist darin zu sehen, die Leistungsprozesse und die Leistungsverwertung systematisch mengen- und wertmäßig abzubilden, auszuwerten, zu kontrollieren und zu steuern. Das **Rechnungswesen** ist damit Teil des betrieblichen **Informationssystems,** in dem Daten vergangener, gegenwärtiger und zukünftiger Tatbestände mit Hilfe bestimmter Instrumentarien wie bspw. der Finanz- und Betriebsbuchhaltung gesammelt, aufbereitet, ausgewertet und übermittelt werden. Am Rechnungswesen sind verschiedene Adressaten mit unterschiedlichen Informationsbedürfnissen interessiert. Es handelt sich um die sog. **Stakeholder** eines Unternehmens, also Eigentümer, Gläubiger, Kunden, Mitarbeiter, Fiskus, Lieferanten, Geschäftsführung usw. Da diese Adressaten unterschiedliche Zielvorstellungen haben und ihnen deshalb verschiedene Informationen bereitgestellt werden müssen, unterscheidet man zwischen externem und internem Rechnungswesen. Während im **externen Rechnungswesen** eher die Dokumentations- und Rechenschaftsfunktion von Bedeutung ist, dient das **interne Rechnungswesen** primär der Planung, Steuerung und Kontrolle des Unternehmens. Hilfsinstrumente dafür sind die Kosten- und Leistungsrechnung, die Statistik, Planungsrechnungen und die Investitions- und Finanzierungsrechnungen. Die Informationen des internen Rechnungswesens sind ausschließlich für die Geschäftsführung bestimmt. Zielgruppe des externen Rechnungswesens sind externe **Informationsempfänger** des Unternehmens. Hauptaufgabe ist deshalb darin zu sehen, diesen Adressaten mit Hilfe des Jahresabschlusses ein den tatsächlichen Verhältnissen entsprechendes Bild der Vermögens-, Finanz- und Ertragslage des Unternehmens zu vermitteln (§ 264 Abs. 2 HGB). Die wichtigsten Adressaten sind hierbei sicher die Kapitalgeber, also die Anteilseigner und die Gläubiger. Die rechtlichen Grundlagen zur Erstellung und Veröffentlichung des Jahresabschlusses finden sich vor allem im Dritten Buch des Handelsgesetzbuches (HGB). Der Umfang des Jahresabschlusses ist auch abhängig von der Rechtsform und Größe des Unternehmens sowie

© Der/die Autor(en), exklusiv lizenziert durch Springer Fachmedien Wiesbaden GmbH, ein Teil von Springer Nature 2021
K. von Sicherer, *Bilanzierung im Handels- und Steuerrecht*,
https://doi.org/10.1007/978-3-658-34722-2_1

Externes Rechnungswesen		
Finanzbuchhaltung	Jahresabschluss	Bilanz
		Gewinn und Verlustrechnung
		Anhang
		Kapitalflussrechnung
		Eigenkapitalspiegel
		(evtl. Segmentberichterstattung)
	Inventur	Inventar
Internes Rechnungswesen		
Kosten- und Leistungsrechnung	Nebenbuchhaltungen	Lohnbuchhaltung
		Anlagenbuchhaltung
		Materialbuchhaltung
	Betriebsabrechnung(BAB) Vollkostenrechnungssystem	Kostenartenrechnung
		Kostenstellenrechnung
		Kostenträgerzeitrechnung
		Kurzfristige Erfolgsrechnung
	Selbstkostenrechnung	Kostenträgerstückrechnung (=Kalkulation)
	Teilkostenrechnungssysteme	Deckungsbeitragsrechnung
Statistik		Beschreibende Statistik
		Erklärende Statistik
Vergleichsrechnung		Zwischenbetriebliche Vergleiche
		Zeitvergleiche
		Soll-Ist-Vergleiche
Planungsrechnung	Einzelplanung	Beschaffungs-, Produktions-, Absatz-, Finanz- und Liquiditätsplanung
	Gesamtplanung	Zusammenfassen aller Teilpläne
Investitions- und Finanzierungsrechnung	Statische Investitionsrechnungen	Kostenvergleichsmethode usw.
	Dynamische Investitionsrechenverfahren	Kapitalwertmethode usw.
	Finanzierung	Externe und interne Finanzierung
		Eigen- und Fremdfinanzierung

Abb. 1.1 Das Rechnungswesen im Unternehmen

der Branche, zu der das Unternehmen gehört. Das Rechnungswesen im Unternehmen lässt sich, wie folgende Darstellung aufzeigt, gliedern (Abb. 1.1 und 1.2).

Der handelsrechtliche Jahresabschluss, den Einzelkaufleute und Personenhandelsgesellschaften zu erstellen haben (Abb. 1.3), besteht nach § 242 Abs. 3 HGB aus einer zeitpunktbezogenen Bilanz und der zeitraumbezogenen Gewinn- und Verlustrechnung (GuV, Abb. 1.5). Weder für die Bilanz noch für die GuV bestehen Vorschriften über Inhalt und Form. Beide Jahresabschlussbestandteile können entweder in Konto- oder Staffelform erstellt werden. Unternehmen, die dem PublG unterliegen, müssen nach § 5 Abs. 1 PublG die Gliederungsvorschriften für Kapitalgesellschaften beachten.

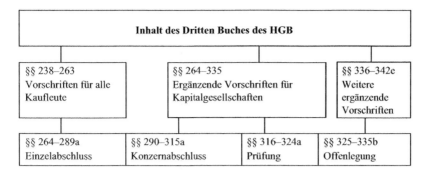

Abb. 1.2 Inhalt des Dritten Buches des HGB

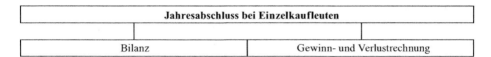

Abb. 1.3 Jahresabschluss bei Einzelkaufleuten

Während in Deutschland für die Bilanz die übliche Form die Kontoform darstellt, ist im angloamerikanischen Bereich die Staffelform vorherrschend.

Einzelunternehmen und Personenhandelsgesellschaften (außer den Personengesellschaften i. S. d. § 264a HGB) müssen zwar handelsrechtlich keine besonderen Gliederungsvorschriften beachten, indirekt aber verlangt § 247 Abs. 1 HGB doch eine Grobstruktur durch eine hinreichende Aufgliederung des Anlage- und Umlaufvermögens, des Eigenkapitals, der Schulden und Rechnungsabgrenzungskosten. Beim Anlagevermögen sind nur Gegenstände auszuweisen, die dem Geschäftsbetrieb **dauernd** zu dienen bestimmt sind. Hingegen sind im Umlaufvermögen alle Vermögensgegenstände auszuweisen, die dem Unternehmen **nicht dauernd** zur Verfügung stehen (Abb. 1.4).

Während im **Inventar** alle Vermögensgegenstände und Schulden detailliert aufgezeichnet werden müssen und das Inventar somit unübersichtlich wird, fasst die **Bilanz** einzelne, gleichartige Positionen zusammen, um eine übersichtliche Darstellung zu ermöglichen. Auf der linken Seite, der Aktivseite, steht das Vermögen des Unternehmens und auf der rechten Seite der Bilanz, der Passivseite, wird dargestellt, wie das Aktivvermögen finanziert worden ist, wer die Kapitalgeber sind.

Kapitalgesellschaften müssen den **Jahresabschluss** um einen **Anhang** erweitern (§ 264 Abs. 1 i.V. m. §§ 284–288 HGB), der die Zahlen von Bilanz und GuV erläutert und ergänzt. § 265 HGB legt zunächst allgemeine Gliederungsgrundsätze für Bilanz und GuV fest (Abb. 1.6). Für Kapitalgesellschaften schreibt der Gesetzgeber die Gestaltung der Bilanz in Kontenform vor. Der Inhalt der Bilanz ist detailliert in § 266 HGB

Aktiva	Bilanz zum 31.12.2021		Passiva
A. Anlagevermögen		A.	Eigenkapital
B. Umlaufvermögen		B.	Rückstellungen
C. Rechnungsabgrenzungsposten		C.	Verbindlichkeiten
D. Aktive latente Steuern		D.	Rechnungsabgrenzungsposten
E. Aktiver Unterschiedsbetrag aus der Vermögensverrechnung		E.	Passive latente Steuern

Abb. 1.4 Vereinfachte Bilanz einer Kleinstkapitalgesellschaft § 266 Abs. 1 Satz 4 HGB

Abb. 1.5 Gewinn- und Verlustrechnungsschema

Gewinn- und Verlustrechnung 01.01.-31.12.2021	
Aufwendungen	Erträge
Gewinn	bzw. Verlust

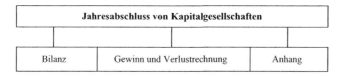

Abb. 1.6 Jahresabschluss von Kapitalgesellschaften

vorgegeben. Für die GuV ist Form und Inhalt in § 275 HGB geregelt, wobei die **Staffelform** vorgeschrieben ist und ein Wahlrecht zwischen dem Gesamtkosten- oder Umsatzkostenverfahren besteht.

Mittelgroße und große Kapitalgesellschaften und bestimmte Personenhandelsgesellschaften i. S. d. 264a HGB (PublG!) müssen das gesamte Schema nach § 266 HGB für die Bilanzgliederung verwenden. Kleine Kapitalgesellschaften können eine verkürzte Bilanz aufstellen, indem sie die mit den arabischen Zahlen versehenen Posten weglassen (beachte § 266 Abs. 1 Satz 3 HGB und § 131 Abs. 1 AktG).

Kapitalgesellschaften müssen zusätzlich noch einen **Lagebericht** gem. § 289 HGB erstellen. Allerdings ist der Lagebericht nicht Bestandteil des Jahresabschlusses. Kleine Kapitalgesellschaften brauchen gem. § 264 Abs. 1 Satz 4 HGB einen Lagebericht nicht aufstellen. Kapitalmarktorientierte Kapitalgesellschaften müssen den Jahresabschluss zusätzlich noch um eine **Kapitalflussrechnung** und einen **Eigenkapitalspiegel** erweitern (§ 264 Abs. 1 Satz 2 HGB) (Abb. 1.7). Auf freiwilliger Basis kann zusätzlich noch eine **Segmentberichterstattung** erfolgen.

1 Rechnungswesen im Unternehmen

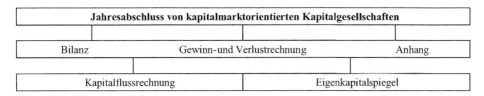

Abb. 1.7 Jahresabschluss von kapitalmarktorientierten Kapitalgesellschaften

Die Vorschriften zur Erstellung des Jahresabschlusses sind nicht nur rechtsform- und branchenabhängig, sondern hängen auch von der Größe des Unternehmens ab. An große Kapitalgesellschaften werden strengere Anforderungen an den Umfang der Rechnungslegung gestellt als an mittelgroße und kleine Kapitalgesellschaften sowie Kleinstkapitalgesellschaften.

Da der Umfang der offenzulegenden Jahresabschlussunterlagen von der Größenklasse eines offenlegungspflichtigen Unternehmens abhängt, wurde handelsrechtlich zuerst gem. § 267 HGB zwischen kleinen, mittelgroßen und großen Kapitalgesellschaften unterschieden (Abb. 1.8). Eine Kapitalgesellschaft wird einer der vier Größenklassen zugeordnet, wenn mindestens zwei der drei Abgrenzungsmerkmale erfüllt sind.

Abgrenzungsmerkmale sind:

- die Bilanzsumme,
- die Umsatzerlöse und
- die durchschnittliche Anzahl der Arbeitnehmer pro Jahr (§ 267 Abs. 5 HGB).

Das Abgrenzungsmerkmal **Bilanzsumme** setzt sich nach § 267 Abs. 4a HGB aus den Posten zusammen, die in den Buchstaben A bis E des § 266 Abs. 2 HGB aufgeführt sind. Ein auf der Aktivseite evtl. ausgewiesener „nicht durch Eigenkapital gedeckter Fehlbetrag" (§ 268 Abs. 3 HGB) ist in die Bilanzsumme einzubeziehen.

Die Definition des Kriteriums **Umsatzerlöse** befindet sich in § 277 Abs. 1 HGB. Danach sind alle Erlöse aus dem Verkauf und der Vermietung oder Verpachtung von

ABGRENZUNGSMERKMALE	Bilanzsumme	Umsatzerlöse	Arbeitnehmer/Jahr
Kleinstkapitalgesellschaften	bis 350.000 €	bis 700.000 €	bis 10 AN
kleine KapG	bis 6,0 Mio. €	bis 12,0 Mio. €	bis 50 AN
mittelgroße KapG	> 6,0 Mio. bis 20,0 Mio. €	> 12,0 Mio. bis 40,0 Mio. €	> 50 bis 250 AN
große KapG	> 20,0 Mio. €	> 40,0 Mio. €	> 250 AN

Abb. 1.8 Größenkriterien für Kapitalgesellschaften gem. §§ 267, 267a HGB

Erzeugnissen und Waren sowie aus Dienstleistungen einer Kapitalgesellschaft nach Abzug von Erlösschmälerungen und nach Abzug der Umsatzsteuer als Umsatzerlöse zu charakterisieren. Bspw. sind außergewöhnliche Erträge auch unter den Umsatzerlösen auszuweisen.

Die Rechtsfolgen dieser Merkmale treten aber grundsätzlich nur ein, wenn sie an den Abschlussstichtagen von zwei aufeinanderfolgenden Geschäftsjahren über- bzw. unterschritten werden. Kapitalmarktorientierte Kapitalgesellschaften im Sinne von § 264d HGB werden immer als große Kapitalgesellschaft behandelt. Neben den handelsrechtlichen Vorschriften sind für die Erstellung des Jahresabschlusses noch das AktG, das GmbHG, das KWG, das VAG und speziell für Personenhandelsgesellschaften das PublG zu beachten.

Am 29. November 2012 wurde vom Bundestag das Kleinstkapitalgesellschaften-Bilanzrechtsänderungsgesetz (**MicroBilG**) für Kleinstkapitalgesellschaften verabschiedet. Mit dieser Neuregelung sind neue zusätzliche Größenklassen eingeführt worden. Diese gelten für Geschäftsjahre, deren Abschlussstichtag nach dem 30. Dezember 2012 endet. Das bedeutet für alle Unternehmen, bei denen das Geschäftsjahr dem Kalenderjahr entspricht (Bilanzstichtag 31.12.), dass die Erleichterungen erstmals für das Jahr 2012 gelten. Als Kleinstkapitalgesellschaften i. S. d. MicroBilG gelten Kapitalgesellschaften (und Personenhandelsgesellschaften ohne voll haftende natürliche Personen), die an zwei aufeinanderfolgenden Abschlussstichtagen mindestens zwei der drei nachfolgenden Größenmerkmale nicht überschreiten (§ 267a Abs. 1 Satz 2 HGB):

- 350.000 € Bilanzsumme,
- 700.000 € Nettoumsatzerlöse und
- durchschnittlich 10 Arbeitnehmer innerhalb eines Geschäftsjahres.

Zielsetzung dieser Regelung war insbesondere, die auf EU-Ebene vereinbarten Bilanzierungs- und Offenlegungserleichterungen für bestimmte Kleinstunternehmen umzusetzen. Nach Auffassung des BMJ sind davon bundesweit ca. 500.000 Unternehmen betroffen. Die Erleichterungen bei der Aufstellung des Jahresabschlusses beinhalten, dass die betroffenen Unternehmen sich bei Bilanz und Gewinn- und Verlustrechnung für eine geringere Gliederungstiefe entscheiden können (Wahlrecht) und auf einen Anhang vollständig verzichten können. Somit gilt im Einzelnen:

- Aufstellung nur einer vereinfachten Bilanz, die nur die in § 266 HGB mit Buchstaben bezeichneten Posten enthalten muss.
- Aufstellung einer verkürzten Gewinn- und Verlustrechnung mit acht Mindestposten:
  – Umsatzerlöse,
  – sonstige Erträge,
  – Materialaufwand,
  – Personalaufwand,
  – Abschreibungen,

- sonstige Aufwendungen,
- Steuern,
- Jahresüberschuss/Jahresfehlbetrag
- (§ 275 Abs. 5 HGB) (vgl. hierzu Abschn. 10.4 „Verkürzte GuV-Gliederung für Kleinstgesellschaften").
- Verzicht auf die Aufstellung eines Anhangs. Voraussetzung ist allerdings, dass bestimmte Pflichtangaben des bisherigen Anhangs, bspw. Angaben zu Vorschüssen und Krediten an Mitglieder der Geschäftsführungs- oder Aufsichtsorgane, unter der Bilanz ausgewiesen werden.

Am 23.07.2015 trat das Bilanzrichtlinie-Umsetzungsgesetz (**BilRUG**) zur Entlastung von kleineren und mittleren Unternehmen und Konzernen in Kraft. Insbesondere sollen durch die Anhebung der Schwellenwerte (Größenklassen – vgl. Abb. 1.8) weitere bürokratische Belastungen abgebaut und weitere Erleichterungen und Entlastungen in der Rechnungslegung und bei den Anhangsangaben geschaffen werden. Zudem soll eine höhere Vergleichbarkeit der Jahres- und Konzernabschlüsse von Kapitalgesellschaften und bestimmten Personenhandelsgesellschaften durch die **Harmonisierung der Rechnungslegung** im europäischen Rechtsrahmen ermöglicht werden. Konkret werden die Werte für kleine Kapitalgesellschaften um fast ein Viertel erhöht, während die Werte für mittelgroße Kapitalgesellschaften oder die Befreiung von der Konzernrechnungslegungspflicht lediglich um knapp 4 % erhöht werden (§ 267 und § 293 HGB).

1.1 Rechtsgrundlagen

Während das einem ständigen Wandel unterzogene Steuerrecht schon immer die unternehmerische Planungssicherheit erheblich beeinträchtigt hat, konnte die externe bilanzielle Rechnungslegung bis zum Jahr 1985 ohne wesentliche Änderungen zu einem gewissen Ausgleich beitragen. Inzwischen aber hat sich auch das Bilanzrecht dieser Änderungsdynamik nicht entziehen können. Der erste Grundstein einer **Handelsrechtsreform** wurde im Jahre 1985 durch Umsetzung der 4., 7. und 8. EG-Richtlinien in nationales Recht gelegt. Mit diesem Artikelgesetz (**Bilanzrichtliniengesetz**) wurden das **Handelsgesetzbuch** und weitere Spezialgesetze zum Teil erheblich modifiziert. Mit dem Gesetz zur Kontrolle und Transparenz im Unternehmensbereich, dem Kapitalaufnahmeerleichterungsgesetz und dem Kapitalgesellschaften- und Co.-Richtlinie-Gesetz wurden weitere wesentliche Änderungen in der Rechnungslegung vorgenommen.

Im Zeitalter der Globalisierung, dem dynamischen Ausbau internationaler Wirtschaftsbeziehungen, dem internationalen Zusammenwachsen von Märkten und der stetig wachsenden Kapitalmarktausrichtung sind die Nachteile der handelsrechtlich orientierten deutschen Rechnungslegung sehr deutlich geworden. Da zumeist nur noch Expansionen auf internationalen Märkten für Güter- und Dienstleistungen neue Wachstumspotenziale ermöglichen, stellte sich in Folge des dadurch erhöhten Kapitalbedarfs auch die Frage der Finanzierung. Somit waren **„Global Player"** nicht nur im internationalen Wettbewerb um die Gunst der Abnehmer für ihre Produkte bemüht, sondern auch im Wettstreit auf den weltweiten Finanzmärkten um knappes Kapital. Der Zugang zu den internationalen Kapitalmärkten konnte sich jedoch problematisch entwickeln, wenn verschiedene, meist nur national geprägte Rechnungslegungsvorschriften existierten und potenzielle Kapitalgeber ihre Investitions- und Anlageentscheidungen auf Basis dieser Jahresabschlüsse treffen sollten. Das Problem bestand in der Anwendung unterschiedlicher Bilanzierungs- und Bewertungsregeln, die häufig zu erheblichen Ergebnisdifferenzen in den Jahresabschlüssen führten und somit einen objektiven Vergleich von Unternehmenserfolgszahlen nicht zuließen. Folglich bedurfte es der Harmonisierung der Rechnungslegung auf internationaler Basis, jedoch nicht nur zum Zweck der Erhöhung der Vergleichbarkeit, sondern auch, um den Anforderungen der Kapitalmärkte nach unverzüglicher und umfassender Information zu entsprechen. Mit dem Wegfall des faktischen Wahlrechts zwischen der Anwendung national und international anerkannter Rechnungslegungsvorschriften für die Aufstellung von Konzernabschlüssen (§ 292a HGB)[1] hat der Gesetzgeber für kapitalmarktorientierte Unternehmen eine klare Aussage getroffen. Damit war zum ersten Mal eine von den HGB-Vorschriften losgelöste Erstellung des Konzernabschlusses möglich. Die Befreiungsoption des § 292a HGB für deutsche Unternehmen, zwischen der Erstellung eines HGB-, IFRS- oder US-GAAP-Konzernabschlusses zu wählen, führte aber zu einer erheblichen heterogenen Bilanzierungspraxis, die nur eine mangelnde Vergleichbarkeit ermöglichte. Deshalb konnte § 292a HGB nur als Übergangsregelung verstanden werden.

Mit dem BilReG (Bilanzrechtsreformgesetz) v. 04.12.2004 wurde die Anwendung internationaler Rechnungslegungsvorschriften weiterentwickelt. Mit diesem Änderungsgesetz wurde die 2002 erlassene „EU-Verordnung Nr. 1606/2002 bzgl. der Anwendung internationaler Rechnungslegungsstandards"[2] in deutsches Recht übernommen. Damit sind für die Geschäftsjahre ab 01.01.2005 von Unternehmen mit Sitz in den EU-Staaten, deren Wertpapiere zum Handel an einem organisierten Markt zugelassen sind, konsolidierte Abschlüsse nach **IFRS** aufzustellen. Lediglich Gesellschaften, von denen nur Schuldtitel zum amtlichen Handel zugelassen sind oder Unternehmen, die bereits nach dem international anerkannten Rechnungslegungsstandard **US-GAAP** (Generally Accepted Accounting Principles) bilanzierten, mussten dieser IAS-Verpflichtung erst ab dem 01.01.2007 nachkommen (vgl. Art. 9 der Verordnung des Europäischen Parlaments und des Rates betreffend die Anwendung internationaler Rechnungslegungsstandards vom 27.05.2002). Somit scheinen die internationalen Rechnungslegungssysteme,

---

[1] DRS 1 Befreiender Konzernabschluss nach § 292a HGB, bekanntgemacht am 22.07.2000, der DSR 1 wurde 2005 aufgehoben, letztmalige Anwendung auf das vor dem 01. Januar 2005 beginnende Geschäftsjahr.

[2] IAS-Verordnung.

die IFRS (International Financial Reporting Standards) und die US-GAAP den Anforderungen des Kapitalmarktes eher gerecht zu werden als eine eher statisch geprägte Vermögensübersicht, die nach handelsrechtlichen Grundsätzen aufgestellt ist. Zu beachten ist, dass Voraussetzung für die Zulassung zu internationalen Kapitalmärkten die Einhaltung der jeweiligen Börsenvorschriften ist. Die amerikanische Börsenaufsichtsbehörde, die **SEC** (Securities and Exchange Commission) akzeptierte vormals faktisch nur Abschlüsse nach US-GAAP. Das hing auch damit zusammen, dass ausländische Investoren die divergierenden nationalen Abschlüsse fehlerhaft interpretieren konnten. Zur Bewältigung dieses Konfliktes verstärkte sich das Bestreben zur weltweiten Harmonisierung der Rechnungslegung und der Etablierung international anerkannter Rechnungslegungsvorschriften.

Doch auch das Gütesiegel der US-GAAP war in jüngerer Zeit durch die Insolvenz des amerikanischen Energiehandelsriesen Enron (Januar 2002) und von Lehman Brothers (September 2008) in der amerikanischen Wirtschaftsgeschichte schwer erschüttert worden. Diese Insolvenzen machten deutlich, dass auch die amerikanische Rechnungslegung mit seiner „**Fair Presentation**" doch nicht perfekt ist und danach erstellte Jahresabschlüsse den Eindruck einer „black box" erweckten. Diese neuen Erkenntnisse waren in der Fachwelt Anlass zum Nachdenken, haben aber auf die weitere Entwicklung in der internationalen kapitalmarktorientierten Rechnungslegung aber eher wenig Einfluss gezeigt. Innerhalb der EU wurde jedenfalls die Ausdehnung der IFRS-Anwendung auf Konzernabschlüsse nicht kapitalmarktorientierter Unternehmen und Einzelabschlüsse auf die Entscheidungskompetenz der einzelnen EU-Staaten übertragen. Und Deutschland hat dies mit dem Bilanzrechtsreformgesetz (BilReG) v. 04.12.2004 in § 315a Abs. 3 HGB umgesetzt. Damit war es auch nicht kapitalmarktorientierten Mutterunternehmen freigestellt, einen befreienden IFRS-Konzernabschluss zu erstellen. Für Einzelabschlüsse hingegen dürfen nur große Kapitalgesellschaften nach § 325 Abs. 2a und 2b HGB allein für Zwecke der Offenlegung die IFRS anwenden. Für die steuerliche Gewinnermittlung und als Ausschüttungsbemessungsgrundlage musste aber für den Einzelabschluss in jedem Fall noch ein HGB-Abschluss erstellt werden. Im Hinblick auf die internationale Rechnungslegung musste also das vom Gläubigerschutz und Vorsichtsprinzip geprägte deutsche Bilanzrecht weiterentwickelt werden. Schließlich legte das Bundesjustizministerium am 08.11.2007 einen umfangreichen Referentenentwurf zum Bilanzrecht vor, der eine lebhafte betriebswirtschaftliche Diskussion auslöste. Am 21.05.2008 wurde der Regierungsentwurf von der Bundesregierung beschlossen und nach der Stellungnahme vom Bundesrat am 25.09.2008 im Bundestag in erster Lesung beraten. Nach langen Diskussionen legte der federführende Rechtsausschuss seine Beschlussempfehlung am 24.03.2009 vor. Am 26.03.2009 verabschiedete der Deutsche Bundestag schließlich das am 29.05.2009 in Kraft getretene Gesetz zur Modernisierung des Bilanzrechts, das Bilanzrechtsmodernisierungsgesetz, genannt **BilMoG**. Mit diesem Gesetz wurden viele Bilanzierungswahlrechte und vor allem die **Umkehrung des Maßgeblichkeitsprinzips** abgeschafft. Für Geschäftsjahre nach dem 31.12.2009 sind diese neuen Regelungen anzuwenden.

Am 28.12.2012 tritt das **Kleinstkapitalgesellschaften-Bilanzrechtsänderungsgesetz** (MicroBilG, vgl. BGBl. I 2012, 2751) in Kraft, das auf die am 21.03.2012 im Amtsblatt der EU veröffentlichen sog. **Micro-Richtlinie** zurückgeht. Dieses Gesetz erleichtert Kleinstkapitalgesellschaften die Rechnungslegungs- und Offenlegungsvorschriften. Mit diesem Gesetz muss kein Anhang mehr erstellt werden, wenn bestimmte Angaben unter der Bilanz ausgewiesen werden (bspw. Haftungsverhältnisse), die Darstellungstiefe im Jahresabschluss kann durch vereinfachte Gliederungsschemata verringert werden und die offenzulegenden Jahresabschlüsse können beim **elektronischen Bundesanzeiger** statt einer Veröffentlichung hinterlegt werden.

Am 26.06.2013 wurde die **EU-Bilanzrichtlinie** 2013/34/EU verabschiedet.[3] Die neue Bilanzrichtlinie musste bis zum 20.07.2015 in deutsches Recht umgesetzt werden. Nachdem der Bundestag das BilRUG in der 3. Lesung am 18.06.2015 verabschiedet hatte, hat der Bundesrat das Bilanzrichtlinie-Umsetzungsgesetz (**BilRUG**) am 10.07.2015 unverändert passieren lassen. Am 22.07.2015 wurde es im Bundesgesetzblatt verkündet und ist am 23.07.2015 in Kraft getreten.[4]

Die Änderungen in Bilanz, GuV und Anhang **müssen** erstmals auf das nach dem 31.12.2015 beginnende Geschäftsjahr angewendet werden. Die neuen Schwellenwerte **dürfen** aber bereits auf das nach dem 31.12.2013 beginnende Geschäftsjahr angewendet werden.

Die wesentlichen Ziele und Änderungen des BilRUG sind:
- Bürokratie-Abbau bspw. durch die erhöhte monetäre Anhebung der Schwellenwerte für die Klassifikation der Größenklassen für Kapitalgesellschaften und die Befreiung der Konzernbilanzierung,
- stärkere Systematisierung der Rechnungslegung,
- Harmonisierung der Rechnungslegung in der EU („Maximalharmonisierung"),
- weitere Erleichterungen für kleine Kapitalgesellschaften,
- Entlastung von Kleinstgenossenschaften analog den für Kleinstkapitalgesellschaften geltenden Erleichterungen,
- Erhöhung der Transparenz im Rohstoffsektor,
- wesentliche Änderung der Umsatzdefinition,
- Streichung der außerordentlichen Posten in der GuV-Gliederung,
- Anlagespiegel ist im Anhang anzugeben,
- Neuformulierung der Offenlegungspflichten,
- gem. § 264 Abs. 1a HGB sind im Jahresabschluss die Angabe der Firma, des Sitzes, des Registergerichts und der Nummer, unter der die Gesellschaft im Handelsregister eingetragen ist, anzugeben.

---

[3] Veröffentlichung im Amtsblatt der EU – L 182/19-76 – am 29.06.2013.
[4] Veröffentlicht im Bundesgesetzblatt vom 22. Juli 2015 (BGBl. 2015 Teil I, Bl. 1245 ff.).

1.2 Zeitlicher Ablauf der Jahresabschlusserstellung

Im Rahmen der **Jahresabschlusserstellung** sind unter dem zeitlichen Aspekt zu beachten:

- Aufstellung,
- Prüfung,
- Feststellung und
- Offenlegung des Jahresabschlusses.

Diese Vorgehensweise ist nach dem HGB aber nur von Kapitalgesellschaften und den dem Publizitätsgesetz unterliegenden Einzelkaufleuten und Personengesellschaften einzuhalten. Einzelkaufleute und Personengesellschaften (außer der Personengesellschaften gem. § 264a HGB) müssen nur die Vorschriften der Aufstellung berücksichtigen. Die **Aufstellung** des Jahresabschlusses bezeichnet die Aufbereitung von Informationen, die der Jahresabschluss aufgrund gesetzlicher Vorschriften enthalten muss oder aufgrund von Wahlrechten enthalten kann. Die Tätigkeiten zur Bereitstellung der notwendigen Informationen für die Aufstellung beginnen im Allgemeinen nicht erst am Bilanzstichtag, sondern erstrecken sich über den gesamten Zeitraum des Geschäftsjahres, z. B. in Form der laufenden Buchungen von Geschäftsvorfällen in der **Finanzbuchhaltung**.

Die Aufstellung des Jahresabschlusses von Einzelkaufleuten und Personengesellschaften ist innerhalb einer dem ordnungsmäßigem Geschäftsgang entsprechenden Zeit vorzunehmen (§ 243 Abs. 3 HGB). Dieser unbestimmte Zeitraum wird durch den Bundesfinanzhof so ausgelegt, dass die Aufstellung innerhalb von 12 Monaten nach Ablauf des betreffenden Geschäftsjahres zu erfolgen hat (BFH-Urteil v. 06.12.1983, BStBl II 1984, S. 227).

Für die Rechtsform von Kapitalgesellschaften schreibt der Gesetzgeber explizite **Aufstellungsfristen** vor (§ 264 Abs. 1 Sätze 3 u. 4 HGB), die allerdings von der Zugehörigkeit einer Kapitalgesellschaft zur jeweiligen Größenkategorie des HGB abhängt. Der **Lagebericht** ist zwar nicht Bestandteil des Jahresabschlusses, ist aber ebenfalls innerhalb dieser Aufstellungsfristen zu erstellen (Abb. 1.9).

Im Rahmen der **Prüfung** wird die Übereinstimmung des vorliegenden Jahresabschlusses mit den gesetzlichen Vorschriften untersucht. Für mittelgroße und große Kapitalgesellschaften schreibt der Gesetzgeber die Prüfungspflicht verbindlich vor (§ 316 Abs. 1 HGB). Andere Gesellschaften können sich auf freiwilliger Basis prüfen

Größenkategorie	Zeitraum
Große Kapitalgesellschaften	3 Monate
Mittelgroße Kapitalgesellschaften	3 Monate
Kleine Kapitalgesellschaften	6 Monate

Abb. 1.9 Fristen zur Aufstellung des Jahresabschlusses

lassen. Die Jahresabschlussprüfung hat ein nicht am Unternehmen beteiligter **Abschlussprüfer (Wirtschaftsprüfer, vereidigter Buchprüfer)** vorzunehmen. Ohne Prüfung kann der Jahresabschluss nicht festgestellt werden (Abb. 1.10).

Nach der Prüfung bedarf es bei Kapitalgesellschaften eines Feststellungsbeschlusses, damit der Jahresabschluss rechtsverbindlich wird. Mit der **Feststellung** wird der vorliegende Jahresabschluss von den Beteiligten als richtig anerkannt. Auf der Grundlage des festgestellten Jahresabschlusses wird die Ergebnisverwendung festgelegt. Die Feststellung erfolgt bei der GmbH durch die Gesellschafter. Bei der AG nehmen entweder der **Vorstand** und der **Aufsichtsrat** gemeinsam oder im Ausnahmefall die **Hauptversammlung** die Feststellung vor (vgl. §§ 172 und 173 AktG). Haben Vorstand und Aufsichtsrat den Jahresabschluss festgestellt, ist die Hauptversammlung beim Beschluss über die Gewinnverwendung an den festgestellten Jahresabschluss gebunden (§ 174 AktG).

Der Gesetzgeber schreibt gem. § 325 HGB ferner die **Offenlegung** des festgestellten Jahresabschlusses für Kapitalgesellschaften vor. Diese Publizitätspflicht ist deshalb notwendig, weil bei Kapitalgesellschaften nicht alle Gesellschafter die Möglichkeit haben, Einblick in die Bücher des Unternehmens zu nehmen, an dem sie beteiligt sind. Die Kapitalgesellschaften haben alle ihre zu veröffentlichenden Unterlagen **beim Bundesanzeiger in elektronischer** Form innerhalb von 12 Monaten zur Bekanntmachung einzureichen (§ 325 HGB).

Der Umfang der offenlegungspflichtigen Unterlagen sowie die dabei einzuhaltenden Fristen sind wiederum größenabhängig (§§ 325–327 HGB). Die für Kapitalgesellschaften dargestellten Regelungen sind ebenso auf bestimmte Personenhandelsgesellschaften (Kapitalgesellschaften & Co) (vgl. Abb. 1.11) in Abhängigkeit von der Zugehörigkeit zu den dargestellten Größenklassen anzuwenden. Die in der Praxis am häufigsten in dieser Rechtsform anzutreffende Personenhandelsgesellschaft ist die GmbH & Co KG.

Bei **Kleinstkapitalgesellschaften** ist die Veröffentlichung im elektronischen Bundesanzeiger nicht mehr zwingend erforderlich. Kleinstkapitalgesellschaften können aber ihren Offenlegungspflichten durch eine Hinterlegung des Jahresabschlusses beim elektronischen Bundesanzeiger nachkommen. Bei der **Hinterlegung** kann nicht mehr jeder Interessierte die Jahresabschlussdaten einsehen. Auf Antrag können Dritte jedoch kostenpflichtig eine Kopie der Bilanz erhalten.

Rechtsform	Prüfung	Abschlussprüfer
Große Kapitalgesellschaften	Pflicht	Wirtschaftsprüfer
Mittelgroße Kapitalgesellschaften	Pflicht	Wirtschaftsprüfer oder vereidigter Buchprüfer
Kleine Kapitalgesellschaften	Freiwillig	Wirtschaftsprüfer oder vereidigter Buchprüfer
Einzelkaufleute, Personengesellschaften (die nicht dem PublG unterliegen)	Freiwillig	Wirtschaftsprüfer oder vereidigter Buchprüfer

Abb. 1.10 Prüfung des Jahresabschlusses

Größenkategorie	Offenlegungsfrist	Zu veröffentlichende bzw. bekannt zumachende Unterlagen
Große Kapitalgesellschaften	12 Monate	Jahresabschluss inkl. Anhang, Lagebericht, Feststellungs- und Ergebnisverwendungsrechnung
Mittelgroße Kapitalgesellschaften	12 Monate	Jahresabschluss inkl. Anhang mit größenabhängigen Erleichterungen, Lagebericht, Feststellungs- und Ergebnisverwendungsrechnung
Kleine Kapitalgesellschaften	12 Monate	Verkürzte Bilanz und Anhang
Kapitalmarktorientierte Kapitalgesellschaften	4 Monate	Jahresabschluss inkl. Anhang, Lagebericht, Feststellungs- und Ergebnisverwendungsrechnung

Abb. 1.11 Offenlegung des Jahresabschlusses

Die KleinstKapG müssen dem Bundesanzeiger mitteilen, dass sie zwei der drei gem. § 267a Abs. 1 HGB genannten Merkmale für die nach § 267 Abs. 4 HGB maßgeblichen Abschlussstichtage nicht überschreiten. Dafür ist eine einfache Erklärung notwendig:

> **Beispiel**
>
> Mitteilung an den Bundesanzeiger gem. § 326 Abs. 2 Satz 3 HGB:
>
> Die XY GmbH in Berlin hat am Abschlussstichtag (31.12.2021) und am Vorjahresstichtag (31.12.2020) jeweils zwei der drei gem. § 267a Abs. 1 HGB genannten Merkmale unterschritten. Die GmbH darf damit die Erleichterungen als Kleinstkapitalgesellschaft in Anspruch nehmen und beantragt die Hinterlegung der Bilanz.
>
> - Datum, Ort
> - Unterschrift ◄

Eine Pflicht zur Übermittlung der konkreten Umsatz- und Mitarbeiterzahlen des Unternehmens an den elektronischen Bundesanzeiger ist nicht zwingend. Die Unternehmen sollen damit von unnötigem Verwaltungsaufwand entlastet werden. Allerdings kann der Betreiber des Bundesanzeigers Prüfungen und Nachfragen veranlassen (Abb. 1.11).

1.3 Funktionen des Jahresabschlusses

Im Zusammenhang mit dem **externen Rechnungswesen** ist zwischen dem handelsrechtlichen und dem steuerrechtlichen Jahresabschluss zu unterscheiden.

Begreift man Unternehmen als den Zusammenschluss unterschiedlicher Interessengruppen, so werden schnell Interessenkonflikte zwischen den **Bilanzadressaten** sichtbar. Bilanzen, Jahresabschlüsse haben deshalb keinen Selbstzweck zu erfüllen, sondern müssen mit einer objektiven, nachvollziehbaren Darstellung den Informationsanforderungen und -ansprüchen der Bilanzadressaten genügen, um deutlich zu machen, dass ihre unterschiedlichen Interessen erfüllt werden. Vor diesem Hintergrund lassen sich die wichtigsten Aufgaben des Jahresabschlusses erklären (vgl. Abb. 1.12). Primäres Ziel der Jahresabschlusserstellung ist die Ermittlung (**Ermittlungsfunktion**) des ausschüttbaren Jahresüberschusses zur Bedienung von Dividendenzahlungen an die Anteilseigner und anderen Erfolgsbeteiligungen (**Zahlungsbemessungsfunktion**. Hier wird das Konfliktpotenzial zwischen Anteilseigner und Gläubiger sichtbar, weil die Gläubiger an einer möglichst niedrigen und die Eigentümer an einer möglichst hohen Ausschüttung interessiert sind. Aufgrund des Vorsichts- und Gläubigerschutzprinzips werden bspw. bei GmbH's und Aktiengesellschaften wegen der Haftungsbeschränkungen rechtlich Ausschüttungsbegrenzungen an die Gesellschafter geregelt (**Ausschüttungssperre** gem. § 268 Abs. 8 HGB bzw. **Abführungssperre** gem. § 301 AktG). Andererseits ist im Rahmen der **Zahlungsbemessungsfunktion** insbesondere bei Aktiengesellschaften die Sicherung einer **Mindestausschüttung** für **Minderheitsgesellschafter** zu gewährleisten. Mit entsprechenden Vorschriften im HGB und AktG werden Minderheitsgesellschafter vor Mehrheitsaktionären geschützt, bspw. werden Aktionärsinteressen durch das Anfechtungsrecht des Gewinnverwendungsbeschlusses der Hauptversammlung gem. § 254 Abs. 1 AktG u. a. geschützt.

Der steuerliche Jahresabschluss hat bzgl. der Zahlungsbemessungsfunktion für nur einen Adressaten, den Fiskus, eine sehr wichtige Bedeutung. Mit der Bestimmung des

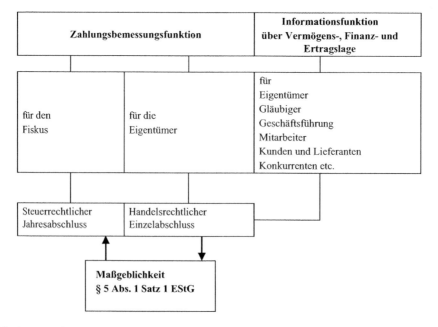

Abb. 1.12 Aufgaben des Jahresabschlusses

1.3 Funktionen des Jahresabschlusses

steuerlichen Bilanzergebnisses (Ermittlungsfunktion) wird die Höhe der Einkommen- bzw. **Körperschaftsteuer** und der **Gewerbeertragsteuer** festgelegt.

Um die **Informationsfunktion** erfüllen zu können, muss der Jahresabschluss allen am Unternehmen interessierten Adressaten die Informationen bereitstellen, die sie benötigen, um ihre Zielvorstellungen verwirklichen zu können. Dies ist ein Problem, weil die vielfältigen und gegensätzlichen Interessen der Bilanzadressaten nur durch ein rechtlich fundamentiertes und objektiviertes Instrumentarium für alle zufriedenstellend zusammen geführt werden können. Das rechtliche Fundament findet sich in § 264 Abs. 2 HGB. Der Jahresabschluss einer Kapitalgesellschaft ist auch ein Instrumentarium der **Finanzberichterstattung** und hat unter Beachtung der Grundsätze ordnungsmäßiger Buchführung ein den tatsächlichen Verhältnissen entsprechendes Bild der Vermögens-, Finanz- und Ertragslage des Unternehmens zu vermitteln.

Die **Informationsfunktion** kann entsprechend der speziellen Bedürfnisse der Informationsempfänger in weitere Teilfunktionen untergliedert werden, und zwar in die

- Dokumentationsfunktion,
- Sicherungsfunktion,
- Ermittlungsfunktion,
- Rechenschaftsfunktion und
- Publizitätsfunktion.

Mit der **Dokumentationsfunktion** soll das Rechnungswesen die Nachweise über die innerbetrieblichen und zwischenbetrieblichen Wertbewegungen, also leistungs- und finanzwirtschaftliche Sachverhalte, aufzeigen. Zur Dokumentation über die wirtschaftliche Situation des Unternehmens gehört auch der Nachweis über die Zahlungsfähigkeit des Unternehmens. Es geht um die Frage, inwieweit das Unternehmen seinen Zahlungsverpflichtungen gegenüber Gläubigern nachkommen kann oder wie hoch die Wahrscheinlichkeit einer Insolvenz eintreten könnte. Ob mit dem Jahresabschluss diese **Sicherungsfunktion** erfüllt werden kann, ist zweifelhaft, da es sich immer nur um vergangenheitsbezogene Zahlen handelt, die aus der Finanzbuchhaltung in den Jahresabschluss einfließen. Deshalb lassen sich aus mehreren Jahresabschlüssen nur Trendentwicklungen für die zukünftige Liquidität ableiten.

Mit dem Jahresabschluss muss die Unternehmensführung den Kapitalgebern, den Eigen- und Fremdkapitalgebern gegenüber, auch Rechenschaft ablegen (**Rechenschaftsfunktion**). Die Gläubiger können mit den Informationen des Jahresabschlusses, bspw. mit bestimmten Kennzahlen wie der Eigenkapitalquote oder bestimmten Rendite-Kennzahlen über zukünftige Kreditvergaben und die Anteilsinhaber über ihre zukünftige Kapitalinvestitionen in diesem Unternehmen entscheiden.

Viele Unternehmen müssen ihre Jahresabschlüsse unter bestimmten Voraussetzungen veröffentlichen. So sind die Jahresabschlüsse von Kapitalgesellschaften, unabhängig von der Größe, beim elektronischen Bundesanzeiger einzureichen (**Publizitätsfunktion**). Eine Ausnahme ergibt sich nach § 326 HGB für kleine und Kleinstkapitalgesellschaften.

Kleine Kapitalgesellschaften müssen nur die Bilanz und den Anhang einreichen und Kleinstkapitalgesellschaften können (Wahlrecht) die nach § 326 Abs. 2 HGB ergebenden Pflichten auch dadurch erfüllen, dass sie die Bilanz in elektronischer Form zur dauerhaften Hinterlegung beim Bundesanzeiger einreichen. Mit dieser Publizitätspflicht haben alle Bilanzadressaten, die keinen direkten Einblick in den Jahresabschluss wie Insider haben, die Möglichkeit, sich die für sie erforderlichen Informationen für bestimmte Entscheidungen zu beschaffen.

1.4 Grundsätze ordnungsgemäßer Buchführung

Der Begriff **„Grundsätze ordnungsmäßiger Buchführung"** (GoB) wird in verschiedenen Gesetzen erwähnt, bspw. in § 5 Abs. 1 EStG, §§ 238 Abs. 1, 243 Abs. 1 und 264 Abs. 2 HGB. Gleichwohl hat der Gesetzgeber diesen Begriff nirgends definiert. Damit sind die GoB zwingend zu beachtende Rechtsgrundsätze, die immer dann greifen, wenn Gesetzesvorschriften einer Erklärung bedürfen. Deshalb werden die **GoB** auch als **Generalnorm** zur Führung der Handelsbücher (**Dokumentationsfunktion**) sowie zur Erstellung des Jahresabschlusses (**Rechenschaftslegungsfunktion**) von Unternehmen verstanden. Die GoB sind also Grundprinzipien, nach denen im Jahresabschluss über Bilanz- und Bewertungsansatz zu entscheiden ist, wenn Gesetzeslücken einer Auslegung bedürfen bzw. zu einem bestimmten Problem keine gesetzlichen Regelungen existieren.

Aus rechtswissenschaftlicher Sicht stellen die GoB einen unbestimmten Rechtsbegriff dar, der sich mit der induktiven, der deduktiven und hermeneutischen Methode erklären lässt.

Nach der **induktiven Methode** werden die GoB aus der Buchführungs- und Bilanzierungspraxis ordentlicher und ehrenwerter Kaufleute abgeleitet. Das Problem liegt aber in der Bestimmung von Merkmalen eines ordentlichen und ehrenwerten Kaufmanns. Zudem dürften nur Kaufleute an der Weiterentwicklung der GoB mitwirken, also keine anderen Personen und neue Bilanzprobleme können mit der induktiven Methode ebenfalls nicht gelöst werden.

Aus diesen Gründen und weil der Gesetzgeber auch bestimmte Handelsbräuche durch gesetzliche Regelungen zu gestalten, verhindern will, wurde zur Ermittlung der GoB die **deduktive Methode** entwickelt. Danach werden die GoB aus der Zwecksetzung der Rechnungslegung abgeleitet. Aber auch über die Zwecke der Rechnungslegung besteht in der Literatur kein Konsens. Sieht man als Hauptaufgaben der externen Rechnungslegung die Informations- und Zahlungsbemessungsfunktion, dann sind unter diesem Aspekt Quellen der GoB bestimmte Gesetze, Richtlinien, Erlasse, die Rechtsprechung des BGH, des EuGH und des BFH, Empfehlungen und Fachgutachten des Instituts der deutschen Wirtschaftsprüfer (IdW) sowie der IHK und des DIHK.

1.4 Grundsätze ordnungsgemäßer Buchführung

Die **hermeneutische Methode** versucht mit einem ganzheitlichen Ansatz die GoB zu ermitteln und zwar durch Verknüpfung der Strukturen der induktiven und deduktiven Methode. Darüber hinaus werden alle Bezugsgrößen, die die Rechnungslegung in irgendeiner Form beeinflussen, berücksichtigt.

Die Grundsätze ordnungsmäßiger Buchführung als Oberbegriff lassen sich allgemein in die drei Teilgebiete Grundsätze ordnungsmäßiger Dokumentation, Grundsätze ordnungsmäßiger Inventur und Grundsätze ordnungsmäßiger Bilanzierung gliedern (Abb. 1.13).

1.4.1 Grundsätze ordnungsmäßiger Dokumentation

Die Grundsätze ordnungsmäßiger Dokumentation (GoD) sind bei der Führung der Handelsbücher und Belege zu beachten, um alle buchungspflichtigen Geschäftsvorfälle ordnungsmäßig aufzuzeichnen. Dazu sind weitere Unterprinzipien zu beachten:

- Grundsatz der Vollständigkeit
- Belegprinzip
- Grundsatz der Beachtung von Aufbewahrungsfristen
- Grundsatz der Klarheit und Überprüfbarkeit
- Grundsatz der Beachtung von Aufbewahrungsfristen

Grundsatz der Vollständigkeit
Es sind in der Buchführung alle Geschäftsvorfälle in chronologischer Zeitabfolge zu erfassen und die Anfangs- und Endbestände zu berücksichtigen. Dieser Grundsatz ist im § 239 Abs. 2 HGB manifestiert.

Grundsatz der Richtigkeit und Willkürfreiheit
Der Grundsatz der Richtigkeit und Willkürfreiheit ist in § 239 Abs. 2 HGB geregelt. Es sind alle Geschäftsvorfälle im Grundbuch in der richtigen zeitlichen Reihenfolge und im Hauptbuch mit der richtigen sachlichen Zuordnung zu erfassen. Sachliche Verfälschungen, Manipulationen wie bspw. Nichtbuchungen buchungspflichtiger Vorgänge sind untersagt. Der Grundsatz der Willkürfreiheit verlangt zudem vom Bilanzierenden,

Abb. 1.13 Grundsätze ordnungsgemäßer Buchführung

dass Bilanzmanipulationen unterbleiben und dass bei Verwendung von Schätzwerten die objektiv wahrscheinlichsten Werte der Bilanzierung zugrunde gelegt werden.

Belegprinzip
Jeder buchungspflichtige Geschäftsvorfall ist wegen der Beweissicherung durch einen Beleg nachzuweisen.

Grundsatz der Klarheit und Überprüfbarkeit
Dieser Grundsatz bezieht sich auf die formale, die äußere Gestaltung von Buchführung und Jahresabschluss. Geregelt ist dieser Grundsatz in § 238 Abs. 1 S. 2 HGB. Bücher und Jahresabschlüsse sind übersichtlich, nachvollziehbar und verständlich darzustellen. Das formale Prinzip der Klarheit bezieht sich insbesondere auf die Gliederungen von Bilanz und Gewinn- und Verlustrechnung. Die Aufzeichnungen der Geschäftsvorfälle sind klar und übersichtlich darzustellen, damit ein sachverständiger Dritter sich innerhalb einer angemessenen Zeit einen Überblick über die Geschäftsvorfälle und die Lage des Unternehmens machen kann.

Grundsatz der Beachtung von Aufbewahrungsfristen
Für Buchführungsunterlagen ist gesetzlich kodifiziert, Aufbewahrungsfristen zu beachten, die in § 257 Abs. 4 HGB geregelt sind:

- Für Handelsbücher, Inventare, Eröffnungsbilanzen, Jahresabschlüsse und Buchungsbelege besteht eine Aufbewahrungsfrist von zehn Jahren,
- für empfangene Handelsbriefe und Kopien abgesandter Handelsbriefe gilt eine Aufbewahrungsfrist von sechs Jahren.

1.4.2 Grundsätze ordnungsmäßiger Inventur

Die Grundsätze ordnungsmäßiger Inventur (GoI) haben sicherzustellen, dass Vermögensgegenstände und Schulden vollständig, richtig, nachprüfbar und einzeln erfasst werden.

1.4.3 Grundsätze ordnungsmäßiger Bilanzierung

Mit den Grundsätzen ordnungsmäßiger Bilanzierung (GoBil) soll gewährleistet werden, dass der handelsrechtliche Jahresabschluss vollständig, inhaltlich richtig, nachprüfbar, klar und übersichtlich aufgestellt wird. Im Zusammenhang mit der Bilanzierung ist zwischen Ansatz und Bewertung von Bilanzpositionen zu unterscheiden. Vor dem Bilanzansatz ist die Bilanzierungsfähigkeit festzustellen, also die Fragestellung abzuklären, ob für Vermögensgegenstände, Schulden, Rechnungsabgrenzungsposten und latente Steuern eine Bilanzierungspflicht, ein Bilanzierungswahlrecht oder ein Bilanzierungsverbot besteht. Die Bewertung schließlich beschäftigt sich mit dem richtigen Wertansatz.

1.4 Grundsätze ordnungsgemäßer Buchführung

Welche Bedeutung der Gesetzgeber den GoBil beimisst, sieht man an der Aufnahme einzelner Grundsätze in das Handelsgesetzbuch. Im Folgenden sind die wichtigsten Grundsätze aufgeführt:

- Gläubigerschutzprinzip
- Going-Concern-Prinzip, § 252 Abs. 1 Nr. 2 HGB
- Grundsatz der Einzelbewertung, § 252 Abs. 1 Nr. 3 HGB
- Vorsichtsprinzip, § 252 Abs. 1 Nr. 4 HGB
- Anschaffungskostenprinzip, § 253 Abs. 1 Satz 1 HGB
- Realisationsprinzip, § 252 Abs. 1 Nr. 4 und 5 HGB
- Imparitätsprinzip, § 252 Abs. 1 Nr. 4 HGB
- Niederstwertprinzip
- Höchstwertprinzip
- Wertaufhellungsgrundsatz, § 252 Abs. 1 Nr. 4 HGB
- Stetigkeitsprinzip, §§ 252 Abs. 1 Nr. 6, 246 und 265 Abs. 1 HGB
- Nominalwertprinzip

In § 252 Abs. 1 HGB erfolgt eine (nicht vollständige) Zusammenstellung von Bilanzierungs- und Bewertungsgrundsätzen.

Going-Concern-Prinzip
Bei allen Bilanzierungs- und Bewertungsfragen ist grundsätzlich die Fortführung der Unternehmenstätigkeit zugrunde zu legen (sog. **Going-Concern-Prinzip**). Es ist also von einem lebenden und nicht von einem in der Liquidation befindlichen Unternehmen auszugehen. Damit sind sämtliche Vermögensgegenstände zu bilanzieren, die in der Vergangenheit Auszahlungen verursacht haben und in der Zukunft zu Einzahlungen führen. Weiter sind in der Vergangenheit verursachte finanzielle Verpflichtungen, die in Zukunft zu Auszahlungen führen, als Schulden zu passivieren. Soweit aber tatsächliche oder rechtliche Gegebenheiten bestehen, die dem Going-Concern-Prinzip widersprechen, spricht man von einem **Break-Up.** Ein Break-Up bedeutet, dass nur verwertbare Vermögensgegenstände bis zum Zeitpunkt der Einstellung der Unternehmenstätigkeit zu aktivieren sind und alle eventuelle Schulden, die mit der Einstellung der Unternehmenstätigkeitentstehen, zu passivieren sind.[5]

Grundsatz der Einzelbewertung
Vermögensgegenstände und Schulden sind grundsätzlich einzeln zu bewerten. Aber bei der Bewertung gleichartiger Vermögensgegenstände, die zu unterschiedlichen Zeitpunkten und verschiedenen Preisen erworben wurden, kann es zum Problem des Identitätsnachweises

---

[5] Vgl. hierzu auch Sikora, K. 2017. Wegfall der handelsrechtlichen Going-Concern-Prämisse. In: BBK Bd. 24, S. 1143.

kommen. In solchen Fällen kann das Unternehmen unter bestimmten Voraussetzungen auf Durchschnittswerte oder Verbrauchs- bzw. Veräußerungsfolgefiktionen (FIFO, LIFO etc.) zurückgreifen. Dann dürfen auch Festwerte und Bewertungsvereinfachungsverfahren angewendet werden.

Auch bei Forderungen aus Lieferungen und Leistungen ist der **Grundsatz der Einzelbewertung** zu beachten. Da aber Unternehmen in der Praxis oft die finanzielle und wirtschaftliche Situation ihrer Kunden nicht genau kennen, kann eine Einzelbewertung problembehaftet sein. Da bspw. immer mit einer bestimmten Wahrscheinlichkeit mit Forderungsausfällen zu rechnen ist, ist eine **Pauschalwertberichtigung (Delkredere)** vorzunehmen. Hierbei sind vom Forderungsbestand uneinbringliche und zweifelhafte Forderungen abzuziehen. Der verbleibende Netto-Forderungsbestand (ohne USt) ist sodann mit einem (vergangenheitsorientierten) geschätzten Ausfallprozentsatz zu multiplizieren und als Aufwand zu verbuchen.

Eine weitere Ausnahme vom Einzelbewertungsgrundsatz regelt § 254 HGB. Danach dürfen **Bewertungseinheiten** gebildet werden zwischen den Sicherungsgeschäften, also den zur Absicherung von Zins-, Währungs- oder sonstigen Ausfallrisiken erworbenen Finanzinstrumenten mit den abzusichernden Vermögensgegenständen und Schulden. Damit können in dieser Bewertungseinheit gewollte gegenläufige Wertentwicklungen ausgeglichen werden.

Gläubigerschutzprinzip und Wertaufhellungsgrundsatz
Das Unternehmen muss seine wirtschaftliche Lage vorsichtig darstellen. Dieses Vorsichtsprinzip basiert auf dem **Gläubigerschutzprinzip**. Der Gläubiger als Fremdkapitalgeber ist dadurch zu schützen, dass vorsichtig bewertet wird. Deshalb sind alle absehbaren Risiken und Verluste, die bis zum Abschlussstichtag entstanden sind, im Jahresabschluss zu berücksichtigen, auch wenn diese Informationen erst zwischen Abschlussstichtag und Jahresabschlusserstellung bekannt werden (ertaufhellende Informationen, **Wertaufhellungsgrundsatz**).

Vorsichtsprinzip – Realisationsprinzip
Das Vorsichtsprinzip wird konkretisiert durch das Realisations- und Imparitätsprinzip. Danach dürfen Gewinne erst dann im Jahresabschluss berücksichtigt werden, wenn sie bis zum Abschlussstichtag realisiert sind (**Realisationsprinzip**). Steigt also der Zeitwert über die Anschaffungs-/Herstellungskosten, so wird dies aufgrund des Realisationsprinzips in der Bilanz grundsätzlich nicht berücksichtigt.

Vorsichtsprinzip – Imparitätsprinzip
Umgekehrt sind Verluste, die bis zum Abschlussstichtag entstanden sind, bereits vor der Realisation zu berücksichtigen (**Imparitätsprinzip**). Sinkt dagegen der Zeitwert von Vermögensgegenständen unter die (fortgeschriebenen) Anschaffungs-/Herstellungskosten, so ist dieser (vorerst nur) drohende Verlust grundsätzlich bilanziell zu erfassen. Für drohende Verluste aus schwebenden Geschäften, also abgeschlossenen, aber noch von keiner Seite erfüllten Geschäften, sind handelsrechtlich Rückstellungen zu bilden (§ 249 HGB).

Niederstwertprinzip und Höchstwertprinzip
Das Imparitätsprinzip wird handelsrechtlich durch das strenge und gemilderte **Niederstwertprinzip** für die Aktivseite und das strenge und gemilderte **Höchstwertprinzip** für die Passivseite konkretisiert.

Erträge und Aufwendungen sind unabhängig von der Zahlung nach dem **Periodenverursachungsprinzip** der Periode zuzurechnen, zu der sie wirtschaftlich gehören, bspw. in Form von Rechnungsabgrenzungsposten oder Rückstellungen.

Stetigkeitsprinzip
Nach dem formellen **Stetigkeitsprinzip** (formale **Bilanzkontinuität**) wird eine Gliederungskontinuität für Bilanz und GuV gefordert. Abweichungen sind bei besonderen Ausnahmefällen möglich, müssen dann aber im Anhang gesondert angegeben und begründet werden. Die materielle Stetigkeit fordert bei der Bewertung von Vermögensgegenständen und Schulden Stetigkeit der Ansatzmethoden (§ 246 Abs. 3 HGB) und Stetigkeit der im vorhergehenden Jahresabschluss angewendeten Bewertungsmethoden (§ 252 Abs. 1 Nr. 6 HGB). Von den in § 252 Abs. 1 HGB aufgezeigten Bilanzierungs- und Bewertungsgrundsätzen darf nach § 252 Abs. 2 HGB nur in begründeten Ausnahmefällen abgewichen werden. Im Anhang sind hierzu entsprechende Erläuterungen zu machen (§ 284 Abs. 2 Nr. 3 HGB).

Nominalwertprinzip und Anschaffungskostenprinzip
Die Rechnungslegung orientiert sich handels- und steuerrechtlich am **Nominalwertprinzip**. Das bedeutet, dass inflationsbedingte Wertveränderungen im Jahresabschluss keine Berücksichtigung finden. Es gilt grundsätzlich das (historische) **Anschaffungskostenprinzip** als Bewertungsobergrenze. Das bedeutet, Vermögensgegenstände sind bei der erstmaligen Aktivierung stets mit den Anschaffungs- und/oder Herstellungskosten zu bilanzieren. Sie sind die absolute Wertobergrenze bei der Bewertung von Vermögensgegenständen (§ 253 Abs. 1 Satz 1 HGB). Eine Ausnahme ergibt sich beim Planvermögen (siehe Abschn. 4.3). Das **Anschaffungskostenprinzip** entspricht insofern auch dem Realisationsprinzip.

1.5 Handels- und steuerrechtliche Voraussetzungen

1.5.1 Handelsrechtliche Buchführungspflicht

Nach dem Handelsrechtsreformgesetz v. 22.06.1998 unterscheidet das Handelsrecht nur noch zwischen Kaufmann und Nichtkaufmann. **Kaufmann** ist der in das Handelsregister eingetragene, alle Branchen umfassende Gewerbetreibende, der die Vorschriften des HGB anzuwenden hat.

Nichtkaufmann ist der nicht in das Handelsregister eingetragene Kleingewerbetreibende, der nur die Bestimmungen des BGB zu beachten hat. Kaufmann ist nach § 1

Abs. 1 HGB, wer ein Handelsgewerbe betreibt. Nach § 1 Abs. 2 HGB ist jeder Gewerbebetrieb ein Handelsgewerbe, es sei denn, dass ein Unternehmen nach Art und Umfang einen in kaufmännischer Weise eingerichteten Geschäftsbetrieb nicht erforderlich macht. Ob für einen Gewerbebetrieb eine kaufmännische Geschäftsorganisation notwendig ist, bestimmt sich u. a. nach der Größe des Unternehmens. Die Größe wird bei Neugründungen aufgrund diverser von den Industrie- und Handelskammern geforderten Daten festgestellt, wie etwa des Umsatzes, des Umfanges des investierten Kapitals, des Anlagevermögens, der beanspruchten Kreditmittel, der Lieferanten, des Kundenkreises und der Zahl der Mitarbeiter.

Ist ein Gewerbebetrieb aufgrund dieser Größenmerkmale Kaufmann im Sinne des HGB, ergibt sich hieraus die handelsrechtliche Pflicht, Bücher zu führen und einen Jahresabschluss zu erstellen (§ 238 ff. HGB). Der Begriff des Gewerbebetriebs wird gem. § 15 Abs. 2 EStG definiert als selbstständige, nachhaltige Betätigung, die mit der Absicht, Gewinn zu erzielen, unternommen wird und sich als Beteiligung am allgemeinen wirtschaftlichen Verkehr darstellt, wenn die Betätigung weder als Ausübung von Land- und Forstwirtschaft noch als Ausübung eines freien Berufs noch als eine andere selbstständige Arbeit anzusehen ist. Da bei den freien Berufen (§ 18 EStG) die persönlichen Qualifikationen und der eigene Arbeitseinsatz im Vordergrund stehen, handelt es sich bspw. bei der selbstständigen Tätigkeit von Ärzten, Rechtsanwälten, Steuerberatern, Heilpraktikern und Krankengymnasten nicht um Gewerbebetriebe.

Die Kaufmannseigenschaft wird automatisch bei jedem **Gewerbebetrieb** (auch bestimmte Dienstleistungsbetriebe) vermutet, wenn eine kaufmännische Unternehmensorganisation aus betriebswirtschaftlicher Sicht notwendig ist. Der Gewerbetreibende wird mit Aufnahme des Geschäftsbetriebes zum **Istkaufmann.** Die Anmeldung in das Handelsregister (§ 29 HGB) hat nur deklaratorischen Charakter. **Kleingewerbetreibende** können durch Eintragung in das Handelsregister die Kaufmannseigenschaft erwerben. Diese nach § 2 HGB mögliche Option gab es nach altem Recht für die sog. Minderkaufleute nach § 4 HGB a. F. nicht. Die nunmehr fakultative Möglichkeit, den Kaufmannsstatus zu erwerben, eröffnet rechtssystematisch eine neue Variante des **Kannkaufmanns.** Diese Kaufleute tragen aber den Zusatz „e. K." (eingetragener Kaufmann).

Der Kleingewerbetreibende erhält mit der Eintragung in das Handelsregister konstitutiv (rechtsbegründend) die Kaufmannseigenschaft. Land- und Forstwirte (§ 13 EStG) sind grundsätzlich keine Kaufleute (§ 3 Abs. 1 HGB).

Ein land- und forstwirtschaftliches Unternehmen, zu dem auch Wein-, Obst-, Gemüse- und Gartenbau gehören, kann sich aber als **Kannkaufmann** in das Handelsregister eintragen lassen, wenn ein nach Art und Umfang in kaufmännischer Weise eingerichteter Geschäftsbetrieb erforderlich ist (§ 3 Abs. 2 HGB). Die Eintragung in das Handelsregister ist ebenfalls konstitutiv. Erfolgt in diesen Fällen keine Eintragung, handelt es sich um **Nichtkaufleute.**

Für die Fälle, in denen ein Gewerbetreibender mit einer Firma in das Handelsregister eingetragen ist, obgleich kein Handelsgewerbe mehr betrieben wird, weil bspw. der Geschäftsbetrieb eingestellt wurde, stellt § 5 HGB die unwiderlegbare Vermutung auf, dass dieser Unternehmer Kaufmann ist. Dieser sog. **Fiktivkaufmann** gilt bis zur Löschung im Handelsregister als Kaufmann. Handelsgesellschaften sind die OHG, KG,

AG, GmbH, KGaA und die eG, die grundsätzlich Kraft ihrer Rechtsform Kaufmann sind (**Formkaufmann**). Auch nicht gewerblich tätige Gesellschaften (OHG, KG), bspw. vermögensverwaltende Gesellschaften, können sich nach § 105 Abs. 2 HGB freiwillig in das Handelsregister eintragen. Damit werden solche Gesellschaften über § 2 Satz 2 HGB zum Kannkaufmann.

Die Bedeutung der Kaufmannseigenschaft liegt in den handelsrechtlichen Rechten und Pflichten. Danach ist jeder Kaufmann nach §§ 238 ff. HGB verpflichtet, Bücher zu führen und Jahresabschlüsse zu erstellen, soweit keine Befreiung nach § 241a, 242 Abs. 4 HGB vorliegt. In Abb. 1.14 werden die **Kaufmannsarten** dargestellt.

1.5.2 Steuerrechtliche Buchführungspflicht

Der steuerlichen Bilanzierung liegt eine Vielzahl von Rechtsnormen zugrunde, da es ein eigenständiges **Bilanzsteuerrecht** nicht gibt. Zum Kernbereich des Bilanzsteuerrechts gehören die §§ 4–7k EStG, die bei der steuerlichen Gewinnermittlung für die Einkommensteuer, die Körperschaftsteuer und die Gewerbeertragsteuer von Bedeutung sind. Besondere Vorschriften, die bilanzsteuerrechtlich relevant sind, finden sich in den §§ 140–148 AO und den §§ 238–342e HGB.

Bei der steuerlichen Gewinnermittlung durch Betriebsvermögensvergleich lassen sich zwei Methoden unterscheiden: einmal der allgemeine Betriebsvermögensvergleich nach § 4 Abs. 1 EStG und zum anderen der besondere Betriebsvermögensvergleich nach § 5 Abs. 1 EStG i.V. m. § 4 Abs. 1 EStG. Nach § 5 Abs. 1 EStG müssen alle buchführenden Gewerbetreibenden nach den handelsrechtlichen Grundsätzen ordnungsmäßiger Buchführung (GoB) bilanzieren, unabhängig davon, ob sie dazu verpflichtet sind oder freiwillig (z. B. Kleingewerbetreibende) Jahresabschlüsse erstellen.

Nach § 140 AO (**derivative steuerliche Buchführungspflicht**) müssen grundsätzlich alle Stpfl., die unter die Vorschriften der §§ 238 ff. HGB fallen, die dort enthaltenen Vorschriften auch für steuerliche Zwecke anwenden. Neben dieser handelsrechtlichen Buchführungspflicht werden durch die besondere steuerrechtliche Vorschrift des § 141 Abs. 1 AO (**originäre steuerliche Buchführungspflicht**) auch bestimmte Gewerbetreibende (bspw. nicht in das Handelsregister eingetragene Kleingewerbetreibende) zur steuerlichen Gewinnermittlung durch Betriebsvermögensvergleich verpflichtet, wenn:

- Deren Umsätze mehr als 600.000 € im Kalenderjahr betragen **oder**
- deren Gewinn aus Gewerbebetrieb mehr als 60.000 € im Wirtschaftsjahr beträgt (§ 141 Abs. 1 Satz 1 Nr. 1, 4, 5 AO).

Gewerblich Tätige, die unter diesen Grenzbeträgen liegen, können aber freiwillig nach § 5 EStG bilanzieren.

Da § 141 AO nur für Gewerbetreibende und Land- und Forstwirte gilt, ist diese Vorschrift nicht für **Freiberufler** (bspw. selbstständig tätige Ärzte oder Steuerberater)

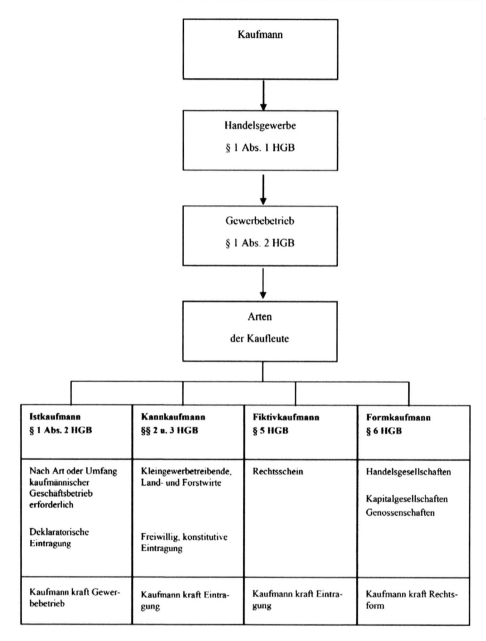

Abb. 1.14 Kaufmannsarten

anwendbar. Trotzdem müssen Freiberufler i. S. d. § 18 EStG auch steuerliche **Aufzeichnungspflichten** erfüllen, um ihren **Steuererklärungspflichten** nachzukommen. Deshalb sind alle Geschäftsvorfälle, alle Betriebseinnahmen und Betriebsausgaben für steuerliche Zwecke zu erfassen. Obwohl der Steuergesetzgeber für diese Steuerpflichtigen, die ihren Gewinn nach § 4 Abs. 3 EStG ermitteln, keine allgemeinen Aufzeichnungspflichten einfordert, gibt es aber spezielle Aufzeichnungspflichten für Unternehmer i. S. d. § 22 UStG. Danach ist der Unternehmer (§ 2 UStG) verpflichtet, zur Berechnung und Feststellung der **Umsatzsteuer** entsprechende Aufzeichnungen zu erstellen. **Unternehmer** ist, wer eine gewerbliche oder berufliche Tätigkeit selbstständig ausübt und das ist jede nachhaltige Tätigkeit zur Erzielung von Einnahmen, auch wenn die Absicht, Gewinn zu erzielen, fehlt. Diese Aufzeichnungspflichten müssen daher auch freiberuflich Tätige erfüllen.

Mit Einführung des § 241a HGB ist eine Annäherung an die Schwellenwerte der steuerlichen Buchführungspflicht nach § 141 AO versucht worden. Allerdings stimmen die verwendeten Bezugsgrößen nach Handels- und Steuerrecht großenteils nicht überein. Bspw. sind nach 241a HGB Umsatzerlöse **und** Jahresüberschuss und steuerlich nach § 141 AO Umsätze **oder** Gewinn Entscheidungskriterien für die Buchführungspflicht. Die Begriffe handelsrechtlicher Jahresüberschuss und Gewinn aus Gewerbebetrieb sind in der Regel nicht identisch. So darf bspw. der steuerliche Gewinn – anders als der handelsrechtliche Jahresüberschuss – nicht durch bestimmte Betriebsausgaben gem. § 4 Abs. 5 EStG, u. a. einem Teil der Bewirtungskosten, die Gewerbesteuer (§ 4 Abs. 5b EStG) oder drohenden Verlusten aus schwebenden Geschäften gem. § 5 Abs. 4a EStG gemindert werden.

Weiter beziehen sich handelsrechtlich die Umsatzerlöse auf das Geschäftsjahr und steuerrechtlich auf das Kalenderjahr. Zudem greift die Vorschrift des § 141 AO schon beim Überschreiten nur **eines** Kriteriums an einem Abschlussstichtag und führt zur Buchführungspflicht, während nach § 241a HGB erst bei Unterschreiten **beider** Kriterien und zwar an zwei aufeinander folgenden Jahren die Befreiung von der Buchführungspflicht ermöglicht (Wahlrecht).

1.5.3 Befreiung von der Buchführungspflicht

Die Möglichkeit der **Befreiung von** der handelsrechtlichen **Buchführungs- und Bilanzierungspflicht** (Wahlrecht) bei Unterschreiten bestimmter Schwellenwerte ist auf nicht kapitalmarktorientierte **Einzelkaufleute** beschränkt. Diese neuen Befreiungsvorschriften haben für Kapitalgesellschaften (GmbH's und Aktiengesellschaften) keine Bedeutung. Diese Erleichterungen können nur kleine Einzelkaufleute in Anspruch nehmen. Auf Personenhandelsgesellschaften sind sie auch nicht anwendbar. Damit gilt die Regelung, dass die §§ 238 bis 241 HGB nicht angewendet werden müssen, wenn an den Abschlussstichtagen von zwei aufeinander folgenden Geschäftsjahren nicht mehr als 600.000 € Umsatzerlöse **und** maximal 60.000 € Jahresüberschuss ausgewiesen werden. Im Falle einer Neugründung eines Unternehmens genügt die Einhaltung dieser Betragsgrenzen bereits zum ersten Abschlussstichtag.

Da über 99 % aller Unternehmen in Deutschland klein- und mittelständische Unternehmen sind, fallen auch viele nicht kapitalmarktorientierte Einzelunternehmen unter diese Regelung. Es ist deshalb davon auszugehen, dass eine große Mehrheit der in Betracht kommenden Einzelkaufleute die Befreiungsmöglichkeit des § 241a HGB allein wegen der damit verbundenen Kostenentlastung in Anspruch nehmen wird, zumal mit Inanspruchnahme der handelsrechtlichen Vereinfachungsregelung auch **die steuerliche Bilanzierungspflicht** nach § 140 AO entfällt. Diese Einzelkaufleute können damit künftig den Gewinn mit Hilfe der **Einnahmen-Überschussrechnung** i. S. v. § 4 Abs. 3 EStG ermitteln. Dies hat u. a. zur Folge, dass auch keine Verpflichtung besteht, eine **E-Bilanz** zu erstellen.

> **Beispiel: Handels- und steuerrechtliche Buchführungspflicht**

Ein Einzelunternehmer (Kaufmann i. S. d. HGB) erzielt in 2020 Umsatzerlöse in Höhe von 590.000 €. Die Aufwendungen betragen für denselben Zeitraum 531.000 €. Darin enthalten sind Bewirtungskosten i. H. v. 5000 €. In 2021 erzielt der Einzelunternehmer Umsatzerlöse in Höhe von 500.000 €. Die Aufwendungen betragen 470.000 €. Darin enthalten sind Aufwendungen für eine Rückstellung für drohende Verluste aus schwebenden Geschäften in Höhe von 33.000 €.

Besteht eine handels- und steuerrechtliche Buchführungspflicht?

Lösung.

Geschäftsjahr/ Kalenderjahr	Umsatzerlöse (in €)	Aufwendungen (in €)	Handelsrechtlicher Jahresüberschuss (in €)	Steuerlicher Gewinn (in €)
2020	590.000	531.000	59.000	60.500
2021	500.000	470.000	30.000	63.000

Der Einzelkaufmann erzielt in den Geschäftsjahren 2020 und 2021 Umsatzerlöse unter 600.000 € und handelsrechtliche Jahresüberschüsse unter 60.000 €. Damit sind beide (!) Kriterien des § 241a HGB unterschritten. Damit kann (Wahlrecht) der Einzelkaufmann künftig auf die Erstellung eines handelsrechtlichen Jahresabschlusses verzichten und zur Einnahmenüberschussrechnung übergehen. Eine handelsrechtliche Buchführungspflicht besteht nicht.

Nach § 141 AO reicht es für die steuerliche Buchführungspflicht aus, wenn nur ein Kriterium erfüllt ist. Der Einzelkaufmann liegt zwar in beiden Kalenderjahren bei den Umsätzen unter 600.000 €, aber der steuerliche Gewinn überschreitet in den Kalenderjahren 2020 und 2021 die 60.000 €-Grenze. Dies führt zur steuerlichen Buchführungspflicht. ◄

Ab dem 01.01.2016 haben sich die steuerlichen Buchführungspflichtgrenzen erhöht:
Die Umsatzgrenze erhöht sich von 500.000 € auf 600.000 €, die Gewinngrenze erhöht sich von 50.000 € auf 60.000 €. Handelsrechtlich steigen die Grenzwerte für Umsatz und Jahresüberschuss entsprechend (vgl. hierzu Abb. 1.15).

1.5 Handels- und steuerrechtliche Voraussetzungen

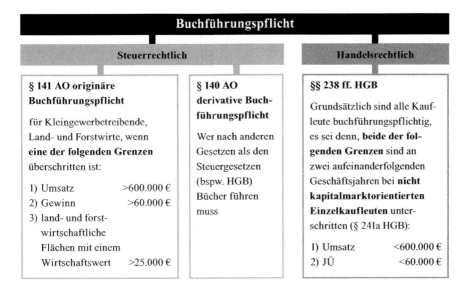

Abb. 1.15 Handels- und steuerrechtliche Buchführungspflicht ab 01.01.2016

Inventur als Basis für den Jahresabschluss 2

Gemäß § 240 Abs. 1 und 2 HGB muss jeder Kaufmann, soweit nicht § 241a HGB greift, zu Beginn seines Handelsgewerbes und am Ende eines jeden Geschäftsjahres ein detailliertes Verzeichnis aller Vermögensgegenstände und Schulden art-, mengen- und wertmäßig erstellen (§§ 140, 141 AO). Dieses Verzeichnis nennt man **Inventar,** das aus drei Teilen besteht:

- Vermögen,
- Schulden und
- Saldo zwischen Vermögen und Schulden, der dem Reinvermögen (= Eigenkapital) entspricht.

Das Inventar erfüllt somit folgende Aufgaben:

- es dient der Feststellung und Kontrolle des Vermögens und der Schulden
- und damit kann ein Abgleich der Buchbestände und der tatsächlich vorhandenen Werte der Lagerbuchführung vorgenommen werden,
- falls in der Bestandsbuchhaltung die Zu- und Abgänge nicht fortlaufend erfasst werden, kann mit dem Inventar auch der Verbrauch festgestellt werden.

Die Aufstellung des Inventars erfordert zuvor eine Bestandsaufnahme des Vermögens und der Schulden nach Art, Menge und Wert zu einem bestimmten Stichtag. Diese Tätigkeit wird Inventur genannt (lateinisch: invenire = finden). Es wird zwischen der körperlichen und der buchmäßigen Inventur unterschieden. Zur körperlichen Inventur gehört das Erfassen der körperlichen Vermögensgegenstände durch Zählen, Wiegen und Messen. Die buchmäßige Inventur erfasst alle nichtkörperlichen Vermögensgegenstände und Schulden. Beispiele hierfür sind Forderungen, Bankguthaben, Verbindlichkeiten und Bankkredite. Es finden praktisch Belegprüfungen und Saldenabstimmungen statt.

2.1 Inventurformen nach HGB

Das HGB schreibt für die Erstellung des Inventars zwar einen bestimmten Stichtag vor, lässt aber verschiedene **Inventurarten** nach §§ 240 und 241 HGB zu, die sich im Zeitpunkt und Zeitraum der Bestandsaufnahme unterscheiden.

2.1.1 Stichtagsinventur gem. § 240 Abs. 2 HGB

Bei der **Stichtagsinventur** im engeren Sinn erfolgt die Bestandsaufnahme am Bilanzstichtag. Erfolgt die Bestandsaufnahme zeitnah, spricht man von der erweiterten Stichtagsinventur. Bestandsveränderungen (Zu- und Abgänge) sind mengen- und wertmäßig auf den Bilanzstichtag fortzuschreiben bzw. zurückzurechnen. Die Nachteile dieser Methode bestehen in einem erhöhtem Arbeitsanfall und erhöhtem Personalbedarf innerhalb weniger Tage. Diese Inventurform kann auch zu Betriebsunterbrechungen führen. Der erhöhte Zeitdruck kann bei der Inventuraufnahme beim Personal auch zu einer nachlassenden Sorgfalt führen.

2.1.2 Permanente Inventur

Um eine inventurbedingte Schließung des Unternehmens und evtl. zusätzlichen Personalbedarf zu vermeiden, kann die körperliche Bestandsaufnahme über das gesamte Geschäftsjahr verteilt werden. Nach der Bestandsaufnahme, die an einem frei auswählbaren Tag während des Geschäftsjahres realisiert wird, werden die einzelnen Vermögensgegenstände und Schulden einfach gem. den GoB-Verfahren fortgeschrieben. Die **permanente Inventur** ist in § 241 Abs. 2 HGB geregelt.

2.1.3 Vor- oder nachverlegte Inventur

Die Inventur kann innerhalb der letzten drei Monate vor bis zwei Monate nach dem Bilanzstichtag liegen. In § 241 Abs. 3 HGB ist die **vor- oder nachverlegte Inventur** geregelt. Der somit festgestellte Bestand braucht aber gem. § 241 Abs. 3 Satz 1 HGB nicht in das Inventar aufgenommen zu werden.

Die einzelnen Inventurarten zeigt die Abb. 2.1.

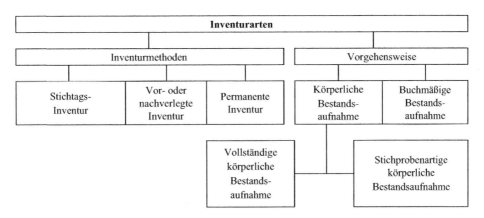

Abb. 2.1 Inventurarten

2.2 Inventurvereinfachungsverfahren nach HGB

Um die Inventur für den Kaufmann einfacher zu gestalten, hat der Gesetzgeber im HGB verschiedene Vereinfachungen verabschiedet.

Bestandsermittlung nach dem gewogenen Durchschnittswert
Gem. § 240 Abs. 4 HGB können jeweils zu einer Gruppe gleichartige bewegliche Vermögensgegenstände, Vorräte und Schulden zusammengefasst werden und mit einem gewogenen Durchschnittswert angesetzt werden. Diese Vereinfachung wird in der Praxis beim Vorratsvermögen angewendet. Zur Gruppenbewertung siehe auch Abschn. 5.3.3.

Bestandsermittlung nach den GoB-konformen Verfahren
Bei Vermögensgegenständen muss keine körperliche Inventur erfolgen, solange gem. § 241 Abs. 2 HGB mit Hilfe eines GoB-konformen Verfahrens gewährleistet wird, dass nämlich der Bestand der Vermögensgegenstände nach Art, Menge und Wert ermittelt werden kann. Dies kann bspw. der Fall beim beweglichen Anlagevermögen (Fahrzeuge, Maschinen usw.) sein, wenn zur Inventur ein Informationssystem wie bspw. SAP genutzt wird, in dem alle Bewegungen inklusive Abschreibungen aufgezeichnet sind.

Bestandsermittlung nach dem Festwert
§ 240 Abs. 3 HGB lässt zu, dass Sachanlagen und Vorräte auch mit einem Festwert angesetzt werden können, solange sie für das Unternehmen von geringer Bedeutung sind. Trotz dieser Erleichterung muss jedes dritte Jahre eine körperliche Bestandsaufnahme durchgeführt werden. Zum Festwert siehe auch Abschn. 5.3.2.

Bestandsermittlung nach mathematisch-statistischen Methoden aufgrund von Stichproben (Stichprobeninventur)
Alternativ darf der Bestand der Vermögensgegenstände nach § 241 Abs. 1 HGB auch mit Hilfe von mathematisch-statistischen Methoden aufgrund von Stichproben ermittelt werden, solange diese Methoden den GoB entsprechen. Ein so ermittelter Bestand an Vermögensgegenständen muss aber im Ergebnis dem festgestellten Bestand anhand einer körperlichen Inventur entsprechen.

2.3 Inventur nach dem Steuerrecht

Die Inventurvorschriften sind im Steuerrecht in den Einkommensteuerrichtlinien geregelt. Nach R 5.3 und R 5.4 EStR wird genau wie im HGB zwischen **Stichtagsinventur**, die innerhalb von zehn Tage vor oder nach dem Bilanzstichtag durchzuführen ist, **permanenter Inventur** und **zeitlich verschobener** (vor- oder nachverlegte) **Inventur** unterschieden. Gemäß R 5.3 Abs. 3 EStR darf jedoch keine permanente oder zeitlich verschobene Inventur angewendet werden bei besonders wertvollen Wirtschaftsgütern oder bei Wirtschaftsgütern, die leicht verderben, verdünsten, leicht zerbrechen oder ähnlichen Vorgängen und deren Abgang nicht verlässlich geschätzt werden kann.

Die Einkommensteuerrichtlinien kennen auch Erleichterungen, die die Inventur vereinfachen sollen:

Ermittlung des Bestandes nach dem gewogenen Durchschnittssatz
Genau wie nach § 240 Abs. 3 HGB lässt auch R 6.8 Abs. 4 Satz 1 EStR eine Bestandsaufnahme bei Wirtschaftsgütern des Vorratsvermögens nach dem gewogenen Durchschnittssatz zu.

Ermittlung des Bestands mit Hilfe des Bestandsverzeichnisses
Nach R 5.4 Abs. 1 EStR ist beim beweglichen Anlagevermögen ein Bestandsverzeichnis aufzustellen, das alle, auch vollkommen abgeschriebene Gegenstände des Anlagevermögens enthält. Davon ausgenommen sind gem. R 5.4. Abs. 1 Satz 3 EStR GWG's, in einem Sammelposten nach § 6 Abs. 2a EStG erfasste Wirtschaftsgüter, und die mit einem Festwert angesetzten Wirtschaftsgüter. Der Stpfl. kann das Bestandsverzeichnis dazu nutzen, um beim beweglichen Anlagevermögen keine jährliche Inventur durchführen zu müssen. Gem. R 5.4. Abs. 4 EStR i.V. m. R 5.4. Abs. 1 EStR muss dann das Bestandsverzeichnis folgende Informationen enthalten, um zur Ermittlung des Bestandes am Stichtag herangezogen werden zu können:

- genaue Bezeichnung des Gegenstands,
- den Tag der Anschaffung oder Herstellung,
- die Höhe der Anschaffungs- und Herstellungskosten,

2.3 Inventur nach dem Steuerrecht

- den Tag des Abgangs und
- den Bilanzwert am Bilanzstichtag.

Die Ermittlung des Bestands mit Hilfe des Bestandsverzeichnisses entspricht grundsätzlich den Anforderungen an die Ermittlung des Bestands gem. § 241 Abs. 2 HGB (Bestandsermittlung nach den GoB-konformen Verfahren).

Ermittlung des Bestands mit Hilfe des Festwerts
Bei Gegenständen des beweglichen Anlagevermögen, die nicht in das Bestandsverzeichnis aufgenommen werden, sondern mit einem Festwert angesetzt werden, ist gem. R 5.4 Abs. 3 Satz 1 EStR an jedem dritten, spätestens aber an jedem fünften Bilanzstichtag eine körperliche Bestandsaufnahme vorzunehmen. Somit entspricht diese Regelung grds. der handelsrechtlichen Vorgabe in § 240 Abs. 3 HGB. Sofern der neu ermittelte Festwert um mehr als 10 % den alten Festwert übersteigt, ist der neue Festwert vom Stpfl. zu berücksichtigen. Bei einer Abweichung von weniger als 10 % kann der alte Festwert beibehalten werden. Sofern der neu ermittelte Festwert kleiner als der alte Festwert ist, kann entweder der neue oder der alte Festwert angesetzt werden.

Stichprobeninventur
Die Stichprobeninventur ist die einzige Inventurerleichterung, die in den Einkommensteuerrichtlinien nicht beschrieben ist. Aber aufgrund des Maßgeblichkeitsprinzips ist die Stichprobeninventur auch steuerlich zulässig.

Im Ergebnis kann festgehalten werden, dass die Inventur in den Einkommensteuerrichtlinien detaillierter beschrieben ist als im HGB. Deshalb werden die Regelungen in den Einkommensteuerrichtlinien auch „still" ins Handelsrecht übernommen. So kann bspw. die Stichtagsinventur zehn Tage vor oder nach dem Bilanzstichtag auch handelsrechtlich angewendet werden. Obwohl die umgekehrte Maßgeblichkeit längst abgeschafft wurde, wird sie, wie dieses Beispiel deutlich zeigt, immer noch praktiziert.

3 Handelsrechtlicher Begriff des Vermögensgegenstandes und steuerlicher Begriff des Wirtschaftsgutes

3.1 Bilanzierung dem Grunde nach

Die Bilanzierung eines Gegenstandes dem Grunde nach bestimmt sich nach den GoB sowie den handels- und steuerrechtlichen Vorschriften. Nach § 242 Abs. 1 und § 246 Abs. 1 HGB sind aufgrund des Vollständigkeitsprinzips sämtliche Vermögensgegenstände (aktive Wirtschaftsgüter), Schulden (passive Wirtschaftsgüter) und Rechnungsabgrenzungsposten zu bilanzieren, soweit gesetzlich nichts anderes bestimmt ist. In § 247 HGB wird der Inhalt der Bilanz konkretisiert. Danach sind das Anlage- und Umlaufvermögen, das Eigenkapital, die Schulden (Verbindlichkeiten und Rückstellungen) sowie die Rechnungsabgrenzungsposten gesondert auszuweisen. In Zusammenhang mit § 240 Abs. 1 HGB, den Vorschriften über das zu erstellende Inventar, besteht dafür ein absolutes Ansatzgebot. Wegen dem Maßgeblichkeitsprinzip gilt für die Steuerbilanz dasselbe.

Von den grundsätzlich aktivierungs- und passivierungsfähigen Positionen haben bspw. Rechnungsabgrenzungsposten und Wertberichtigungen nur Korrekturcharakter. In § 248 Abs. 1 Nr. 1–3 und Abs. 2 HGB schließlich werden **Bilanzierungsverbote** konkretisiert. Danach ist der Ansatz als Aktivposition ausdrücklich verboten für

- Aufwendungen zur Gründung eines Unternehmens (z. B. Notarkosten, Beratungshonorare oder Eintragungs- und Publizitätskosten) und
- Aufwendungen für die Beschaffung von Eigenkapital (z. B. Emissionskosten oder Druckkosten für Anteilsrechte) und für
- Aufwendungen für den Abschluss von Versicherungsverträgen,
- selbst geschaffene Marken, Drucktitel, Verlagsrechte, Kundenlisten oder vergleichbare immaterielle Vermögensgegenstände des Anlagevermögens, die nicht entgeltlich erworben wurden.

Mit der steuerlichen Bestimmung des notwendigen und gewillkürten Betriebsvermögens wird auch über die **Bilanzierungsfähigkeit,** die Bilanzierungspflicht, die Bilanzierungswahlrechte und Bilanzierungsverbote bestimmter Vermögensgegenstände/Schulden entschieden, die in die Bilanz aufgenommen werden sollen, müssen oder dürfen. Der Bilanzansatz nach Handels- und Steuerrecht für Vermögensgegenstände und Schulden ist nur teilweise im Gesetz definiert und deshalb großenteils aus den GoB abzuleiten. Mit Hilfe der GoB sind folg. Merkmale für die Bestimmung der Bilanzierungsfähigkeit eines Vermögensgegenstandes relevant:

- Verkehrsfähigkeit:
  ein wirtschaftliches Objekt des Handels- und Rechtsverkehrs ist selbstständig verkehrsfähig, wenn es losgelöst vom Unternehmen übertragbar, veräußerbar, handels- und umsatzfähig ist; es muss sich um greifbare Rechte und Sachen handeln;
- selbstständige Bewertungsfähigkeit:
  die Bewertung muss unabhängig von anderen Vermögensgegenständen oder Vorteilen möglich sein. Es ist erforderlich, dass für den Gegenstand Anschaffungs- und Herstellungskosten entstanden sind, die zukünftige Einnahmenüberschüsse verkörpern;
- „sicherer" zukünftiger Wert:
  es muss ein über das einzelne Geschäftsjahr hinaus reichender Nutzen vorhanden sein, ansonsten würde es sich um einen Aufwand der Periode handeln;
- wirtschaftliches Eigentum (§ 246 Abs. 1 Satz 2 HGB, § 39 Abs. 2 Nr. 1 Satz 1 AO).

Sind diese Merkmale insgesamt erfüllt, liegt ein bilanzierungsfähiger **Vermögensgegenstand** vor, der handelsrechtlich aktivierungsfähig und auch aktivierungspflichtig ist, soweit kein Bilanzierungsverbot oder Bilanzierungswahlrecht vorliegt. Umgekehrt ist ein Vermögensgegenstand nicht gegeben, wenn nach dem sog. Objektivierungsgrundsatz eine selbständige Bewertungsfähigkeit und damit eine Aktivierungsfähigkeit nicht gegeben ist wie bspw. bei **Forschungskosten** oder dem originären, selbst geschaffenen Firmenwert. Hingegen ist bei einem derivativen, also entgeltlich erworbenen **Geschäfts- oder Firmenwert** eigentlich die Verkehrsfähigkeit auch nicht gegeben, aber es muss handelsrechtlich (§ 246 Abs. 1 Satz 4 HGB) eine Aktivierung des Firmenwertes vorgenommen werden, weil rein fiktiv ein zeitlich begrenzt nutzbarer Vermögensgegenstand unterstellt wird. Das ursprüngliche handelsrechtliche Aktivierungswahlrecht ist in eine Bilanzierungspflicht umgewandelt worden. Im Steuerrecht wird nicht von Vermögensgegenständen und Schulden gesprochen, sondern von positiven und negativen **Wirtschaftsgütern.** Positive Wirtschaftsgüter entsprechen handelsrechtlich den Vermögensgegenständen und negative Wirtschaftsgüter entsprechen Verbindlichkeiten und Rückstellungen. Steuerrechtlich sind in der Bilanz alle Wirtschaftsgüter zu aktivieren, die wie Vermögensgegenstände bilanzierungsfähig sein müssen, sich dem Vermögen des Bilanzierenden als wirtschaftliches Eigentum zurechnen lassen und dem Betrieb als Betriebsvermögen dienen. Ein Stpfl. darf nur Wirtschaftsgüter bilanzieren, die sich in seinem Betriebsvermögen befinden. Dies ist der Fall, wenn er wirtschaftlicher

Eigentümer ist. Gehört ein **Wirtschaftsgut** (z. B. ein Grundstück), das dem Betrieb unmittelbar dient, zivilrechtlich der Ehefrau des Stpfl., ist eine Aktivierung nicht möglich. Andererseits muss der Stpfl. ein Wirtschaftsgut aktivieren, wenn er zwar (noch) nicht das zivilrechtliche, aber das wirtschaftliche Eigentum des Wirtschaftsgutes erworben hat. Der wirtschaftliche Eigentümer übt die tatsächliche Sachherrschaft über ein Wirtschaftsgut aus, indem er den bürgerlich-rechtlichen Eigentümer auf Dauer von der Einwirkung auf das Wirtschaftsgut wirtschaftlich ausschließen kann, sodass letztlich der Herausgabeanspruch des juristischen Eigentümers wirtschaftlich bedeutungslos ist (§ 39 Abs. 2 Nr. 1 AO). Dies ist der Fall beim **Eigentumsvorbehalt** (§ 449 BGB) oder bei der Sicherungsübereignung (§§ 930, 868 BGB). Beim **Eigentumsvorbehalt** behält sich der Warenkreditgeber bis zur endgültigen Bezahlung das zivilrechtliche Eigentum an der gelieferten Ware vor. Bei der **Sicherungsübereignung** übereignet ein Stpfl., z. B. seiner Bank, zur Sicherung eines Kredites ein Wirtschaftsgut, wobei die tatsächliche Übergabe des Wirtschaftsgutes nicht erfolgt. In beiden Fällen erfolgt die Bilanzierung beim **wirtschaftlichen Eigentümer**. Darüber hinaus besteht handels- wie steuerrechtlich ein Bilanzierungsverbot für den **originären Geschäfts- oder Firmenwert**. Grundsätzlich sind diese Bilanzierungsverbote durch das Maßgeblichkeitsprinzip auch steuerrechtlich relevant. Besteht kein Bilanzierungsverbot, ergibt sich grundsätzlich eine Bilanzierungspflicht, es sei denn, der Bilanzierende nimmt im Gesetz verankerte Bilanzierungswahlrechte wahr. So bestehen handelsrechtlich Wahlrechte bspw. nach § 250 Abs. 3 HGB für das **Disagio** bei einer Kreditaufnahme. Bei diesen handelsrechtlichen Wahlrechten handelt es sich bei Aktivierung jedoch nicht um Vermögensgegenstände, sondern um Bilanzierungshilfen. Zudem haben Einzelunternehmen und Personengesellschaften bezüglich des gewillkürten Betriebsvermögens, das weder eindeutig dem betriebsnotwendigen Vermögen noch eindeutig dem Privatvermögen zuzurechnen ist, ein Aktivierungswahlrecht.

3.2 Aufbau und Gliederung der Handelsbilanz

Bilanzen können in Kontoform und in **Staffelform** aufgestellt werden. Die Staffelform ist im angloamerikanischen Bereich üblich, während in Deutschland die Kontoform den Aufbau der Bilanz bestimmt. Formal kann die Bilanz nach dem Prinzip der Rechtsverhältnisse gegliedert werden. Hier ist auf der Passivseite die Rechtsstellung der Kapitalgeber, also Eigen- und Fremdkapitalgeber ausschlaggebend und auf der Aktivseite die Einteilung der Vermögensgegenstände nach sachlichen und zeitlichen Gesichtspunkten in langfristiges Anlage- und kurzfristiges Umlaufvermögen (Abb. 3.1).

Die Bilanz kann auch nach dem Liquiditäts- und Fristigkeitsprinzip aufgebaut werden. Die Vermögensgegenstände sind nach dem Grad der Liquidierbarkeit gegliedert und das Kapital ist nach der Fristigkeit, der Fälligkeit des Kapitals, eingeteilt. So steht bspw. „gezeichnetes Kapital" bei einer Kapitalgesellschaft dem Unternehmen unbefristet

Aktiva	Bilanz zum ...	Passiva
Anlagevermögen		Eigenkapital
Umlaufvermögen		Fremdkapital

Abb. 3.1 Bilanzdarstellung

zur Verfügung. Die Passivseite zeigt die Seite der Kapitalherkunft auf und die Aktivseite die Seite der Kapitalverwendung (Abb. 3.2).

Die allgemeinen Vorschriften für Kaufleute (§§ 238 ff. HGB) enthalten für Einzelunternehmen und Personengesellschaften keine expliziten direkten Gliederungshinweise für die Bilanz. Indirekt wird aber über § 247 HGB doch eine Bilanzgrobgliederung vorgegeben. Unternehmen, die unter § 5 Abs. 1 PublG fallen, haben die Gliederungsvorschriften für Kapitalgesellschaften zu beachten. Mittelgroße und große Kapitalgesellschaften und bestimmte Personenhandelsgesellschaften (PublG!) müssen das gesamte vollständige Schema nach § 266 HGB für die Bilanzgliederung verwenden. Kleine Kapitalgesellschaften können eine verkürzte Bilanz aufstellen, indem sie die mit den arabischen Zahlen versehenen Posten weglassen (beachte § 266 Abs. 1 HGB und § 131 Abs. 1 AktG) (Abb. 3.3).

Da es für Einzelunternehmen und Personengesellschaften keine gesetzlichen Vorlagen zum Aufbau und Struktur der Handelsbilanz gibt, könnte die Handelsbilanz wie in der Abb. 3.4 ausschauen.

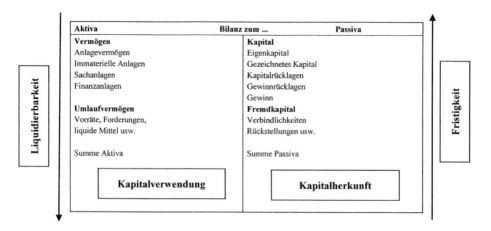

Abb. 3.2 Bilanzdarstellung nach Kapitalverwendung und Kapitalherkunft

3.2 Aufbau und Gliederung der Handelsbilanz

Gliederungsschema für kleine Kapitalgesellschaften § 266 HGB	
Aktiva	Passiva

A. Anlagevermögen
    I.   Immaterielle Vermögensgegenstände
    II. Sachanlagen
    III. Finanzanlagen
B. Umlaufvermögen
    I.   Vorräte
    II. Forderungen und sonstige Vermögensgegenstände
    III. Wertpapiere
C. Rechnungsabgrenzungsposten
D. Aktive latente Steuern
E. Aktiver Unterschiedsbetrag aus der Vermögensverrechnung
	A. Eigenkapital
	    I. Gezeichnetes Kapital
	    II. Kapitalrücklage
	    III. Gewinnrücklage
	    IV. Gewinnvortrag/Verlustvortrag
	    V. Jahresüberschuss/Jahresfehlbetrag
	B. Rückstellungen
	C. Verbindlichkeiten
	D. Rechnungsabgrenzungsposten
	E. Passive latente Steuern

Abb. 3.3 Gliederungsschema für kleine Kapitalgesellschaften § 266 HGB

Beispielshandelsbilanz für Einzelunternehmen und Personengesellschaften	
Aktiva	Passiva

A. Anlagevermögen
   I. Immaterielle Vermögensgegenstände
   II. Sachanlagen
      1. Grundstücke
      2. Technische Anlagen und Maschinen
      3. Andere Anlagen, Betriebs- und Geschäftsausstattung
   III. Finanzanlagen
B. Umlaufvermögen
   I. Vorräte
   II. Forderungen und sonstige Vermögensgegenstände
      1. Forderungen aus Lieferungen und Leistungen
      2. Sonstige Forderungen
   III. Wertpapiere
   IV. Kassenbestand und Bankguthaben
C. Rechnungsabgrenzungsposten
	A. Eigenkapital
	B. Rückstellungen
	C. Verbindlichkeiten
	      1. Verbindlichkeiten gegenüber Kreditinstituten
	      2. Verbindlichkeiten aus Lieferungen und Leistungen
	      3. Sonstige Verbindlichkeiten
	D. Rechnungsabgrenzungsposten

Abb. 3.4 Beispielshandelsbilanz für Einzelunternehmen und Personengesellschaften

3.3 Steuerbilanz

Nach dem Erstellen eines handelsrechtlichen Jahresabschlusses ist nach § 60 Abs. 2 EStDV die Steuerbilanz aus der Handelsbilanz unter Berücksichtigung steuerlicher Vorschriften abzuleiten. In einigen speziellen Fällen ist nur eine Steuerbilanz, aber keine Handelsbilanz zu erstellen (bspw. zum Zeitpunkt der Anwachsung einer Personengesellschaft an eine andere Personen- oder Kapitalgesellschaft). Die Steuerbilanz enthält grds. dieselben Positionen wie eine Handelsbilanz. In der folgenden Abb. 3.5 wird aufgezeigt, welche Positionen eine Steuerbilanz zusätzlich enthalten kann und welche handelsbilanziellen Positionen entfallen (selbst geschaffene immaterielle Vermögensgegenstände gem. § 248 Abs. 2 HGB, aktiver Unterschiedsbetrag aus der Vermögensverrechnung, Planvermögen und latente Steuern).

Aktiva		Passiva
Anlagevermögen		Eigenkapital
	Immaterielle Vermögensgegenstände (ohne selbstgeschaffene immaterielle Vermögensgegenstände)	Gezeichnetes Kapital
	Sachanlagen	Kapitalrücklagen
	Finanzanlagen	Gewinnrücklagen
Umlaufvermögen		Gewinn-/Verlustvortrag
	Vorräte	Jahresüberschuss/-fehlbetrag
	Forderungen und sonstige Vermögensgegenstände	steuerlicher Ausgleichsposten (bei Ableitung der Steuerbilanz aus der Handelsbilanz)
	Wertpapiere	nicht durch Eigenkapital gedeckter Fehlbetrag
	Kassenbestand, Bundesbankguthaben, Guthaben bei Kreditinstituten und Schecks	Steuerfreie Rücklagen
Aktive Ausgleichsposten für Organschaftsverhältnisse beim Organträger		Passiver Ausgleichsposten für Organschaftsverhältnisse beim Organträger
Aktive Rechnungsabgrenzungsposten		Sonstige Sonderposten
Nicht durch Eigenkapital gedeckter Fehlbetrag		Rückstellungen
		Verbindlichkeiten
		Passive Rechnungsabgrenzungsposten

Abb. 3.5 Steuerbilanz

Bilanzierung der Aktiva 4

4.1 Anlagevermögen

Nach § 247 Abs. 2 HGB sind beim Anlagevermögen nur die Vermögensgegenstände auszuweisen, die dem Geschäftsbetrieb dauernd zu dienen bestimmt sind. Eine mögliche genauere Gliederung des Anlagevermögens kann nach dem Bilanzschema gem. § 266 Abs. 2 A I–III HGB erfolgen. Dies entspricht auch der Mindestgliederung für kleine Kapitalgesellschaften (Abb. 4.1).

1. Immaterielle Vermögensgegenstände
2. Sachanlagen
3. Finanzanlagen

Die Aktivierungspflicht und die bilanzielle Behandlung (Bewertung) ist auch abhängig von der Art des Vermögensgegenstandes/Wirtschaftsgutes. Danach können unterschieden werden:

- materielle und immaterielle,
- abnutzbare und nicht abnutzbare,
- bewegliche und unbewegliche Vermögensgegenstände/Wirtschaftsgüter des Anlagevermögens.

Für die Darstellung des Anlagevermögens soll im Folgenden die Mindestgliederung für kleine Kapitalgesellschaften dienen.

Gliederungsschema für kleine Kapitalgesellschaften § 266 HGB
Aktiva

A. Anlagevermögen
    I Immaterielle Vermögensgegenstände
    II Sachanlagen
    III Finanzanlagen
B. Umlaufvermögen
    I Vorräte
    II Forderungen und sonstige Vermögensgegenstände
    III Wertpapiere
C. Rechnungsabgrenzungsposten
D. Aktive latente Steuern
E. Aktiver Unterschiedsbetrag aus der Vermögensverrechnung

Abb. 4.1 Gliederungsschema der Aktivseite für kleine Kapitalgesellschaften

4.1.1 Immaterielle Vermögensgegenstände

Die immateriellen Vermögensgegenstände untergliedern sich gem. § 266 Abs. 2 A I folgendermaßen:

1. selbst geschaffene gewerbliche Schutzrechte und ähnliche Rechte und Werte,
2. entgeltlich erworbene Konzessionen, gewerbliche Schutzrechte und ähnliche Rechte und Werte sowie Lizenzen an solchen Rechten und Werten,
3. Geschäft oder Firmenwert,
4. geleistete Anzahlungen.

Materielle VG sind nach den o. a. Merkmalen aktivierungsfähig und in der Handels- und Steuerbilanz aktivierungspflichtig gem. dem Vollständigkeitsgebot nach § 246 Abs. 1 HGB. Für die Aktivierungspflicht ist es unbedeutend, ob die Vermögensgegenstände/Wirtschaftsgüter selbst hergestellt oder gegen Entgelt erworben worden sind. Es ist unerheblich, ob sie dem Anlagevermögen oder Umlaufvermögen zuzuordnen sind. Bei den immateriellen Vermögensgegenständen hingegen ist zwischen Anlagevermögen und Umlaufvermögen zu unterscheiden. Immaterielle Vermögensgegenstände des Umlaufvermögens sind in der Handels- und Steuerbilanz aktivierungspflichtig, gleichgültig, ob sie selbst hergestellt oder entgeltlich erworben worden sind.

Immaterielle Vermögensgegenstände sind Werte ohne eine physische Substanz und sind auch nicht wie die Finanzanlagen monetär bedingt. Hierzu zählen Rechte wie

- Gewerbliche Schutzrechte (z. B. Patente, Urheberschutzrechte oder Warenzeichen),
- Konzessionen (Gastgewerbe, Fischereirechte, Wegerechte, usw.),
- Rein wirtschaftliche Werte (z. B. Software, ungeschützte Erfindungen, Kundenkarteien, usw.).

Mit Inkrafttreten des BilMoG können auch bestimmte **selbst geschaffene immaterielle Vermögensgegenstände** aktiviert werden, wie bspw. selbst hergestellte Software (§ 248 Abs. 2 Satz 1 HGB). Auf den aktivierten Betrag sind passive latente Steuern zu berechnen (Abschn. 7.2). Nicht aktiviert werden können bspw. Marken, Verlagsrechte, Kundenlisten und ähnliche Vermögensgegenstände, die nicht entgeltlich erworben wurden.

Bei den immateriellen Vermögensgegenständen/Wirtschaftsgütern des Anlagevermögens ist zwischen entgeltlich erworbenen, den sog. derivativen immateriellen Vermögensgegenständen und selbst geschaffenen, den sog. originären immateriellen Vermögensgegenständen zu unterscheiden. Nach altem Handels- und Steuerrecht unterlagen selbst geschaffene immaterielle Vermögensgegenstände des Anlagevermögens einem absoluten Bilanzierungsverbot. Da aber die Industriegesellschaft sich seit längerer Zeit in einem innovativen Wandel zur Wissensgesellschaft befindet, muss auch im Bilanzrecht dieser Entwicklung entsprochen werden. Immaterielle Werte wie ungeschützte Erfindungen, Patente, Software und auch eigene Entwicklungen neuer Produkte etc. gewinnen gerade in wissensbasierten Unternehmen immer größere Bedeutung, die dann auch für die Beurteilung eines Unternehmens im Jahresabschluss sichtbar gemacht werden sollten. Deshalb wurde das ursprünglich absolute Aktivierungsverbot für selbst geschaffene immaterielle Werte handelsrechtlich in § 248 Abs. 2 Satz 1 HGB in ein Wahlrecht umgewandelt. Eine Aktivierung wirkt sich somit gewinnerhöhend aus, was sich dann auch auf das Eigenkapital positiv auswirkt.

Hingegen besteht in der Steuerbilanz nach wie vor gem. § 5 Abs. 2 EStG für selbst geschaffene immaterielle Wirtschaftsgüter ein Aktivierungsverbot. Wird das handelsrechtliche Wahlrecht ausgeübt, führt dies zwangsläufig zum Entstehen von latenten Steuern.

Das handelsrechtliche (und auch steuerliche) Aktivierungsverbot für selbst geschaffene immaterielle Vermögensgegenstände des Anlagevermögens hatte gerade bei den sog. Start-up Unternehmen im Technologiebereich zur Folge, dass sich die Ertragssituation über Jahre hinweg negativ entwickelt hat, weil eben hohe erforderliche Entwicklungskosten nicht aktiviert werden konnten, sondern als Aufwendungen in der GuV verbucht werden mussten und folglich den Erfolg negativ beeinflussten. Da zwischen Forschungs- und Entwicklungskosten zu unterscheiden ist und **Forschungskosten** nicht aktiviert werden dürfen, grenzt § 255 Abs. 2a HGB die Entwicklungsphase von der Forschungsphase ab. Nach § 255 Abs. 2a Satz 3 HGB ist Forschung die „eigenständige und planmäßige Suche nach neuen wissenschaftlichen oder technischen Erkenntnissen oder Erfahrungen allgemeiner Art, über deren technische Verwertbarkeit und wirtschaftliche Erfolgsaussichten grundsätzlich noch keine Aussagen gemacht werden können". Aktivierungsfähige **Entwicklungskosten** sind demnach erst dann gegeben, wenn mit hoher Wahrscheinlichkeit davon ausgegangen werden kann, dass durch die Anwendung der Forschungsergebnisse ein immaterieller Vermögensgegenstand entstehen kann. Ist also eine eindeutige Trennung von Forschungs- und Entwicklungskosten nicht möglich, ist eine Aktivierung auch nicht möglich. Entwicklungskosten aber, die genau abgegrenzt werden können, sind aktivierungsfähig, auch wenn noch kein Vermögensgegenstand vorliegt.

> **Beispiel: Abgrenzung Forschungs- und Entwicklungskosten**
>
> Ein Autohersteller versucht einen neuen Motor zu entwickeln, der umweltfreundlicher und gleichzeitig leistungsfähiger sein soll. Am Anfang wird nach alternativen Materialien, Verfahren und Vorrichtungen gesucht, die die Entwicklung eines Prototyps ermöglichen sollen. Da weder ein technischer, noch ein wirtschaftlicher Nutzen zur Zeit feststeht, sind alle damit verbundenen Kosten als Forschungskosten zu definieren und dürfen deshalb nicht aktiviert werden. Sobald sich ein Prototyp abzeichnet und mit der Erstellung eines Prototyps angefangen werden kann und der Prototyp erfolgreich ist, handelt es sich nicht mehr um Forschungskosten, sondern um Entwicklungskosten, da ein zukünftiger technischer und wirtschaftlicher Nutzen zu erwarten ist. Die mit der Erstellung des Prototyps verbundenen Kosten können jetzt somit als Entwicklungskosten aktiviert werden. Sollte jedoch der Prototyp des Motors bspw. Feuer fangen, und man mit dem ganzen Prozess neu beginnen muss, ist eine klare Trennung zwischen Forschung und Entwicklung nicht möglich. Entsprechend dürfen dann natürlich keine Entwicklungskosten aktiviert werden. ◄

Zur Bestimmung der **Nutzungsdauer** des selbst geschaffenen immateriellen Vermögensgegenstands können bspw. die beabsichtigte Nutzung des Vermögensgegenstands, das Marktumfeld usw. herangezogen werden. Sofern die Nutzungsdauer von aktivierten selbst geschaffenen immateriellen Vermögensgegenständen des Anlagevermögens (§ 248 Abs. 2 HGB) nicht zuverlässig geschätzt werden kann, ist für die Annahme der Nutzungsdauer ein Zeitraum von zehn Jahren anzusetzen (§ 253 Abs. 3 Satz 3 HGB). Der unterstellte Ausnahmecharakter des Fehlens einer verlässlichen Nutzungsdauer-Schätzung könnte zum Normalfall werden.

Soweit in der Handelsbilanz selbst geschaffene immaterielle Vermögensgegenstände aktiviert werden, ist der Betrag in Höhe der aktivierten selbst geschaffenen immateriellen Vermögensgegenstände abzüglich der darauf fallenden passiven latenten Steuern nach § 268 Abs. 8 Satz 1 HGB ausschüttungsgesperrt.

Während für bestimmte selbst geschaffene immaterielle Vermögensgegenstände des Anlagevermögens in der Handelsbilanz ein Aktivierungswahlrecht und in der Steuerbilanz ein Aktivierungsverbot besteht, sind dagegen derivative immaterielle Vermögensgegenstände/Wirtschaftsgüter des Anlagevermögens grundsätzlich in der Handels- und Steuerbilanz zu bilanzieren. Dazu gehört auch der derivative Geschäfts- oder **Firmenwert**.

Nach § 246 Abs. 1 Satz 4 HGB wird der **entgeltlich erworbene (derivative) Geschäfts- oder Firmenwert** im Wege einer Fiktion in den Rang eines zeitlich begrenzt nutzbaren Vermögensgegenstandes erhoben und ist somit aktivierungspflichtig. Ein derivativer Geschäfts- oder Firmenwert liegt vor, wenn bei einem Unternehmenskauf der Käufer die Vermögensgegenstände und Schulden (Nettovermögen) des gekauften Unternehmens übernimmt und der Kaufpreis höher ist als der Substanzwert. Der Geschäfts- oder Firmenwert ist somit der Mehrwert, den das kaufende Unternehmen für das übernommene Unternehmen über dessen Substanzwert hinaus zu zahlen bereit ist. Zum Firmenwert gehören bspw. der Ruf des Unternehmens, die Qualität von Management und Mitarbeitern, die Marktgeltung usw. Der derivative Geschäfts- oder Firmenwert ist nach § 253 Abs. 3 Sätze 3 und 4 HGB planmäßig abzuschreiben, bei nicht vorhandener Werthaltigkeit außerplanmäßig (§ 253 Abs. 3 Satz 5 HGB) und zwar mit dem niedrigeren Wert, der ihm am Abschlussstichtag beizulegen ist. Dieser niedrigere Wert ist auch dann beizubehalten, wenn die Gründe hierfür nicht mehr bestehen (§ 253 Abs. 5 Satz 2 HGB). Demnach besteht für den entgeltlich erworbenen Geschäfts- oder Firmenwert ein Wertaufholungsverbot.

In der Praxis stellt sich aber oft die Frage, wie der beizulegende Zeitwert vom Geschäfts- oder Firmenwert zu ermitteln ist. Zwar ist der beizulegende Zeitwert in § 255 Abs. 4 HGB definiert, jedoch ist dies in der Praxis für die Bewertung des beizulegenden Zeitwerts unzureichend. Nach US-GAAP ist der beizulegende Zeitwert des Geschäfts- oder Firmenwerts als der Unterschiedsbetrag vom Barwert des Gesamtunternehmens und des beizulegenden Nettovermögens definiert. Hingegen ist der beizulegende Zeitwert vom Geschäfts- oder Firmenwert in IAS 36 als Barwert des Gesamtunternehmens minus Buchwert des Nettovermögens dargestellt. Da es handelsrechtlich keine genaueren Vorgaben zur Ermittlung des beizulegenden Zeitwerts des Geschäfts- oder Firmenwerts gibt, können grds. beide Verfahren angewendet werden. Das Verfahren nach IFRS ist zwar praktikabler, jedoch wird vom DRSC das Verfahren nach US-GAAP empfohlen.[1] Der Autor vertritt die Meinung, vorrangig das Verfahren nach IAS 36 zu nutzen, weil handelsrechtlich eher eine Annäherung an IFRS gewünscht wird.

Die Nutzungsdauer vom Geschäfts- oder Firmenwert muss verlässlich geschätzt werden. Dazu werden folgende Merkmale zur Beurteilung herangezogen:

- Wettbewerbsfähigkeit des erworbenen Unternehmens,
- Produktportfolio des erworbenen Unternehmens,
- Lebenszyklus der Produkte des erworbenen Unternehmens,
- Stabilität der Brache usw.

Sofern eine Schätzung nicht möglich ist, ist gem. § 253 Abs. 3 Satz 3 und 4 HGB der Geschäfts- oder Firmenwert über zehn Jahre abzuschreiben. Der Zeitraum, über den die planmäßige Abschreibung des entgeltlich erworbenen Geschäfts- oder Firmenwertes erfolgt, ist in jedem Fall im Anhang zu erläutern (§ 285 Nr. 13 HGB).

In der Steuerbilanz ist der entgeltlich erworbene Firmenwert mit den Anschaffungskosten als Wirtschaftsgut zu aktivieren. Die Anschaffungskosten sind zwingend über eine betriebsgewöhnliche Nutzungsdauer von 15 Jahren linear abzuschreiben (§ 7 Abs. 1 Satz 3 EStG). Sofern der Geschäfts- oder Firmenwert gem. § 6 Abs. 1 Nr. 1 Satz 2 EStG

---

[1] Vgl. Mujkanovic, R. 2015. Abschreibung des Geschäfts- oder Firmenwerts: Aufgabe des Vorsichtsprinzips und normierter Rechtsbruch? In: StuB, Bd. S. 292.

aufgrund einer voraussichtlich dauernden Wertminderung auf den niedrigeren Teilwert abgeschrieben wurde und die Gründe für die Teilwertabschreibung nicht mehr bestehen, ist im Gegensatz zum Handelsrecht eine Zuschreibung vorzunehmen.

Die in der Regel unterschiedliche handels- und steuerliche Abschreibungsdauer des Geschäfts- oder Firmenwerts führt zur Bildung aktiver latenter Steuern (Abschn. 7.2).

Beispiel: Geschäfts- oder Firmenwert § 246 Abs. 1 S. 4 HGB

Die Kauf-AG erwirbt die Union-AG durch Barzahlung. Der Kaufpreis beträgt 120.000 €. Die Bilanzen beider Unternehmen sehen wie folgt aus:

A	Bilanz Kauf-AG 31. 12. 2021		P
AV	280.000 €	EK	200.000 €
UV (Kasse)	120.000 €	FK	200.000 €
Bilanzsumme	400.000 €	Bilanzsumme	400.000 €

A	Bilanz Union-AG 31. 12. 2021		P
AV		EK	40.000 €
UV	180.000 €	FK	140.000 €
Bilanzsumme	180.000 €	Bilanzsumme	180.000 €

Verkehrswert (angenommen)	240.000 €
- FK	140.000 €
Zwischenwert	100.000 €
Kaufpreis	120.000 €
=FW	20.000 €

A	Bilanz Neues U' 01. 01. 2021		P
AV	280.000 €		
AV gekauftes U'	240.000 €	Eigenkapital	200.000 €
AV Firmenwert (derivativ)	20.000 €	Fremdkapital	340.000 €
UV Kasse	0 €		
Bilanzsumme	540.000 €	Bilanzsumme	540.000 €

◄

Soweit der Kaufpreis unter dem Substanzwert des Unternehmens liegt, entsteht ein **negativer Geschäfts- oder Firmenwert (Badwill)**. Ein Kaufpreis niedriger als der Substanzwert des Unternehmens kann entweder durch die negativen Ertragsaussichten des erworbenen Unternehmens oder als Glückskauf (**lucky buy**) erklärt werden. Im HGB befindet sich keine Regelung, die die Behandlung eines negativen Geschäfts- oder Firmenwerts im Einzelabschluss eindeutig regelt. Im Konzernabschluss ist ein Badwill (negativer Unterschiedsbetrag) nach § 301 HGB im Jahresabschluss auszuweisen. Nach

h. M. sind jedoch im Einzelabschluss beim Entstehen eines negativen Geschäfts- oder Firmenwerts zuerst die Zeitwerte der Vermögensgegenstände abzüglich der liquiden Mittel und Forderungen abzustocken. Ein etwaiger verbleibender negativer Geschäfts- oder Firmenwert ist gem. dem Realisationsprinzips nicht sofort als Ertrag zu buchen, sondern nach § 265 Abs. 5 HGB auf der Passivseite als Sonderposten nach dem Eigenkapital auszuweisen. Soweit die Gründe für den negativen Geschäfts- oder Firmenwert entfallen, ist dieser erfolgswirksam aufzulösen. Nach IFRS ist aber ein negativer Geschäfts- oder Firmenwert nach einer Überprüfung der Kaufpreisallokation sofort erfolgswirksam zu erfassen. Da sich das Handelsrecht (HGB) ständig bemüht, sich an die EU-Vorschriften anzugleichen und somit indirekt an die IFRS-Vorschriften, ist zu erwarten, dass es auch hier zu einer Änderung der Erfassung eines negativen Geschäfts- oder Firmenwerts kommen wird.

Steuerlich ist nach dem BFH-Urteil vom 26.04.2006 (I R 49, 50/04 BStBl 2006 II S. 656) ein Anschaffungsvorgang gem. Realisationsprinzip erfolgsneutral zu erfassen. Eine solche Anschaffung kann somit weder zu Gewinnen noch zu Verluste führen. Ein entstandener negativer Geschäfts- oder Firmenwert ist somit in der Steuerbilanz zu passivieren.

Vom Geschäfts- oder Firmenwert ist der **Praxiswert** abzugrenzen. Er stellt das Vertrauen der Klienten/ Mandate/ Patienten in die Fähigkeiten des Praxis- oder Kanzleiinhabers dar und beruht somit auf einem persönlichen Vertrauensverhältnis (BFH-Beschluss vom 29.04.2011, VIII B 42/10, Rz. 4). Im Gegensatz zum Geschäfts- oder Firmenwert ist er also personenbezogen. Handelsrechtlich wie auch steuerrechtlich ist ein derivativer Praxiswert zu aktivieren und über seine gewöhnliche Nutzungsdauer abzuschreiben. Nach dem BFH-Urteil vom 28.09.1993 (VIII R 67/92, BStBl 1994 II S. 449) ist beim Praxiswert von einer betriebsgewöhnlicher Nutzungsdauer von drei bis fünf Jahren auszugehen.

4.1.2 Sachanlagen

Das **Sachanlagevermögen** erfasst physisch greifbare Gegenstände, die dem Unternehmen dauerhaft zur Verfügung stehen (§ 247 Abs. 2 HGB). Nach § 266 Abs. 2 A II. untergliedert sich das Sachanlagevermögen wie folgt:

- Grundstücke, grundstücksgleiche Rechte und Bauten einschließlich der Bauten auf fremden Grundstücken,
- technische Anlagen und Maschinen,
- andere Anlagen, Betriebs- und Geschäftsausstattung,
- geleistete Anzahlungen und Anlagen im Bau.

Bei der Unterscheidung zwischen abnutzbaren und nicht abnutzbaren Vermögensgegenständen geht es um die Frage der planmäßigen Abschreibung der Anschaffungs- und Herstellungskosten über die (betriebsgewöhnliche) **Nutzungsdauer**. Bei nicht abnutzbaren Vermögensgegenständen wie bspw. Grundstücken erfolgt wegen der unbegrenzten

Nutzungsdauer kein planmäßiger Werteverzehr. Hingegen ist bei abnutzbaren Vermögensgegenständen des Anlagevermögens (z. B. Gebäude, technische Anlagen, Maschinen, Betriebs- und Geschäftsausstattung und andere Anlagen) die Nutzungsdauer zeitlich begrenzt. Der **Werteverzehr** eines Vermögensgegenstandes ist die **Abschreibung**, die nach der Nutzungsdauer zu bemessen ist.

Bewegliche Vermögensgegenstände sind Sachen (§ 90 BGB), Tiere (§ 90a BGB) und Betriebsvorrichtungen. Dazu gehören bspw. Autoaufzüge in Parkhäusern, Baustellencontainer zur Verwendung auf wechselnden Einsatzstellen, Lastenaufzüge oder Verkaufsautomaten.

Zu den unbeweglichen Vermögensgegenständen zählen Grund und Boden, Gebäude, Außenanlagen, Hof- und Platzbefestigungen, Straßenzufahrten und Umzäunungen bei Betriebsgrundstücken.

Vermögensgegenstände sind schließlich nach ihrer Zweckbestimmung dem Anlagevermögen oder dem Umlaufvermögen zuzuordnen. Dient ein Vermögensgegenstand dem Unternehmen dauerhaft (§ 247 Abs. 2 HGB), erfolgt die Zuordnung solcher Gebrauchsgüter zum Anlagevermögen. Typische Beispiele sind Betriebsgrundstücke, Gebäude, Maschinen, Fuhrpark, Betriebs- und Geschäftsausstattungen.

4.1.2.1 Gebäude und Grundstücke

Zum Betriebsvermögen gehörende Gebäude sind über ihre (betriebsgewöhnliche) Nutzungsdauer abzuschreiben. Soweit aber das Gebäude auf einem Grundstück errichtet wurde, das nicht dem Hersteller des Gebäudes gehört (**Gebäude auf einem fremden Grundstück**), ist das Gebäude grds. zivilrechtliches und wirtschaftliches Eigentum des Grundstückseigentümers. Nach § 39 Abs. 2 Nr. 1 AO gibt es jedoch eine Ausnahme, die folgendes besagt: „übt ein anderer als der Eigentümer die tatsächliche Herrschaft über ein Wirtschaftsgut in der Weise aus, dass er den Eigentümer im Regelfall für die gewöhnliche Nutzungsdauer von der Einwirkung auf das Wirtschaftsgut wirtschaftlich ausschließen kann, so ist ihm das Wirtschaftsgut zuzurechnen". Entsprechend kann der Hersteller des Gebäudes als wirtschaftlicher Eigentümer angesehen werden, wenn er bspw. das Gebäude mindestens über 50 Jahre nutzen kann und dieses Recht auch nicht durch den Tod des Berechtigten endet (BFH-Urteil vom 27.11.1996 – X R 92/99, BStBl II 1998, S. 97).

Nach dem BFH-Urteil vom 25.02.2010 (IV R 2/07 BStBl 2010 II S. 670) ist es jedoch für die Feststellung der Abschreibung (AfA) unerheblich, ob der Hersteller des Gebäudes auch wirtschaftlicher Eigentümer des Gebäudes ist. Wichtig ist nur, dass die Aufwendungen dem betrieblichen Interesse dienen. Das Gebäude ist in der Bilanz des Herstellers des Gebäudes als materielles Wirtschaftsgut zu behandeln und nach den geltenden AfA-Regeln für Gebäude abzuschreiben.

Das Handelsrecht orientiert sich in der Praxis grundsätzlich am Steuerrecht. Natürlich kann aber handelsrechtlich auch eine andere Abschreibungsdauer festgelegt werden.

Sollten aber Vereinbarungen getroffen sein, nach denen der Hersteller des Gebäudes wirtschaftlicher Eigentümer des Gebäudes ist, muss das Gebäude im Betriebsvermögen des Herstellers aktiviert und abgeschrieben werden. Dies ist bspw. der Fall, wenn der Grundstückseigentümer von der Substanz und dem Ertrag des Gebäudes für die gewöhnliche Nutzungsdauer ausgeschlossen werden kann. D. h., der wirtschaftliche Nutzen steht alleine dem Hersteller des Gebäudes zu.

Wurde ein Gebäude mit Grundstück erworben, stellt sich die Frage, wie der Kaufpreis auf das abnutzbare Gebäude und auf das nicht abnutzbare Grundstück zu verteilen ist. Grundsätzlich kann die Aufteilung gem. dem Kaufvertrag erfolgen, es sollte jedoch dabei die vom BMF aufgestellte **Arbeitshilfe zur Kaufpreisaufteilung**[2] beachtet werden. Im Streitfall muss seitens der Finanzverwaltung ein Gutachten angefordert werden.

4.1.2.2 Problematik der Zuordnung von Sachanlagenvermögen

Zuweilen ist die Zuordnung zur Betriebs- oder Geschäftsausstattung problematisch. Unter Betriebsausstattung sind alle Vermögensgegenstände zu verstehen, die unmittelbar der Herstellung und/oder der Leistungserbringung im Betrieb dienen. Bspw. gehören dazu Werkzeuge, Lagerausstattung, Fuhrpark, Kantinen usw. Zur Geschäftsausstattung zählen alle Vermögensgegenstände, die der administrativen Verwaltung und dem Vertrieb dienen, bspw. Büroeinrichtungen und Büromöbel, Computer, Kopiergeräte, Telekommunikationsanlagen usw.

4.1.2.3 Anlagengitter

Kapitalgesellschaften sind aufgrund der Informationsfunktion von Jahresabschlüssen verpflichtet, im Anhang die Entwicklung der einzelnen Positionen des Anlagevermögens in einem sog. **Anlagengitter** (**Anlagenspiegel**) in Form der direkten Bruttomethode gesondert ausweisen. Gesetzlich ist das Anlagengitter gem. § 284 Abs. 3 HGB wie folgt gegliedert:

- gesamte (historische) Anschaffungs- und Herstellungskosten,
- Zugänge,
- Abgänge,
- Umbuchungen,
- Zuschreibungen des Geschäftsjahres sowie
- Abschreibungen,
- Restbuchwerte (GJ und VJ).

Die Angaben zu den Abschreibungen im Anlagenspiegel wurden gem. § 284 Abs. 3 Satz 3 HGB erweitert:

- Abschreibungen des Geschäftsjahres,
- kumulierte Abschreibungen zu Beginn und Ende des Geschäftsjahres sowie

---

[2] BMF, Arbeitshilfe zur Kaufpreisaufteilung: https://www.bundesfinanzministerium.de/Content/DE/Standardartikel/Themen/Steuern/Steuerarten/Einkommensteuer/2020-04-02-Berechnung-Aufteilung-Grundstueckskaufpreis.html.

Posten im Anlagevermögen	AHK am Anfang der Periode	Zugänge	Abgänge	Umbuchungen	AHK am Ende der Periode			

Fortsetzung:

Posten im Anlagevermögen	Kumulierte Abschreibungen am Anfang der Periode	Abschreibungen der Periode	Zugänge	Abgänge	Umbuchungen	Kumulierte Abschreibungen am Ende der Periode	Zuschreibungen	Buchwert am Ende der Periode	Buchwert am Ende der Vorperiode

Abb. 4.2 Anlagengitter

- Änderung der kumulierten Abschreibungen im Zusammenhang mit Zu- und Abgängen sowie Umbuchungen während des Geschäftsjahres.

Sind in den Herstellungskosten von Positionen des Anlagevermögens Zinsen für Fremdkapital aktiviert worden, ist für jede einzelne Position des Anlagevermögens anzugeben, welcher Betrag an Zinsen im Geschäftsjahr postenbezogen aktiviert worden ist (§ 284 Abs. 3 Satz 4 HGB). Diese Angabe muss jedoch nicht zwingend im Anlagenspiegel erfolgen. Kleine Kapitalgesellschaften nach § 267 Abs. 1 HGB sind von der Aufstellung eines Anlagengitters befreit (§ 288 Abs. 1 Nr. 1 HGB, Erleichterungen für kleine Kapitalgesellschaften), können aber freiwillig im Anhang ein gesondertes Anlagenverzeichnis erstellen. Da der Gesetzgeber keine formalen Vorgaben über das Aussehen eines Anlagengitters vorgibt, wird in der Abb. 4.2 ein möglicher Aufbau vorgestellt.

Das Anlagengitter ist nach dem Bruttoprinzip zu erstellen. Danach sind alle Posten des Anlagengitters über die gesamte Nutzungsdauer mit ihren historischen Anschaffungs- und/oder Herstellungskosten abzüglich der kumulierten Abschreibungen zu erfassen.

Anschaffungs- und/ oder Herstellungskosten am Anfang der Periode
In dieser Rubrik sind alle zu Beginn des Geschäftsjahres vorhandenen Vermögensgegenstände des Anlagevermögens mit ihren historischen Anschaffungs- und/ oder Herstellungskosten darzustellen und um die im abgelaufenen Geschäftsjahr zugegangenen Vermögensgegenstände (**Zugänge**) zu erhöhen sowie um die abgegangenen Vermögensgegenstände (**Abgänge**) zu vermindern und um Umbuchungen zu erhöhen bzw. zu vermindern.

Zu beachten ist, dass sowohl Zugänge, Abgänge, wie auch Umbuchungen immer mit ihren historischen Anschaffungs- und/oder Herstellungskosten zu erfassen sind.

Zugänge
Zugänge neu erworbener Vermögensgegenstände sind im Geschäftsjahr des Erwerbs zu Anschaffungs- bzw. Herstellungskosten anzusetzen. In dem darauf folgenden Geschäftsjahr sind sie in die Spalte „historische Anschaffungs-/Herstellungskosten" umzubuchen.

4.1 Anlagevermögen

Abgänge
Werden Vermögensgegenstände aus dem Unternehmen entnommen oder verkauft, sind sie mit ihren historischen Anschaffungs-/Herstellungskosten in voller Höhe unter der Spalte „Abgänge" zu erfassen. Die bis zum Zeitpunkt des Ausscheidens angefallenen kumulierten Abschreibungen sind dort in der entsprechenden Spalte zu korrigieren.

Umbuchungen
Bereits vorhandene Anlagewerte, bspw. „Anlagen im Bau", sind nach ihrer Fertigstellung in den entsprechenden Posten des Anlagevermögens mit ihren historischen Anschaffungs- oder Herstellungskosten entsprechend umzubuchen.

Anschaffungs- und/ oder Herstellungskosten am Ende der Periode
Die Anschaffungs- und/ oder Herstellungskosten am Ende der Periode ergeben sich als Summe der Anschaffungs- und Herstellungskosten zum Anfang der Periode und der laufenden Zugänge, Abgänge und Umbuchungen.

Kumulierte Abschreibungen am Anfang der Periode
Alle in früheren Jahren vorgenommenen planmäßigen und außerplanmäßigen Abschreibungen abzüglich aller in Vorjahren vorgenommenen Zuschreibungen werden in der Spalte „kumulierte Abschreibungen am Anfang der Periode" erfasst.

Abschreibungen des Geschäftsjahres
Summe aller planmäßigen wie auch außerplanmäßigen Abschreibungen des laufenden Geschäftsjahres auf die am Ende des Geschäftsjahres vorhandenen Vermögensgegenstände.

Zuschreibungen
Sind in früheren Geschäftsjahren außerplanmäßige Abschreibungen vorgenommen worden, darf ein niedriger Wert nicht beibehalten werden, wenn die Gründe dafür nicht mehr bestehen (§ 253 Abs. 5 HGB). Es sind also Wertaufholungen bzw. Zuschreibungen vorzunehmen. Nur beim derivativen Geschäfts- oder Firmenwert ist ein niedriger Wertansatz beizubehalten. Zugänge, Abgänge und Umbuchungen i. Z. m. Abschreibungen.

Bei einem Abgang (bspw. Verkauf) eines Vermögensgegenstandes sind die damit zusammenhängenden Abschreibungen in der Spalte Abgänge zu erfassen. Bei Zugängen und Umbuchungen gilt Entsprechendes.

Kumulierte Abschreibungen am Ende der Periode
Kumulierte Abschreibungen des Vorjahres inklusive der in der laufenden Periode vorgenommenen Abschreibungen und die Änderungen der Abschreibungen abzüglich der Zuschreibungen sind in der Spalte „kumulierte Abschreibungen am Ende der Periode" zu erfassen.

Buchwert am Anfang und Ende der Periode

Der Buchwert am Anfang der Periode ist aus dem Vorjahr zu übernehmen oder er ergibt sich als Unterschied zwischen den Anschaffungs- und/ oder Herstellungskosten am Anfang der Periode und den kumulierten Abschreibungen am Anfang der Periode. Entsprechend wird der Buchwert am Ende der Periode als Unterschied zwischen den Anschaffungs- und Herstellungskosten am Ende der Periode und den kumulierten Abschreibungen am Ende der Periode berechnet.

Informationsfunktion

Die grundlegende Bedeutung in der Aufstellung eines Anlagenspiegels ist wohl darin zu sehen, dass damit Kapitalgesellschaften verpflichtet werden, ihrer Informationsfunktion verstärkt nachzukommen. Durch den Ausweis der historischen Anschaffungs-/ Herstellungskosten wird ein besserer Einblick in die Vermögenslage **gewährt.** Da im Anlagengitter auch die Abschreibungen des Geschäftsjahres und die kumulierten Abschreibungen dargestellt werden, kann damit über die Abschreibungspolitik auch ein Einblick in die Ertragslage des Unternehmens vermittelt werden (§ 264 Abs. 2 HGB).

> **Beispiel: Anlagengitter**
>
> Mit folgendem einfachen Beispiel wird der Anlagenspiegel über mehrere Geschäftsjahre dargestellt:
>
> | | |
> |---|---|
> | 2020 | Anschaffung Maschine A für 100 € im Januar 2020, Abschreibungen 10 % linear |
> | 2021 | Anschaffung Maschine B für 200 € im Januar 2021, Abschreibungen 10 % linear |
> | 2023 | Abgang Maschine A zum Buchwert am 30.06.2023 |
>
> **Lösungsvorschlag**
>
> | | AHK A[3] | Z | A | U | AHK E |
> |---|---|---|---|---|---|
> | 2020 | - | 100 | | | 100 |
> | 2021 | 100 | 200 | | | 300 |
> | 2022 | 300 | | | | 300 |
> | 2023 | 300 | | 100 | | 200 |
> | 2024 | 200 | | | | 200 |

---

[3] **AHK A** – Anschaffungs- und Herstellungskosten am Anfang der Periode, **Z** – Zugänge, **A** – Abgänge, **U** – Umbuchungen, **AHK E** – Anschaffungs- und Herstellungskosten am Ende der Periode

4.1 Anlagevermögen

	KA A[4]	Ab	Zu	Z	A	U	KA E	B A	B E
2020	0	10					10	0	90
2021	10	30					40	90	260
2022	40	30					70	260	230
2023	70	25			35		60	230	140
2024	60	20					80	140	120

◀

4.1.3 Finanzanlagevermögen

Finanzanlagevermögen entsteht durch die dauerhafte Überlassung von Kapital an andere Unternehmen. Nach § 266 Abs. 2 A. III. HGB untergliedern sich die Finanzanlagen wie folgt:

1. Anteile an verbundene Unternehmen,
2. Ausleihungen an verbundene Unternehmen,
3. Beteiligungen,
4. Ausleihungen an Unternehmen, mit denen ein Beteiligungsverhältnis besteht,
5. Wertpapiere des Anlagevermögens,
6. sonstige Ausleihungen.

Finanzanlagen sind monetäre Vermögensgegenstände im Eigentum eines Unternehmens. In der Bilanz werden sie auf der Aktivseite ausgewiesen und gehören zum Anlagevermögen. Zu den Finanzanlagen gehören alle dauerhaften Finanzinstrumente, speziell die Finanzinvestitionen des eigenen Unternehmens in andere Unternehmen. Das Unternehmen kann mit solchen Finanzinvestitionen als Eigenkapitalgeber bspw. durch Erwerb von Anteilen oder als Fremdkapitalgeber bspw. durch Gewährung von Darlehen aktiv werden. Es handelt sich also um Kapitalmarktpapiere und Finanzforderungen. Voraussetzung ist aber, dass diese finanziellen Verflechtungen langfristigen Charakter haben. Maßgebend für die Zuordnung zum Anlagevermögen ist nicht die Art der Finanzinvestition, sondern ihr Zweck. Und dieser ist es, dem Geschäftsbetrieb dauerhaft zu dienen. Finanzinvestitionen, die nicht dauernd dem Geschäftsbetrieb zu dienen bestimmt sind, müssen im Umlaufvermögen ausgewiesen werden. Je nach Einflussnahme, die sich aus der Investition ergibt, werden die Finanzanlagen in Beteiligungen, langfristig

---

[4] **KA A** – kumulierte Abschreibungen am Anfang der Periode, **Ab** – Abschreibungen, **Zu** – Zuschreibungen, **Z** – Zugänge, **A** – Abgänge, **U** – Umbuchungen, **KA E** – kumulierte Abschreibungen am Ende der Periode, **B A** – Buchwert am Anfang der Periode, **B E** – Buchwert am Ende der Periode.

gehaltene Wertpapiere und Ausleihungen kategorisiert. Wird mit der Finanzanlage mehr als nur eine angemessene Verzinsung angestrebt, liegt eine Beteiligung vor. Hinweise für eine Beteiligungsabsicht sind z. B. gegenseitige Lieferverträge. Beteiligungen können in Form von Aktien, Anteilen an einer GmbH, Komplementär- und Kommanditeinlagen und Beteiligungen als stiller Gesellschafter existieren. Liegt keine Beteiligungsabsicht vor, sind die Anlagen den Wertpapieren des Anlagevermögens zuzuordnen. Dazu zählen Kapitalmarktpapiere wie Aktien, Investmentanteile, festverzinsliche Wertpapiere und wertpapierähnliche Rechte (z. B. Bundesschatzbriefe). **Ausleihungen** im Sinne der Finanzanlagen sind ausschließlich finanzielle Forderungen, z. B. Hypotheken, Grund- und Rentenschulden sowie Darlehen, nicht aber Waren- und Leistungsforderungen. Ihre Laufzeit soll wenigstens ein Jahr betragen. Dem Umlaufvermögen werden Finanzanlagen zugerechnet, wenn sie nicht die Voraussetzung erfüllen, dauerhaft dem Geschäftsbetrieb zu dienen. **Finanzanlagen** stellen Investitionen in fremde Unternehmen oder langfristige Anleihen dar und müssen in der Bilanz angesetzt werden. Als Wertobergrenze sieht das HGB hierbei die Anschaffungskosten vor. Demzufolge gilt das gemilderte Niederstwertprinzip, das bei dauernden Wertminderungen eine Abschreibung auf den niedrigeren Wert vorsieht. Bei vorübergehenden Wertminderungen besteht handelsrechtlich ein Abschreibungswahlrecht.

4.1.3.1 Anteile an verbundenen Unternehmen

Einen Sonderfall bilden bei den Beteiligungen die gesondert auszuweisenden „Anteile an verbundenen Unternehmen". Den Begriff „der verbundenen Unternehmen" kennt das AktG (§§ 15 ff.) und das HGB. Nach § 271 Abs. 2 HGB sind verbundene Unternehmen solche, „die als Mutter- oder Tochterunternehmen (§ 290 HGB) in den Konzernabschluss nach den Vorschriften über die Vollkonsolidierung einzubeziehen sind …". I. S. d. HGB sind also verbundene Unternehmen immer Konzernunternehmen. Dies ist dann gegeben, wenn ein Unternehmen auf ein anderes Unternehmen unmittelbar und/oder mittelbar einen beherrschenden Einfluss auszuüben imstande ist, also Anteile über eine Beteiligungshöhe von mehr als 20 % verfügt. Wird jedoch eine dauerhafte Besitzabsicht der Anteile widerlegt, müssen diese Anteile im Umlaufvermögen ausgewiesen werden.

4.1.3.2 Ausleihungen an verbundene Unternehmen

Ausleihungen an verbundene Unternehmen sind langfristige Finanz- und Kapitalforderungen, die dazu bestimmt sind, dem Geschäftsbetrieb dauernd zu dienen. Dazu zählen bspw. langfristige Darlehen, Hypotheken und Grundschulden. Da es sich um Unternehmen handelt, mit denen ein Beteiligungsverhältnis besteht, sind bspw. bei einer Darlehensgewährung mit günstigen Konditionen andere Überlegungen von Bedeutung als bei Unternehmen, mit denen kein Beteiligungsverhältnis besteht. Demzufolge sind solche langfristigen Finanzforderungen oft kostengünstige Kredite an verbundene Unternehmen. Die Marge, in dem sich der Zinssatz bewegen kann, ist aber gering. Die Ausleihungen an verbundene Unternehmen müssen aber unter marktüblichen Konditionen vergeben werden. D. h., bei einem marküblichen Zinssatz von 5 % wäre die Vergabe von Darlehen bspw. mit einem Zinssatz von 0,5 % nicht marktüblich und könnte steuerlich zur Nichtanerkennung von Zinserträgen und Zinsaufwendungen führen. Im HGB findet sich für Ausleihungen dieser Art kein Hinweis. Es muss aber bei Unterstellung einer Daueranlageabsicht von einer Laufzeit von mehr als zwölf Monaten ausgegangen werden. Forderungen aus Lieferungen und Leistungen gelten unabhängig von ihrer Laufzeit nicht als Ausleihungen.

4.1.3.3 Beteiligungen

Beteiligungen sind nach § 271 Abs. 1 Satz 1 HGB Anteile an anderen Unternehmen, die bestimmt sind, dem eigenen Geschäftsbetrieb durch Herstellung einer dauernden Verbindung zu jenen Unternehmen zu dienen. Dabei ist nicht von Bedeutung, ob die Anteile in Wertpapieren verbrieft sind; auf die Form der Beteiligung kommt es nicht an. Entscheidend ist nicht die Beteiligungshöhe, sondern die Beteiligungsabsicht. Wird mit der Finanzanlage mehr als nur eine angemessene Verzinsung angestrebt, liegt eine Beteiligung vor.

Hinweise für eine Beteiligungsabsicht sind z. B. gegenseitige Lieferverträge oder Personalverflechtungen. Es muss ein Vertrag vorliegen, der z. B. feste Abnahmen garantiert und somit die Unternehmen zusammen verbindet. Im Zweifel gelten Beteiligungen bei Kapitalgesellschaften gem. § 271 Abs. 1 Satz 3 HGB auch, wenn ein Unternehmen mehr als 20 % des Nennkapitals der Gesellschaft als Anteile besitzt. Diese Vermutung ist aber widerlegbar. Die Mitgliedschaft in einer Genossenschaft ist laut HGB keine Beteiligung. Hingegen ist eine **Mitunternehmerschaft** i. S. d. § 15 Abs. 1 Nr. 2 EStG, eine Beteiligung an einer OHG oder KG oder eine a-typisch stille Gesellschaft immer eine Beteiligung. Handelsrechtlich sind die Anteile an einer typischen und an einer a-typischen stillen Gesellschaft als Beteiligungen auch anzusehen. Beteiligungen können in Form von Aktien, Anteilen an einer GmbH, Komplementär- und Kommanditeinlagen und Beteiligungen als stiller Gesellschafter existieren. Liegt keine Beteiligungsabsicht vor, so sind die Finanzanlagen den Wertpapieren des Anlagevermögens zuzuordnen.

4.1.3.4 Wertpapiere des Anlagevermögens

Wertpapiere des Anlagevermögens sind Wertpapiere, die, ohne dass eine Beteiligungsabsicht besteht bzw. die Beteiligungsvermutung gem. § 271 Abs. 1 Satz 3 HGB widerlegt werden kann, dazu bestimmt sind, dauerhaft (langfristig) dem Geschäftsbetrieb des Unternehmens als Kapitalanlage zu dienen (§ 247 Abs. 2 HGB). Hierzu gehören bspw. Aktien, Investmentanteile oder festverzinsliche Wertpapiere wie Bundesanleihen, Obligationen und Pfandbriefe.

4.1.3.5 Sonstige Ausleihungen

Diese Position beinhaltet alle sonstigen Ausleihungen, die den anderen Posten nicht zugeordnet werden können. Zu den sonstigen Ausleihungen sind also alle Ausleihungen zu rechnen, die nicht zu den Ausleihungen an verbundene Unternehmen oder an Unternehmen gehören, mit denen ein Beteiligungsverhältnis besteht, sofern eine Zugehörigkeit zum Anlagevermögen vorliegt (§ 247 Abs. 2 HGB). Es sind langfristige Finanz- und

Kapitalforderungen, die nicht mit einem verbundenen Unternehmen bestehen. Das können zum Beispiel Ausleihungen an Gesellschafter, Hypothekendarlehen oder Genossenschaftsanteile sein. Zu den sonstigen Ausleihungen zählen auch langfristig gebundene Miet- oder Pachtkautionen, während langfristige Mietvorauszahlungen aber als Rechnungsabgrenzungsposten (§ 250 Abs. 1 Satz 1 HGB) auszuweisen sind.

4.1.3.6 Bewertung der Finanzanlagen

Wertpapiere des Anlagevermögens und Beteiligungen sind handels- und steuerrechtlich mit den Anschaffungskosten zu bewerten. Die Anschaffungskosten umfassen neben dem Kaufpreis auch Anschaffungsnebenkosten wie bspw. Provisionen, Gebühren etc. Bei vorübergehenden Wertminderungen besteht bei Beteiligungen und Wertpapieren des Anlagevermögens handelsrechtlich ein Wahlrecht, eine außerplanmäßige Abschreibung auf den niedrigeren beizulegenden Wert gem. § 253 Abs. 3 Satz 4 HGB (**gemildertes Niederstwertprinzip**) vorzunehmen. Dieses Wahlrecht besteht nur für das Finanzanlagevermögen. Für das übrige Anlagevermögen besteht bei einer nur vorübergehenden Wertminderung ein Abschreibungsverbot. Bei einer voraussichtlichen dauerhaften Wertminderung gilt handelsrechtlich ein **Abschreibungsgebot** (§ 253 Abs. 3 Satz 3 HGB). Der beizulegende Zeitwert entspricht nach § 255 Abs. 4 Satz 1 HGB dem Marktpreis. Bei börsennotierten Unternehmen kann der Marktpreis vom aktuellen Börsenkurs abgeleitet werden. Bei nicht börsennotierten Unternehmen ist die Feststellung des Marktpreises oft problematisch. In der Praxis wird zur Berechnung des beizulegenden Zeitwerts von Finanzanlagen am häufigsten das zukunftsorientierte **Ertragswertverfahren** oder das **Discounted-Cashflow-Verfahren** genutzt. Während nach dem Ertragswertverfahren die zukünftigen erwarteten Nettoerträge (Gewinne) der Gesellschaft mit dem Marktzinssatz abzuzinsen sind, sind bei dem Discountend-Cashflow-Verfahren die zukünftigen erwarteten Zahlungsströme als abzuzinsende Größe zugrunde zu legen. Bei beiden Verfahren stellt sich die Frage der Ermittlung des Zinssatzes. Grundsätzlich kann der Kapitalisierungszinssatz angewendet werden, bei dem Discounted-Cashflow-Verfahren wären jedoch auch gewichtete durchschnittliche Kapitalkosten (WACC = weighted average cost of capital) möglich.

In der Steuerbilanz besteht nach § 6 Abs. 1 Nr. 2 Satz 2 EStG aber ein **Abschreibungswahlrecht** auf den niedrigeren Teilwert nur bei einer voraussichtlich dauernden Wertminderung. Gem. BFH-Urteil vom 21.09.2011 (I R 89/10 BStBl 2014 II S. 612) ist bei börsennotierten Unternehmen von einer voraussichtlich dauernden Wertminderung auszugehen, wenn der Börsenwert zum Bilanzstichtag im Vergleich zum Wert beim Erwerb der Aktien gesunken ist **und** der Kursverlust größer als die Bagatellgrenze von 5 % der Notierung bei Erwerb ist. Für GmbH's gibt es eine entsprechende Rechtsprechung nicht. Bestehen die Gründe für vorgenommene außerplanmäßige Abschreibungen nicht mehr, sind nach § 253 Abs. 5 HGB **Zuschreibungen** maximal bis zu den Anschaffungskosten vorzunehmen. Damit gilt ein rechtsformunabhängiges **Wertaufholungsgebot**. Auch steuerlich gilt rechtsformunabhängig ein uneingeschränktes **Zuschreibungsgebot** (§ 6 Abs. 1 Nr. 2 EStG).

Da steuerlich bei einer vorübergehenden Wertminderung eine Teilwertabschreibung bei Finanzanlagen nicht vorgenommen werden darf und bei einer voraussichtlich dauernden Wertminderung ein steuerliches Abschreibungswahlrecht besteht, ist es in der Praxis üblich, dass eine handelsrechtliche Wertminderung von Finanzanlagen als **vorübergehend** angesehen wird, mit der steuerlichen Konsequenz, dass dann steuerrechtlich nicht abgeschrieben werden darf. Zusätzlich hat diese Vorgehensweise den Vorteil, dass der Bilanzierende das Verzeichnis gem. § 5 Abs. 1 Satz 2 und 3 EStG (siehe Abschn. 9.1) nicht führen muss. Da aber eine vorgenommene Teilwertabschreibung bei Kapitalgesellschaften bei voraussichtlich **dauernder** Wertminderung gem. § 8b Abs. 3 KStG steuerlich nicht abzugsfähig ist, muss sie deshalb außerbilanziell wieder hinzugerechnet werden. Eine ggf. spätere Zuschreibung würde dann die Sachverhalte des § 8b Abs. 2 KStG auslösen und die Zuschreibung wäre somit nur mit 95 % steuerfrei. Bei Einzelunternehmen und Personengesellschaften ist eine Teilwertabschreibung gem. § 3c EStG i.V. m. § 3 Nr. 40 EStG nur zu 60 % (Teileinkünfteverfahren) ansetzbar, d. h. 40 % der vorgenommenen Teilwertabschreibung wird außerbilanziell wieder hinzugerechnet. Bei einer ggf. späteren Zuschreibung wäre der Ertrag aus der Zuschreibung nach dem Teileinkünfteverfahren zu 40 % steuerfrei.

An dieser Stelle ist nochmals darauf hinzuweisen, dass das steuerliche Wahlrecht unabhängig von den handelsrechtlichen Vorschriften ausgeübt werden kann, d. h. auch bei einer voraussichtlich dauernden Wertminderung muss steuerlich keine Abschreibung vorgenommen werden, auch wenn handelsrechtlich abgeschrieben wurde. In diesem Fall muss dann aber ein Verzeichnis gem. § 5 Abs. 1 Satz 2 und 3 EStG geführt werden.

Spezialfall Personengesellschaften
Die Bewertung von Personengesellschaften stellt steuerrechtlich einen Spezialfall dar. Während handelsrechtlich Personengesellschaften als ein einheitlicher Vermögensgegenstand angesehen werden und mit den Anschaffungskosten zu aktivieren sind, sind Personengesellschaften aus Sicht des Steuerrechts transparent. Das bedeutet, dass der Gesellschafter steuerrechtlich nicht die Anteile an einem Wirtschaftsgut, nämlich der Personengesellschaft hält, sondern dass er direkt in Höhe seiner Beteiligung an den einzelnen aktiven und passiven Wirtschaftsgütern der Personengesellschaft beteiligt ist.

Die Bilanzierung von Personengesellschaften erfolgt steuerrechtlich nach der sog. **Spiegelbildmethode** gem. § 39 Abs. 2 Nr. 2 AO. Nach dieser Methode wird die Summe der Kapitalkonten der Personengesellschaft in den Aktiva des Gesellschafters widergespiegelt. Die Anzahl der Kapitalkonten wird im Gesellschaftervertrag der Personengesellschaft vereinbart. Es müssen immer mindestens zwei Kapitalkonten bestehen – das Festkapitalkonto (das einbezahlte Kapital) und das variable Kapitalkonto (Gewinn-/Verlustanteile, Entnahmen/Einlagen). In die Summe der Kapitalkonten werden, soweit vorhanden, auch die Ergänzungsbilanzen zum Bilanzstichtag und die Summe der Abweichungen zwischen der Handelsbilanz und der Steuerbilanz gem. § 60 Abs. 2 EStDV einbezogen. Da es sich hierbei um steuerrechtliche Sachverhalte handelt, sind diese nicht vertraglich zu vereinbaren. Die Summe der Kapitalkonten stellt somit die Differenz zwischen den steuerbilanziellen Werten der Aktiva und den steuerbilanziellen Werten der Passiva zuzüglich der Ergänzungsbilanzen zum Bilanzstichtag dar.

> **Beispiele: Spiegelbildmethode**
>
> Die Groß-GmbH ist Kommanditistin der Klein-GmbH & Co. KG und hält 90 % der Anteile an der Klein-GmbH & Co. KG. Die Groß-GmbH hat die Anteile an der Klein-GmbH & Co. KG am 01.07.2020 mit 90.000 € erworben. Zum 31.12.2020 wurden die Anteile an der Klein-GmbH & Co. KG unverändert mit 90.000 € bilanziert. Zum 31.12.2021 erfolgte eine außerplanmäßige Abschreibung i.H.v. 20.000 € auf die Anteile an der Klein-GmbH & Co. KG. Das Festkapitalkonto der Klein-GmbH & Co. KG beläuft sich zum 31. 12. 2020 auf 32.000 € und das variable Kapitalkonto beläuft sich auf 5.000 €. Zum 31.12.2021 beläuft sich das Festkapitalkonto immer noch auf 32.000 €, aber das variable Kapitalkonto ist auf 8.000 € gestiegen.
>
> Wie sind die Anteile an der Klein-GmbH & Co.KG zum 31.12.2020 und zum 31.12.2021 steuerrechtlich zu bilanzieren?
>
> **Lösungsvorschlag:**
>
> Die handelsrechtliche Bewertung der Anteile an der Klein-GmbH & Co. KG ist steuerlich irrelevant. Zum 31.12.2020 müssen die Anteile an der Klein-GmbH & Co. KG der Höhe der Summe der Kapitalkonten entsprechen. Die Klein-GmbH & Co. KG ist somit in der Steuerbilanz der Groß-GmbH mit 37.000 € (Festkapitalkonto 32.000 € + variables Kapitalkonto 5.000 €) anzusetzen.
>
> Die im nächsten Jahr 2021 vorgenommene außerplanmäßige Abschreibung ist steuerlich nicht maßgebend. Die Anteile an der Klein-GmbH & Co. KG sind steuerlich weiterhin mit der Summe der Kapitalkonten zu bewerten. Die Klein-GmbH & Co. KG ist mit 40.000 € zu bilanzieren. ◄

Anlagengitter

Die Entwicklung der Finanzanlagen ist zusammen mit der Entwicklung der Sachanlagen gem. § 284 Abs. 3 HGB in einem besonderen Verzeichnis – dem Anlagengitter (Anlagenspiegel) zu führen. Das Anlagengitter wurde ausführlich in Abschn. 4.1.2.3 beschrieben.

4.1.4 Bilanzierung von Leasinggegenständen

Leasing ist die entgeltliche Nutzungsüberlassung, Vermietung und Verpachtung eines Objekts (Leasinggegenstandes) durch eine **Leasinggesellschaft** an den **Leasingnehmer**. Aus rechtlicher Sicht entspricht Leasing einem besonderem Mietverhältnis. Leasing ist eine Alternative zum Kreditkauf. Aus ökonomischer Sicht kann Leasing als Kreditform oder zumindest als Kreditsubstitut betrachtet werden, weil der externe Leasinggeber wie ein Kreditgeber es ermöglicht, dass ein Unternehmen ein Investitionsobjekt erwerben kann, ohne eigene Mittel einsetzen zu müssen und die aus dem Leasingvertrag geschuldeten „Mietbeträge" (**Leasingarten**) wie bei einem Kredit zu laufenden Belastungen während der Nutzungsdauer führen.

Rechtlich ist beim Leasing die Leasinggesellschaft immer juristischer (zivilrechtlicher) Eigentümer, während beim Kreditkauf das juristische Eigentum auf den Kreditnehmer übergeht. Für die Frage der Bilanzierung ist jedoch die Frage des **wirtschaftlichen Eigentums** von Bedeutung. Im HGB wie auch im Steuerrecht befindet sich keine Vorschrift, wie Leasinggegenstände zu bilanzieren sind. Deshalb hat das BMF ein Dokument, die ertragsteuerliche Behandlung von Leasing-Verträgen über bewegliche Wirtschaftsgüter, erlassen (BMF-Schreiben vom 19.04.1971, BStBl I S. 264). Das BMF-Schreiben ist aber auch für die Zwecke der handelsrechtlichen Bilanzierung anzuwenden.

Es gibt viele **Leasingarten,** die man nach unterschiedlichen Merkmalen (bspw. Art des Leasingobjekts, nach dem Leasinggeber usw.) einordnen kann. Die wichtigste Unterscheidung aus Sicht des bilanzierenden Unternehmens ist die nach dem Verpflichtungscharakter des Vertrags, nämlich Operating Leasing und Financial Leasing.

4.1.4.1 Operating Leasing

Beim Operating Leasing handelt es sich um einen kurzfristigen Vertrag, der vom Mieter unproblematisch gekündigt werden kann. Ein Operating-Leasingvertrag wird normalerweise geschlossen, wenn das Unternehmen den Gegenstand eine wesentlich kürzere Zeit als die betriebsgewöhnliche Nutzungsdauer nutzen möchte und bspw. sonstige technische oder wirtschaftliche Überholungsarbeiten auf den Leasinggeber überwälzen möchte. Ein Operating-Leasingvertrag entspricht damit einem Mietvertrag. Der Leasinggeber bilanziert das Leasingobjekt, und für den Leasingnehmer stellen die Leasingarten gewinnmindernde Aufwendungen dar.

4.1.4.2 Financial Leasing

Beim Financial Leasing wird ein längerfristiger Vertrag geschlossen, der von beiden Seiten in der sog. **Grundmietzeit** nicht gekündigt werden kann. Die Grundmietzeit ist kürzer als die betriebsgewöhnliche Nutzungsdauer. Die objektbezogenen Risiken, Reparatur- und Instandhaltungskosten sowie die Risiken des zufälligen Untergangs oder eine Verschlechterung des Leasingobjekts liegen beim Leasingnehmer. Ein Financial-Leasingvertrag ist. i. d. R. so ausgestaltet, dass der Leasinggeber mit den vereinbarten Leasingarten in der Grundmietzeit die Anschaffungs- oder Herstellungskosten des Objekts, Betriebskosten, Zinsen, Risikokosten und einen Gewinnaufschlag vom Leasingnehmer vergütet bekommt.

Nach Ablauf der Grundmietzeit hat sich die Investition für den Leasinggeber inklusive Kapitalkosten amortisiert. Mit einem solchen **Vollamortisationsvertrag** wird das Wertminderungsrisiko voll auf den Leasingnehmer übertragen. In der Praxis haben sich daneben Vertragsformen entwickelt, bei denen die Gesamtkosten nur zum Teil über die Leasingarten abgedeckt sind. Bei einem solchen **Teilamortisationsvertrag** lässt sich der Leasinggeber dieses Risiko dadurch absichern, dass er das Recht hat, dem Leasingnehmer den Leasinggegenstand am Ende der Grundmietzeit zu einem vorab festgelegten Restwert anzudienen. Dieser Restwerterlös soll die Amortisation des Leasingobjekts ermöglichen.

Im Folgenden wird auf die einzelnen Formen vom Financial Leasing eingegangen, die im BMF-Schreiben vom 19.04.1971 beschrieben werden:

- Spezialleasingvertrag
- Leasingvertrag ohne Kauf- oder Verlängerungsoption
- Leasingvertrag mit Kaufoption
- Leasingvertrag mit Mietverlängerungsoption

Von einem **Spezialleasingvertrag** wird gesprochen, wenn der Leasinggegenstand auf die speziellen Bedürfnisse des Leasingnehmers ausgerichtet ist und nach Ablauf der Grundmietzeit nur noch beim Leasingnehmer wirtschaftlich verwendbar ist. Ein Spezialleasinggegenstand kann bspw. ein gepanzertes Auto sein, das bspw. von Vorständen der größten DAX-Unternehmen genutzt wird. Folglich steht der wirtschaftliche Nutzen des Leasinggegenstands beim Leasingnehmer und ist somit beim Leasingnehmer zu bilanzieren.

Bei einem **Leasingvertrag ohne Kauf- oder Verlängerungsoption** kann der Leasingnehmer nach Ablauf der Grundmietzeit weder den Leasinggegenstand kaufen, noch den Leasingvertrag verlängern. Für die Bestimmung des Bilanzierenden ist das Verhältnis zwischen der Grundmietzeit und der betriebsgewöhnlichen Nutzungsdauer zu überprüfen. Soweit die Grundmietzeit weniger als 40 % oder mehr als 90 % der betriebsgewöhnlichen Nutzungsdauer beträgt, wird der Leasinggegenstand beim Leasingnehmer bilanziert. Im Bereich von mindestens 40 % und höchstens 90 % ist der Leasinggegenstand beim Leasinggeber zu bilanzieren.

Nach Ablauf des **Leasingvertrags mit Kaufoption** kann der Leasingnehmer den Leasinggegenstand vom Leasinggeber erwerben. Soweit die Grundmietzeit weniger als 40 % oder mehr als 90 % der betriebsgewöhnlichen Nutzungsdauer beträgt, wird der Leasinggegenstand beim Leasingnehmer bilanziert. Falls die Grundmietzeit mindestens 40 % oder höchstens 90 % der betriebsgewöhnlichen Nutzungsdauer beträgt, ist der Leasinggegenstand immer noch beim Leasingnehmer zu bilanzieren, wenn der Kaufpreis niedriger als der Restbuchwert bei Anwendung der linearen Abschreibung oder der niedrigere gemeine Wert ist. Hier wird unterstellt, der Leasingnehmer ist wirtschaftlicher Eigentümer, der auch bilanzieren muss. Ansonsten ist der Leasinggegenstand beim Leasinggeber (= wirtschaftlicher Eigentümer) zu bilanzieren.

Bei einem **Leasingvertrag mit Mietverlängerungsoption** kann der Leasingnehmer nach Ablauf der Grundmietzeit den Leasingvertrag auf unbestimmte oder bestimmte Zeit verlängern. Auch Leasingverträge ohne Mietverlängerungsoption sind in diese Gruppe einzubeziehen, wenn der Leasingvertrag nicht gekündigt wurde und automatisch verlängert wird. Soweit die Grundmietzeit weniger als 40 % oder mehr als 90 % der betriebsgewöhnlichen Nutzungsdauer beträgt, wird der Leasinggegenstand beim

4.1 Anlagevermögen

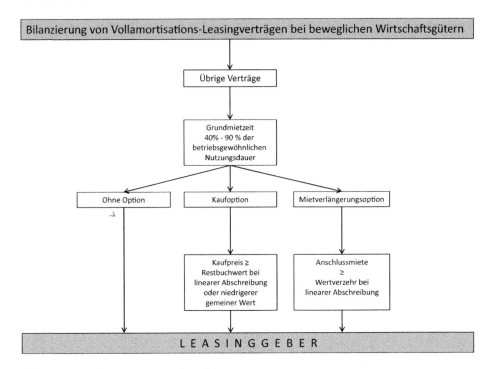

Abb. 4.3 Bilanzierung beim Leasinggeber

Leasingnehmer bilanziert. Falls die Grundmietzeit mindestens 40 % oder höchstens 90 % der betriebsgewöhnlichen Nutzungsdauer beträgt, ist der Leasinggegenstand immer noch beim Leasingnehmer zu bilanzieren, wenn die Anschlussmiete niedriger als der Wertverzehr des Leasinggegenstand bei Anwendung der linearen Abschreibung ist.

Die nachfolgenden Abbildungen stellen noch einmal zusammenfassend dar, wann Leasinggegenstände beim Leasinggeber (Abb. 4.3) und wann beim Leasingnehmer (Abb. 4.4) zu bilanzieren sind.

Soweit der Leasinggegenstand beim **Leasinggeber** bilanziert wird, ist er mit seinen AHK in der Bilanz des Leasinggebers zu aktivieren und über die betriebsgewöhnliche Nutzungsdauer abzuschreiben. Die Leasingarten stellen Betriebseinnahmen beim Leasinggeber und Betriebsausgaben beim Leasingnehmer dar (BMF-Schreiben vom 19.04.1971 Abschnitt IV).

Wird der Leasinggegenstand jedoch beim **Leasingnehmer** bilanziert, sind die einzelnen Bilanzierungsschritte komplexer. Der Leasingnehmer aktiviert den Leasinggegenstand in Höhe der AHK, die der Leasinggeber zur Berechnung der Leasingarten zugrunde gelegt hat, samt etwaiger Nebenkosten, die als AHK anzusehen sind und die nicht in die Berechnung einbezogen wurden. Der Leasinggegenstand ist beim Leasingnehmer über die betriebsgewöhnliche Nutzungsdauer abzuschreiben. Gleichzeitig muss

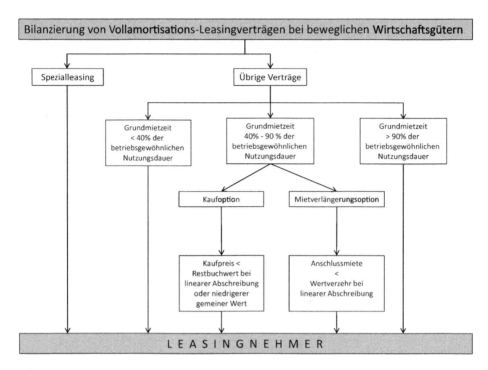

Abb. 4.4 Bilanzierung beim Leasingnehmer

aber in der Bilanz des Leasingnehmers eine Verbindlichkeit gegenüber dem Leasinggeber i. H. der AHK passiviert werden. Spiegelbildlich ist in derselben Höhe in der Bilanz des Leasinggebers eine Forderung gegenüber dem Leasingnehmer zu aktivieren. Die Leasingarten sind beim Leasingnehmer wie auch beim Leasinggeber in den Zins- und Kostenanteil und den Tilgungsanteil aufzuteilen. Der Zins- und Kostenanteil stellt jeweils Betriebsausgaben bzw. –einnahmen dar. Der Tilgungsanteil ist hingegen erfolgsneutral zu behandeln (BMF-Schreiben vom 19.04.1971 Abschnitt V).

4.2 Umlaufvermögen

Neben dem Anlagevermögen, dem Eigenkapital, den Schulden sowie den Rechnungsabgrenzungsposten ist auch das Umlaufvermögen gesondert auszuweisen (§ 247 HGB). Zum Umlaufvermögen gehören Vermögensgegenstände mit kurzfristigem Charakter wie bspw. Roh-, Hilfs- und Betriebsstoffe, Waren, Forderungen und diverse Finanzpositionen. Im Umlaufvermögen sind alle Vermögensgegenstände auszuweisen, die dem Geschäftsbetrieb nicht dauerhaft zu dienen bestimmt sind. Nach der Art eines Vermögensgegenstandes könnte in manchen Fällen eine Zuordnung zum Anlagevermögen oder Umlaufvermögen erfolgen, weshalb ausschließlich die Zweckbestimmung zugrunde zu legen ist.

4.2 Umlaufvermögen

Beispiele: Zuordnung zum Anlagevermögen und Umlaufvermögen

Grundstücke sind grundsätzlich Anlagevermögen, aber ein Grundstücksmakler muss zum Verkauf bestimmte Grundstücke im Umlaufvermögen bilanzieren.

Kraftfahrzeuge, soweit sie zum Verkauf bestimmt sind, sind beim Hersteller im Umlaufvermögen zu bilanzieren, beim erwerbenden Unternehmer aber im Anlagevermögen. Probleme bzgl. der bilanziellen Zuordnung können sich bei Vorführwagen eines Autohändlers ergeben. ◄

Nach § 266 Abs. 2 B I–IV HGB gliedert sich das **Umlaufvermögen** wie folgt:

1. Vorräte,
2. Forderungen und sonstige Vermögensgegenstände,
3. Wertpapiere,
4. Kassenbestand, Bundesbankguthaben, Guthaben bei Kreditinstituten und Schecks (liquide Mittel).

Bewertung des Umlaufvermögens

Vermögensgegenstände des Umlaufvermögens sind aufgrund des Anschaffungskostenprinzips (Vorsichtsprinzip) mit den Anschaffungs- oder Herstellungskosten zu bilanzieren, die sowohl in der Handelsbilanz wie auch in der Steuerbilanz die Bewertungsobergrenze bilden (§ 253 Abs. 1 Satz 1 HGB, § 6 Abs. 1 Nr. 2 EStG). Weiter ist wegen des Gläubigerschutzprinzips bei der Bewertung des Umlaufvermögens das **strenge Niederstwertprinzip** zu beachten. Nach § 253 Abs. 4 Satz 2 HGB sind handelsrechtlich Vermögensgegenstände selbst bei nur vorübergehender Wertminderung auf den niedrigeren Wert abzuschreiben, der sich aus einem Börsen- oder Marktpreis ergibt bzw. falls ein solcher nicht festzustellen ist, aus dem niedrigeren beizulegenden Wert abzuleiten ist. Der Börsen- oder Marktpreis ist der von Angebot, Nachfrage und Struktur des Marktes (Beschaffungs- und/oder Absatzmarkt) bestimmte tatsächlich gezahlte Preis. Für die bilanzielle Bewertung ist darauf zu achten, dass der Börsen- oder Marktpreis noch um die bei der Beschaffung oder Veräußerung anfallenden Aufwendungen zu erhöhen bzw. zu vermindern ist (bspw. XETRA-Gebühren bei Anschaffung von Wertpapieren). Der den Vermögensgegenständen beizulegende Wert ist entweder aus den Wiederbeschaffungskosten oder dem Verkaufspreis, vermindert um die bis zum Zeitpunkt des Verkaufs noch anfallenden Aufwendungen abzuleiten.

Geschätzter Verkaufserlös (nach Erlösschmälerungen wie bspw. Skontoabzug)
./. noch anfallender Aufwand (wie bspw. Verwaltungs - oder Vertriebsaufwand)
= Beizulegender Wert am Bilanzstichtag

Ist in früheren Jahren aufgrund des strengen Niederstwertprinzips eine außerplanmäßige Abschreibung vorgenommen worden, darf der niedrigere Wert nicht beibehalten werden, wenn die Gründe dafür nicht mehr bestehen (§ 253 Abs. 5 Satz 1 HGB). Alle Unternehmen müssen dann unabhängig von der Rechtsform- eine **Zuschreibung** (Wertaufholung) maximal bis zu den Anschaffungs- oder Herstellungskosten vornehmen.

Im **Steuerrecht** besteht nach § 6 Abs. 1 Nr. 2 Satz 2 EStG bei Wirtschaftsgütern des Umlaufvermögens bei einer voraussichtlich dauernden Wertminderung ein Wahlrecht, eine Teilwertabschreibung vorzunehmen. Gem. BMF-Schreiben vom 12.03.2010 (BStBl 2009 I S. 650) kann die steuerliche Wertaufholung unabhängig vom Handelsrecht durchgeführt werden. Das bedeutet, dass steuerlich nicht abgeschrieben werden muss, wenn handelsrechtlich abgeschrieben wurde. Bei einer nur vorübergehenden Wertminderung hingegen ergeben sich unterschiedliche handels- und steuerrechtliche Wertansätze. Steuerrechtlich darf bei einer nur vorübergehenden Wertminderung des Umlaufsvermögens der niedrigere Teilwert nicht angesetzt werden.

4.2.1 Vorräte

Zu den Vorräten gehören gem. § 266 Abs. 2 HGB:

1. Roh, Hilfs und Betriebsstoffe,
2. unfertige Erzeugnisse, unfertige Leistungen,
3. fertige Erzeugnisse und Waren,
4. geleistete Anzahlungen.

Vorräte sind zum Einsatz im betrieblichen Produktionsprozess bestimmte Verbrauchsgüter, und die aus diesem Produktionsprozess entstehenden fertigen und unfertigen Erzeugnisse. Zu den Vorräten zählen auch (Handels-)Waren und geleistete Anzahlungen auf bestellte Waren und andere Einsatzgüter.

Rohstoffe sind Grundstoffe, die im Produktionsprozess nach Be- und Verarbeitung in das Produkt eingehen und damit den Hauptbestandteil des Endproduktes bilden. **Hilfsstoffe** gehen meistens als Hilfsbestandteil substantiell in das Endprodukt ein wie bspw. Leim, Farbe, Nägel und Schrauben. **Betriebsstoffe** dienen nur mittel- oder unmittelbar der Produktion des Produktes wie Energie, Schmier- und Brennstoffe oder Kleinwerkzeug. Betriebsstoffe gehen nicht substantiell in die Produkte ein.

Der Begriff **unfertige Erzeugnisse, unfertige Leistungen** bezieht sich auf die fertigungstechnische Reife eines Produktes. Während unfertige Leistungen den Produktionsprozess noch nicht vollständig durchlaufen haben, sind Fertigerzeugnisse und zugekaufte **Waren** schon marktlich verwertbare Leistungen.

Bewertung von Vorräten: Nach dem Prinzip der Einzelbewertung sind alle Vorräte grundsätzlich einzeln und mit ihren Anschaffungs- und/oder Herstellungskosten zu bewerten. Bei bestimmten Vorräten ist aber wegen hoher Preisschwankungen eine Einzelbewertung kaum möglich. Bspw. sind Vermischungen bei bestimmten Vorräten wie etwa Heizöl oder Schüttgütern, die zu unterschiedlichen Preisen und Zeitpunkten erworben wurden, unvermeidlich. Zum Bilanzstichtag lässt sich dann nicht genau ermitteln, aus welcher Lieferung der jeweilige Schlussbestand stammt und zu welchem Preis er gekauft wurde.

Ist die Gleichartigkeit und Gleichwertigkeit der Vorräte gegeben, so können Verfahren von **Bewertungsvereinfachungen** angewendet werden. Dazu gehören die Gruppenbewertung, die Sammelbewertungsverfahren und das Festwertbewertungsverfahren gem. §§ 240, 256 HGB. Die Festwertbewertung und die Gruppenbewertung sind handels- und steuerrechtlich uneingeschränkt zulässig. Von den Sammelbewertungsverfahren sind handelsrechtlich die FIFO- und LIFO-Verfahren zulässig. Steuerrechtlich ist grundsätzlich nur das LIFO-Verfahren zulässig (vgl. aber § 6 Abs. 1 Nr. 2a EStG, R 6.9 Abs. 2 EStR). Die FIFO-Methode darf nur bei tatsächlicher Verbrauchsfolge wie dem Futterhochsilo angewendet werden.

4.2.2 Forderungen und sonstige Vermögensgegenstände.

Gem. § 266 Abs. 2 B. II. HGB i.V.m. § 272 HGB sind die Forderungen und sonstige Vermögensgegenstände in der Bilanz wie folgt auszuweisen:

- Forderungen aus Lieferungen und Leistungen
- Forderungen gegen verbundene Unternehmen
- Forderungen gegen Unternehmen, mit denen ein Beteiligungsverhältnis besteht
- Forderungen aus ausstehenden eingeforderten, aber noch nicht eingezahlten Einlagen
- Sonstige Vermögensgegenstände

Forderungen aus Lieferungen und Leistungen entstehen, wenn der Lieferer bereits die vertragliche Lieferung/Leistung erbracht hat, der Kunde aber bspw. wegen Einräumung eines Zahlungszieles noch nicht bezahlt hat.

Zu den **Forderungen gegenüber verbundenen Unternehmen** gehören Forderungen, die zwischen Unternehmen entstehen, deren Abschluss in einen Konzernabschluss einbezogen wird. Unter den Forderungen gegenüber verbundenen Unternehmen sind auch Forderungen aus Übernahme des Gewinnes und/oder Forderungen zur Abführung des Verlustes gemäß dem Ergebnisabführungsvertrag zu erfassen. Auch wenn der Ergebnisabführungsvertrag nur in §§ 291 ff. AktG geregelt ist, kann ein Ergebnisabführungsvertrag auch von einer GmbH abgeschlossen werden. Der Abschluss eines Ergebnisabführungsvertrags ist eine der zwingenden Bedingungen für die Entstehung einer körperschaftsteuerlichen und gewerbesteuerlichen Organschaft. Unter dieser Position sind auch **Forderungen aus dem Cash-Pooling** zu erfassen. Unter Cash-Pooling (Liquiditätsbündelung) ist in einem Konzern das Cash-Management zu verstehen. Ein Konzernunternehmen wird zum Cash-Pool-Führer ernannt und entzieht mittels Krediten Geld aus anderen verbundenen Unternehmen (Cash-Pool-Teilnehmer), die überschüssige Liquidität haben, und liefert mittels Krediten Geld an andere verbundene Unternehmen (Cash-Pool-Teilnehmer), die Liquiditätsengpässe haben. Somit soll die Notwendigkeit der Aufnahme von Fremdkapital im Konzern minimiert werden. In der Praxis ist es üblich, für die Forderungen gegenüber verbundenen Unternehmen einen **Forderungsspiegel** zu erstellen. Der Forderungsspiegel zeigt auf, welche Forderungen zu welchen verbundenen Unternehmen bestehen.

In der folgenden Abbildung wird ein einfaches Beispiel eines Forderungsspiegels der Tochter 2 gegenüber verbundenen Unternehmen, hier Mutter und Tochter 1 im Konzern XY aufgezeigt.

Forderungsspiegel von Tochter 2 im Konzern XY		
Forderungsart	Vertragspartner	Summe in EUR
Forderung aus Cash-Pool	Tochter 1	50.000
Forderung aus Darlehen	Mutter	90.000
Forderung aus EAV	Tochter 1	20.000

Die Position **sonstige Vermögensgegenstände** erfasst als Sammelposten die Vermögensgegenstände, die keinem anderen Posten im Umlaufvermögen zugeordnet werden können. Beispiele hierfür sind Steuerforderungen an das Finanzamt oder die Gemeinde, bezahlte Kautionen, Genossenschaftsanteile (ohne Beteiligungsabsicht).

4.2.2.1 Bewertung von Forderungen

Die handelsrechtliche Bewertung einer neu entstandenen Forderung unterliegt dem Anschaffungskostenprinzip (§ 253 Abs. 1 HGB). Erlösschmälerungen (bspw. Rabatte) sind bei der erstmaligen Erfassung der Forderung zu berücksichtigen. Für den steuerrechtlichen Bilanzansatz ist die handelsrechtliche Bewertung auf Grund des Maßgeblichkeitsprinzips von Bedeutung, es sei denn, es wurde wegen eines steuerlichen Wahlrechts ein anderer Ansatz gewählt (§ 5 Abs. 1 EStG).

In der Folgebewertung ist zum Bilanzstichtag nach dem Grundsatz der Einzelbewertung für jede **Forderung** handels- und steuerrechtlich das individuelle Ausfallrisiko wie bspw. die Zahlungsunfähigkeit eines Kunden als Einzelrisiko festzustellen. Der Kaufmann ist nach dem GoB „Vorsichtsprinzip" (§ 252 Abs. 1 Nr. 4 HGB) verpflichtet, alle vorhersehbaren Risiken und Verluste, die bis zum Bilanzstichtag angefallen sind (Imparitätsprinzip), in die Bewertung einfließen zu lassen. **Zweifelhafte Forderungen** sind nach dem Vorsichtsprinzip nach vernünftiger kaufmännischer Beurteilung bspw. durch Einbeziehen der Insolvenz- oder Vergleichsquote zu bewerten und auf den wahrscheinlichen Zahlungseingang abzuschreiben. **Uneinbringliche Forderungen** sind in voller Höhe abzuschreiben.

Liegt also der beizulegende Wert nach § 253 Abs. 4 HGB vorübergehend oder auf Dauer unter dem Nennwert der Forderung, dann ist handelsrechtlich wegen des strengen Niederstwertprinzips immer eine außerplanmäßige Abschreibung vorzunehmen. In der Steuerbilanz **kann** gem. § 6 Abs. 1 Nr. 2 EStG nur bei einer **voraussichtlich dauernden Wertminderung** eine Teilwertabschreibung vorgenommen werden.

Grundsätzlich ist das Prinzip der **Einzelbewertung** für den gesamten Forderungsbestand anzuwenden (§ 252 Abs. 1 Nr. 3 HGB). In der Bilanzierungspraxis ist das aber selten möglich, mit der Folge, dass der Forderungsbestand durch die Kombination von Einzelbewertungen und pauschalen Bewertungen gelöst werden muss. So sind insbesondere risikobehaftete Forderungen (z. B. Insolvenzfälle) einzeln zu bewerten, während der restliche Forderungsbestand einer pauschalen Bewertungsmethode unterliegt.

4.2 Umlaufvermögen

Wegen des allgemeinen Kreditrisikos ist immer eine **Pauschalwertberichtigung** für das allgemeine Ausfallrisiko bspw. einer Branchen- oder Konjunkturabschwächung zu bilden.

Sowohl bei der Einzelwertberichtigung wie auch bei der Pauschalwertberichtigung ist nicht von den Bruttorechnungsbeträgen (Nominalbeträgen der Forderungen), sondern vom Netto-Forderungsbestand (ohne Umsatzsteuer) bei der Berechnung der abzuschreibenden Beträge auszugehen, weil bei Forderungsausfällen die Umsatzsteuer berichtigt wird und vom Finanzamt nach § 17 Abs. 2 UStG erstattet wird.

Die steuerliche Bewertung von Forderungen orientiert sich grundsätzlich am Handelsrecht. Aber § 6 Abs. 1 Nr. 2 Satz 2 EStG räumt dem Steuerpflichtigen nur bei einem dauerhaft gesunkenen Teilwert der Forderung ein Bewertungswahlrecht ein, eine Teilwertabschreibung vorzunehmen oder die Forderung mit den ursprünglichen Anschaffungskosten zu bewerten. In diesem letzten Fall kann das zu unterschiedlichen Bewertungsansätzen der Forderungsbestände in Handels- und Steuerbilanz führen.

Basis für die Berechnung der **Pauschalwertberichtigung** sind natürlich das allgemeine Forderungsausfallrisiko, Skontoabzüge, später anfallende Preisreduzierungen, Kosten für das Mahnwesen etc. und Zinsverluste. Die Berechnung selbst erfolgt letztlich durch eine Schätzung auf der Basis von Erfahrungen der Vergangenheit, wobei man normalerweise von einem Zeitraum von drei Jahren ausgeht. Als erstes muss der maßgebliche Brutto-Forderungsbestand bekannt sein. Davon sind Forderungen abzuziehen, die einem besonderen und bekannten Risiko unterliegen wie bspw. Insolvenzfälle von Kunden. Deshalb sind hierfür Einzelwertberichtigungen vorzunehmen. Weiter sind auch besonders besicherte Forderungen, die durch eine Ausfallversicherung abgesichert sind, abzuziehen. Diese Bewertungen haben sich immer an den Verhältnissen des Bilanzstichtages zu orientieren.

Schematisch erfolgt die Ermittlung der Berechnungsbasis der Pauschalwertberichtigung wie folgt:

   Bruttoforderungen zum Bilanzstichtag
   ./. einzelwertberichtigte Forderungen, brutto
   = Zwischensumme
   ./. darin enthaltene Umsatzsteuer
   = Forderungen, netto
   ./. besonders gesicherte Forderungen, netto
   = Berechnungsbasis für die Pauschalwertberichtigung

Einen Spezialfall stellen **Forderungen gegenüber verbundenen Unternehmen** dar. Handelsrechtlich sind diese Forderungen, soweit sie uneinbringlich sind, wie alle anderen Forderungen zu behandeln und gem. dem strengen Niederstwertprinzip auf den niedrigeren beizulegenden Wert abzuschreiben. Steuerlich kann auf den niedrigeren Teilwert abgeschrieben werden. Jedoch ist die vorgenommene Teilwertabschreibung bei Kapitalgesellschaften gem. § 8 Abs. 3 Satz 4 KStG außerbilanziell wieder hinzuzurechnen, da der Sachverhalt als verdeckte Gewinnausschüttung angesehen wird.

Noch komplexer ist die Problematik bei **Forderungen aus Lieferungen und Leistungen gegenüber verbundenen Unternehmen.** Nach dem Beschluss des FG

Berlin-Brandenburg vom 29.08.2017 (Az: 11 V 11.184/17)[5] ist die Teilwertabschreibung von uneinbringlichen Forderungen gem. § 8 Abs. 3 Sätze 4 und 7 KStG wieder hinzuzurechnen, soweit die Forderung einen Darlehenscharakter aufweist. Dies ist laut Rechtsprechung der Fall, wenn für eine Mindestdauer ein Zahlungsaufschub oder besondere Stundungs- oder Fälligkeitsabreden vereinbart wurden, sodass keine Zwangsvollstreckung durchgeführt werden kann.

4.2.2.2 Fremdwährungsforderungen

Fremdwährungsforderungen sind nach § 256a Satz 1 HGB mit dem Devisenkassamittelkurs am Bilanzstichtag zu bewerten. Bei einer Restlaufzeit von einem Jahr oder weniger darf der höhere wie auch der niedrigere Devisenkassamittelkurs angesetzt werden. Bei einer Restlaufzeit von mehr als einem Jahr darf nur der niedrigere Devisenkassamittelkurs[6] gebucht werden, da höchstens die Anschaffungskosten bilanziert werden dürfen.

FREMDWÄHRUNGSFORDERUNGEN			
Handelsbilanz	**Kursteigerung**	**vorübergehende Kursminderung**	**voraussichtlich dauernde Kursminderung**
Mit einer Laufzeit von weniger als 1 Jahr	Höherer Devisenkassamittelkurs am Bilanzstichtag	Niedrigerer Devisenkassamittelkurs am Bilanzstichtag	Niedrigerer Devisenkassamittelkurs am Bilanzstichtag
Mit einer Laufzeit von mehr als 1 Jahr	Devisenkassamittelkurs zum Zeitpunkt der Aufnahme der Forderung	Niedrigerer Devisenkassamittelkurs am Bilanzstichtag	Niedrigerer Devisenkassamittelkurs am Bilanzstichtag
Steuerbilanz	**Kursteigerung**	**vorübergehende Kursminderung**	**voraussichtlich dauernde Kursminderung**
Mit einer Laufzeit von weniger als 1 Jahr	Devisenkassamittelkurs zum Zeitpunkt der Aufnahme der Forderung	Devisenkassamittelkurs zum Zeitpunkt der Aufnahme der Forderung	Niedrigerer Devisenkassamittelkurs am Bilanzstichtag **ODER** Devisenkassamittelkurs zum Zeitpunkt der Aufnahme der Forderung
Mit einer Laufzeit von mehr als 1 Jahr	Devisenkassamittelkurs zum Zeitpunkt der Aufnahme der Forderung	Devisenkassamittelkurs zum Zeitpunkt der Aufnahme der Forderung	Niedrigerer Devisenkassamittelkurs am Bilanzstichtag **ODER** Devisenkassamittelkurs zum Zeitpunkt der Aufnahme der Forderung

Abb. 4.5 Bilanzierung von Fremdwährungsforderungen

---

[5] Das Verfahren ist anhängig bei BFH.

[6] Bei einem Devisenkassamittelkurs von 1 € = 1 $ wird von einem niedrigeren Devisenkassamittelkurs gesprochen, wenn er auf 1 € = 1,2 $ sinkt.

Steuerrechtlich bilden Anschaffungskosten in beiden Fällen die Wertobergrenzen, das heißt, ein höherer Wert als die Anschaffungskosten darf nicht bilanziert werden. Ein niedriger Teilwert gem. § 6 Abs. 1 Nr. 2 EStG darf nur beim Vorliegen einer dauernden Wertminderung bilanziert werden (Abb. 4.5).

4.2.3 Wertpapiere

Zur Position „**Wertpapiere im Umlaufvermögen**" gehören „Anteile an verbundenen Unternehmen" und „sonstige Wertpapiere". Dazu zählen bspw. Aktien, Investmentanteile, Genussscheine, die nicht dauernd dem Unternehmen zu dienen bestimmt sind. Unter dem Posten „**Anteile an verbundenen Unternehmen**" im Umlaufvermögen sind nur entsprechende Wertpapiere auszuweisen, soweit eine dauernde Besitzabsicht widerlegt wird. Ist das nicht der Fall, dann muss der Ausweis im Anlagevermögen erfolgen. Unter „**sonstige Wertpapiere**" werden alle Wertpapiere bilanziert, die nur zur vorübergehenden Anlage angeschafft worden sind.

Bewertung von Wertpapieren: Wertpapiere sind mit den Anschaffungskosten inklusive angefallener Nebenkosten wie Maklergebühren, Xetra-Gebühren, Provisionen etc. zu aktivieren. Gleiche Wertpapiere, die zu verschiedenen Zeitpunkten erworben wurden, sind nach § 252 Abs. 1 Nr. 3 HGB einzeln zu bewerten. Handelsrechtlich müssen zum Umlaufvermögen gehörende Wertpapiere bei einer vorübergehenden und bei einer dauernden Wertminderung auf den niedrigeren beizulegenden Zeitwert abgeschrieben werden. Steuerlich ist jedoch eine Abschreibung auf den niedrigeren Teilwert nur bei einer voraussichtlich dauernden Wertminderung zulässig. Gem. BFH-Urteil vom 08.06.2011(I R 98/10 BStBl 2012 II S. 716) sind aber bei **festverzinslichen Wertpapieren** allein sinkende Kurse nicht als voraussichtlich dauernde Wertminderung anzusehen. Bei der Bestimmung der Teilwertabschreibung kommt es nur auf das Bonitäts- und Liquiditätsrisiko an. Bei **börsennotierten Wertpapieren**, die im Umlaufvermögen gehalten werden, gelten dieselben Regeln, als wenn diese im Anlagevermögen gehalten werden würden. Dazu siehe Abschn. 4.1.3.6.

4.2.4 Liquide Mittel

Liquide Mittel sind die frei verfügbaren Zahlungsmittel. Dazu gehören Kassenbestände und Guthabenbestände bei Kreditinstituten, Bundesbankguthaben und Schecks. Der Ausweis der liquiden Mittel erfolgt nach § 266 Abs. 2 B. III HGB.

Bewertung von liquiden Mitteln
Liquide Mittel sind mit ihrem Nennwert bzw. mit ihrem nominalen Wert anzusetzen. Soweit liquide Mittel in Fremdwährungen vorhanden sind, sind sie gem. § 256a HGB mit dem Devisenkassamittelkurs am Bilanzstichtag in Euro umzurechnen.

4.3 Planvermögen

Soweit sich ein Unternehmen verpflichtet, seinen Mitarbeitern bei Eintritt bestimmter Lebenssituationen (Invalidität, Renteneintritt, Eintritt in den Ruhestand) Versorgungsleistungen auszuzahlen, sind in der Handelsbilanz des Unternehmens diese Direktzusagen in Form von Pensionsrückstellungen zu passivieren. Diese Pensionsrückstellungen müssen aber vom sog. Planvermögen (Deckungsvermögen) gedeckt werden.

Vor dem Hintergrund der internationalen Rechnungslegungsvorschriften (IFRS) sieht § 246 Abs. 2 Satz 2 HGB eine Saldierungspflicht bei Vorhandensein bestimmter **Kriterien** vor, um als Planvermögen klassifiziert zu werden:

- beim Planvermögen (Deckungsvermögen) muss es sich um Vermögensgegenstände handeln,
- als Gläubiger hierfür dürfen nur Mitarbeiter in Frage kommen, die von den Pensionsrückstellungen betroffen sind, d. h. alle übrigen Gläubiger haben keinen Zugriff auf diese Vermögensgegenstände,
- diese Vermögensgegenstände dienen ausschließlich der Erfüllung von Schulden aus Altersversorgungsverpflichtungen oder vergleichbaren langfristig fälligen Verpflichtungen,
- und dieses Vermögen darf kein betriebsnotwendiges Vermögen darstellen.

Während für das Planvermögen im HGB ein Saldierungsgebot besteht[7], herrscht im Steuerrecht ein strenges Saldierungsverbot. Das bedeutet, dass in der **Handelsbilanz** das Planvermögen saldiert mit den Pensionsrückstellungen (Netto-Prinzip) ausgewiesen wird, in der **Steuerbilanz** das Planvermögen aber getrennt von der Pensionsrückstellungen (Brutto-Prinzip) zu bilanzieren ist. Das Saldierungsgebot in der Handelsbilanz gilt auch für die in der GuV sich befindenden entsprechenden Aufwendungen und Erträge aus der Auf- bzw. Abzinsung der Pensionsrückstellung und der damit zu verrechnenden Aufwendungen und Erträge (bspw. Zinserträge, Dividenden etc.) aus dem Planvermögen. Steuerlich müssen aber die Erträge und Aufwendungen zusammenhängend mit dem Planvermögen getrennt ausgewiesen werden.

Gem. § 253 Abs. 1 Satz 4 HGB ist das **Planvermögen** mit dem **beizulegenden Zeitwert** zu bewerten. Dies gilt auch dann, wenn der beizulegende Zeitwert höher als die Anschaffungskosten ist. Es kommt somit zu einer Durchbrechung des Anschaffungskostenprinzips. Soweit also der beizulegende Zeitwert abzüglich der damit zusammenhängenden passiven latenten Steuern die Anschaffungskosten des Planvermögens übersteigt, ist für den übersteigenden Betrag gem. § 268 Abs. 8 Satz 1 und 3 HGB eine

---

[7] Bis zum Inkrafttreten des BilMoG galt im Zusammenhang mit der betrieblichen Altersversorgung für entsprechende Vermögensgegenstände und Schulden ein allgemeines handels- und steuerrechtliches Saldierungsverbot. Dies gilt auch nach wie vor gem. § 5 Abs. 1a EStG für die Steuerbilanz.

4.3 Planvermögen

Ausschüttungssperre zu beachten. Der beizulegende Zeitwert des Planvermögens (Deckungsvermögens) kann bspw. über den Marktpreis bestimmt werden.

Eine **Ausnahme** bilden Kleinstkapitalgesellschaften gem. § 267a HGB. Diese dürfen gem. § 253 Abs. 1 Satz 5 HGB eine Bewertung zum beizulegenden Zeitwert nur dann vornehmen, wenn sie von keinen Erleichterungen gem. § 264 Abs. 1 Satz 5, § 266 Abs. 1 Satz 4, § 275 Abs. 5 und § 326 Abs. 2 HGB Gebrauch gemacht haben. Soweit sie mindestens von einer Erleichterungsvorschrift Gebrauch machen, ist das Planvermögen höchstens mit den Anschaffungskosten zu bilanzieren.

Übersteigt der beizulegende Zeitwert des Planvermögens (Deckungsvermögens) den Betrag der zugehörigen Schulden (Barwert der Pensionsrückstellung), dann ist auf der Aktivseite der Bilanz der übersteigende Betrag gem. § 266 Abs. 2 E HGB in der Position **„Aktiver Unterschiedsbetrag aus der Vermögensverrechnung"** auszuweisen. Liegt aber der Barwert der Pensionsrückstellung über dem Zeitwert des Planvermögens, ist nur die saldierte **Netto-Pensionsrückstellung** zu passivieren.

Steuerrechtlich ist diese Durchbrechung des Anschaffungskostenprinzips verboten. Die Vermögensgegenstände, die der Deckung der Pensionsrückstellungen dienen, werden somit gem. § 6 Abs. 1 Nr. 2 Satz 1 EStG zu (fortgeführten) Anschaffungskosten bewertet. Aber eine Abschreibung auf den niedrigeren Teilwert gem. § 6 Abs. 1 Nr. 1 EStG ist zulässig.

Im **Anhang** sind gem. § 285 Nr. 25 HGB Angaben über die Anschaffungskosten, den beizulegenden Zeitwert des Planvermögens und den Erfüllungsbetrag der Pensionsrückstellung zu machen. Auch in diesem Zusammenhang müssen verrechnete Erträge und Aufwendungen aufgezeigt werden. Nach § 285 Nr. 28 HGB ist im Anhang auch der Betrag der Ausschüttungssperre, resultierend aus der Verrechnung der Pensionsrückstellung mit dem Planvermögen, anzugeben.

Beispiel: Planvermögen

Angenommen, das Unternehmen ABC-GmbH investiert in X-Aktien, die als Planvermögen für Pensionsrückstellungen dienen sollen. Die GmbH kauft 1000 Aktien für je 1 €. Vor dem Kauf der Aktien sieht die Handelsbilanz der ABC-GmbH zu Beginn des Geschäftsjahres 2021 wie folgt aus:

Aktiva	€	Passiva	€
Anlagevermögen		*Eigenkapital*	
Sachanlagen	24.000	Gezeichnetes Kapital	25.000
Umlaufvermögen		*Rückstellungen*	
Kassenbestand	2000	Pensionsrückstellung	1000
Summe Aktiva	**26.000**	**Summe Passiva**	**26.000**

Die Problematik der latenten Steuern bleibt in diesem Beispiel unberücksichtigt.

Alternative 1: Bis zum Ende des Geschäftsjahrs 2021 hat sich der Wert der X-Aktie positiv entwickelt und ist auf 2 € je Aktie gestiegen. Entsprechend ist das Planvermögen mit dem beizulegenden Zeitwert, also mit 2000 € zu bewerten. Unter der Annahme, dass am Jahresende die Pensionsrückstellung handelsrechtlich mit 1100 € anzusetzen ist, besteht gem. § 246 Abs. 2 HGB ein Saldierungsgebot des Planvermögens mit der Pensionsrückstellung. Dann sieht die Handelsbilanz zum Ende des Geschäftsjahrs 2021 wie folgt aus:

Aktiva	€	Passiva	€
Anlagevermögen		*Eigenkapital*	
Sachanlagen	24.000	Gezeichnetes Kapital	25.000
Umlaufvermögen		Jahresüberschuss	900
Kassenbestand	1000	*Rückstellungen*	
Aktiver Unterschiedsbetrag aus der Vermögensverrechnung	900	Pensionsrückstellung	0
Summe Aktiva	**25.900**	**Summe Passiva**	**25.900**

Handelsrechtlich gilt für den Jahresüberschuss i. H. v. 900 € eine Ausschüttungssperre.

Steuerrechtlich wird das Deckungsvermögen höchstens mit den (fortgeführten) Anschaffungskosten, also mit 1000 € bewertet. Angenommen, der steuerliche Wert der Pensionsrückstellung beläuft sich auf 1200 €, dann darf kein „aktiver Unterschiedsbetrag aus der Vermögensverrechnung" in der Steuerbilanz ausgewiesen werden, weil steuerrechtlich ein Saldierungsverbot besteht. Die Steuerbilanz sieht dann wie folgt aus:

Aktiva	€	Passiva	€
Anlagevermögen		*Eigenkapital*	
Sachanlagen	24.000	Gezeichnetes Kapital	25.000
Finanzanlagen (Planvermögen)	1000	Jahresfehlbetrag	−200
Umlaufvermögen		*Rückstellungen*	
Kassenbestand	1000	Pensionsrückstellung	1200
Summe Aktiva	**26.000**	**Summe Passiva**	**26.000**

Alternative 2: Am Ende des Geschäftsjahrs 2021 hat sich der Wert der X-Aktie negativ entwickelt und ist auf 0,5 € je Aktie gefallen. Handelsrechtlich beläuft sich das Planvermögen also auf 500 €. Angenommen, der Wert der Pensionsrückstellung beträgt – wie bei Alternative 1–1100 €. Das Planvermögen ist auch in diesem Fall mit der Pensionsrückstellung zu saldieren, wobei aber kein aktiver Unterschiedsbetrag aus der Vermögensverrechnung in der Handelsbilanz ausgewiesen wird, da der Barwert der Pensionsrückstellung höher als der Zeitwert des Planvermögens ist. Die Handelsbilanz sieht dann wie folgt aus:

4.3 Planvermögen

Aktiva	€	Passiva	€
Anlagevermögen		*Eigenkapital*	
Sachanlagen	24.000	Gezeichnetes Kapital	25.000
		Jahresfehlbetrag	−600
Umlaufvermögen		*Rückstellungen*	
Kassenbestand	1000	Pensionsrückstellung	600
Summe Aktiva	**25.000**	**Summe Passiva**	**25.000**

In der Steuerbilanz ist aber das Deckungsvermögen weiterhin – genau wie bei Alternative 1 – getrennt von der Pensionsrückstellung auszuweisen und höchstens mit den Anschaffungskosten, also mit 1000 € zu bewerten. Da es sich hier um keine voraussichtlich dauernde Wertminderung handelt, wird eine Abschreibung auf den niedrigen Teilwert nicht vorgenommen. Angenommen, die Pensionsrückstellung beläuft sich – wie bei Alternative 1 – auf 1200 €, dann sieht die Steuerbilanz wie folgt aus:

Aktiva	€	Passiva	€
Anlagevermögen		*Eigenkapital*	
Sachanlagen	24.000	Gezeichnetes Kapital	25.000
Finanzanlagen (Deckungsvermögen)	1000	Jahresfehlbetrag	−200
Umlaufvermögen		*Rückstellungen*	
Kassenbestand	1000	Pensionsrückstellung	1200
Summe Aktiva	**26.000**	**Summe Passiva**	**26.000**

Weitere Bewertungsfragen der Aktiva 5

Nachdem über die Bilanzierungsfähigkeit von Vermögensgegenständen entschieden worden ist, stellt sich bei der Aufstellung der Bilanz die Frage nach deren weiteren Wertansätzen. Folgende Bewertungsbegriffe sind zu unterscheiden:

- Anschaffungskosten,
- Herstellungskosten,
- Abschreibungen,
- Teilwertabschreibung,
- Wertaufholungsgebot,
- Vorliegen einer dauernden Wertminderung,
- Tages oder Zeitwert,
- Teilwert,
- Gemeiner Wert,
- Substanzwert.

5.1 Anschaffungskosten

Anschaffungskosten sind Aufwendungen, die geleistet werden, um einen Vermögensgegenstand zu erwerben und ihn in einen betriebsbereiten Zustand zu versetzen. Zu den Anschaffungskosten gehören auch Nebenkosten, nachträgliche Anschaffungskosten und dem Vermögensgegenstand einzeln zuordenbare Anschaffungspreisminderungen, die bei der Ermittlung der Anschaffungskosten zu berücksichtigen sind (§ 255 Abs. 1 HGB).

Abb. 5.1 Anschaffungskosten

Anschaffungspreis (i.d.R. Nettorechnungsbetrag)
- Anschaffungskosten-Minderungen (Skonti, Rabatte, Abschläge für Qualitätsminderungen)
+ Nebenkosten der Anschaffung
+ nachträgliche Anschaffungskosten

= Anschaffungskosten

Nach dieser handelsrechtlichen Definition ergeben sich die Anschaffungskosten wie in Abb. 5.1 dargestellt.

Bei den **Anschaffungsnebenkosten** kann folgende Dreiteilung vorgenommen werden:

- Nebenkosten des Erwerbs:
  - Bankprovisionen, Transaktionskosten und Maklergebühren beim Erwerb von Wertpapieren,
  - Kosten der Begutachtung,
  - Grunderwerbsteuer beim Erwerb von Grundstücken, Notariats- und Grundbuchamtsgebühren,
  - Vermittlungsprovisionen (Makler).
- Nebenkosten der Verbringung in die Unternehmung:
  - Transportkosten bei Fremdtransport,
  - Transportversicherung,
  - Verpackungs- und Frachtkosten.
- Nebenkosten der Inbetriebnahme:
  - Kosten für das Erstellen von Fundamenten,
  - Montagekosten,
  - Kosten behördlicher Zulassungen (bspw. eines Kfz).

Die Anschaffungskosten umfassen auch die beim Kauf eines Vermögensgegenstandes bzw. Wirtschaftsgutes übernommenen Verbindlichkeiten.

Beispiel: Ermittlung der Anschaffungskosten – Anschaffungsnebenkosten

Erwerb eines unbebauten Grundstückes zum Barpreis von 100.000 € und gleichzeitiger Übernahme folgender Verbindlichkeiten: rückständige Grundsteuer i. H. v. 300 € und Hypothek über 8000 €. Die Anschaffungskosten betragen also 108.300 € zuzüglich noch weiterer anfallender Nebenkosten (GrESt, Kosten für die Beurkundung des Kaufvertrages). Nicht zu den Anschaffungskosten gehört die in Rechnung gestellte Umsatzsteuer, soweit sie nach § 15 UStG als Vorsteuer abziehbar ist (§ 9b Abs. 1 EStG). Hingegen erhöht die nicht abzugsfähige Vorsteuer die Anschaffungskosten. Leistet der Erwerber für den angeschafften Vermögensgegenstand als Entgelt eine Leibrente, dann sind die Anschaffungskosten der **Rentenbarwert**. Dieser ist der Kapitalwert, der nach versicherungs- und finanzmathematischen Grundsätzen zu berechnen ist. Der Wegfall der Leibrentenverpflichtung bei Tod des Veräußerers führt nicht zu einer Minderung der Anschaffungskosten. ◀

Zuweilen problematisch erscheint die Abgrenzung der **nachträglichen Anschaffungskosten**. Nach dem **BMF-Schreiben vom 18.07.2003** (BStBl 2003 I S. 386, Rz. 3) sind bei entgeltlich erworbenen Gebäuden Instandsetzungs- und Modernisierungsaufwendungen nicht als nachträgliche Anschaffungskosten anzusehen, wenn das Gebäude ab dem Zeitpunkt der Anschaffung zweckbestimmt zur Erzielung der Einkünfte genutzt wird und somit grds. betriebsbereit ist. Sollen die Instandsetzungs- und Modernisierungsaufwendungen jedoch dazu dienen, das entgeltlich erworbene Gebäude gem. seiner zukünftigen Zweckbestimmung funktionstüchtig und nutzungsbereit zu machen, sind sie als nachträglichen Anschaffungskosten zu berücksichtigen (BStBl 2003 I S. 386, Rz. 4). Zweckbestimmung bedeutet, dass nicht die jetzige Nutzung, sondern der zukünftige Nutzungszweck maßgebend ist. Wird bspw. eine vermietete Wohnung angeschafft, die zukünftig aber als Büro dienen soll, sind die Umbauaufwendungen als nachträgliche Anschaffungskosten anzusehen, auch wenn kurzfristig Mieteinnahmen geflossen sind.

> **Beispiel: Ermittlung der Anschaffungskosten – nachträgliche Anschaffungskosten**
>
> Das Unternehmen IM-GmbH kauft am 01.07.2021 einen Pkw zu einem Preis von 24.000 € zzgl. 19 % USt. Am 01.01.2022 wurde zusätzlich ein Navigationssystem zu einem Preis von 1.000 € zzgl. 19 % USt gekauft. Die Nutzungsdauer des Firmenwagens beläuft sich auf 6 Jahre. Mit welchem Wert ist der Pkw in der Handelsbilanz zum 31.12.2021 und zum 31.12.2022 zu bilanzieren?
>
> **Lösungsvorschlag:**
>
> Zum 31.12.2021 ist der Pkw mit den fortgeführten Anschaffungskosten, also mit Anschaffungskosten i. H. v. 24.000 € vermindert um anteilsmäßige Abschreibungen i. H. v. 2000 € (24.000 €: 6: (12 × 6)) zu bilanzieren. Der Pkw wird in der Handelsbilanz also mit 22.000 € aktiviert.
>
> Zum 01.01.2022 haben sich die fortgeführten Anschaffungskosten (22.000 €) um die nachträglichen Anschaffungskosten (1.000 €), die dem Wert des zugekauften Navigationssystems entsprechen, erhöht. Die neue Abschreibungshöhe ist sodann aus den neuen erhöhten Anschaffungskosten zu berechnen und entspricht 4.181,82 € (23.000 €: 5,5) pro Jahr. Zum 31.12.2022 ist der Pkw mit Navigationssystem in der Handelsbilanz mit 18.818,18 € zu bilanzieren. ◀

5.2 Herstellungskosten

Vermögensgegenstände sind nach § 253 Abs. 1 Satz 1 HGB höchstens mit den Anschaffungs- oder Herstellungskosten anzusetzen. Herstellungskosten sind damit der Bewertungsmaßstab für alle Güter, die nicht erworben, sondern im Unternehmen ganz oder teilweise selbst hergestellt worden sind. Dabei kann es sich um produzierte, aber noch nicht veräußerte unfertige und/oder fertige Erzeugnisse des Umlaufvermögens oder selbst erstellte und genutzte Güter des Anlagevermögens, bspw. Maschinen und Gebäude, handeln.

Nach § 255 Abs. 2 HGB sind Herstellungskosten die Aufwendungen, die durch den Verbrauch von Gütern und die Inanspruchnahme von Diensten für die Herstellung eines Vermögensgegenstandes, seine Erweiterung oder für eine über seinen ursprünglichen Zustand hinausgehende wesentliche Verbesserung entstehen. Das bedeutet, dass zu den bisherigen Pflichtbestandteilen Materialeinzelkosten, Fertigungseinzelkosten und Sondereinzelkosten der Fertigung auch angemessene Teile der notwendigen Materialgemeinkosten (z. B. Transport und Prüfen des Fertigungsmaterials), der notwendigen Fertigungsgemeinkosten (z. B. Raumkosten, Unfallstationen der Fertigungsstätten), und des Werteverzehrs des Anlagevermögens (Abschreibungen), soweit durch die Fertigung veranlasst, in die Herstellungskosten einzubeziehen sind.

Bei der Bestimmung der Herstellungskosten dürfen (Wahlrecht) handelsrechtlich nach § 255 Abs. 2 Satz 3 HGB Kosten der allgemeinen Verwaltung (bspw. Personalbüro, Betriebsrat, Ausbildungswesen, Werkschutz etc.) sowie Aufwendungen für soziale Einrichtungen des Betriebes (bspw. Aufwendungen für Kantine), Kosten für freiwillige soziale Leistungen (Jubiläumszuwendungen, Weihnachtsgratifikationen) und Kosten für die betriebliche Altersversorgung eingerechnet werden.

Steuerlich wurde mit der Fassung der R 6.3 EStÄR 2012 eine deutliche Erweiterung bzw. Änderung des steuerlichen Herstellungsbegriffes vorgenommen. Damit wurde für angemessene Teile der Verwaltungskosten und weiterer Aufwendungen eine Aktivierungspflicht eingeführt mit der Folge, dass es zu einer erneuten Abweichung zwischen handels- und steuerrechtlichen Herstellungskosten kam.

Die ursprünglich durch das BilMoG ermöglichte Übereinstimmung des Handelsrechts an das Steuerrecht (R 6.3 EStR 2008) bei der Zusammensetzung der Herstellungskosten wurde von der Finanzverwaltung ignoriert. Durch die von der Finanzverwaltung geforderte Aktivierungspflicht wurde die steuerliche Wertuntergrenze angehoben (vgl. Abb. 5.2).

Nach R 6.3 EStÄG 2012 zählten zu den steuerlichen Herstellungskosten (Aktivierungspflicht) der angemessene Teil der

- Kosten der allgemeinen Verwaltung:
  Aufwendungen für die Geschäftsleitung, Einkauf und Wareneingang, Betriebsrat, Personalbüro, Rechnungswesen, Feuerwehr und Werkschutz, Werkschutz u. a.
- Aufwendungen für soziale Einrichtungen:
  bspw. Aufwendungen für die Kantine und Freizeitgestaltungen der Mitarbeiter, Erholungsheime, Bibliotheken u. a.

5.2 Herstellungskosten

Systematik zur Ermittlung der Herstellungskosten in der Handels- und Steuerbilanz

Definition gem. § 255 Abs. 2 Satz 1 HGB

Aufwendungen, die entstehen durch
- Verbrauch von Gütern und
- Inanspruchnahme von Diensten,

um einen Vermögensgegenstand
- herzustellen,
- zu erweitern oder
- wesentlich zu verbessern

Kostenarten/Aufwendungen	Handelsbilanz § 255 Abs. 2 S.2 und S. 3 HGB	Steuerbilanz RL 6.3 EStR 2008	Steuerbilanz RL 6.3 EStÄR 2012	Steuerbilanz § 6 Abs. 1 Nr. 1b EStG 2017
Materialeinzelkosten Fertigungseinzelkosten Sondereinzelkosten der Fertigung	AKTIVIERUNGSPFLICHT			
Materialgemeinkosten Fertigungsgemeinkosten Werteverzehr des Anlagevemögens	AKTIVIERUNGSPFLICHT			
= Aktuelle Handels- und steuerrechtliche Wertuntergrenze				
Kosten der allgemeinen Verwaltung Aufwendungen f. soziale Einrichtungen Aufwendungen f. freiwillig soz. Leistungen Aufwendungen f. betriebl. Altersversorgung	WAHLRECHT	WAHLRECHT	AKTIVIERUNGS-PFLICHT	WAHLRECHT
Fremdkapitalzinsen	AKTIVIERUNGSWAHLRECHT UNTER BESTIMMTEN VORAUSSETZUNGEN § 255 Abs. 3 HGB			
= Handels- und steuerrechtliche Wertobergrenze				
Forschungskosten Vertriebskosten	AKTIVIERUNGSVERBOT § 255 Abs. 2 letzter Satz HGB			

Abb. 5.2 Systematik zur Ermittlung der Herstellungskosten in der Handels- und Steuerbilanz

- Aufwendungen für freiwillige soziale Leistungen:
  Aufwendungen für Jubiläumsgeschenke, freiwillige Beihilfen und Weihnachtszuwendungen, Wohnungsbeihilfen.
- Aufwendungen für die betriebliche Altersversorgung:
  Beiträge zu Direktversicherungen, Zuführungen zu Pensionsrückstellungen, Zahlungen an Pensions- und Unterstützungskassen.

Im Mai 2016 hat der Deutsche Bundestag mit dem Gesetz zur Modernisierung des Besteuerungsverfahrens eine neue Herstellungskosten-Regelung beschlossen. Zur Inanspruchnahme des in § 255 Abs. 2 Satz 3 HGB eingeräumten Wahlrechts zur Berechnung der Herstellungskosten werden mit § 6 Abs. 1 Nr. 1b EStG die Herstellungskosten wie folgt definiert: „Bei der Berechnung der Herstellungskosten brauchen angemessene Teile der allgemeinen Verwaltung sowie angemessene Aufwendungen für soziale

Einrichtungen des Betriebs, für freiwillige soziale Leistungen und für die betriebliche Altersversorgung im Sinne des § 255 Abs. 2 Satz 3 HGB nicht einbezogen zu werden, soweit diese auf den Zeitraum der Herstellung entfallen. Das Wahlrecht ist bei Gewinnermittlung nach § 5 EStG in Übereinstimmung mit der Handelsbilanz auszuüben." Mit dieser gesetzlichen Regelung wird der o. a. Auffassung der Finanzverwaltung eindeutig widersprochen und zudem dem Maßgeblichkeitsprinzip der Handelsbilanz für die Steuerbilanz Rechnung getragen.

Fremdkapitalzinsen gehören nur ausnahmsweise zu den Herstellungskosten, falls das Fremdkapital speziell für die Produktion eines bestimmten Vermögensgegenstandes aufgenommen wurde (§ 255 Abs. 3 Satz 2 HGB, R 6.3 Abs. 5 EStR).

Für Vertriebs- **und Forschungskosten** besteht ein absolutes Aktivierungsverbot (§ 255 Abs. 2 Satz 4 HGB). Zu den Vertriebskosten gehören i. d. R. auch Lagerkosten. Soweit aber die Lagerung Teil des Produktionsprozesses darstellt, handelt es sich um Fertigungsgemeinkosten, die aktivierungspflichtig sind.

> **Beispiele: Lagerkosten als Fertigungsgemeinkosten**
>
> Holz, Käse, Whisky, Sekt, Wein, Champagner. ◄

Von den Forschungs- und Entwicklungskosten für Grundlagenforschung und Neuentwicklungen, wie sie häufig in der pharmazeutischen und chemischen Industrie vorkommen, sind die Entwicklungskosten abzugrenzen. Seit Inkrafttreten des BilMoG besteht für Entwicklungskosten von selbst geschaffenen immateriellen Vermögensgegenständen des Anlagevermögens ein handelsrechtliches **Aktivierungswahlrecht** (§ 255 Abs. 2a i.V. m. § 248 Abs. 2 HGB).

Die handels- und steuerrechtlichen Zurechnungen zur Bestimmung der Herstellungskosten werden schematisch in der Abb. 5.2 dargestellt.

Handelsrechtlich gibt es also bilanzpolitischen Spielraum für den Bereich der Aktivierungswahlrechte, der aber ein Abweichen von den angewendeten Wahlrechten nach § 252 Abs. 1 Nr. 6 HGB nur in begründeten Ausnahmefällen zulässt (§ 252 Abs. 2 HGB). Das bedeutet, dass Unternehmen ihre einmal gewählte Bewertungsmethode für die Herstellungskosten beizubehalten haben. Damit werden auch die Jahresabschlüsse von Folgejahren vergleichbarer und die Möglichkeiten bilanzpolitisch motivierter Gewinnverlagerungen verhindert.

Weiter ist bei der Bestimmung der Herstellungskosten handels- und steuerrechtlich noch zu beachten, dass nicht von den Kosten im betriebswirtschaftlichen Sinn (Vollkostenrechnung) ausgegangen werden darf. In der Kalkulation für ein Produkt werden auch kalkulatorische Kosten (bspw. kalkulatorischer Unternehmerlohn) berücksichtigt. In der Preiskalkulation werden so die „Herstellkosten" berechnet, die grundsätzlich nicht mit den bilanziellen Herstellungskosten identisch sind. Diese sind pagatorischer Natur, das heißt, irgendwann standen diesen Kosten Ausgaben/Auszahlungen gegenüber.

Die Zurechnung von Gemeinkosten auf das einzelne Produkt muss auch dem Prinzip der Angemessenheit Rechnung tragen. Nach § 255 Abs. 2 Satz 2 und 3 HGB darf daher eine Zurechnung von Gemeinkosten nur nach vernünftiger betriebswirtschaftlicher Prüfung erfolgen. Eine Aktivierung von ungewöhnlich hohen, betriebs- und periodenfremden, außergewöhnlichen oder selten anfallenden Kosten ist damit ausgeschlossen.

Bei allen Aktivierungswahlrechten ist stets auf den Zeitraum der Herstellung abzustellen. Das Prinzip der Angemessenheit besagt auch, dass nur der Teil der fixen Kosten in die Herstellungskosten einbezogen werden darf, der der tatsächlich genutzten Kapazität entspricht. Leerkosten dürfen damit nicht bilanziert werden (Bilanzierungsverbot). Sofern also keine Vollbeschäftigung vorliegt, sind handels- und steuerrechtlich nur Nutzkosten zu aktivieren, Leerkosten hingegen sind nicht aktivierungsfähig (R 6.3 Abs. 7 EStR).

5.2.1 Anschaffungsnahe Herstellungskosten

Nach § 6 Abs. 1 Nr. 1a EStG gehören zu den Herstellungskosten eines Gebäudes auch Aufwendungen für Instandsetzungs- und Modernisierungsmaßnahmen, die innerhalb von drei Jahren nach der Anschaffung des Gebäudes durchgeführt werden und 15 % der Anschaffungskosten des Gebäudes ohne USt übersteigen (sog. **anschaffungsnahe Herstellungskosten**). Gem. dem **BMF-Schreiben vom 20.10.2017** (BStBl 2017 II S. 1447) zählen dazu „sowohl originäre Aufwendungen zur Herstellung der Betriebsbereitschaft durch Wiederherstellung funktionsuntüchtiger Gebäudeteile sowie Aufwendungen für eine über den ursprünglichen Zustand hinausgehende wesentliche Verbesserung des Gebäudes i. S. d. § 255 Absatz 2 Satz 1 HGB als auch Schönheitsreparaturen".

Davon ausgenommen sind aber Aufwendungen für Erweiterungen, die einer Herstellung gleichgestellt sind i. S. d. § 255 Abs. 2 Satz 1 HGB (Beispiele sind die Aufstockung eines Gebäudes oder der Anbau von Balkonen) und Aufwendungen für jährlich üblicherweise anfallende Erhaltungsarbeiten (R 21.1 Abs. 1 Satz 1 EStR).

> **Beispiel: Anschaffungsnahe Herstellungskosten**
>
> A erwirbt im Februar 2021 ein betriebsbereites bebautes Grundstück für 700.000 €. Die Anschaffungskosten fallen zu 70 % auf das Gebäude. In den Jahren 2021 bis 2023 werden umfangreiche Instandsetzungs- und Modernisierungsarbeiten am Gebäude in Höhe von 80.000 € durchgeführt.
>
> Es wird ein betriebsbereites Gebäude innerhalb der Dreijahresfrist renoviert. Die 15 %-Grenze (73.500 €) i. S. des § 6 Abs. 1 Nr. 1a EStG ist überschritten. Deshalb sind die 80.000 € als anschaffungsnahe Herstellungskosten des Gebäudes zu aktivieren. ◄

5.2.2 Abgrenzung Erhaltungs- und Herstellungsaufwand

Die Abgrenzung zwischen Erhaltungsaufwand und Herstellungsaufwand ist notwendig, weil Gebäudeaufwendungen sofort abzugsfähige Erhaltungsaufwendungen (R 21.1 Abs. 1 EStR) oder nur im Wege der Abschreibung zu berücksichtigende Herstellungsaufwendungen (R 21.1 Abs. 2 EStR) sein können.

Erhaltungsaufwand liegt vor, wenn keine Veränderung der Wesensart des Gebäudes vorliegt. Dazu gehören bspw. übliche Aufwendungen für die laufende Instandhaltung und Instandsetzung oder Erneuerung einer Heizungsanlage, also Aufwendungen, die regelmäßig und wertmäßig jedes Jahr in etwa der gleichen Höhe anfallen. Hintergrund ist der Erhalt der vorhandenen Nutzungs- und Verwendungsmöglichkeiten.

Herstellungsaufwand hingegen liegt grundsätzlich vor bei der Herstellung eines neuen Wirtschaftsgutes oder bspw. bei einer über den ursprünglichen Zustand hinausgehenden wesentlichen Veränderung eines Gebäudes. Ein Beispiel hierfür ist die Umgestaltung von Altbauten in moderne Eigentumswohnungen. Herstellungsaufwand liegt auch bei Gebäudeerweiterungen vor wie bspw. beim Einbau einer Alarmanlage oder einer Außentreppe oder beim Einbau von bisher noch nicht vorhandenen Bestandteilen wie einer Aufzugsanlage oder dem Ausbau des Dachgeschosses (vgl. hierzu BMF vom 18.07.2003, BStBlI 2003, S. 386). Dies kommt auch dadurch zum Ausdruck, dass sich die Gesamtnutzungsdauer des Gebäudes verlängert oder sich der Mietwert des Gebäudes erhöht.

Betragen steuerlich die Aufwendungen nach Fertigstellung eines Gebäudes für die einzelnen Baumaßnahmen nicht mehr als 4000 € (ohne USt) je Gebäude, ist dieser Aufwand auf Antrag stets als Erhaltungsaufwand zu behandeln (R 21.1 Abs. 2 Satz 2 EStR). Größerer Erhaltungsaufwand kann bei Wohngebäuden des Privatvermögens ab dem VZ 2004 nach § 82b EStDV (wieder) gleichmäßig auf zwei bis fünf Jahre verteilt werden.

5.3 Weitere Verfahren der Bewertung zur Ermittlung der Anschaffungs- und Herstellungskosten

5.3.1 Grundsatz der Einzelbewertung

Die Anschaffungs- und Herstellungskosten von Wirtschaftsgütern sind grundsätzlich handels- und steuerrechtlich einzeln zu bewerten (§ 252 Abs. 1 Nr. 3 HGB, § 6 Abs. 1 EStG, R 6.8 Abs. 3 EStR). Gerade bei Vorräten kann der **Grundsatz der Einzelbewertung** bei schwankenden Einkaufspreisen zu Schwierigkeiten führen, da es bei der Lagerung von bspw. Flüssigkeiten wie Heizöl oder Schüttgütern wie Sand oder Kies zwangsweise zu Vermischungen kommt, die eine Einzelbewertung nicht zulassen. Und weil die Einhaltung dieses Grundsatzes zu unverhältnismäßig großem Arbeitsaufwand bei der Bewertung von Vorräten führen kann (Wirtschaftlichkeit), ist unter bestimmten Voraussetzungen die Anwendung von Bewertungsvereinfachungsverfahren zulässig (§§ 240 u. 256 HGB). Dazu zählen das Festwertbewertungsverfahren (§ 240 Abs. 3 HGB), die Gruppenbewertung (§ 240 Abs. 4 und § 256 Satz 2 HGB) und die Sammelbewertungsverfahren (§ 256 Satz 1 HGB).

5.3.2 Festwertverfahren

Zur Aufstellung des Inventars und der Bilanz dürfen Vermögensgegenstände des Sachanlagevermögens sowie Roh-, Hilfs- und Betriebsstoffe mit einer gleichbleibenden Menge und einem gleichbleibenden Wert mit einem Festwert angesetzt werden, wenn folgende Voraussetzungen erfüllt sind:

Die in den **Festwert** einbezogenen Vermögensgegenstände müssen regelmäßig ersetzt werden.

- Der Gesamtwert dieser Vermögensgegenstände darf für das Unternehmen nur nachrangige Bedeutung haben (Festwerte sollen 10 % der Bilanzsumme nach dem BMF-Schreiben vom 08.03.1993 (BStBl 1993 I S. 276) nicht übersteigen).
- Ihr Bestand darf in seiner Größe, seinem Wert und seiner Zusammensetzung nur geringen Veränderungen unterliegen.
- In der Regel muss handelsrechtlich alle drei Jahre (steuerlich spätestens jedes fünfte Jahr) eine körperliche Bestandsaufnahme durchgeführt werden.

Anwendungsbereiche für den Ansatz eines Festwertes:

- Gerüst- und Schalungsteile,
- Flaschen, Flaschenkästen,
- Hotelgeschirr, Hotelwäsche,
- Beleuchtungsanlagen,
- Maschinenwerkzeuge (Formen, Stanzen, Pressen),
- Bahnanlagen (Signal- und Gleisanlagen).

Für Handelswaren, fertige und unfertige Erzeugnisse ist eine Festwertbildung unzulässig. Aus den o. a. Voraussetzungen kann abgeleitet werden, dass ein Festwertansatz für hochwertige Vermögensgegenstände nicht möglich ist. Ist für abnutzbare Wirtschaftsgüter des Anlagevermögens ein Festwert gebildet worden, kann davon nicht abgeschrieben werden. Laufende Bestandszugänge sind sofort als Aufwand bzw. als Betriebsausgabe zu buchen. Der Ansatz eines Festwertes ist als Wahlrecht zu verstehen. Zum Festwert siehe auch Kap. 2.

> **Beispiel**
>
> Die Bio-GmbH hat sich entschieden, seine Messgeräte nach dem Festwertverfahren zu bewerten. Der Wert der 20 Messgeräte wurde mit Hilfe des Festwertverfahrens auf 10.000 € festgesetzt. In der Bilanz zum 31.12.2020, zum 31.12.2021 und zum 31.12.2022 sind die Messgeräte somit mit 10.000 € anzusetzen. Spätestens während des Geschäftsjahr 2023 muss handelsrechtlich eine körperliche Inventur durchgeführt und ein neuer Festwert ermittelt werden. Der neue Festwert ist mit 12.000 € per

Inventur bestimmt worden. In der Bilanz zum 31.12.2023, zum 31.12.2024 und zum 31.12.2025 müssen die Messgeräte also mit 12.000 € bewertet werden. ◄

5.3.3 Gruppenbewertung

Zur Erleichterung der Inventur und Bewertung können gleichartige Vermögensgegenstände des Vorratsvermögens und andere gleichartige oder annähernd gleichwertige Vermögensgegenstände des Anlagevermögens und Umlaufvermögens zu einer Gruppe zusammengefasst werden (§ 240 Abs. 4 HGB i.V. m. § 256 HGB, R 6.8 Abs. 4 EStR).

Gleichartigkeit bedeutet, dass

- die Vermögensgegenstände in wesentlichen Merkmalen übereinstimmen, bspw. der gleichen Warengattung angehören (wie Herrensocken verschiedener Größen);
- annähernde Wertgleichheit der Vermögensgegenstände besteht, also bspw. ohne wesentliche Qualitätsunterschiede;
- die Vermögensgegenstände dem gleichen Verwendungszweck unterliegen, bspw. wenn Funktionsgleichheit bei Flaschen aus Glas und Kunststoff besteht.

Annähernde Gleichwertigkeit bedeutet, dass die Schwankungsbreite der Preise der in einer Gruppe erfassten Vermögensgegenstände sich nach h. M. bei maximal 20 % bewegen sollte zwischen dem höchsten und niedrigsten Wert. Ansonsten sollten die Preisschwankungen der in der Gruppe zusammengefassten Vermögensgegenstände gering sein. Höherwertige Vermögensgegenstände sind regelmäßig einzeln zu bewerten. Als Verfahren der Gruppenbewertung ist es zulässig, die **gewogene Durchschnittswertmethode** anzuwenden.

Bei Preisschwankungen von Vermögensgegenständen des Vorratsvermögens während einer Periode (z. B. Wirtschaftsjahr, Kalenderjahr) kann für die Bestimmung der Anschaffungs- und Herstellungskosten ein Mittelwert berechnet werden. Die Bewertung kann im Rahmen der Gruppenbewertung durch eine gewogene periodische Durchschnittsbewertung oder durch eine gewogene permanente (gleitende) Durchschnittsbewertung vorgenommen werden.

Bei der **gewogenen periodischen Durchschnittswertmethode** werden die Anschaffungs- bzw. Herstellungskosten dadurch berechnet, dass die Summe des bewerteten Anfangsbestandes und der mit unterschiedlichen Preisen bewerteten Zugänge während einer Periode durch die Summe der Menge von Anfangsbestand und Zugänge dividiert wird.

Beispiel: Gewogene periodische Durchschnittsbewertung

	Datum	Mengeneinheiten	Preis/Mengeneinheit (in €)	Summe (in €)
Anfangsbestand	01.01.01	100	10	1000
Zugang	25.02.01	200	12	2400
Zugang	30.04.01	300	11	3300

5.3 Weitere Verfahren der Bewertung zur Ermittlung der Anschaffungs- und …

	Datum	Mengeneinheiten	Preis/Mengeneinheit (in €)	Summe (in €)
Abgänge	15.05.01	400		
Zugang	11.11.01	400	12	4800
Zugang	01.12.01	200	13	2600
Abgänge	28.12.01	500		
Endbestand	31.12.01	300		

Durchschnittspreis 14.100 €: 1200 ME = 11,75 €/ME.
Der Endbestand von 300 ME ist mit den durchschnittlichen Anschaffungskosten von 11,75 €/ME = 3.525 € zu bewerten. ◀

Diese einfache Methode des gewogenen Durchschnitts vernachlässigt aber, dass im Laufe der Periode auch Abgänge aus dem Bestand erfolgen. Deshalb wird bei der **gleitenden Durchschnittswertmethode** der gewogene Durchschnittspreis des Bestandes fortlaufend nach jedem Zugang neu berechnet. Dieser neue Durchschnittswert bezieht sich auf die danach erfolgenden Abgänge.

> **Beispiel: Gewogene permanente (gleitende) Durchschnittsbewertung (Zahlen wie oben)**
>
> Der erste Abgang wird mit den durchschnittlichen gewogenen Anschaffungskosten des Anfangsbestands und der zwei Zugänge vom Februar und April bewertet. Das heißt, der Abgang wird mit 11,17 € ((100 × 10 € + 200 × 12 € + 300 × 11 €): 600) pro 1 ME, insgesamt also mit 4.466,57 € (11,17 € × 400 €) bewertet. Die Zwischensumme nach dem Abgang beträgt dann 2.233,33 € (6.700 € - 4.466,67 €). Der zweite Abgang wird dann aus den gewogenen durchschnittlichen Anschaffungskosten der Zwischensumme und der weiteren zwei Zugänge vom November und Dezember berechnet. Der Wert 1 ME beträgt dann durchschnittlich 12,04 € ((2.233,33 € + 400 × 12 € + 200 × 13 €): 800). Der zweite Abgang wird mit 6.020,83 € (12,04 € × 500) bewertet. Der Endbestand beträgt dann 3.612,50 € (9.633,33 € - 6.020,83 €). ◀

Die mit einem Durchschnittswertverfahren ermittelten durchschnittlichen Anschaffungs- oder Herstellungskosten sind für den bilanziellen Wertansatz des Endbestandes anzusetzen. Bei Vermögensgegenständen des Umlaufvermögens ist dieser Wertansatz zum Bewertungsstichtag immer dem Tageswert gegenüberzustellen. Liegt der Tageswert unter den ermittelten Anschaffungs- oder Herstellungskosten, dann ist nach dem strengen Niederstwertprinzip bei der handelsrechtlichen Bilanzierung der niedrigere Tageswert anzusetzen.

5.3.4 Sammelbewertungsverfahren

Anstelle des Durchschnittswertverfahrens können die Anschaffungs- und Herstellungskosten für gleichartige Vermögensgegenstände des Vorratsvermögens auch unter der

Annahme einer bestimmten zeitlichen Verbrauchsfolge bestimmt werden. Betriebswirtschaftlich können folgende fünf Varianten von **Verbrauchsfolgefiktionen** unterschieden werden:

- Fifo-Methode (first in, first out),
- Lifo-Methode (last in, first out),
- Hifo-Methode (highest in, first out)
- Lofo-Methode (lowest in, first out) und
- Fefo-Methode (first expired, first out).

Bei der **Fifo-Methode** wird davon ausgegangen, dass die zuerst angeschafften bzw. hergestellten Güter als zuerst veräußert oder verbraucht werden. Die Fifo-Methode ist die einzige Methode innerhalb der Sammelbewertungsverfahren, die nach IFRS angewendet werden kann.

Beispiel 1: Fifo-Methode

	Datum	Mengeneinheiten	Preis/Mengeneinheit (in €)	Summe (in €)
Anfangsbestand	01.01.01	100	10	1000
Zugang	25.02.01	200	12	2400
Zugang	30.04.01	300	11	3300
Zugang	11.11.01	400	14	5600
Zugang	31.12.01	200	13	2600
Zwischensumme		1200		14.900
Abgänge		1000		
Endbestand	31.12.01	200		

Bei einem Endbestand von 200 ME ist der Zugang vom 31.12.01 noch vorhanden. Die Anschaffungskosten betragen demnach 200 ME $\times$ 13 €/ME = 2600 €. Das ist der Wertansatz für die Bilanz, der in diesem Fall auch dem Tageswert (Niederstwertprinzip) entspricht. ◄

Die **Lifo-Methode** geht davon aus, dass die zuletzt angeschafften bzw. hergestellten Güter als zuerst veräußert oder verbraucht gelten. Die Lifo-Methode ist die einzige Methode innerhalb der Sammelbewertungsverfahren, die nach US-GAAP angewendet werden kann.

Die Bewertung nach der Lifo-Methode gem. § 6 Abs. 1 Nr. 2a EStG kann unabhängig davon in Anspruch genommen werden, ob in der Handelsbilanz das entsprechende Wahlrecht gem. § 256 Satz 1 HGB ausgeübt wird. Zu beachten ist aber, dass die fiktive Verbrauchsfolge nicht dem betrieblichen Geschehensablauf widerspricht, wenn diese tatsächlich nicht realisierbar ist bspw. bei Verbrauch von Futtermitteln aus einem Silo.

5.3 Weitere Verfahren der Bewertung zur Ermittlung der Anschaffungs- und …

Bei der Lifo-Methode kann genau wie bei der gewogenen Durchschnittswertmethode zwischen der permanenten und der periodischen Lifo-Methode unterschieden werden. Handelsrechtlich ist nur die permanente Lifo-Methode anwendbar, während steuerlich (R 6.9 Abs. 4 Satz 1 EStR) beide Methoden angewendet werden dürfen.

> **Beispiel 2: Lifo-Methode (Zahlen wie oben)**
>
> Der Endbestand berechnet sich aus dem Anfangsbestand und einem Teil des Zuganges vom 25.02.01:
>
> | | | | |
> |---|---|---|---|
> | Anfangsbestand | 01.01.01 | 100 ME à 10 € | = 1.000 € |
> | Zugang | 25.02.01 | 100 ME à 12 € | = 1.200 € |
> | AHK | | | 2.200 € |
> | Tageswert | 31.12.01 | | = 2.600 € |
>
> Unter Berücksichtigung des Niederstwertprinzips ist der Endbestand mit den Anschaffungs- oder Herstellungskosten i. H. v. 2200 € zu bilanzieren. ◄

Bei der **Hifo-Methode** gelten die zum höchsten Preis angeschafften oder hergestellten Güter als zuerst verbraucht oder veräußert.

> **Beispiel 3: Hifo-Methode (Zahlen wie oben)**
>
> Der Endbestand von 200 ME setzt sich aus den preisgünstigsten Anschaffungen zusammen:
>
> | | | | |
> |---|---|---|---|
> | Anfangsbestand | 01.01.01 | 100 ME à 10 € | = 1.000 € |
> | Zugang | 30.04.01 | 100 ME à 11 € | = 1.100 € |
> | Anschaffungs- und Herstellungskosten | | | = 2.100 € |
> | Tageswert | 31.12.01 | | = 2.600 € |
>
> Der Endbestand ist mit den Anschaffungs- oder Herstellungskosten i. H. v. 2100 € zu bilanzieren. ◄

Bei der **Lofo-Methode** wird unterstellt, dass die mit dem geringsten Preis angeschafften Güter zuerst verbraucht oder veräußert werden. Die Anschaffungskosten der Endbestände müssen bei diesem Verfahren mit den am teuersten eingekauften Gütern berechnet werden. Dies wäre ein eindeutiger Verstoß gegen das Vorsichtsprinzip. Die Anwendung der Lofo-Methode ist somit handels- und steuerrechtlich ausgeschlossen.

> **Beispiel 4: Lofo-Methode**
>
> Ein typisches Beispiel für das Lofo-Verfahren ist der Wühltisch in einem Kaufhaus. Zeigt das Preisschild für diverse Artikel „ab 1,99 €", kann davon ausgegangen werden, dass die billigsten Produkte zuerst verkauft werden. ◄

Bei der **Fefo-Methode** geht es darum, dass zuerst solche Güter verbraucht oder veräußert werden, deren Verfallsdatum oder Mindesthaltbarkeitsdatum zuerst abläuft. Der Vorteil der Methode besteht darin, dass weniger Güter verderben und somit für das Unternehmen unverkäuflich werden. Der Nachteil der Methode ist darin zu sehen, dass es hohe Anforderungen an das Lagersystem stellt.

> **Beispiel 5: Fefo-Methode**
>
> Für das Fefo-Verfahren kann als Beispiel der Handel mit Lebensmitteln genannt werden. Produkte desselben Sortiments, dessen Verfallsdatum bzw. Mindesthaltbarkeitsdatum sich nähert, werden nach vorne in die Regale gestellt und Produkte desselben Sortiments, deren Verfallsdatum bzw. Mindesthaltbarkeitsdatum erst später eintritt, werden hinten gelagert. ◄

Innerhalb der Gruppenbewertung ist die gewogene Durchschnittswertmethode für alle **gleichartigen**, beweglichen Wirtschaftsgüter des Anlage- und Umlaufvermögens handels- und steuerrechtlich anwendbar.

Die Bewertungsverfahren zur Ermittlung der Anschaffungs- und Herstellungskosten mit unterstellten Verbrauchsfolgefiktionen dürfen grds. nach § 256 HGB **handelsrechtlich** bei der Lifo- und Fifo-Methode nur für gleichartige Vermögensgegenstände des Vorratsvermögens angewendet werden, soweit kein Verstoß gegen die Grundsätze ordnungsmäßiger Buchführung vorliegt. Die unterstellte Verbrauchsfolge muss grds. nicht mit der tatsächlichen Verbrauchsfolge übereinstimmen. Als gleichartige Vermögensgegenstände sind solche Vermögensgegenstände zu verstehen, die der gleichen Gattung angehören und die dem gleichen Zweck dienen.

Von den Verfahren der Verbrauchsfolgeunterstellungen ist **steuerrechtlich** nur das Lifo-Verfahren allgemein zugelassen (§ 6 Abs. 1 Nr. 2a EStG). Zusätzlich zu den handelsrechtlichen Voraussetzungen muss der Gewinn nach § 5 EStG ermittelt werden. In diesem Zusammenhang darf die zeitverschobene Inventur nicht angewendet werden. Nach dem BMF-Schreiben vom 12.05.2015 (BStBl 2015 I S. 462, Rz. 7) kann das Lifo-Verfahren nicht nur bei Waren und Roh-, Hilfs- und Betriebsstoffen, sondern auch bei fertigen und unfertigen Erzeugnissen angesetzt werden. Bei verderblichen Vorräten (Haltbarkeit weniger als ein Jahr), darf wiederum das Lifo-Verfahren nicht angewendet werden (BMF-Schreiben vom 12.05.2015, BStBl 2015 I S. 462, Rz. 9). Auch bei Wertpapierverkäufen darf nicht das Lifo-Verfahren, sondern es muss nach § 23 Abs. 1 Nr. 2 S. 3 EStG das Fifo-Verfahren zwingend angewendet werden. Bei Anwendung des Lifo-Verfahrens kann in nachfolgenden Wirtschaftsjahren nur mit Zustimmung des Finanzamtes davon abgewichen werden (R 6.9 Abs. 5 EStR). Gem. R 6.9 Abs. 1 Satz 2 EStR kann die Lifo-Methode ungeachtet der in der Handelsbilanz ausgeübten Bewertungsverfahren angewendet werden. Das Fifo-, Fefo- und Hifo-Verfahren ist m. E. steuerlich anwendbar, wenn die unterstellte Verbrauchsfolgefiktion mit der tatsächlichen Verbrauchsfolge übereinstimmt. Dies ergibt sich aus R 6.9 Abs. 1 EStR. Ein Beispiel hierfür ist die Futterlagerung in einem Hochsilo. Bei allen Verfahren der Gruppenbewertung ist immer bei der handelsrechtlichen Bilanzierung das Niederstwertprinzip zu beachten. Steuerrechtlich kommt es darauf an, ob die Wertminderung von Dauer ist. Vgl. hierzu auch Kap. 9 und Abb. 9.1.

5.4 Abschreibungen

Handelsrechtlich sind Vermögensgegenstände höchstens mit den Anschaffungs- oder Herstellungskosten, vermindert um die Abschreibungen, in der Bilanz anzusetzen (§ 253 Abs. 3 Satz 1 HGB). **Planmäßige Abschreibungen** sind bei abnutzbarem Anlagevermögen vorzunehmen. Die Abschreibungen sind auf die voraussichtliche Nutzungsdauer des Vermögensgegenstandes zu verteilen. Die Anschaffungs- und Herstellungskosten von Vermögensgegenständen des Anlagevermögens sind um die planmäßigen Abschreibungen zu vermindern (§ 253 Abs. 3 Satz 1 und 2 HGB). Zusätzlich können (Wahlrecht) handelsrechtlich nur bei Finanzanlagen bei einer vorübergehenden Wertminderung außerplanmäßige Abschreibungen auf den niedrigeren Tageswert vorgenommen werden, während bei einer voraussichtlich dauernden Wertminderung außerplanmäßig abgeschrieben werden muss (§ 253 Abs. 3 Satz 3 HGB). Bei Gegenständen des Umlaufvermögens muss handelsrechtlich auf den niedrigeren Tageswert abgeschrieben werden (§ 253 Abs. 4 HGB – **strenges Niederstwertprinzip**).

Beim Umlaufvermögen wird noch nach § 277 Abs. 2 HGB zwischen üblichen und unüblichen Abschreibungen unterschieden. Zu üblichen Abschreibungen zählen Abschreibungen auf den niedrigeren beizulegenden Tageswert. Zu den unüblichen Abschreibungen gehören Abschreibungen aufgrund besonderer Vorfälle (bspw. Brand- oder Wasserschaden).

Steuerrechtlich sind nach § 6 Abs. 1 Nr. 1 EStG abnutzbare Wirtschaftsgüter des Anlagevermögens mit den Anschaffungs- und Herstellungskosten anzusetzen, die um die Absetzungen für Abnutzung (AfA) nach § 7 EStG, erhöhte Absetzungen für Abnutzung, Sonderabschreibungen, Abzüge nach § 6b EStG und ähnliche Abzüge zu vermindern sind. **AfA** entspricht dem Begriff Abschreibung und bedeutet **Absetzung für Abnutzung**. Die steuerlichen **AfA-Tabellen** enthalten die Nutzungszeiträume der Wirtschaftsgüter. Steuerrechtlich wird aber von **betriebsgewöhnlicher Nutzungsdauer** gesprochen. Bei einer vorübergehenden Wertminderung, darf der niedrigere Teilwert nicht angesetzt werden. Bei einer voraussichtlich dauernden Wertminderung kann der niedrigere Teilwert (Wahlrecht) angesetzt werden (§ 6 Abs. 1 Nr. 1 und 2 EStG).

Weiter sind steuerrechtlich statt oder neben der planmäßigen Abschreibung erhöhte **Abschreibungen** oder **Sonderabschreibungen** (z. B. nach § 7g EStG zur Förderung kleiner und mittlerer Betriebe) auf Wirtschaftsgüter des Anlagevermögens möglich.

Die nachfolgenden Abbildungen (Abb. 5.3, 5.4) zeigen die Zusammenfassung der Wertansätze im Anlage- und Umlaufvermögen im Handels- und Steuerrecht.

	AV mit zeitlich begrenzter Nutzung	Zeitlich begrenzte Nutzung und unbegrenzt zeitliche Nutzung des AV	Sachanlagevermögen	Andere bewegliche Vermögensgegenstände
Handelsrecht	Anschaffungs- bzw. Herstellungskosten vermindert um: - planmäßige Abschreibungen **Ansatzpflicht** § 253 Abs. 3 HGB	- außerplanmäßige Abschreibungen auf den niedrigeren beizulegenden Wert: *bei dauernder Wertminderung =Ansatzpflicht *bei vorübergehender Wertminderung =Ansatzwahlrecht, aber nur bei Finanzanlagen § 253 Abs. 3 HGB	Festwert =Ansatzwahlrecht § 240 Abs. 3 HGB	Gewogener Durchschnittswert im Rahmen der Gruppenbewertung =Ansatzwahlrecht § 240 Abs. 4 HGB
Steuerrecht	Anschaffungs- bzw. Herstellungskosten vermindert um: - AfA oder Absetzung für Substanzverringerung § 7 Abs. 1-6 EStG	-Absetzung für außergewöhnliche technische oder wirtschaftliche Abnutzung § 7 Abs. 1, 2 EStG oder -Teilwertabschreibung § 6 Abs. 1 EStG -Absetzungen nach steuerrechtlichen Sondervorschriften, §§ 7a ff. EStG	Übernahme (Maßgeblichkeit, § 5 Abs. 1 Satz 1 EStG)	Übernahme (Maßgeblichkeit, § 5 Abs. 1 Satz 1 EStG)

Abb. 5.3 Wertansätze des Anlagevermögens

	Vorräte, Forderungen, sonstige VG, Wertpapiere, Kassenbestand Bankguthaben, Guthaben bei Kreditinstituten und Schecks	Roh-, Hilfs- und Betriebsstoffe	Gleichartige VG des Vorratsvermögens, andere gleichartige bewegliche VG
Handelsrecht	1. Anschaffungs- bzw. Herstellungskosten § 253 Abs. 1, § 256 HGB 2. Wert, der sich aus dem Börsen- oder Marktpreis ergibt = Ansatzpflicht soweit < 1. § 253 Abs. 4 S. 1 HGB 3. Wert, der den Gegenständen beizulegen ist = Ansatzpflicht,	Festwert =Ansatzwahlrecht § 240 Abs. 3 HGB	Gewogener Durchschnitt im Rahmen der Gruppenbewertung =Ansatzwahlrecht § 240 Abs. 4 HGB
Steuerrecht	Anschaffungs- bzw. Herstellungskosten § 6 Abs. 1 Nr.2, 2a EStG Teilwert § 6 Abs. 1 Nr. 2 EStG	Übernahme (Maßgeblichkeitprinzip § 5 Abs. 1 Satz 1 EStG)	Übernahme (Maßgeblichkeitsprinzip § 5 Abs. 1 Satz 1 EStG)

Abb. 5.4 Wertansätze für das Umlaufvermögen

Die Anschaffungs- und Herstellungskosten eines Vermögensgegenstands/Wirtschaftsgutes sind auf den Zeitraum der Nutzung oder Verwendung gleichmäßig zu verteilen. Hintergrund ist die Ermittlung des periodengerechten Erfolgsausweises und eine den tatsächlichen Verhältnissen entsprechende Vermögensdarstellung. Die Ursachen der durch

5.4 Abschreibungen

die planmäßigen Abschreibungen erfassten Wertminderungen können unterschiedlicher Natur sein:

- Gebrauchs- und verbrauchsbedingte Ursachen.
- Abnutzung durch Gebrauch.
  - **Beispiele:** Nutzung einer Maschine, Fahrleistung eines Pkw.
- Abnutzung durch Substanzverringerung.
  - **Beispiele:** Bei Steinbrüchen, bei Bergbauunternehmen, Unternehmen, bei denen ein Verbrauch der Substanz erfolgt, ist die Abschreibung in Form von Absetzungen für Substanzverringerung (AfS) vorzunehmen (§ 7 Abs. 6 EStG). Zu diesen Wirtschaftsgütern zählen ausgebeutete Bodenschätze wie Kohle, Kies, Erdgas, Lehm, Ton, Sand, Stein etc.
- Abnutzung ohne Gebrauch durch Zeitverschleiß.
  - **Beispiele:** Materialermüdung, Rosten eines Pkw.
- Wirtschaftlich bedingte Ursachen.
  - **Beispiele:** Wertmäßige Minderungen aufgrund gesunkener Absatzpreise, Nachfrageverschiebungen oder wenn bestimmte Produkte nur noch zu schlechteren Konditionen oder gar nicht mehr abgesetzt werden können (bspw. bei Mode- und Geschmackswandel).
- Technische bedingte Ursachen.
  - **Beispiel:** Das Sinken der Wiederbeschaffungskosten einer neuen Maschine entspricht einer Wertminderung der alten Maschine.
- Rechtliche und zeitlich bedingte Ursachen.
  - **Beispiel:** Ein Unternehmer (Mieter) schließt einen auf zwölf Jahre zeitlich begrenzten Mietvertrag ab. Die vom Mieter vorgenommenen Einbauten in den gemieteten Räumen sind auf die Laufzeit des Mietvertrages abzuschreiben.

Die jährlichen AfA-Beträge sind bei den Gewinneinkünften als Betriebsausgaben und bei den Überschusseinkünften als Werbungskosten anzusetzen. Mit dem Ansatz unterschiedlicher Abschreibungsmöglichkeiten kann die Höhe der Einkünfte und damit die Höhe der Einkommensteuer wesentlich beeinflusst werden. Die AfA ist auch als Mittel der Steuergestaltung zu verstehen. Dies wird besonders deutlich beim Ansatz von Sonderabschreibungen wie bspw. nach § 7 g EStG zur Förderung kleiner und mittlerer Betriebe.

Die Abschreibung erfolgt ab dem Zeitpunkt der Anschaffung (= Lieferung) oder Herstellung (= Fertigstellung) des Vermögensgegenstandes/Wirtschaftsgutes. Wirtschaftsgüter, die im Laufe eines Jahres angeschafft bzw. hergestellt worden sind, können **nur zeitanteilig** (pro rata temporis) abgeschrieben werden. Die bis zum 31.12.2003 aus Vereinfachungsgründen erlaubte Regelung der Finanzverwaltung, für bewegliche Wirtschaftsgüter des Anlagevermögens die AfA für das ganze Jahr anzusetzen, soweit sie in der ersten Jahreshälfte angeschafft oder hergestellt worden sind und für die in der zweiten Jahreshälfte angeschafften oder hergestellten Wirtschaftsgüter die Hälfte der

Jahres-AfA anzusetzen, ist für Wirtschaftsgüter, die nach dem 31.12.2003 angeschafft oder hergestellt werden, **nicht mehr anwendbar** (§ 7 Abs. 1 Satz 4 EStG).

Wird ein abnutzbares Wirtschaftsgut veräußert oder entnommen, ist die Abschreibung **stets** zeitanteilig vorzunehmen. Solange ein Vermögensgegenstand/Wirtschaftsgut im Unternehmen genutzt wird, ist es auch bei erfolgter voller Abschreibung mit einem **Erinnerungsbuchwert,** üblicherweise ein € (sog. **Merkeuro**) zu bilanzieren.

Abschreibungen sind planmäßig vorzunehmen. Der Abschreibungsplan ist zu Beginn der Nutzungsdauer zu erstellen. Er muss die Bemessungsgrundlage, die Nutzungsdauer und die Abschreibungsmethode enthalten. Die **Bemessungsgrundlage** für die Abschreibungen bilden die Anschaffungs- und Herstellungskosten, die mit der Abschreibungssumme identisch sind. Eventuell können Liquidationserlöse (Schrottwert u. ä.) berücksichtigt werden. Die nach § 15 UStG abziehbare Vorsteuer gehört grundsätzlich nicht zu den Anschaffungskosten.

Bei der **Nutzungsdauer** unterscheidet man die wirtschaftliche, technische und betriebsgewöhnliche Nutzungsdauer. Die wirtschaftliche Nutzungsdauer stellt die Frage nach dem voraussichtlich sinnvollen zeitlichen Einsatz eines Vermögensgegenstandes im Unternehmen. Bei der **technischen Nutzungsdauer** stellt sich die Frage, wie lange bspw. eine Maschine funktionell arbeiten kann. I. d. R. wird die **wirtschaftliche Nutzungsdauer** kürzer sein als die technische Nutzungsdauer. In diesem Zusammenhang spielt u. a. der technische Fortschritt eine Rolle. Da bei der Festlegung der Nutzungsdauer erhebliche subjektive Spielräume bestehen, bemisst sich die AfA steuerrechtlich an der **betriebsgewöhnlichen Nutzungsdauer** eines Wirtschaftsgutes (§ 7 Abs. 1 Satz 2 EStG).

Es gibt zahlreiche **Abschreibungsmethoden**, die angewendet werden können und die in Kapitel 5.4.2 ausführlich dargestellt werden. Steuerlich ist jedoch grundsätzlich nur die lineare Abschreibung möglich.

5.4.1 AfA-Tabellen

Das Bundesministerium der Finanzen hat für die Bestimmung der Nutzungsdauer der Wirtschaftsgüter AfA- Tabellen (BMF-Schreiben v. 15.12.2000, BStBl. 2000 I S. 1532) herausgegeben, die für alle Investitionen gelten, die nach dem 31.12.2000 angeschafft oder hergestellt worden sind. Die AfA-Tabellen enthalten Richtwerte, die festlegen, wie lange ein Wirtschaftsgut voraussichtlich nutzbar ist. Die sog. betriebsgewöhnliche Nutzungsdauer eines Wirtschaftsgutes in den AfA-Tabellen beruht auf den Erfahrungswerten der steuerlichen Betriebsprüfung. Durch die Anwendung dieser **AfA-Tabellen** will die Finanzverwaltung eine gleichmäßige Besteuerung erreichen. Für die handelsrechtliche Abschreibung stellt sich die Frage, ob die steuerlichen Grundsätze der Abschreibung hierfür übernommen werden können. Das Hauptproblem der Anwendung der steuerlichen AfA-Tabellen besteht wohl aber darin, dass die in den AfA-Tabellen zugrunde gelegten Nutzungsdauern nicht auf die wirtschaftliche, sondern auf die technische Nutzungsdauer abstellen. Handelsrechtlich ist aber für die planmäßige Abschreibung von abnutzbaren

Vermögensgegenständen des Anlagevermögens gem. § 253 Abs. 3 HGB von der voraussichtlich wirtschaftlichen Nutzungsdauer auszugehen, die zu schätzen ist. In der Praxis erfolgt diese Schätzung normalerweise auf Basis eigener Erfahrungswerte des Kaufmanns oder aus Branchenwerten, oder auf Basis von Produktlebenszyklen etc. Die Schätzung kann sich aber auch an den steuerlichen AfA-Tabellen der Finanzverwaltung orientieren. Aber die generelle Übernahme der Nutzungsdauern aus den AfA-Tabellen ist seit der Abschaffung der umgekehrten Maßgeblichkeit durch das BilMoG handelsrechtlich nicht mehr zulässig. Folglich führt das zu unterschiedlichen Wertansätzen in der Handels- und Steuerbilanz[1]. In Anbetracht dieser handelsrechtlichen Anforderungen verwundert es, dass die Bilanzierungspraxis sich überwiegend an den steuerlichen Hilfsmitteln orientiert, sich also trotz des Wegfalls der umgekehrten Maßgeblichkeit für die Nutzungsdauer-Bestimmung überwiegend an den AfA-Tabellen orientiert[2].

Wegen der Corona-Krise in den Jahren 2020–2021 wurde die betriebsgewöhnliche Nutzungsdauer von Computerhardware und -software auf ein Jahr verkürzt. Der Autor ist der Meinung, dass die Anschaffungs- und Herstellungskosten dieser Wirtschaftsgüter de facto sofort als Aufwand im Jahr der Anschaffung/Herstellung gewinnmindernd abzusetzen sind, also ohne pro-rata-temporis Aufteilung. Das BMF-Schreiben vom 26.02.2021 (IV C 3 – S. 2190/21/10.002:013) konkretisiert, welche Wirtschaftsgüter darunter zu verstehen sind. Dazu gehören abschließend aufgezählt: Computer, Desktop-Computer, Notebook-Computer, Desktop-Thin-Client, Workstation, Mobile Workstation, Small-Scale-Server, Dockingstation, externes Netzteil, Peripherie-Geräte (bspw. Maus und Tastatur) und Software (bspw. Prozesssteuerungssoftware und ERP-Systeme). Im BMF-Schreiben wird auch darauf hingewiesen, dass die betriebsgewöhnliche Nutzungsdauer dieser Wirtschaftsgüter in der AfA-Tabelle seit über zwanzig Jahren nicht verändert wurden und auch im digitalen Zeitalter zwingend eine längst überfällige entsprechende Änderung notwendig war. Die neue Regelung ist erstmalig für Wirtschaftsjahre, die nach dem 31.12.2020 enden, anzuwenden. Die bisherige für diese Wirtschaftsgüter gültige und in den AfA-Tabellen enthaltende Nutzungsdauer (in der Regel 3 Jahre) ist somit das letzte Mal für Wirtschaftsjahre anzuwenden, die vor dem 01.01.2021 enden.

5.4.2 Abschreibungsmethoden

Handelsrechtlich werden planmäßige und außerplanmäßige Abschreibungen unterschieden (§ 253 Abs. 3 HGB). Den planmäßigen Abschreibungen entsprechen steuerrechtlich die AfA oder AfS (§ 7 EStG). Die handelsrechtlichen außerplanmäßigen Abschreibungen werden steuerrechtlich als Absetzungen für außergewöhnliche

---

[1] Vgl. Hoffmann und Lüdenbach (2021), § 253 HGB, RZ 147.
[2] Vgl. Müller und Nohdurft, (01/2018), S. 26 ff.

technische oder wirtschaftliche Abnutzung (§ 7 Abs. 1 Satz 7 EStG) und als Teilwertabschreibung (§ 6 Abs. 1 Nr. 1 Satz 2, Nr. 2 Satz 2 EStG) bezeichnet. Handelsrechtlich ist die Anwendung aller Abschreibungsmethoden zulässig, soweit sie den GoB entsprechen (Methodenfreiheit). Steuerrechtlich werden die handelsrechtlich zulässigen Abschreibungsmethoden eingeschränkt.

Die folgenden Abschreibungsmethoden sind zu unterscheiden (vgl. Abb. 5.5).

5.4.2.1 Leistungsabschreibung

Betriebswirtschaftlich kann es sinnvoll sein, bei beweglichen Wirtschaftsgütern des Anlagevermögens nach der in Anspruch genommenen Jahresleistung (Maschinenstunden, Kilometerleistung) abzuschreiben. Der Umfang der beanspruchten Leistung muss nachgewiesen werden, bspw. durch einen Kilometerzähler bei einem Kraftfahrzeug. Die Berechnung der Leistungsabschreibung pro Periode erfolgt dadurch, dass zunächst die Anschaffungs- und Herstellungskosten durch das gesamte (geschätzte) Leistungspotenzial dividiert werden. Das Ergebnis entspricht der AfA pro Leistungseinheit. Die Perioden-AfA ergibt sich durch Multiplikation der AfA pro Leistungseinheit mit der in der Periode verbrauchten Menge an Leistungseinheiten.

> **Beispiel: Leistungsabschreibung**
>
> Ein Reisebus hat im Jahr 01 Anschaffungskosten i. H. v. 600.000 €. Die Gesamtleistung wird auf 500.000 km geschätzt.
>
> Die AfA je Leistungseinheit beträgt mithin 1,20 €/km. Bei einer unterstellten Fahrleistung von 80.000 km im Jahr 01 beträgt die Jahres-AfA im Jahr 01 96.000 €. ◄

Die Leistungsabschreibung entspricht dem Beschäftigungsgrad (Output). Gebrauchsfremde Abnutzungen wie bspw. natürlicher Verschleiß werden bei dieser Methode nicht berücksichtigt. Die Leistungs-Abschreibung (-AfA) ist handels- und steuerrechtlich bei wirtschaftlicher Begründung zulässig.

5.4.2.2 Lineare Abschreibung

Die lineare AfA ist die Abschreibung in gleichen Jahresbeträgen. Der jährliche Abschreibungsbetrag wird berechnet, indem die Anschaffungs- und Herstellungskosten des Wirtschaftsgutes durch die geschätzte Nutzungsdauer dividiert werden. Die lineare Abschreibung (AfA) ist handels- und steuerrechtlich bei allen abnutzbaren Wirtschaftsgütern anwendbar.

> **Beispiel: Lineare Abschreibung eines Wirtschaftsgutes**
>
> Ein umsatzsteuerpflichtiger Unternehmer erwirbt im Januar des Jahres 2021 einen Pkw für 142.800 € brutto.
>
> Die BFH-Rechtsprechung (vgl. BFH v. 26.07.1991, BStBl II 1992, S. 1000 f.) geht bei einem Pkw von einer achtjährigen Nutzungsdauer aus. Trotzdem geht die Finanzverwaltung (vgl. BMF-Schreiben v. 18.04.1997, BStBl I 1997, S. 376) bei Pkw's und

5.4 Abschreibungen

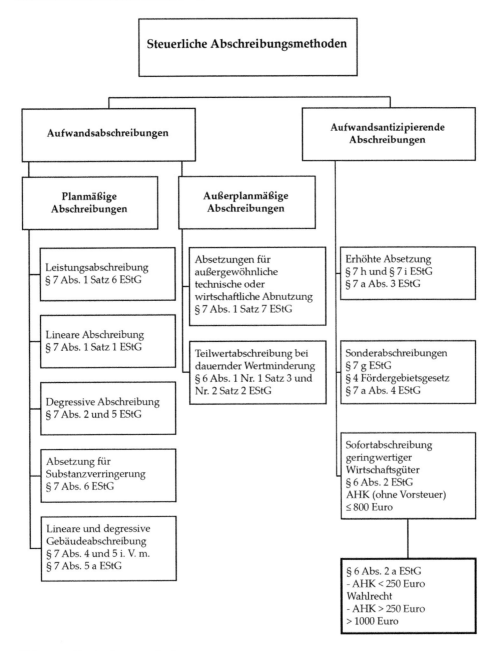

Abb. 5.5 Abschreibungsmethoden

Kombifahrzeugen von einer betriebsgewöhnlichen Nutzungsdauer von sechs Jahren aus. Im Beispielfall beträgt die Abschreibung/AfA 1/6 der Netto-Anschaffungskosten i. H. v. 120.000 €, mithin pro Jahr 20.000 €. Wird der Pkw über das sechste Jahr hinaus betrieblich genutzt, sind im sechsten Jahr nur 19.999 € abzuschreiben, sodass der Pkw Ende des Jahres 2026 mit dem Erinnerungswert von einem Euro zu bilanzieren ist. ◄

5.4.2.3 Degressive Abschreibung

Unter der degressiven Abschreibung ist die Verteilung der Anschaffungs- und Herstellungskosten auf die Nutzungsdauer in fallenden Jahresbeträgen zu verstehen. Es stehen zwei Verfahren zur Auswahl, die geometrisch-degressive und die arithmetisch-degressive Abschreibung.

Geometrisch-degressive Abschreibung

Bei der geometrisch degressiven Abschreibung, auch Buchwertmethode genannt, wird der jährliche Abschreibungsbetrag mit einem gleichbleibenden Hundertsatz des jeweiligen Restbuchwertes bestimmt. Dieses Verfahren ist handels- und steuerrechtlich für bewegliche materielle Wirtschaftsgüter des Anlagevermögens zulässig. Steuerlich sind aber nach § 7 Abs. 2 Satz 2 EStG die Einschränkungen zu beachten, dass die Abschreibungsquote bei beweglichen Wirtschaftsgütern des Anlagevermögens höchstens 25 % des Buchwertes und höchstens das Zweieinhalbfache des linearen Abschreibungssatzes betragen darf, wenn die Anschaffung/Herstellung nach dem 31.12.2008 und vor dem 01.01.2011 erfolgt ist (§ 7 Abs. 2 Satz 1 und 2 EStG).

Wegen der Corona-Krise im Jahr 2020 und zwecks Stimulierung der Wirtschaft hat der Gesetzgeber die geometrisch-degressive AfA wieder eingeführt. Gem. § 7 Abs. 2 EStG kann die geometrisch-degressive AfA nur bei Wirtschaftsgütern, die nach dem 31.12.2019 und vor dem 01.01.2022 erworben wurden, angewendet werden. Absetzungen für außergewöhnliche technische oder wirtschaftliche Abnutzung sind jedoch nach § 7 Abs. 2 Satz 4 EStG bei der Anwendung der geometrisch-degressive AfA nicht zulässig.

> **Beispiel: Geometrisch-degressive Abschreibung**
>
> Eine zu Beginn des WJ 2020 angeschaffte Maschine mit einer betriebsgewöhnlichen Nutzungsdauer von 10 Jahren soll mit einem degressiven Abschreibungssatz von 20 % abgeschrieben werden. Die Anschaffungskosten haben 100.000 € netto betragen.
>
> Zunächst ist die Abschreibung nach der geometrisch degressiven Abschreibungsmethode zu berechnen, also mit 20 % vom jeweiligen Buchwert. Nach Ablauf des 6. Wirtschaftsjahres empfiehlt sich der Übergang von der degressiven zur linearen Abschreibungsmethode. Ein solcher Wechsel ist bei Anschaffung/Herstellung in den Jahren 2020 und 2021 gesetzlich zulässig, nicht jedoch umgekehrt (§ 7 Abs. 3 Satz 1 EStG). Bei einer verbleibenden Restnutzungsdauer von vier Jahren ergibt sich ein jährlicher Abschreibungsbetrag von 6554 € in den Jahren 2026 bis 2028 und 6552 € im Jahr 2029. Bei weiterer Nutzung der Maschine wird am Ende der Nutzungsdauer, am 31.12.2029 ein Erinnerungswert von 1 € in die Bilanz eingestellt.

5.4 Abschreibungen

Datum	Buchwert (in €)	Abschreibungsbetrag (in €)
01.01.2020	100.000	
31.12.2020	80.000	20.000
31.12.2021	64.000	16.000
31.12.2022	51.200	12.800
31.12.2023	40.960	10.240
31.12.2024	32.768	8192
31.12.2025	26.215	6553
Übergang von der degressiven auf die lineare AfA		
31.12.2026	19.661	6554
31.12.2027	13.108	6554
31.12.2028	6555	6554
31.12.2029	1	6552

Arithmetisch-degressive, digitale Abschreibung

Bei der digitalen Abschreibung wird die jährliche Abschreibung mit einem konstant fallenden Betrag von den Anschaffungs- und Herstellungskosten abgezogen. Die hierfür erforderliche Abschreibungsquote errechnet sich aus dem Quotienten der Restnutzungsdauer am Jahresanfang (Zähler) und der Summe der einzelnen Nutzungsjahre (Nenner).

Beispiel: Arithmetisch-degressive, digitale Abschreibung

Nutzungsdauer 6 Jahre.
  Addition der Jahreszahlen $1+2+3+4+5+6=21$.
  Abschreibungsquoten.
  1. Jahr: 6/21.
  2. Jahr: 5/21.
  3. Jahr: 4/21.
  4. Jahr: 3/21.
  5. Jahr: 2/21.
  6. Jahr: 1/21.
  Bei angenommenen Anschaffungskosten von 21.000 € ergeben sich folgende Abschreibungsbeträge:

Datum	Buchwert (in €)	Abschreibungsquote	Abschreibungsbetrag (in €)
01.01.01	21.000		
31.12.01	15.000	6/21	6000
31.12.02	10.000	5/21	5000

Datum	Buchwert (in €)	Abschreibungsquote	Abschreibungsbetrag (in €)
31.12.03	6000	4/21	4000
31.12.04	3000	3/21	3000
31.12.05	1000	2/21	2000
31.12.06	0	1/21	1000

Bei diesem Beispiel wird deutlich, dass sich die jährlichen Abschreibungsbeträge immer um denselben Betrag (im Beispiel 1000 €) vermindern. Die digitale Abschreibungsmethode ist steuerrechtlich seit dem VZ 1985 nicht mehr zulässig. ◄

5.4.2.4 Absetzung für Substanzverringerung

Bei sog. Gewinnungsbetrieben (z. B. Kiesgruben oder Steinbrüchen) ist der Abbau (Verbrauch) von Substanz Gegenstand betrieblicher Aktivitäten. Anstelle der linearen Abschreibung/Absetzung für Abnutzung (AfA) nach § 7 Abs. 1 EStG kann auch steuerlich die Abschreibung in Form von Absetzung für Substanzverringerung (AfS) nach § 7 Abs. 6 EStG vorgenommen werden. Die AfA-Beträge werden wie bei der Leistungsabschreibung ermittelt (Abb. 5.5).

5.4.2.5 Abschreibung geringwertiger Wirtschaftsgüter

In den vergangenen Jahren sind die bilanzsteuerrechtlichen Regelungen zu geringwertigen Wirtschaftsgütern mehrfach geändert worden. Hierbei hatte das Unternehmensteuerreformgesetz 2008 v. 14.08.2007 (BGBl 2007 I S. 1912) mit der Einführung eines Sammelpostens und der sog. „Pool-Abschreibung" den größten Einfluss. Mit dem Gesetz zur Beschleunigung des Wirtschaftswachstums v. 22.12.2009 (BGBl 2009 I S. 3950) wurde dann wahlweise die Sofortabschreibung von geringwertigen Wirtschaftsgütern (GWG's) bis 410 € netto (ohne Umsatzsteuer) und die als Wahlrecht konzipierte Sammelpostenmethode für GWG's mit einem Nettobetrag von mehr als 150 € bis zu einem Nettowert von 1000 € ermöglicht. Für Wirtschaftsgüter, die nach dem 31.12.2017 angeschafft, hergestellt oder in das Betriebsvermögen eingelegt werden, ist die Schwelle für GWG's von bislang 410 € auf 800 € netto erhöht worden (§ 6 Abs. 2 Satz 1und § 52 Abs. 12 Satz 3 EStG). Auch bei der Sammelpostenmethode für GWG's wurde der Schwellenwert von bislang 150,01 € auf 250,01 € angehoben.

Nachfolgend soll die handels- und steuerrechtliche Behandlung und rechtliche Entwicklung geringwertiger Wirtschaftsgüter (Vermögensgegenstände) dargestellt werden.

GWG's sind abnutzbare bewegliche Wirtschaftsgüter des Anlagevermögens, die selbstständig nutzbar sind. Bis 2007 konnten (Wahlrecht) GWG's nach § 6 Abs. 2 EStG a. F. sofort als Betriebsausgabe abgezogen werden, wenn deren Anschaffungs- oder Herstellungskosten nicht höher als 410 € netto waren. Bzgl. der 410 €-Grenze ist stets vom Netto-Warenwert, also ohne Umsatzsteuer auszugehen. Die Umsatzsteuerpflicht des Unternehmers spielt hierbei keine Rolle (§ 9b Abs. 1 EStG, R 9b Abs. 2 EStR).

5.4 Abschreibungen

Alternativ konnten diese Wirtschaftsgüter natürlich auch über die betriebsgewöhnliche Nutzungsdauer abgeschrieben werden.

In der Zeit 2008 bis Ende 2009 war für GWG's eine Zweiteilung vorzunehmen. Für Wirtschaftsgüter bis 150 € netto **musste eine Sofortabschreibung** vorgenommen werden. Wirtschaftsgüter mit einem Nettowert von 150,01 € bis zu einem Nettowert von 1000,00 € mussten nach § 6 Abs. 2a EStG a. F. in einen Sammelposten eingestellt werden und über fünf Jahre linear abgeschrieben werden.

Ab 01.01.2010 wurde mit dem Gesetz zur Beschleunigung des Wirtschaftswachstums die Behandlung von GWG's nochmals reformiert. Nach § 6 Abs. 2 EStG a. F. waren demnach folgende Alternativen möglich.

GWG's bis zu 410,00 € netto konnten (Wahlrecht!) ab 01.01.2010 sofort in voller Höhe gewinnmindernd als Betriebsausgabe abgezogen werden. Während für GWG's bis 150 € netto eine gesonderte Aufzeichnung unterbleiben konnte, waren Wirtschaftsgüter, deren Wert 150 € netto überstieg, in ein besonderes Verzeichnis unter Angabe des Tages der Anschaffung/Herstellung/Einlage mit den Anschaffungs- oder Herstellungskosten aufzunehmen, sofern dies nicht schon aus der Buchführung ersichtlich war.

Alternativ bestand für GWG's mit einem Nettobetrag von mehr als 150 bis 1000 € auch die Möglichkeit, diese in einen jahresbezogenen Sammelposten (Pool) einzustellen. In diesem Fall war der Sammelposten im Jahr seiner Bildung und den folgenden vier Jahren mit 20 v. H. aufwandswirksam linear aufzulösen. Wurde ein GWG in den fünf Jahren seiner Poolzugehörigkeit entnommen, wirkte sich dieser Vorgang nicht auf den Gesamtwert des Sammelpostens aus.

Für nach dem 31.12.2017 angeschaffte, hergestellte oder in das Betriebsvermögen eingelegte Wirtschaftsgüter hat sich nach neuester Rechtsprechung die Schwelle für GWG's von bislang 410 € auf 800 € netto erhöht.

Wahlweise können gem. § 6 Abs. 2a Satz 4 EStG n. F. ab 01.01.2018 GWG's mit einem Nettobetrag von mehr als 250 bis 1000 € in einen jahresbezogenen Sammelposten eingestellt werden. Dieser Sammelposten ist dann jährlich mit 20 % linear aufwandswirksam aufzulösen. Wie schon beim alten Recht wirkt sich eine Entnahme aus dem Pool während der Fünfjahresfrist auf den Gesamtwert des Pools nicht aus.

Für geringwertige Wirtschaftsgüter besteht das Wahlrecht, die Anschaffungs- oder Herstellungskosten im Jahr der Anschaffung oder Herstellung voll mit 100 v. H. abzuschreiben oder planmäßig auf die betriebsgewöhnliche Nutzungsdauer zu verteilen. Dieses Wahlrecht ist jedoch einheitlich auszuüben. Es können also einerseits GWG's bis 800 € netto nicht sofort abgeschrieben werden und andererseits GWG's von 800 bis 1000,00 € netto in den Sammelposten eingestellt werden.

Handelsrechtlich ist die steuerrechtlich mögliche Sofortabschreibung für Wirtschaftsgüter (Vermögensgegenstände) bis 800 € netto prinzipiell ohne Bedeutung, obgleich diese Handhabung in der handelsrechtlichen Praxis im Zusammenhang mit der Bewertungsvereinfachung Beachtung findet. Somit kann die Bildung eines Sammelpostens für GWG's gem. § 6 Abs. 2a EStG auch handelsrechtlich angesetzt werden. Aber diese Durchbrechung des Grundsatzes der Einzelbewertung i. S. v. § 252 Abs. 2 HGB ist nur zulässig, soweit dieser Posten insgesamt den Grundsatz der Wesentlichkeit nicht verletzt. Diese Möglichkeit der Bewertungsvereinfachung darf keine Verzerrung der Vermögens- und Ertragslage nach sich ziehen. Bilanzpolitisch ist natürlich zu beachten, dass sich normalerweise eine Sofortabschreibung von GWG's mehr gewinnmindernd auswirkt als die Sammelpostenmethode. Im Anhang ist gem. § 284 Abs. 2 HGB auf die Bilanzierungs- und Bewertungsmethoden hinzuweisen.

5.4.2.6 Sonderabschreibungen

Der Gesetzgeber möchte aus wirtschafts- und sozialpolitischen Gründen dem Stpfl. Anreize geben, erwünschte Investitionen vorzunehmen, um bspw. personale oder regionale Wirtschaftsprozesse, insbesondere Investitionen in den neuen Bundesländern im Zuge eines beschleunigten Wiedervereinigungsprozesses (Aufschwung Ost), zu fördern. Auf die Vielfalt von Abschreibungsvergünstigungen soll an dieser Stelle nicht eingegangen werden.

Es sei nur beispielhaft auf die hohen Sonderabschreibungsmöglichkeiten und Ansparabschreibungen zur Förderung kleiner und mittlerer Betriebe nach § 7 g EStG verwiesen.

Normalerweise werden Gebäude nach § 7 Abs. 4 oder Abs. 5 EStG abgeschrieben. Während § 7 Abs. 4 Nr. 2a EStG bei für Wohnzwecke dienenden Gebäuden von einer jährlichen Abschreibungsquote von 2 % ausgeht, was einer Nutzungsdauer von 50 Jahren entspricht, hat bspw. nach § 4 Abs. 2 Nr. 1 FördergebietsG die Sonderabschreibung bis zu 50 % betragen, wenn die Investitionen vor dem 01.01.1997 abgeschlossen worden sind. Die Sonderabschreibungen konnten im Jahr des Investitionsabschlusses und in den folgenden vier Jahren in Anspruch genommen werden (§ 4 Abs. 1 Satz 2 FördergebietsG). Bei Gebäuden war zusätzlich die AfA nach § 7 Abs. 4, § 7a Abs. 4 EStG vorzunehmen. Nach Ablauf des maßgebenden Begünstigungszeitraumes wurde die AfA bei Wohngebäuden nach dem Restwert und der Restnutzungsdauer (§ 7a Abs. 9 EStG) berechnet.

Bei eigen- oder fremdbetrieblich genutzten Betriebsgebäuden (= Wirtschaftsgebäuden, die nicht Wohnzwecken dienen) bemisst sich die lineare Abschreibung auf einen einheitlichen Hundertsatz von 3 % der Anschaffungs- oder Herstellungskosten jährlich (§ 7 Abs. 4 Satz 1 Nr. 1 EStG). Dem entspricht eine Nutzungsdauer von 33 Jahren.

5.4.2.7 Sonderabschreibungen gem. § 7 g EStG

Mit der Corona-Krise kam bis jetzt die letzte Änderung des § 7 g EStG. Die Neuregelung kann erstmals in nach dem 31. Dezember 2019 endenden Wirtschaftsjahren in Anspruch genommen werden. Klein- und mittelständische Unternehmen (KMU) haben unter bestimmten Voraussetzungen die Möglichkeit, für abnutzbare bewegliche Wirtschaftsgüter des Anlagevermögens neben der linearen Abschreibung nach § 7 Abs. 1 oder 2 EStG im Jahr der Anschaffung oder Herstellung und in den folgenden vier Jahren Sonderabschreibungen bis zu insgesamt 20 % der Anschaffungs- oder Herstellungskosten in Anspruch zu nehmen (§ 7 g Abs. 5 und 2 EStG). Der Bilanzierende kann die Sonderabschreibung nach eigenen bilanziellen ergebnisorientierten Erwägungen auf den gesetzlich vorgegebenen Zeitraum verteilen (einmaliger Ansatz oder gleich- bzw. ungleichmäßige Verteilung). Die Sonderabschreibung nach § 7 g EStG kann nur vorgenommen werden, wenn.

1. der Gewinn nach § 4 Abs. 1 oder § 5 EStG ermittelt wird und im Wirtschaftsjahr vor der Anschaffung- oder Herstellung die Gewinngrenze von 200.000 € nicht überschritten wurde;
2. das abnutzbare bewegliche Wirtschaftsgut mindestens bis zu einem Jahr nach seiner Anschaffung/Herstellung in einer inländischen Betriebsstätte dieses Betriebs des Steuerpflichtigen verbleibt und ausschließlich oder fast ausschließlich, d. h. mindestens 90 %, betrieblich genutzt oder vermietet wird

Beispiel: Inanspruchnahme von Sonderabschreibungen nach § 7 g EStG

Ein Unternehmer kauft am 28.01.2021 eine Maschine i. H. v. 100.000 € netto mit einer Nutzungsdauer von zehn Jahren. Die Voraussetzungen nach § 7 g EStG für die Inanspruchnahme der Sonderabschreibung, die in voller Höhe im Jahr 2021 in Anspruch genommen werden soll, sind erfüllt.

	€	Restbuchwert jeweils 31.12. (in €)
Anschaffungskosten	100.000	
Jahr 2021 lineare Abschreibung 10 %	10.000	
Sonderabschreibung 20 %	20.000	70.000
Jahr 2022 lineare Abschreibung	10.000	60.000
Jahr 2023 lineare Abschreibung	10.000	50.000
Jahr 2024 lineare Abschreibung	10.000	40.000
Jahr 2025 lineare Abschreibung	10.000	30.000

Nach Ablauf des fünfjährigen Begünstigungszeitraumes bemisst sich nach § 7a Abs. 9 EStG die lineare Abschreibung nach dem Restbuchwert und der Restnutzungsdauer. Im obigen Beispiel beträgt die Abschreibung somit ab dem sechsten Jahr, also ab dem Jahr 2026 6000 € (30.000 €, Restbuchwert: 5 Jahre, Restnutzungsdauer).

Bei Inanspruchnahme der Sonderabschreibung und gleichzeitiger linearer Abschreibung wird bei einer Nutzungsdauer des Wirtschaftsgutes bis zu sechs Jahren die tatsächliche Abschreibungsdauer erheblich verkürzt. ◀

Beispiel: Sachverhalt wie vorher, jetzt aber geometrisch degressive Abschreibung

Nur in den Jahren 2009 und 2010 sowie in 2020 und 2021 durfte bzw. darf gem. § 7 Abs. 2 Satz 1 EStG auch degressiv abgeschrieben werden. Deshalb erfolgt die Anschaffung der Maschine in diesem Beispiel im Jahr 2020:

	€	Restbuchwert jeweils 31.12. (in €)
Anschaffungskosten Jahr 2020	100.000	
Degressive Abschreibung 20 %	20.000	
Sonder-Abschreibung 20 %	20.000	60.000
Jahr 2021 degressive Abschreibung	12.000	48.000
Jahr 2022 degressive Abschreibung	9600	38.400
Jahr 2023 degressive Abschreibung	7680	30.720
Jahr 2024 degressive Abschreibung	6144	24.576
Jahr 2025 degressive Abschreibung	4915	19.661

Ab dem Jahr 2026 empfiehlt sich ein Wechsel von der geometrisch degressiven Abschreibung zur linearen Abschreibung, weil die lineare Abschreibung dann höher ist. ◄

5.5 Wertaufholungsgebot

Wurde handelsrechtlich bei Vermögensgegenständen eine außerplanmäßige Abschreibung auf den niedrigeren Tageswert vorgenommen, konnte vor BilMoG bislang der niedrigere Wert beibehalten werden, auch wenn die Gründe dafür nicht mehr vorlagen. Dieses Wertbeibehaltungswahlrecht galt auch steuerrechtlich. Voraussetzung für die Beibehaltung des niedrigeren Teilwertes in der Steuerbilanz war das Maßgeblichkeitsprinzip, nach dem der niedrigere Wert auch in der Handelsbilanz beibehalten werden musste. Dieses steuerrechtliche Wertbeibehaltungswahlrecht wurde bereits durch das Steuerentlastungsgesetz 1999/2000/2002 aufgehoben. Danach war eine Teilwertabschreibung nur noch bei einer voraussichtlich dauernden Wertminderung zulässig. Bei Wegfall der Wertminderung war gleichzeitig ein Wertaufholungsgebot eingeführt worden (§ 6 Abs. 1 Nr. 1 Satz 4 und Nr. 2 Satz 3 EStG).

Sind in früheren Geschäftsjahren außerplanmäßige Abschreibungen auf den niedrigeren Tageswert beim Anlage- und Umlaufvermögen vorgenommen worden, darf gem. § 253 Abs. 5 Satz 1 HGB dieser niedrige Wert nicht beibehalten werden, wenn die Gründe dafür nicht mehr bestehen. Mit dieser grundsätzlichen Änderung durch das BilMoG sind also rechtsformunabhängig **Wertaufholung**en bzw. **Zuschreibung**en vorzunehmen, d. h. die Buchwerte sind um die früher vorgenommenen außerplanmäßigen Abschreibungen zu korrigieren, wobei die Zuschreibungsobergrenze die um die planmäßigen Abschreibungen verminderten (fortgeschriebenen) Anschaffungs- bzw. Herstellungskosten bilden. **Nur** beim derivativen **Geschäfts- oder Firmenwert** ist ein niedrigerer Wertansatz **beizubehalten** (§ 253 Abs. 5 Satz 2 HGB).

5.6 Vorliegen einer dauernden Wertminderung

Der Begriff der dauernden Wertminderung ist den handelsrechtlichen Bewertungsvorschriften des § 253 Abs. 3 Satz 3 HGB entnommen, wonach beim Anlagevermögen der **niedrigere Tageswert** angesetzt werden muss, wenn beim Vermögensgegenstand eine voraussichtliche **dauernde Wertminderung** vorliegt, die alleine auf dem am Bilanzstichtag vorliegenden Kenntnisstand basiert. Bei der Einschätzung der Wertbestimmung zum Bilanzstichtag sind werterhellende Tatsachen bis zum Tag der Bilanzaufstellung mit einzubeziehen (§ 252 Abs. 1 Nr. 4 HGB). Allein die Möglichkeit einer künftigen Werterhöhung eines am Bilanzstichtag wertgeminderten Vermögensgegenstandes/ Wirtschaftsgutes ist nicht ausreichend, um das Vorliegen einer dauernden Wertminderung zu widerlegen.[3] In Anlehnung an das Handelsrecht ist eine voraussichtliche dauernde Wertminderung auch steuerrechtlich zu bejahen, wenn sie über einen erheblichen Teil der Restnutzungsdauer besteht bleibt. Beim abnutzbaren Anlagevermögen kann eine dauernde Wertminderung gegeben sein, wenn der Zeitwert mindestens für die halbe Restnutzungsdauer oder für einen Zeitraum von fünf Jahren unter den fortgeführten Anschaffungs- oder Herstellungskosten liegt. Auch der Bundesfinanzhof hat dargelegt, dass im Zweifel von einer dauernden Wertminderung auszugehen ist, wenn nicht konkrete Hinweise auf eine **nur vorübergehende** Wertminderung schließen lassen. Insbesondere kann es nicht sein, dass bei einer Jahre später stattfindenden **Betriebsprüfung** vorliegende bessere Erkenntnisse zu der Frage, ob zu einem früheren Bilanzstichtag eine dauernde Wertminderung gegeben war, Berücksichtigung finden.

> **Beispiel: voraussichtlich dauernde Wertminderung beim Anlagevermögen**
>
> Eine linear abgeschriebene Maschine mit einer Restnutzungsdauer von sechs Jahren hat am 31.12.2021 einen Buchwert von 60.000 €. Wegen großer technischer Probleme beträgt der Teilwert am Stichtag
>
> a) 40.000 €
> b) 18.000 €
>
> Mit planmäßiger Abschreibung wäre nach der halben Restnutzungsdauer von drei Jahren der Buchwert 30.000 €. Im Fall (a) liegt der steuerliche Teilwert mit 40.000 € über dem fortgeführten Buchwert von 30.000 € nach der Hälfte der Restnutzungsdauer. Steuerlich ist somit zum Bilanzstichtag 31.12.2021 keine Teilwertabschreibung zulässig, auch wenn u. U. handelsrechtlich auf den niedrigeren Tageswert abgeschrieben wird.

---

[3] vgl. Herzig, Neuorientierung im Bilanzsteuerrecht, S. 129.

Im Fall (b). ist eine Teilwertabschreibung auf den Wert von 18.000 € steuerlich zulässig (Wahlrecht), weil der Teilwert zumindest für die Hälfte der Restnutzungsdauer unter dem fortgeführten Buchwert liegt. Die Teilwertabschreibung kann unabhängig von der vorgenommenen Abschreibung in der Handelsbilanz ausgeübt werden. Das bedeutet, dass auch bei einer voraussichtlich dauernden Wertminderung handelsrechtlich abgeschrieben werden muss, steuerlich eine Teilwertabschreibung vorgenommen werden kann. ◄

5.7 Beizulegender Zeitwert

Der Begriff des sog. **beizulegenden Zeitwertes** ist erst mit Inkrafttreten des BilMoG im Handelsrecht definiert. Er entspricht nach § 255 Abs. 4 HGB dem Marktpreis. Dieser entspricht in einem aktiven Markt bei einem an einer amtlich anerkannten Börse oder im Freiverkehr gehandelten Vermögensgegenstand (Ware oder Wertpapier) dem dort erzielten (Börsen-)Preis. Liegt ein Börsenpreis nicht vor, weil bspw. nur ein Geld- oder Briefkurs vorliegt, zu dem keine Umsätze stattgefunden haben, ist der beizulegende Wert mit Hilfe anerkannter Bewertungsmethoden zu bestimmen. Ist das auch nicht möglich, dann ist der dem Vermögensgegenstand am Bilanzstichtag zu ermittelnde beizulegende Zeitwert nach § 253 Abs. 3 und 4 HGB zu ermitteln. Es handelt sich um den Wiederbeschaffungswert, wenn für die Bewertung der Beschaffungsmarkt relevant ist oder der Verkaufspreis abzüglich noch anfallender Kosten, wenn sich die Bewertung am Absatzmarkt orientiert. Schematisch kann diese Methode der verlustfreien Bewertung wie folgt dargestellt werden:

Geschätzter Verkaufspreis (nach Abzug von Erlösschmälerungen)
./. noch anfallende Kosten (Vertriebskosten, Verwaltungskosten etc.)
= am Bilanzstichtag beizulegender Wert

5.8 Teilwert

5.8.1 Teilwertbegriff und Teilwertvermutungen

Der Begriff **Teilwert** ist rein steuerrechtlicher Natur, den es im Handelsrecht nicht gibt. Hier spricht man vom niedrigeren beizulegenden Wert.

Entnahmen aus dem Betriebsvermögen bzw. Einlagen des Steuerpflichtigen in das Betriebsvermögen sind nach § 6 Abs. 1 Nr. 4 bzw. 5 EStG mit dem Teilwert anzusetzen. Nach § 6 Abs. 1 Nr. 1 Satz 3 EStG, § 10 BewG ist der Teilwert der Betrag, den ein Erwerber des **ganzen Betriebes** im Rahmen des Gesamtkaufpreises für das einzelne Wirtschaftsgut ansetzen würde. Dabei ist davon auszugehen, dass der Erwerber den Betrieb fortführt. Diese Teilwertdefinition basiert auf dem Gedanken, dass ein im Betrieb genutztes Wirtschaftsgut einen höheren Wert hat als der Einzelveräußerungspreis, weil die Ertragskraft des Betriebes das einzelne Wirtschaftsgut wertvoller macht. Aus der Legaldefinition des Teilwertes können Teilwertfiktionen abgeleitet werden wie der Erwerb des Gesamtbetriebes durch einen fiktiven Käufer, der Bestimmung des Gesamtkaufpreises durch den Erwerber unter der Annahme der Unternehmensfortführung (Going-Concern-Prinzip) und der anschließenden Aufteilung des Gesamtkaufpreises auf die einzelnen Wirtschaftsgüter. Da aber zum Bilanzstichtag normalerweise keine Betriebsveräußerung vorliegt, ist der Teilwert zu schätzen (R 6.7 Satz 1 EStR). Für die Schätzung des Teilwertes gelten die Wiederbeschaffungskosten bzw. Wiederherstellungskosten als Obergrenze und der Einzelveräußerungspreis als Untergrenze (vgl. H 6.7 – Schätzung – EStH). Dieser Nettoveräußerungspreis (ohne Umsatzsteuer) entspricht regelmäßig dem sog. gemeinen Wert. Weiter liegt das Problem der Anwendung des Teilwertes darin, dass die gesetzliche Definition in dieser Form nicht anwendbar ist, der Teilwert ist deshalb gem. R 6.7 Satz 3 EStR widerlegbar. Die Rechtsprechung hat deshalb sog. **Teilwertvermutungen** entwickelt, die nach H 6.7 – Teilwertvermutungen – EStH widerlegbar sind:

- Im Zeitpunkt der Anschaffung oder Herstellung eines Wirtschaftsgutes entspricht der Teilwert den Anschaffungs- oder Herstellungskosten.
- Für nicht abnutzbare Wirtschaftsgüter des Anlagevermögens entspricht der Teilwert auch an nachfolgenden Bewertungsstichtagen den Anschaffungs- oder Herstellungskosten.
- Bei abnutzbaren Wirtschaftsgütern des Anlagevermögens entspricht der Teilwert den um die Abschreibungen gekürzten (fortgeschriebenen) Anschaffungs- oder Herstellungskosten, wobei linear abzuschreiben ist.
- Bei Wirtschaftsgütern des Umlaufvermögens entspricht der Teilwert grundsätzlich den Wiederbeschaffungskosten. Der Teilwert von zum Verkauf bestimmten Waren ist auch von den voraussichtlichen Veräußerungserlösen (Börsen- oder Marktpreis) am Bilanzstichtag abhängig.
- Bei einer Beteiligung entspricht der Teilwert im Zeitpunkt des Erwerbs den Anschaffungskosten. Wertbestimmend sind neben den Ertragsaussichten auch der Vermögenswert und die funktionale Bedeutung des Beteiligungsunternehmens (bspw. Betriebsaufspaltung).

Die Teilwertvermutungen können widerlegt werden, soweit der Finanzverwaltung entsprechende Nachweise vorgelegt werden (R 6.7 Sätze 3 bis 5 EStR):

- Die Wiederbeschaffungs- bzw. Wiederherstellungskosten am Bilanzstichtag sind nachhaltig gesunken und damit niedriger als der vermutete Teilwert.
- Die Anschaffung/Herstellung eines Wirtschaftsgutes war von Anfang an eine Fehlmaßnahme oder bestimmte Umstände haben dazu geführt, dass die Anschaffung/Herstellung des Wirtschaftsgutes im Nachhinein zur Fehlmaßnahme wurde.

- Wertminderungen wegen technischer oder wirtschaftlicher Veränderungen,
- Sinkende Verkaufspreise bei Waren.

5.8.1.1 Sinken der Wiederbeschaffungskosten

Wird der Nachweis erbracht, dass die Wiederbeschaffungskosten am Bilanzstichtag niedriger sind als der vermutete Teilwert, ist damit die Teilwertvermutung widerlegt.

> **Beispiel: Sinken der Wiederbeschaffungskosten**
>
> Der Stpfl. Hans Bernstein bilanziert in seinem Betriebsvermögen Aktien. Die Anschaffungskosten betragen für 250 Aktien à 30 € und zusätzlich 40 € Anschaffungsnebenkosten, also insgesamt 7540 €. Am Bilanzstichtag notiert die Aktie bei 27 €.
>
> Der niedrigere Teilwert ermittelt sich aus 27: 30 × 7540 € = 6786 €.
>
> Damit betragen die gesunkenen Wiederbeschaffungskosten unter Einbeziehung der Anschaffungsnebenkosten 6786 €. ◀

5.8.1.2 Fehlmaßnahmen

Fehlmaßnahmen können resultieren aus Fehleinschätzungen der wirtschaftlichen Entwicklung oder unvorhersehbaren Nachfrageverschiebungen am Markt. Von einer Fehlmaßnahme spricht man, wenn die Kosten einer Investition den wirtschaftlichen Nutzen einer Investition, objektiv betrachtet, deutlich übersteigen und deshalb ein fiktiver Erwerber des gesamten Betriebs diese Investition im Kaufpreis nicht honorieren würde (H 6.7 – Fehlmaßnahme – EStH). Bei Zahlung eines sog. Überpreises gilt die Teilwertvermutung. Dies ist der Fall, wenn der Stpfl. für bspw. ein Grundstück aufgrund der günstigen Lage einen höheren Preis als den ortsüblichen Preis zu bezahlen bereit ist. Wenn auch ein fiktiver Erwerber des Betriebes bereit wäre, einen höheren Preis wegen der wertvollen Lage des Grundstückes zu bezahlen, handelt es sich nicht um eine Fehlmaßnahme, die eine Teilwertabschreibung auf den niedrigeren ortsüblichen Vergleichswert rechtfertigen würde (H 6.7 – Überpreis – EStH).

5.8.1.3 Sinken der Verkaufspreise bei Waren

Zum Absatz bestimmte Wirtschaftsgüter können mit zwei Methoden bewertet werden, einmal mit der progressiven beschaffungsorientierten Methode, die sich an den Wiederbeschaffungskosten orientiert und zum anderen mit der retrograden absatzmarktorientierten Methode, die vom voraussichtlichen Verkaufspreis abgeleitet wird. Bei der Bestimmung des Teilwertes aus dem Verkaufspreis handelt es sich um eine retrograde Wertermittlung (vgl. H 6.7 – Retrograde Wertermittlung – EStH). Hier werden die **Subtraktionsmethode** (R 6.8 Abs. 2 Satz 3 ff. EStR) und die **Formelmethode** (R 6.8 Abs. 2 Sätze 5 und 6 EStR) unterschieden.

Nach der Subtraktionsmethode berechnet sich der Teilwert, wie in Abb. 5.6 dargestellt.

Handelsrechtlich wird nur der nach dem Bilanzstichtag noch anfallende betriebliche Aufwand, nicht aber der durchschnittliche Unternehmergewinn abgezogen, um den beizulegenden Wert zu berechnen (§ 252 Abs. 1 Nr. 4, 1. Halbsatz HGB, Imparitätsprinzip).

5.8 Teilwert

> Voraussichtlich erzielbarer Veräußerungserlös
> - durchschnittlicher Unternehmergewinn
> - nach dem Bilanzstichtag noch anfallender betrieblicher Aufwand
>
> = **Teilwert**

Abb. 5.6 Teilwertbestimmung nach der Subtraktionsmethode

$$\text{Teilwert} = Z : (1 + Y1 + Y2 \times W)$$

Wobei Z, Y1, Y2 und W sind:

Z der erzielbare Verkaufspreis
Y1 der Durchschnittsunternehmergewinnprozentsatz (bezogen auf die Anschaffungskosten)
Y2 der Rohgewinnaufschlagsrest
W der Prozentsatz an Kosten, der noch nach Abzug des durchschnittlichen Unternehmergewinnprozentsatzes vom Rohgewinnaufschlagssatz nach dem Bilanzstichtag anfällt.

Abb. 5.7 Teilwertbestimmung nach der Formelmethode

Sollte die Subtraktionsmethode nicht angewendet werden können, kann nach der Formelmethode der Teilwert gem. R 6.8 Abs. 2 Sätze 5 und 6 EStR wie in Abb. 5.7 ermittelt werden können.

> **Beispiel: Teilwertberechnung und beizulegender Wert**
>
> Bei einem Huthändler liegen am Bilanzstichtag, dem 31.12.2021 noch 60 Hüte aus der Frühjahrs-/Sommerkollektion auf Lager. Wegen der neuen Herbst-/Winterkollektion hat der Verkauf der Hüte aus der Frühjahrs-/Sommerkollektion nachgelassen. Der voraussichtliche Verkaufserlös pro Hut beträgt am Bilanzstichtag nur noch 80 € netto. Für jeden Hut fallen nach dem Bilanzstichtag Verkaufskosten i. H. v. 19 € an. Der durchschnittliche Unternehmergewinn beträgt 15 % des Umsatzerlöses. Die Anschaffungskosten haben je Hut 63 € betragen. Bis zur Aufstellung des Jahresabschlusses am 30.03.2022 konnten alle Hüte mit einem Nettopreis von 80 € verkauft werden.
>
> Die Hüte (Umlaufvermögen) sind grundsätzlich mit den Anschaffungskosten zu bilanzieren (§ 253 Abs. 1 Satz 1 HGB, § 6 Abs. 1 Nr. 2 Satz 1 EStG), also $60 \times 63\,€ = 3780\,€$.
>
> Steuerrechtlich ist der Teilwert wie folgt zu ermitteln:
>
> | | |
> |---|---:|
> | Voraussichtlich erzielbarer Veräußerungserlös | 80,00 € |
> | − durchschnittlicher Unternehmergewinn | 12,00 € |
> | − nach dem Bilanzstichtag anfallende Verkaufskosten | 19,00 € |
> | = **Teilwert** | **49,00 €** |

Handelsrechtlich **sind** die Hüte mit dem niedrigeren beizulegenden Wert gem. § 253 Abs. 4 HGB anzusetzen. Es ist eine außerplanmäßige Abschreibung auf den niedrigeren beizulegenden Wert, also (80 € − 19 €) × 60 = 3660 € vorzunehmen.

Steuerrechtlich **kann** (Wahlrecht), da es sich um eine voraussichtliche dauernde Wertminderung handelt, eine Teilwertabschreibung auf 2940 € vorgenommen werden. ◄

5.8.2 Teilwertabschreibung

Für die Bewertung der einzelnen Wirtschaftsgüter **kann** gem. § 6 Abs. 1 Nr. 1 Satz 2 und Nr. 2 Satz 2 EStG der niedrigere Teilwert nur bei einer voraussichtlich dauernden Wertminderung angesetzt werden (**Wahlrecht**), wobei es aber durchaus sinnvoll sein kann, auf die Teilwertabschreibung zu verzichten. Beispiele sind die Zinsschranke nach § 4h EStG, der Verlustabzug nach § 10d EStG oder ansonsten untergehende Verluste gem. § 8c KStG.

Der Begriff der dauernden Wertminderung ist dem Handelsrecht entnommen (§ 253 Abs. 3 Satz 3 HGB). Eine dauernde Wertminderung setzt voraus, dass ein nachhaltiges Absinken unter die fortgeführten Anschaffungs- bzw. Herstellungskosten (maßgeblicher Buchwert) nachgewiesen werden kann (vgl. BFH v. 27.11.1974, BStBl II 1975, S. 294), wobei die Verhältnisse am Bilanzstichtag maßgebend sind.

Die bekannten Rechtsgrundsätze zur Frage, wann eine voraussichtlich dauernde Wertminderung vorliegt, ergibt sich bspw. aus dem BFH-Urteil vom 21.09.2011 (BStBl 2014 II S. 612). Dort hat sich der BFH mit der dauernden Wertminderung bei festverzinslichen Wertpapieren beschäftigt. Weiter wurden die Abgrenzungsprobleme zwischen „wertaufhellenden" und „wertbegründenden" Erkenntnissen diskutiert, die sich zwischen Bilanzstichtag und Tag der Bilanzaufstellung ergeben. Damit beschäftigt sich auch das BMF-Schreiben vom 02.09.2016 (BStBl 2016 I S. 995). Zur Frage, ob eine voraussichtliche dauernde Wertminderung vorliegt, ist zuerst zu prüfen, ob eine Wertminderung aus besonderem Anlass vorliegt wie bei technischem Fortschritt oder bei Katastrophen. Ansonsten unterscheidet das BMF-Schreiben vom 02.09.2016 folgende Untergruppen:

- Wirtschaftsgüter des abnutzbaren Anlagevermögen,
- Wirtschaftsgüter des nicht abnutzbaren Anlagevermögen,
- Wirtschaftsgüter des Umlaufvermögens,
- Spezifische Wirtschaftsgüter.

Wirtschaftsgüter des abnutzbaren Anlagevermögens
Bei Wirtschaftsgütern des abnutzbaren Anlagevermögens kann von einer voraussichtlich dauernden Wertminderung ausgegangen werden, wenn der Wert des Wirtschaftsgutes am Bilanzstichtag für die halbe Restnutzungsdauer unter dem planmäßigen Restbuchwert liegt. Dies gilt auch, wenn geplant ist, vor dem Ende der Abschreibungsdauer das Wirtschaftsgut zu verkaufen (vgl. BMF-Schreiben vom 02.09.2016, Rz. 8, BStBl 2016 I S. 995).

5.8 Teilwert

> **Beispiel: Teilwert bei abnutzbarem Anlagevermögen**
>
> Der Unternehmer Richard Müller erwirbt am 02.01.2021 eine Maschine mit Anschaffungskosten i. H. v. 80.000 €. Die Nutzungsdauer beträgt nach den amtlichen AfA-Tabellen acht Jahre. Der festgestellte Teilwert am 31.12.2022 beträgt 22.000 €.
>
> Die Maschine wird mit den Anschaffungskosten von 80.000 € bewertet, vermindert um die lineare Abschreibung, 10.000 € für das Jahr 2021 und 10.000 € für das Jahr 2022. Der Buchwert am 31.12.2022 beträgt 60.000 €. Die verbleibende Restnutzungsdauer beträgt sechs Jahre. Nach der verbleibenden halben Restnutzungsdauer, also drei Jahren, würde der Wert der Maschine am 31.12.2025 30.000 € betragen. Der Teilwert von 22.000 € am 31.12.2022 liegt unter diesem planmäßigen Restbuchwert. Somit liegt offensichtlich eine voraussichtlich dauernde Wertminderung vor. Steuerrechtlich **kann** also von dem Wahlrecht, den niedrigeren Teilwert anzusetzen, Gebrauch gemacht werden.
>
> Handelsrechtlich **muss** zwingend eine außerplanmäßige Abschreibung auf den niedrigeren beizulegenden Wert von 22.000 € vorgenommen werden (§ 253 Abs. 3 Satz 3 HGB). Der **Maßgeblichkeitsgrundsatz** gem. § 5 Abs. 1 Satz 2, 2. Halbsatz EStG ist für die Ausübung des steuerlichen Wahlrechts **unbedeutend**. ◄

Wirtschaftsgüter des nicht abnutzbaren Anlagevermögens

Auf der Basis verschiedener Urteile des BFH unterscheidet das BMF-Schreiben vom 02.09.2016 beim nicht abnutzbaren Anlagevermögen weiter zwischen Grundstücken und Forderungen im Anlagevermögen (Ausleihungen). Bei **Grundstücken** ist eine Teilwertabschreibung aufgrund eines niedrigeren Marktpreises demnach unzureichend. Grundstückspreise unterliegen Preisschwankungen und diese Preisschwankungen sind als vorübergehend anzusehen. Eine Teilwertabschreibung ist somit grds. bei Grundstücken mit Altlasten (bspw. kontaminierte Grundstücke) zulässig. Das BMF-Schreiben nimmt nur zu **Forderungen,** die zum Anlagevermögen gehören, Stellung. Danach ist von einer voraussichtlichen dauernden Wertminderung auszugehen, wenn mit großer Wahrscheinlichkeit mit einem Zahlungsausfall bspw. wegen Insolvenz zu rechnen ist.

Wirtschaftsgüter des Umlaufvermögens

Für das Umlaufvermögen enthält das BMF-Schreiben vom 02.09.2016 keine konkreten Regelungen. Aus Rz 16 geht nur hervor, dass beim Umlaufvermögen eine voraussichtlich dauernde Wertminderung vorliegt, wenn die Minderung bis zum Zeitpunkt der Aufstellung des Jahresabschlusses oder dem vorangegangenen Verkaufs- oder Verbrauchszeitpunkt besteht.

Spezifische Wirtschaftsgüter

Bei **börsennotierten Aktien** im Anlage- und Umlaufvermögen ist von einer voraussichtlichen dauernden Wertminderung immer dann auszugehen, wenn der Börsenwert am Bilanzstichtag unter denjenigen Wert im Zeitpunkt des Aktienerwerbs gesunken ist und der Kursverlust die Bagatellgrenze von 5 % der Notierung bei Erwerb überschreitet, wobei es auf die weitere Kursentwicklung nach dem Bilanzstichtag nicht ankommt (BMF-Schreiben vom 02.09.2016, BStBl 2016 I S. 995, Rz. 17).

> **Beispiel**
>
> Der Unternehmer Uwe Neumann hat am 03.01.2021 die Aktien A mit einem Börsenkurs von 92 € erworben. Am 15.05.2021 hat er noch die Aktie B mit einem Börsenkurs von 48 € gekauft. Am 31.12.2021 beläuft sich der Börsenkurs der Aktie A auf 90 € und von der Aktie B auf 40 €. Am 03.03.2022 (Tag der Bilanzaufstellung) ist die Aktie A auf 80 € gefallen und die Aktie B ist auf 52 € gestiegen.
>
> Im Falle der Aktie A ist am Bilanzstichtag eine Teilwertabschreibung nicht zulässig, da die Bagatellgrenze beim Kursverlust nicht 5 % (4,6 €) überschritten hat. Der weitere Kursverlauf nach dem Bilanzstichtag ist für die Berücksichtigung der Teilwertabschreibung irrelevant. Im Falle der Aktie B **kann** eine Teilwertabschreibung vorgenommen werden, da der Kursverlust mehr als 5 % (mehr als 2,4 €) beträgt. Der Börsenkursanstieg nach dem Bilanzstichtag ist für die Teilwertabschreibung irrelevant. ◄

Eine Teilwertabschreibung ist bei **festverzinslichen Wertpapieren** des Anlage- und Umlaufvermögens nur dann zulässig, wenn von einem Bonitäts- und Liquiditätsrisiko auszugehen ist. Wenn also nicht der volle Nennbetrag, sondern nur ein Teil des Nennbetrags zurückbezahlt wird (BMF-Schreiben vom 02.09.2016, BStBl 2016 I S. 995, Rz. 21, siehe auch Abschn. 4.2.3).

Die Feststellung einer Teilwertabschreibung bei **Anteilen an Investmentfonds**, die als Finanzanlage im Anlagevermögen gehalten werden, hängt von der Höhe der Investition des Investmentsfonds in börsennotierte Aktien ab. Soweit zum Bilanzstichtag mehr als 50 % des Investmentfondwerts in börsennotierte Aktien investiert sind, gilt der gesamte Investmentfond als börsennotiert und für die Bestimmung einer Teilwertabschreibung sind die Kriterien wie bei börsennotierten Aktien heranzuziehen (BMF-Schreiben vom 02. 09. 2016, BStBl 2016 I S. 995, Rz. 24–25).

Bei einer nur vorübergehenden Wertminderung ist eine Teilwertabschreibung nicht zulässig. Anders als im Handelsrecht besteht steuerrechtlich ein **Ansatzverbot**. Dieser Grundsatz gilt auch für nicht abnutzbare Wirtschaftsgüter des Anlagevermögens (Grund und Boden, Beteiligungen) und Wirtschaftsgüter des Umlaufvermögens. Die Zulässigkeit einer Teilwertabschreibung ist somit nur auf die Fälle einer voraussichtlich dauernden Wertminderung durch die Einräumung eines steuerlichen Bewertungswahlrechtes beschränkt.

Handelsrechtlich **sind** nach § 253 Abs. 3 und 4 HGB bei Vermögensgegenständen des **Anlagevermögens** bei einer voraussichtlich dauernden Wertminderung außerplanmäßige Abschreibungen vorzunehmen. Bei **Finanzanlagen können** (Wahlrecht) außerplanmäßige Abschreibungen auch bei voraussichtlich nicht dauernder Wertminderung vorgenommen werden. Bei Vermögensgegenständen des Umlaufvermögens ist das strenge Niederstwertprinzip zu beachten. Danach sind Abschreibungen auf den niedrigeren Wert vorzunehmen, der sich aus dem Börsen- oder Marktpreis am Bilanzstichtag bzw. aus dem niedrigeren beizulegenden Wert ergibt.

Zusammenfassend kann gesagt werden, dass trotz des Maßgeblichkeitsprinzips der Handelsbilanz für die Steuerbilanz auf die steuerliche Teilwertabschreibung verzichtet werden kann (Wahlrecht), auch wenn handelsrechtlich zwingend eine außerplanmäßige Abschreibung (Niederstwertprinzip) auf den niedrigeren beizulegenden Wert vorgenommen werden muss.

5.8.3 Wertaufholung

Haben sich die Werte von aktiven Bilanzpositionen nach früher vorgenommenen Teilwertabschreibungen zu einem nachfolgenden Bilanzstichtag wieder erhöht, dann ist bis zum Erreichen der Bewertungsobergrenze eine Wertaufholung vorzunehmen (§ 6 Abs. 1 Nr. 1 Satz 4 und Nr. 2 Satz 3 EStG). Dies gilt auch in dem Fall, wenn sich der Teilwert am nächsten Bilanzstichtag erhöht (BMF-Schreiben vom 02. 09. 2016, BStBl 2016 I S. 995, Rz. 27). Dieses Wertaufholungsgebot gilt für abnutzbare wie nicht abnutzbare Wirtschaftsgüter. Bewertungsobergrenze sind bei nicht abnutzbaren Wirtschaftsgütern maximal die Anschaffungs- oder Herstellungskosten, bei abnutzbaren Wirtschaftsgütern sind die fortgeführten Anschaffungs- oder Herstellungskosten ausschlaggebend. Ob der niedrige Teilwertansatz noch gerechtfertigt ist, muss bei jeder Bilanzerstellung neu geprüft werden.

Auch handelsrechtlich ist eine Wertaufholung gem. § 253 Abs. 5 Satz 1 HGB vorzunehmen.

5.8.4 Anwendungsbereich

Wie aus § 6 Abs. 1 Satz 1 EStG ausdrücklich hervorgeht, gilt die Regelung zur Teilwertabschreibung und die Wertaufholung nur für bilanzierende Unternehmer nach § 4 Abs. 1 oder § 5 EStG. Eine Teilwertabschreibung ist demnach bei der Gewinnermittlung nach § 4 Abs. 3 EStG, der Einnahmenüberschussrechnung, nicht möglich.

5.9 Gemeiner Wert

Nach § 9 Abs. 2 BewG wird der **gemeine Wert** durch den Preis bestimmt, der im gewöhnlichen Geschäftsverkehr nach der Beschaffenheit des Wirtschaftsgutes bei einer Veräußerung zu erzielen wäre. Dabei sind alle Umstände, die den Preis beeinflussen, zu berücksichtigen. Ungewöhnliche oder persönliche Verhältnisse sind nicht zu berücksichtigen. Der gemeine Wert kann somit auch höher sein als die Anschaffungskosten.

Damit ist der gemeine Wert ein **Einzelveräußerungspreis**. Bilanzsteuerrechtlich ist die Anwendung des gemeinen Wertes nahezu unbedeutend. Bei bestimmten Tauschgeschäften und bei unentgeltlichem Erwerb aus betrieblichem Anlass entsprechen die Anschaffungskosten der erworbenen Wirtschaftsgüter dem gemeinen Wert. Weiter ist der gemeine Wert bei einer Betriebsaufgabe für Wirtschaftsgüter anzusetzen, die nicht veräußert werden (§ 16 Abs. 3 Satz 7 EStG). Der gemeine Wert wird bspw. bei der Entnahme von Wirtschaftsgütern aus einer Personengesellschaft angesetzt.

5.10 Substanzwert

Der **Substanzwert** ist nach § 11 Abs. 2 Satz 3 BewG als die Summe der gemeinen Werte der zum Betriebsvermögen gehörenden Wirtschaftsgüter abzüglich der zum Betriebsvermögen gehörenden Schulden zu definieren.

Bilanzierung der Passiva 6

6.1 Eigenkapital

Eigenkapital ist das dem Unternehmen von seinen Eigentümern unbefristet zur Verfügung gestellte Kapital, das dem Unternehmen bspw. bei einer Kapitalgesellschaft von außen durch eine Kapitalerhöhung (Außenfinanzierung) oder von innen durch Einbehalten von Gewinnen (Innenfinanzierung) zufließt. Bilanziell ist Eigenkapital die Differenz zwischen Vermögen und Schulden zu einem bestimmten Stichtag.

$$\text{Vermögen} - \text{Schulden} = \text{Eigenkapital}$$

Während auf der Passivseite der Bilanz die Kapitalherkunft (Eigen- und Fremdkapital) dargestellt wird, zeigt die Aktivseite, wie und wo dieses Kapital investiert wurde (Kapitalverwendung) (Abb. 6.1). Die Aktiva stellen das Vermögen des Unternehmens dar. Auf dieses Vermögen können zuerst die Fremdkapitalgeber (Gläubiger) Ansprüche geltend machen, dann erst die Eigentümer. Eigenkapital kann somit auch als Saldogröße zwischen Vermögen und Schulden als Nettovermögen definiert werden. Aus diesem Grund müssen sich auch immer Aktiv- und Passivseite entsprechen.

Je nach Rechtsform lassen sich bei Unternehmen feste und variable Eigenkapitalkonten unterscheiden. Einzelkaufleute und Personenhandelsgesellschaften führen in der Regel variable Eigenkapitalkonten. Auf diesen werden alle im Geschäftsjahr vorgenommenen Entnahmen und Einlagen sowie der erzielte Gewinn bzw. Verlust verbucht. Durch Verluste und/oder zu hohe Entnahmen kann das Eigenkapital aufgezehrt werden. Die Anzahl der Kapitalkonten ist im Gesellschaftervertrag zu regeln.

Ein festes Eigenkapital ist üblicherweise bei Unternehmensrechtsformen mit Haftungsbeschränkung wie bspw. bei Kapitalgesellschaften vorzufinden. Formelle und materielle Vorschriften zur Bilanzierung des Eigenkapitals finden sich in den §§ 266

Gliederungsschema der Passiva für kleine Kapitalgesellschaften § 266 HGB
A. Eigenkapital
I Gezeichnetes Kapital
II Kapitalrücklage
III Gewinnrücklage
IV Gewinnvortrag/Verlustvortrag
V Jahresüberschuss/Jahresfehlbetrag
B. Rückstellungen
C. Verbindlichkeiten
D. Rechnungsabgrenzungsposten
E. Passive latente Steuern

Abb. 6.1 Gliederungsschema der Passiva für kleine Kapitalgesellschaften

Abs. 3, 268, 270 und 272 HGB, §§ 5, 5a und 42 GmbHG, §§ 58, 150 und 152 AktG. Im deutschen Handelsrecht ist nur für Kapitalgesellschaften die Bilanzierung des Eigenkapitals geregelt. Nach § 266 Abs. 3 A I HGB wird das konstante, fixe Eigenkapital als „**Gezeichnetes Kapital**" bezeichnet. Bei der GmbH entspricht das dem „**Stammkapital**" und bei der Aktiengesellschaft dem „**Grundkapital**". Das feste Eigenkapital wird auch als „nominelles Kapital" bezeichnet. Werden zum Nominalkapital noch alle variablen Eigenkapitalbestandteile (Kapital- und Gewinnrücklagen sowie Ergebniskonten) hinzuaddiert, ergibt sich das „**bilanzielle Eigenkapital**". Wird das aus der Bilanz abgeleitete „**sichtbare Eigenkapital**" noch durch das sog. „**nicht sichtbare Eigenkapital**", also den stillen Reserven, ergänzt, ergibt sich das „**effektive Eigenkapital**" (Abb. 6.2).

Der Ausweis des Eigenkapitals bei Personengesellschaften ist im HGB nicht geregelt. Eine Ausnahme bilden aber Personengesellschaften gem. § 264a HGB, bspw. die GmbH & Co. KG, wenn mindestens ein Gesellschafter eine Kapitalgesellschaft ist. Das Eigenkapital ist dann nach § 264c Abs. 2 HGB grds. wie bei Kapitalgesellschaften darzustellen. Anstelle des gezeichneten Kapitals treten jedoch die **Kapitalanteile** (Kapitalkonten) der persönlich haftenden Gesellschafter und der Kommanditisten (siehe Abb. 6.3).

6.1.1 Gezeichnetes Kapital

Das **gezeichnete Kapital** bzw. nominelle Eigenkapital ist gem. § 272 Abs. 1 HGB das Kapital, auf das die Haftung der Gesellschafter für Verbindlichkeiten der Kapitalgesellschaft gegenüber seinen Gläubigern beschränkt ist. Das **Grundkapital** bei Aktiengesellschaften und das **Stammkapital** bei GmbH's ist als gezeichnetes Kapital auszuweisen (§ 42 Abs. 1 GmbHG, § 152 Abs. 1 AktG). Bei Aktiengesellschaften beträgt das Grundkapital mindestens 50.000 € und bei GmbHs beträgt das Stammkapital mindestens 25.000 €. Nach § 5a GmbHG kann auch eine Unternehmergesellschaft gegründet

6.1 Eigenkapital

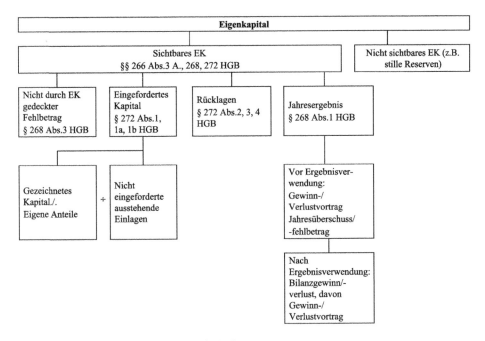

Abb. 6.2 Eigenkapital von Kapitalgesellschaften

Eigenkapital der Personengesellschaften nach § 264a HGB
Kapitalanteile
der persönlich haftenden Gesellschafter
der Kommanditisten
Rücklagen
Gewinn-/Verlustvortrag
Jahresüberschuss-/fehlbetrag

Abb. 6.3 Eigenkapital von Personengesellschaften gem. § 264a HGB nach § 264c Abs. 2 HGB

werden, deren Mindestkapital 25.000 € unterschreiten kann. Sowohl das Grundkapital bei der AG als auch das Stammkapital bei der GmbH muss nicht voll einbezahlt werden. Nicht vollständig einbezahlte Beträge des gezeichneten Kapitals sind als ausstehende Einlagen auf das gezeichnete Kapital nur noch auf der Passivseite auszuweisen. Die ausstehenden, noch nicht eingeforderten Einlagen sind vom „Gezeichneten Kapital" offen abzuziehen (**Nettomethode**, § 272 Abs. 1 Satz 3 HGB). Der verbleibende Betrag ist als Posten „Eingefordertes Kapital" auf der Passivseite auszuweisen. Der eingeforderte, aber noch nicht eingezahlte Betrag ist unter den Forderungen gesondert auszuweisen und entsprechend zu bezeichnen.

> **Beispiel zur Bilanzierung ausstehender Einlagen**
>
> Eine AG hat ein gezeichnetes Kapital in Höhe von 600.000 €. Davon sind 500.000 € eingezahlt, 60.000 € sind von den Gesellschaftern eingefordert, aber noch nicht eingezahlt. Daraus gestaltet sich der bilanzielle Ausweis wie folgt:
>
> | Aktiva | Bilanz | Passiva | |
> |---|---|---|---|
> | Umlaufvermögen | | Eigenkapital | |
> | Forderungen und sonstige | | Eigenfordertest Kapital | |
> | Vermögensgegenstände | | Gezeichnetes Kapital | 600.000 |
> | Eingefordertes, aber noch nicht eingezahltes Kapital | 60.000 | ./. Nicht eingeforderte ausstehende Einlagen | 40.000 |
> | Kassenbestand | 500.000 | Eingefordertes Kapital | 560.000 |
> | Summe Aktiva | 560.000 | Summe Passiva | 560.000 |

◀

6.1.2 Kapitalanteile

Bei Personengesellschaften gem. § 264a HGB werden nach § 264c Abs. 2 HGB anstelle des gezeichneten Kapitals die Kapitalanteile der Kommanditisten und der persönlich haftenden Gesellschafter ausgewiesen. Die Kapitalanteile der Kommanditisten sind gem. § 264c Abs. 2 Satz 6 HGB getrennt von den Kapitalanteilen der persönlich haftenden Gesellschafter auszuweisen. Ein etwaiger Verlust, der auf den Kapitalanteil des/der persönlich haftenden Gesellschafter(s) und auf den/die Kapitalanteil(e) des/der Kommanditisten entfällt, ist nach § 264c Abs. 2 Satz 3 HGB von dessen/deren Kapitalanteil(e) abzuziehen. Soweit der Verlust das Kapitalkonto übersteigt, ist gem. § 264c Abs. 2 Satz 4 HGB auf der Aktivseite unter den Forderungen eine „Einzahlungsverpflichtung persönlich haftender Gesellschafter bzw. der Kommanditisten" auszuweisen, wenn es eine entsprechende Vereinbarung im Gesellschaftervertrag gibt.

Für normale Personengesellschaften gibt es keine entsprechenden Vorschriften. Bei einer Kommanditgesellschaft sollten jedoch die Kapitalanteile der persönlich haftenden Gesellschafter getrennt von den Kapitalanteilen der Kommanditisten ausgewiesen werden. Der Ausweis des Eigenkapitals kann auch nach § 264c Abs. 2 HGB erfolgen.

6.1.3 Rücklagen

6.1.3.1 Allgemeines

Handelsrechtlich (§ 266 Abs. 3 A. HGB) gehören **Rücklagen** zum Eigenkapital einer Kapitalgesellschaft und einer Personengesellschaft gem. § 264a HGB. Das Eigenkapital setzt sich aus einem konstanten (fixen) Teil und einem variablen Teil zusammen. Rücklagen gehören zum variablen Teil des Eigenkapitals wie auch der Gewinn-/Verlustvortrag und der Jahresüberschuss/-fehlbetrag. Rücklagen stärken die Eigenkapitalbasis und gleichen angefallene Verluste aus, ohne dass sofort das fixe Nennkapital angegriffen wird. Insofern erfüllen Rücklagen betriebswirtschaftlich betrachtet auch eine (Kapital-) Reservefunktion. Rücklagen sind rein buchungstechnische Posten auf der Passivseite, denen keine entsprechenden Posten auf der Aktivseite gegenüber stehen. Rücklagen sind auch (Eigen-)Kapital, das auf der Aktivseite „verwendet", d. h. investiert wird.

Neben den in der Bilanz auf der Passivseite offen ausgewiesenen Rücklagen unterscheidet man noch **stille Rücklagen** (stille Reserven), die aus der Bilanz nicht direkt ersichtlich sind.

6.1.3.2 Rücklagen bei Kapitalgesellschaften

Bei Kapitalgesellschaften entspricht der fixe Eigenkapitalbestandteil dem „gezeichneten Kapital", dem „Grundkapital" bei Aktiengesellschaften bzw. dem „Stammkapital" bei GmbH's. Dieses Nominalkapital ist nach § 272 Abs. 1 Satz 1 HGB der Teil des Eigenkapitals, auf den die Haftung der Gesellschafter für die Verbindlichkeiten der Kapitalgesellschaft gegenüber den Gläubigern beschränkt ist.

Das variable Kapital, die Rücklagen, unterteilt der Gesetzgeber nach § 272 Abs. 2 und 3 HGB in Kapital- und Gewinnrücklagen (Abb. 6.4). Während Gewinnrücklagen durch Nichtausschüttung (Einbehalten, **Thesaurierung**) von Gewinnen entstehen, wird bei der Kapitalrücklage neues Kapital von außen zugeführt (z. B. ordentliche Kapitalerhöhung). Die Bildung von Rücklagen erfolgt somit entweder im Wege der Innenfinanzierung über einbehaltene (thesaurierte) Gewinne oder in Form der Außenfinanzierung bspw. durch die Ausgabe neuer Aktien.

In die **Kapitalrücklage** sind gem. § 272 Abs. 2 HGB folgende Beträge einzustellen:

- der Betrag, der bei der Ausgabe von Anteilen über den Nennbetrag hinaus erzielt wird (Agio, § 9 AktG, §§ 150, 152 Abs. 2 AktG),

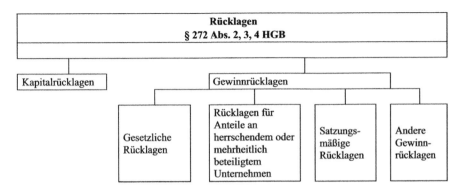

Abb. 6.4 Arten von Rücklagen

- der Betrag, der bei der Ausgabe von Schuldverschreibungen für Wandlungs- und Optionsrechte zum Erwerb von Anteilen erzielt wird (§ 221 AktG),
- Zuzahlungen, die Gesellschafter gegen Gewährung eines Vorzugs für ihre Anteile leisten (§ 221 Abs. 3 AktG),
- andere Zuzahlungen, die Gesellschafter in das Eigenkapital leisten, bspw. Nachschüsse bei einer GmbH (§ 42 Abs. 2 GmbHG).

In die Kapitalrücklagen kann bei einer bestehenden körperschafts- und gewerbesteuerlichen Organschaft auch der nicht abgeführte Gewinn der Organgesellschaft an den Organträger eingestellt werden. Voraussetzung dafür ist aber, dass zwischen dem Organträger und der Organgesellschaft ein entsprechender Gesellschafterbeschluss besteht.

In die **Gewinnrücklagen** dürfen gem. § 272 Abs. 3 HGB nur Beträge aus dem Ergebnis des Geschäftsjahres oder eines früheren Geschäftsjahres eingestellt werden (§ 272 Abs. 3 HGB). Gewinnrücklagen sind thesaurierte Gewinne nach Steuern. Mit dieser Rücklagenbildung ergibt sich für das Unternehmen ein Finanzierungseffekt. Es handelt sich um eine Form der Innenfinanzierung (Selbstfinanzierung). Bei den Gewinnrücklagen gilt nach § 266 Abs. 3 A. III. HGB folgende Unterteilung:

- gesetzliche Rücklage,
- Rücklage für Anteile an einem herrschenden oder mehrheitlich beteiligten Unternehmen,
- satzungsmäßige Rücklagen,
- andere Gewinnrücklagen.

In § 150 Abs. 1 und 2 AktG ist die Bildung einer **gesetzlichen Rücklage** zwingend zum Schutz der Gläubiger vorgeschrieben. Ebenso ist für die **haftungsbeschränkte Unternehmergesellschaft** gem. § 5a Abs. 3 GmbHG eine solche Rücklage zu bilden. Für die GmbH gibt es keine vergleichbare Regelung.

Wenn eine Kapitalgesellschaft Anteile an einem herrschenden oder mit Mehrheit beteiligten Unternehmen erwirbt, muss sie dafür eine „**Rücklage für Anteile an einem herrschenden oder mehrheitlich beteiligten Unternehmen**" bilden, die dem auf der Aktivseite für diese Anteile auszuweisenden Betrag entspricht (§ 272 Abs. 4 Satz 2 HGB). Als Beispiel sei ein Tochterunternehmen genannt, das Anteile an seinem Mutterunternehmen erwirbt. Damit besteht in Höhe dieser Rücklage quasi eine Ausschüttungssperre. Auf der Aktivseite sind die Anteile unter dem Posten „Anteile an verbundenen Unternehmen" im Umlaufvermögen oder unter der Position „sonstige Wertpapiere" im Umlaufvermögen zu bilanzieren.

Satzungsmäßige oder **statutarische Rücklagen** werden als Gewinnrücklagen gebildet, wenn dies in der Satzung oder im Gesellschaftsvertrag der Kapitalgesellschaft festgelegt ist.

Der Posten „**andere Gewinnrücklagen**" erfasst jene Rücklagen, die ohne gesonderten Bilanzausweis aus dem Jahresüberschuss gebildet werden.

6.1.3.3 Rücklagen bei Personengesellschaften

Bei Personengesellschaften werden in der Regel keine Rücklagen gebildet, da die Gewinnanteile direkt den variablen Kapitalkonten zuzuschreiben sind. Gem. § 274c Abs. 2 HGB sind jedoch bei Personengesellschaften nach § 264a HGB im Eigenkapital auch Rücklagen auszuweisen, wenn die Bildung von (**gesamthänderischen**) **Rücklagen** im Gesellschaftervertrag vereinbart ist.

Auf Antrag eines Mitunternehmers können nach § 34a Abs. 1 Satz 1 EStG nicht entnommene (thesaurierte) Gewinne mit einem niedrigeren Steuersatz von 28,25 % versteuert werden. D. h., in diesem Sinne kann eine (**Thesaurierungs-**)**Rücklage** gebildet werden. Nach § 34a Abs. 1 EStG kann aber diese Begünstigung nur ein Mitunternehmer in Anspruch nehmen, dessen Anteil am zu versteuernden Gewinn entweder mehr als 10 % oder mehr als 10.000 € übersteigt. Und gleichzeitig muss es sich hier um Einkünfte aus Gewerbebetrieb, Land- und Forstwirtschaft oder selbstständiger Arbeit handeln und der Freibetrag nach § 16 Abs. 4 EStG oder die Steuerermäßigung nach § 34 Abs. 3 EStG darf nicht in Anspruch genommen werden.

6.1.3.4 Stille Rücklagen

Stille Rücklagen (stille Reserven) sind auch dem Eigenkapital zuzurechnen, aber in der Bilanz nicht ersichtlich. Sie entstehen entweder durch eine Unterbewertung oder Nichtaktivierung von Vermögensgegenständen und/oder einer Überbewertung von Verbindlichkeiten und Rückstellungen. Beispiele für die Nichtaktivierung aktivierungsfähiger Vermögensgegenstände sind geringwertige Wirtschaftsgüter. Bei den stillen Reserven werden u. a. Zwangsreserven, Ermessensreserven und Willkürreserven unterschieden. **Zwangsreserven** können bspw. bei Investitionen in Grundstücke entstehen. Nach dem Anschaffungskostenprinzip (Vorsichtsprinzip) dürfen maximal die Anschaffungskosten als Bewertungsobergrenze bilanziert werden. Für Wertsteigerungen über die Anschaffungskosten besteht aber ein striktes Bilanzierungsverbot. **Ermessensreserven** entstehen praktisch bei Schätzunsicherheiten bspw. bzgl. der Nutzungsdauer abnutzbarer Investitionsgüter oder der Bemessungsgrundlage bei Rückstellungen. **Willkürreserven** sind an sich unzulässig, weil deren Bildung einen Verstoß gegen Bilanzierungsvorschriften (GoB) darstellen.

Stille Reserven im Anlagevermögen werden bspw. beim Verkauf eines Grundstückes aufgedeckt, wenn der Verkaufserlös über dem Buchwert liegt. Im Umlaufvermögen lösen sich stille Reserven durch den Umsatzprozess automatisch auf. Durch die Auflösung stiller Reserven entstehen außerordentliche Erträge, die zu einem höheren Gewinn und einer höheren Steuerbelastung führen. Insofern führt die Bildung stiller Reserven nicht zu einer Steuerersparnis, sondern nur zu einer Steuerstundung.

Eine ganz andere Vorgehensweise schreiben die IFRS-Vorschriften vor. Nach IAS 16 muss nämlich das Sachanlagenvermögen regelmäßig neu bewertet werden. Entsprechend werden hier stille Reserven ständig aufgedeckt. Der Unterschiedsbetrag zwischen dem neubewerteten Vermögensgegenstand und den fortgeführten Anschaffungskosten des Vermögensgegenstands wird dann in einer Neubewertungsrücklage (revaluation reserve) im Eigenkapital abgebildet.

6.1.4 Jahresüberschuss/Jahresfehlbetrag

Der **Jahresüberschuss** ist das Ergebnis in der Gewinn- und Verlustrechnung als Saldogröße von Erträgen und Aufwendungen. Der Jahresüberschuss/Jahresfehlbetrag gemäß § 275 HGB weist den in der Abrechnungsperiode erzielten bilanziellen Gewinn/ Verlust vor Ergebnisverwendung aus. Der Gewinn kann an die Gesellschafter ausgeschüttet oder einbehalten (thesauriert) werden. Maßnahmen der **Ergebnisverwendung** sind demnach Ausschüttungen an die Gesellschafter. Die Höhe der Ausschüttungen kann aber durch Auflösen von bzw. Einstellen in die Gewinnrücklagen beeinflusst werden.

Bei der Berechnung des ausschüttungsfähigen Betrags sind jedoch Ausschüttungssperren bei folgenden Sachverhalten zu berücksichtigen:

- aktivierte selbst geschaffene immaterielle Vermögensgegenständen nach § 268 Abs. 8 Satz 1 HGB (Abschn. 4.1.1),
- Planvermögen nach § 268 Abs. 8 Satz 3 HGB (Abschn. 4.3),
- Pensionsrückstellungen nach § 253 Abs. 6 HGB (Abschn. 6.2.2.4) und
- bilanzierte aktive latente Steuern nach § 268 Abs. 8 Satz 2 HGB (Abschn. 7.2.2.2).

6.1.5 Gewinnvortrag/Verlustvortrag

Der **Gewinnvortrag** ist der nach dem Beschluss über die Gewinnverwendung verbleibende Restbetrag des Gewinns einer Kapitalgesellschaft oder einer Personengesellschaft nach § 264a HGB. In der Bilanz wird der Gewinnvortrag als gesonderter Posten ausgewiesen und als Teil des Eigenkapitals auf das nächste Jahr vorgetragen.

Ein Gewinnvortrag bei einer Aktiengesellschaft entsteht, wenn in der Bilanz ein Gewinnrestbetrag auf die Bilanz des nächsten Jahres vorgetragen wird. Dies ist der Fall, wenn nach der Ausschüttung an die Gesellschafter und nach der Einstellung in die Gewinnrücklagen und einer eventuellen Deckung eines Verlustvortrags noch ein Teil des Gewinns übrig bleibt. Der Gewinnvortrag wird mit dem Gewinn oder Verlust des nächsten Geschäftsjahres ausgeglichen. Die Hauptversammlung kann nach § 58 Abs. 3 AktG in ihrem Beschluss über die Verwendung des Bilanzgewinns weitere Beträge in offene Rücklagen einstellen oder sie als Gewinn vortragen. Eine entsprechende Regelung gilt auf für GmbHs. Gem. § 29 Abs. 2 GmbHG können die Gesellschafter, soweit es der Gesellschaftsvertrag zulässt, in einem Beschluss über die Verwendung des Ergebnisses festlegen, bestimmte Beträge in die Gewinnrücklage einzustellen oder sie als Gewinn vorzutragen.

6.1.6 Bilanzergebnis – Ergebnisverwendung

Nach § 268 Abs. 1 HGB sind drei Bilanzergebnisposten denkbar:

6.1 Eigenkapital

	Jahresüberschuss (oder Jahresfehlbetrag)
+/−	Rücklagenauflösung/-zuführung
+/−	Gewinn-/Verlustvortrag
=	**Bilanzgewinn/-verlust**

Abb. 6.5 Ergebnisverwendung

- **Jahresüberschuss/-fehlbetrag** als Ergebnis der aktuellen Periode,
- **Gewinn-/Verlustvortrag** als nicht verwendete Ergebnisteile der aktuellen Periode bzw. von Vorperioden,
- **Bilanzgewinn/Bilanzverlust** als das zur Ausschüttung vorgeschlagene Ergebnis.

Damit kann der Jahresabschluss einer Kapitalgesellschaft vor Gewinnverwendung, nach teilweiser und nach vollständiger Gewinnverwendung aufgestellt werden. Bei Aktiengesellschaften ist der Normalfall die Bilanzerstellung nach teilweiser Gewinnverwendung, weil entweder gesetzliche und/oder satzungsmäßige Rücklagen gebildet werden müssen (§§ 272 Abs. 4 HGB, 150 Abs. 2 AktG). Handelsrechtlich ist nach § 285 Nr. 34 HGB der Vorschlag für die Verwendung des Ergebnisses oder der Beschluss über seine Verwendung im Anhang anzugeben.

In der Gewinn- und Verlustrechnung dürfen Veränderungen der Kapital- und Gewinnrücklagen erst nach dem Posten „Jahresüberschuss/Jahresfehlbetrag" ausgewiesen werden (§ 275 Abs. 4 HGB). Schematisch ist die Ergebnisverwendung in Abb. 6.5 dargestellt.

> **Beispiel: Ergebnisverwendung**
>
> Der Geschäftsführer der A-GmbH stellt im März 2022 den Jahresabschluss für das Jahr 2021 auf. Der laut Gewinn- und Verlustrechnung im Jahre 2021 erzielte Jahresüberschuss beläuft sich auf 200.000 €.
>
> Der Jahresüberschuss wird in der Bilanz zum 31.12.2021 ausgewiesen:

Passiva	Geschäftsjahr 2021	Vorjahr 2020
A. Eigenkapital		
I. Gezeichnetes Kapital	700.000 €	700.000 €
II. Kapitalrücklage	200.000 €	200.000 €
III. Gewinnrücklagen	250.000 €	250.000 €
IV. Gewinnvortrag	50.000 €	10.000 €
V. Jahresüberschuss	200.000 €	40.000 €
	1.400.000 €	1.200.000 €

Die Gesellschafterversammlung beschließt im Juni 2022 die Feststellung des Jahresabschlusses 2021 und wie der in 2021 erwirtschaftete Jahresüberschuss in 2022 verwendet werden soll.

Es wird der Beschluss gefasst, den Gewinn wie folgt zu verwenden:

- die Gesellschafter erhalten 20 % Gewinn auf ihre Stammanteile,
- 100.000 € werden in die Gewinnrücklagen eingestellt.

	Ergebnisverwendung:	
	Jahresüberschuss 2021	**200.000 €**
-	Rücklagenzuführung	100.000 €
+	Gewinnvortrag	50.000 €
=	**Bilanzgewinn**	**150.000 €**

Ergebnisverwendungsbeschluss:
Der Bilanzgewinn wird verwendet für die beschlossene Ausschüttung in Höhe von 140.000 € (20 %. auf 700.000 €). Die Restgröße von 10.000 € wird als Gewinnvortrag auf neue Rechnung vorgetragen.

Andere Darstellung der Ergebnisverwendung:		
Jahresüberschuss	200.000 €	
+ Gewinnvortrag	50.000 €	250.000 €
Zuführung in die Gewinnrücklagen		100.000 €
– Gewinnausschüttung		140.000 €
= Gewinnvortrag auf neue Rechnung		10.000 €

Die Buchung der Gewinnverwendung erfolgt im Jahr 2022.

Hieraus lassen sich dann schon folgende Eigenkapitalpositionen für die Bilanz zum 31.12.2022 ableiten:

Passiva	
A. Eigenkapital	
I. Gezeichnetes Kapital	700.000 €
II. Kapitalrücklage	200.000 €
III. Gewinnrücklagen	350.000 €
IV. Gewinnvortrag	10.000 €
V. Jahresüberschuss	?

Lediglich die Position „V. Jahresüberschuss" ist dann noch offen. Sie wird aus der Gewinn- und Verlustrechnung des Jahres 2022 übernommen. ◄

6.1.7 Nicht durch Eigenkapital gedeckter Fehlbetrag

Gemäß § 268 Abs. 3 HGB ist in der Bilanz auf der Passivseite unter dem Eigenkapital wie auch als letzte Position auf der Seite der Aktiva ein **nicht durch Eigenkapital gedeckter Fehlbetrag** auszuweisen. Der Posten „nicht durch Eigenkapital gedeckter Fehlbetrag" ist eine rein rechnerische Bilanzposition, die lediglich dazu dient, den Ausweis eines negativen Eigenkapitals zu vermeiden. Das bedeutet, dass der nicht durch Eigenkapital gedeckte Fehlbetrag in derselben Höhe auf der Seite der Passiva wie auch auf der Seite der Aktiva bilanziert wird.

Bei Personengesellschaften gem. § 264a HGB ist nach § 264c Abs. 2 Satz 5 und 6 HGB anstelle des nicht durch Eigenkapital gedeckten Fehlbetrags ein „**Nicht durch Vermögenseinlagen gedeckter Verlustanteil persönlich haftender Gesellschafter/ Kommanditisten**" auszuweisen. Dies gilt jedoch nur dann, soweit keine Einzahlungsverpflichtung besteht. Bei Bestehen einer Einzahlungsverpflichtung ist eine „Einzahlungsverpflichtung persönlich haftender Gesellschafter/Kommanditisten" unter den Forderungen auszuweisen.

Soweit in der Bilanz ein nicht durch Eigenkapital gedeckter Fehlbetrag ausgewiesen ist, bedeutet dies aber nicht, dass das Unternehmen insolvent ist. Der nicht durch Eigenkapital gedeckte Fehlbetrag zeigt lediglich, dass die Summe der Passiva ohne Eigenkapital die Summe der Aktiva übersteigt.

> **Beispiel: Nicht durch EK gedeckter Fehlbetrag**
>
> Die Apfel-GmbH weist ein gezeichnetes Kapital von 25.000 € aus. Im Jahr 2021 hat sie einen Verlust von 35.000 € erwirtschaftet. Das Bankguthaben beläuft sich auf 25.000 €. Die Verbindlichkeiten aus LuL betragen 35.000 €.
> Wie sieht die Bilanz zum 31.12.2021 aus?

Lösungsvorschlag:
Damit in der Bilanz der Apfel-GmbH zum 31.12.2021 kein negatives Eigenkapital entsteht, ist ein nicht durch Eigenkapital gedeckter Fehlbetrag zu bilanzieren. Die Höhe des nicht durch Eigenkapital gedeckten Fehlbetrags wird dann wie folgt berechnet:

Gezeichnetes Kapital 25.000 € − Jahresfehlbetrag 35.000 € + nicht durch EK gedeckter Fehlbetrag = 0.

Nicht durch EK gedeckter Fehlbetrag = 10.000 €

Bilanz der Apfel-GmbH zum 31.12.2021

Aktiva		Passiva	
Bankguthaben	25.000 €	Gezeichnetes Kapital	25.000 €
Summe Umlaufvermögen	25.000 €	Jahresfehlbetrag	-35.000 €
Nicht durch EK gedeckter Fehlbetrag	10.000 €	Nicht durch EK gedeckter Fehlbetrag	10.000 €

Bilanz der Apfel-GmbH zum 31.12.2021

Aktiva		Passiva	
Bankguthaben	25.000 €	Gezeichnetes Kapital	25.000 €
		Summe Eigenkapital	0
		Verbindlichkeiten aus LuL	35.000 €
		Summe Verbindlichkeiten	35.000 €
Summe Aktiva	35.000 €	Summe Passiva	35.000 €

◄

6.1.8 Eigenkapitalspiegel

Der **Eigenkapitalspiegel** dient dazu, die Entwicklung des Eigenkapitals im Laufe des Geschäftsjahres darzustellen. Grundsätzlich ist ein Eigenkapitalspiegel nicht verpflichtend zu erstellen, soweit es sich nicht um ein kapitalmarktorientiertes Unternehmen i. S. d. § 264d HGB oder um einen Konzernabschluss gem. § 297 Abs. 1 HGB handelt. Die Erstellung eines Eigenkapitalspiegels ist für interne Zwecke aber trotzdem empfehlenswert, wenn im Eigenkapital viele Bewegungen stattgefunden haben. Da die Struktur des Eigenkapitalspiegels gesetzlich nicht vorgeschrieben ist, empfiehlt sich aber für die Erstellung eines Konzerneigenkapitalspiegels die Nutzung des DRS 22. Für interne Zwecke kann der Eigenkapitalspiegel wie im nachfolgenden Beispiel dargestellt werden.

Beispiel

Die Obst-GmbH hat am 31.12.2020 ein gezeichnetes Kapital i. H. v. 25.000 €, Gewinnrücklagen i. H. v. 10.000 € und einen Gewinnvortrag i. H. v. 35.000 € ausgewiesen. Im Geschäftsjahr 2020 wurde ein Jahresfehlbetrag i. H. v. 4.000 € erwirtschaftet. Während des Geschäftsjahres 2021 hat sich die Obst GmbH entschieden, den ganzen Gewinnvortrag und die Gewinnrücklagen auszuschütten. Im Geschäftsjahr 2021 wurde ein Jahresüberschuss i. H. v. 8.000 € erwirtschaftet.
Wie schaut der Eigenkapitalspiegel zum 31.12.2021 aus?
Lösungsvorschlag:
Im Eigenkapitalspiegel sind zuerst die Anfangsbestände einzutragen, die den Endbeständen der Eigenkapitalpositionen aus dem Vorjahr entsprechen. Der Gewinnvortrag i. H. v. 35.000 € und der Jahresfehlbetrag i. H. v. 4.000 € werden in der Spalte „Ergebnisverwendung" in den Bilanzgewinn eingestellt. Im nächsten Schritt ist auch die Entnahme aus der Gewinnrücklage im Bilanzgewinn zu berücksichtigen. Die Ausschüttung

i. H. v. 41.000 € wird dann aus dem Bilanzgewinn realisiert. Der Jahresüberschuss 2021 wird in der Spalte „Ergebnis des laufenden Geschäftsjahres" ausgewiesen.

	31.12. 2020	Ergebnisverwendung	Kapitalerhöhung	Einlagen(+)/ Entnahmen (-)	Ausschüttung	Ergebnis des Laufenden GJ	31. 12. 2021
Gezeichnetes Kapital	25.000						25.000
Kapitalrücklagen	0						0
Gewinnrücklagen	10.000			-10.000			0
Bilanzgewinn/-Verlust	0	31.000		10.000	-41.000		0
Gewinn(+)/ Verlustvortrag (-)	+35.000	-35.000					0
Jahresüberschuss/ -fehlbetrag	-4.000	4.000				8.000	8.000
Summe	66.000	0	0	0	-41.000	8.000	33.000

6.2 Fremdkapital

Fremdkapital sind Finanzmittel, die das Unternehmen für bestimmte Verpflichtungen (Schulden) in einem überschaubaren Zeitraum an Dritte zu leisten verpflichtet ist. Anders als beim Eigenkapital steht deshalb Fremdkapital dem Unternehmen zeitlich nur begrenzt zur Verfügung. Das Fremdkapital umfasst somit im Wesentlichen die Bilanzpositionen Verbindlichkeiten und Rückstellungen. Aber auch die transitorischen Rechnungsabgrenzungsposten gehören zum Fremdkapital. Von Verbindlichkeiten spricht man, wenn Höhe und Fälligkeit der Schuld zum Bilanzstichtag feststehen. Diese Verbindlichkeiten sind als Schulden ausnahmslos zu passivieren (Passivierungsgebot). Im Gegensatz zu Verbindlichkeiten stellen Rückstellungen Risiken dar, deren Höhe und Eintritt noch nicht feststehen, aber die Inanspruchnahme des Unternehmens aus dieser Verpflichtung sehr wahrscheinlich ist.

6.2.1 Verbindlichkeiten

6.2.1.1 Bilanzansatz

Verbindlichkeiten sind Verpflichtungen eines Unternehmens, die am Bilanzstichtag der Höhe und Fälligkeit nach feststehen. Verbindlichkeiten sind **Schulden,** für die eine Passivierungspflicht besteht. Eine Saldierung mit Forderungen ist nach § 246 Abs. 2 Satz 1 HGB grundsätzlich nicht möglich. Eine wichtige Ausnahme vom **Saldierungsverbot** bildet das sog. **Planvermögen.** Seit Inkrafttreten des BilMoG verlangt § 246 Abs. 2 Satz 2 HGB, dass alle Vermögensgegenstände, die dem Zugriff aller übrigen Gläubiger entzogen sind und ausschließlich der Erfüllung von Schulden aus Altersversorgungsverpflichtungen dienen (sog. Planvermögen), mit diesen Schulden zu verrechnen sind.

Für mittlere und große Kapitalgesellschaften sind Verbindlichkeiten gem. § 266 Abs. 3 C. HGB zu passivieren. Dazu gehören u. a.:

- Anleihen, die vom Bilanzierenden emittiert worden sind,
- Verbindlichkeiten gegenüber Kreditinstituten,
- von Kunden erhaltene Anzahlungen,
- Verbindlichkeiten aus Lieferungen und Leistungen,
- Verbindlichkeiten gegenüber verbundenen Unternehmen
- sonstige Verbindlichkeiten.

Anleihen sind langfristige Verbindlichkeiten, die in der Regel von Aktiengesellschaften am Kapitalmarkt aufgenommen werden. Zu den Anleihen gehören u. a. Optionsanleihen, Teilschuldverschreibungen und Wandelschuldverschreibungen. Konvertible Anleihen, insbesondere Wandelschuldverschreibungen sind getrennt auszuweisen („Davon-Vermerk").

Bei den **Verbindlichkeiten gegenüber Kreditinstituten** sind nur die tatsächlich in Anspruch genommenen Bankkredite als Verbindlichkeit zu passivieren, also nicht die Höhe der eingeräumten Kreditlinien.

Erhaltene Anzahlungen auf Bestellungen von Kunden dienen einerseits der Sicherheitsleistung für in Auftrag gegebene Dienstleistungen und Waren und andererseits der Finanzierung langfristiger Aufträge wie bspw. beim Brückenbau, Flugzeugbau, Schiffsbau, Gebäudebau.

Verbindlichkeiten aus Lieferungen und Leistungen entstehen durch Inanspruchnahme von Lieferungen oder Leistungen, ohne die Gegenleistung erbracht zu haben. Der Bilanzierende hat eine Leistung erhalten, die er erst nach einer bestimmten eingeräumten Zahlungsfrist bezahlt.

Zu den **Verbindlichkeiten gegenüber verbundenen Unternehmen** gehören Verbindlichkeiten, die zwischen Unternehmen entstehen, deren Abschlüsse in einen Konzernabschluss einbezogen werden. Unter den Verbindlichkeiten gegenüber verbundenen Unternehmen sind auch Verpflichtungen zur Abführung eines Gewinnes und/oder Verpflichtungen zur Übernahme eines Verlustes gemäß dem Ergebnisabführungsvertrag zu erfassen. Auch wenn der Ergebnisabführungsvertrag nur in §§ 291 ff. AktG geregelt ist, kann ein Ergebnisabführungsvertrag auch von einer GmbH abgeschlossen werden. Der Abschluss eines Ergebnisabführungsvertrags ist eine der zwingenden Bedingungen für die Entstehung einer körperschaftsteuerlichen und gewerbesteuerlichen Organschaft. Unter dieser Position sind auch Verbindlichkeiten aus dem Cash-Pooling zu erfassen (zu Cash-Pool siehe Abschn. 4.2.2).

In der Praxis ist es üblich, für die Verbindlichkeiten gegenüber verbundenen Unternehmen einen **Verbindlichkeitsspiegel** zu erstellen. Der Verbindlichkeitsspiegel zeigt auf, welche Verbindlichkeiten zu welchen verbundenen Unternehmen im Konzern bestehen.

Sonstige Verbindlichkeiten sind ein Sammelposten, in dem alle noch nicht erfassten Verbindlichkeiten wie bspw. Steuerschulden (Lohnsteuer, Umsatzsteuer, aber keine Gewerbe- oder Körperschaftsteuer) oder Sozialabgaben zusammengestellt werden.

6.2.1.2 Bewertung von Verbindlichkeiten

Kapitalgesellschaften müssen Verbindlichkeiten betragsmäßig bei einer Restlaufzeit bis zu einem Jahr gesondert ausweisen (§ 268 Abs. 5 HGB). Verbindlichkeiten sind nach § 253 Abs. 1 Satz 2 HGB grundsätzlich zum Rückzahlungsbetrag (**Erfüllungsbetrag**) zu passivieren. Erfüllungsbetrag ist der Geldbetrag, der zur Erfüllung der entsprechenden Verbindlichkeit erforderlich ist. Zudem ist analog zum Niederstwertprinzip auf der Aktivseite das **Höchstwertprinzip** auf der Passivseite zu beachten. Demnach ist handelsrechtlich (Imparitätsprinzip) unter bestimmten Voraussetzungen der höhere Tageswert anzusetzen bzw. kann (Wahlrecht) steuerlich der höhere Teilwert angesetzt werden.

> **Beispiel: Bilanzierung eines Darlehens/Damnum**
>
> Ein Unternehmer nimmt bei seiner Bank zum 01.01.2021 ein betriebliches Darlehen i. H. v. 100.000 € auf (Rückzahlungsbetrag), das zum 31.12.2025 getilgt wird. Der Auszahlungsbetrag des Darlehens beträgt unter Einbehaltung eines Damnums von 5 % 95.000 €. Die Abzinsungsproblematik soll hier nicht behandelt werden.
>
> Der Unternehmer muss das Darlehen mit 100.000 € passivieren (**Erfüllungsbetrag**). Für das Disagio/**Damnum** besteht handelsrechtlich ein Aktivierungswahlrecht und steuerlich eine Aktivierungspflicht (H 6.10 EStH). Steuerlich ist das Disagio/Damnum auf die Laufzeit des Darlehens linear mit 1000 € jährlich abzuschreiben. Handelsrechtlich kann das **Disagio** aktiviert werden oder in voller Höhe als Aufwand verbucht werden (§ 250 Abs. 3 HGB). ◄

6.2.1.3 Abzinsung von Verbindlichkeiten

Grundsätzlich dürfen Verbindlichkeiten in der Handelsbilanz nicht abgezinst werden, weil das zur Erfassung von nicht realisierten Erträgen führen würde, was wiederum gegen das Realisationsprinzip verstoßen würde. Eine Ausnahme bilden gem. § 253 Abs. 2 Satz 2 HGB Alters- bzw. Rentenverpflichtungen, die bei einer angenommenen Restlaufzeit von 15 Jahren mit dem durchschnittlichen Marktzinssatz abgezinst werden dürfen.

Steuerrechtlich müssen Verbindlichkeiten jedoch grundsätzlich gem. § 6 Abs. 1 Nr. 3 EStG mit einem Zinssatz von 5,5 % abgezinst werden, es sei denn:

- es handelt sich um verzinsliche Verbindlichkeiten,
- die Laufzeit der Verbindlichkeiten am Bilanzstichtag beträgt weniger als 12 Monate oder
- die Verbindlichkeiten beruhen auf einer Anzahlung oder Vorausleistung.

Das BMF-Schreiben vom 26.05.2005 (BStBl. I S. 699) definiert die Ausnahmefälle genauer. Eine verzinsliche Verbindlichkeit ist immer dann zu vermuten, wenn der Zinssatz mehr als 0 % beträgt oder wenn andere wirtschaftliche geldwerte oder nicht geldwerte Nachteile vereinbart wurden. Dies gilt auch, wenn die Verbindlichkeit nur zeitweise verzinslich ist.

Die Laufzeit der Verbindlichkeit zum Bilanzstichtag ist immer tagesgenau zu bestimmen. Aus Vereinfachungsgründen darf das Jahr mit 360 Tagen und der Monat mit 30 Tagen angesetzt werden. Sollte die Restlaufzeit unbekannt sein und die Verbindlichkeit in einem Betrag zurückzuzahlen ist, sind zur Schätzung der Laufzeit der vom Leben abhängigen Verbindlichkeit Sterbetabellen anzuwenden. Bei allen anderen Verbindlichkeitsarten ist § 13 Abs. 2 BewG maßgebend. Die Restlaufzeit der Verbindlichkeiten, die in gleichen Raten zu tilgen sind, endet mit Fälligkeit der letzten Rate (BMF-Schreiben vom 26.05.2005, Rz. 9).

Aus Vereinfachungsgründen wurden auch maßgebende **Vervielfältiger** eingeführt, die in der Anlage 1 und 2 des BMF-Schreiben vom 26.5.2005 zu finden sind. Die Benutzung von Vervielfältigern führt bis auf kleinere Abweichungen zum selben Ergebnis wie die Anwendung von finanzmathematischen Formeln für Abzinsung.

An dieser Stelle ist darauf hinzuweisen, dass die Zinsaufwendungen, die aus dem Unterschied zwischen der Abzinsung der Verbindlichkeiten im Jahr 02 und im Jahr 01 resultieren, als Zinsaufwendungen i. S. der Zinsschranke gem. § 4h EStG anzusehen sind.

> **Beispiel: Abzinsung von Verbindlichkeiten**

Am 31.12.2021 hat die Birne-GmbH eine Verbindlichkeit mit einer Restlaufzeit von 3 Jahren und mit einem Zinssatz von 0 % aufgenommen. Die Verbindlichkeit ist am Ende der Laufzeit in einem Betrag zu tilgen. Der Erfüllungsbetrag der Verbindlichkeit beläuft sich auf 10.000 €.

Wie ist diese Verbindlichkeit in der Handels- und Steuerbilanz zum 31.12.2021 und zum 31.12.2022 zu bewerten?

Lösungsvorschlag:

In der Handelsbilanz muss gem. § 253 Abs. 2 HGB die Verbindlichkeit zum 31.12.2021 und zum 31.12.2022 mit ihrem Erfüllungsbetrag, also mit 10.000 € bilanziert werden.

In der Steuerbilanz muss die Verbindlichkeit abgezinst werden, da es sich gem. § 6 Abs. 1 Nr. 3 EStG um eine unverzinsliche Verbindlichkeit handelt.

Zum 31.12.2021 kann der Wert der Verbindlichkeit in der Steuerbilanz auf zwei Wegen berechnet werden:

1. Bei Anwendung der finanzmathematischen Formel ergibt sich für die Abzinsung folgendes Ergebnis:
$W_0 = W \times 1:(1+i)^n$
$W_0 = 10.000 \, € \times 1:(1+5,5\,\%)^3$
$W_0 = 8.516,14 \, €$

Legende:

W_0 = Gegenwartswert, W = Wert der Verbindlichkeit, i = Zinssatz, n = Laufzeit

2. Bei Anwendung des **Vervielfältigers** (Laufzeit 3 Jahre) ergibt sich folgendes Ergebnis:
$W_0 = W \times$ Vervielfältiger
$W_0 = 10.000 \, € \times 0,852$
$W_0 = 8.520,00 \, €$

Die Verbindlichkeit muss in der Steuerbilanz zum 31.12.2021 somit entweder mit 8.516,14 € oder mit 8.520,00 € angesetzt werden. Der Differenzbetrag von 1.483,86 € (oder 1.480 €) wird in der Überleitungsrechnung nach § 60 Abs. 2 EStDV aufgezeigt und stellt einen Zinsertrag in der Steuer-GuV dar.

Zum 31.12.2022 wird der Wert der Verbindlichkeit in der Steuerbilanz wie folgt berechnet:

1. $W_0 = 10.000 \, € \times 1:(1+5,5\,\%)^2$
$W_0 = 8.984,52 \, €$
oder
2. $W_0 = 10.000 \, € \times 0,898$
$W_0 = 8.980,00 \, €$

In der Steuerbilanz zum 31.12.2022 wird die Verbindlichkeit mit 8.984,52 € oder mit 8.980 € bilanziert. Der Unterschiedsbetrag von 468,38 € (1.015,48 € -1483,86 €) oder von 460 € (1.020 € - 1.480 €) wird in der Überleitungsrechnung nach § 60 Abs. 2 EStDV aufgezeigt und stellt einen Zinsaufwand in der Steuer-GuV dar. ◄

6.2.1.4 Fremdwährungsverbindlichkeiten

Verbindlichkeiten, die auf fremde Währungen lauten, also Fremdwährungsverbindlichkeiten, sind gem. § 253 Abs. 1 Satz 1 HGB in Höhe ihres Erfüllungsbetrags in der Bilanz anzusetzen und mit dem Devisenkassamittelkurs zu berechnen. Am Bilanzstichtag sind die Fremdwährungsverbindlichkeiten gem. § 256a Satz 1 HGB mit dem dann geltenden Devisenkassamittelkurs umzurechnen. Soweit aber der Devisenkassamittelkurs am Bilanzstichtag niedriger ist als zum Zeitpunkt der Aufnahme der Fremdwährungsverbindlichkeit, muss die Fremdwährungsverbindlichkeit weiterhin mit dem Devisenkassamittelkurs bei Aufnahme der Fremdwährungsverbindlichkeit bilanziert werden (Vorsichtsprinzip). Gem. § 256a Abs. 1 Satz 2 HGB gilt dies nicht für Fremdwährungsverbindlichkeiten mit einer Laufzeit von 1 Jahr oder weniger. Das bedeutet, dass Verbindlichkeiten mit einer Restlaufzeit von maximal 1 Jahr auch mit dem niedrigeren Devisenkassamittelkurs bilanziert werden können.

Steuerrechtlich sind gem. BMF-Schreiben vom 02.09.2016 (BStBl 2016 I S. 995) Fremdwährungsverbindlichkeiten grundsätzlich mit dem am Tag des Entstehens der Fremdwährungsverbindlichkeiten geltenden Wechselkurs mit ihrem Erfüllungsbetrag anzusetzen. Dies gilt grundsätzlich auch für die Folgebewertung an nachfolgenden Stichtagen. Bei dauerndem Wechselkursanstieg kann die Fremdwährungsverbindlichkeit auch mit dem höheren Teilwert (sog. **Teilwerterhöhung**) angesetzt werden. Aber es muss sich bei einem Wechselkursanstieg um eine nachhaltige Erhöhung des Wechselkurses (dauernde Wechselkurserhöhung) handeln, die anhand objektiver Anzeichen (bspw. Währungsmaßnahmen der Notenbank) entstanden ist. Bei einer vorübergehenden Wechselkurserhöhung darf der höhere Teilwert nicht bilanziert werden. Bei Fremdwährungsverbindlichkeiten mit einer Laufzeit von mindestens 10 Jahren gleichen sich nach der Rechtsprechung des BFH vom 23.04.2009 (IV R 62/06, BStBl 2009 II S. 778) und auch nach dem BMF-Schreiben vom 02.09.2016 die Währungskursschwankungen aus. Deshalb darf ein höherer Teilwert nicht angesetzt werden, da die Erhöhung des Wechselkurses nicht als dauerhaft angesehen wird, es sei denn, dass die Wechselkurserhöhung durch maßgebende Währungsmaßnahmen der Notenbank verursacht wurde.

Eine Ausnahme davon bilden **Fremdwährungsverbindlichkeiten des laufenden Geschäfts**. Diese Verbindlichkeiten sind nach dem BFH-Urteil vom 31.10.1990 (BStBl 1991 II S. 471) wie folgt zu charakterisieren:

- Ihr Entstehen hängt wirtschaftlich eng mit einzelnen bestimmbaren nach Art des Betriebs immer wiederkehrenden laufenden Geschäftsvorfällen zusammen, und dient nicht der Anschaffung oder Herstellung von Wirtschaftsgütern des Anlagevermögens.
- Dieser Zusammenhang bleibt bis zur Tilgung der Schuld erhalten.
- Die Verbindlichkeit wird innerhalb der nach Art des laufenden Geschäftsvorfalls allgemein üblichen Frist getilgt.

Bei den Fremdwährungsverbindlichkeiten des laufenden Geschäfts ist von einer dauernden Wechselkurserhöhung immer dann auszugehen, wenn die Wechselkurserhöhung zum Zeitpunkt der Aufstellung der Handels- bzw. Steuerbilanz oder dem Tilgungs- oder Entnahmezeitpunkt andauert.

Die Abb. 6.6 unten fasst die Bewertung von Fremdwährungsverbindlichkeiten zum Bilanzstichtag zusammen:

6.2 Fremdkapital

FREMDWÄHRUNGSVERBINDLICHKEITEN			
Handelsbilanz	Kursminderung	vorübergehende Kurssteigerung	voraussichtlich dauernde Kurssteigerung
Mit einer Laufzeit von weniger als 1 Jahr	Niedrigerer Devisenkassamittelkurs am Bilanzstichtag	Höherer Devisenkassamittelkurs am Bilanzstichtag	Höherer Devisenkassamittelkurs am Bilanzstichtag
Mit einer Laufzeit von mehr als 1 Jahr	Devisenkassamittelkurs zum Zeitpunkt der Aufnahme der Verbindlichkeit	Höherer Devisenkassamittelkurs am Bilanzstichtag	Höherer Devisenkassamittelkurs am Bilanzstichtag
Steuerbilanz	Kursminderung	vorübergehende Kurssteigerung	voraussichtlich dauernde Kurssteigerung
Mit einer Laufzeit von weniger als 1 Jahr	Devisenkassamittelkurs zum Zeitpunkt der Aufnahme der Verbindlichkeit	Devisenkassamittelkurs zum Zeitpunkt der Aufnahme der Verbindlichkeit	Höherer Devisenkassamittelkurs am Bilanzstichtag ODER Devisenkassamittelkurs zum Zeitpunkt der Aufnahme der Verbindlichkeit
Mit einer Laufzeit von mehr als 1 Jahr	Devisenkassamittelkurs zum Zeitpunkt der Aufnahme der Verbindlichkeit	Devisenkassamittelkurs zum Zeitpunkt der Aufnahme der Verbindlichkeit	Höherer Devisenkassamittelkurs am Bilanzstichtag ODER Devisenkassamittelkurs zum Zeitpunkt der Aufnahme der Verbindlichkeit

Abb. 6.6 Fremdwährungsverbindlichkeiten

Auch bei Fremdwährungsverbindlichkeiten gilt das Wertaufholungsgebot. Sollte der Wechselkurs am nächsten Bilanzstichtag steigen, ist handels- und steuerrechtlich eine Zuschreibung zwingend.

Beispiel: Fremdwährungsdarlehen

Die Geld-GmbH hat zum 01.07.2021 bei der Bank of America ein Darlehen i.H.v. 1.000.000 US$ aufgenommen. Der Devisenkassamittelkurs am 01.07.2021 beträgt 1 US$ = 0,8929 EUR. Die Laufzeit des Darlehens beträgt 20 Jahre.

Wie ist das Darlehen am Bilanzstichtag (31.12.2021) handelsrechtlich und steuerrechtlich zu bewerten, wenn

a. der Devisenkassamittelkurs für 1 US$ auf 0,9051 EUR steigt
b. der Devisenkassamittelkurs für 1 US$ auf 0,8111 EUR fällt?

Lösungsvorschlag:
Handelsrechtlich und auch steuerrechtlich ist das Darlehen am 01.07.2021 mit dem Devisenkassamittelkurs am Bilanzstichtag zum Zeitpunkt der Aufnahme der Verbindlichkeit, also 892.900 EUR (1.000.000 US$ × 0,8929) zu bilanzieren.

Steigt der Wechselkurs am Bilanzstichtag 31.12.2021, ist das Darlehen handelsrechtlich mit 905.100 EUR zu bewerten. Da der Erfüllungsbetrag der Fremdwährungsverbindlichkeit jetzt höher ist als am Tag der Aufnahme des Darlehens, muss gem. Vorsichtsprinzip (Höchstwertprinzip) der höhere Erfüllungsbetrag von 905.100 EUR in der Handelsbilanz angesetzt werden.

Fällt der Wechselkurs zum Bilanzstichtag 31.12.2021, wäre das Darlehen eigentlich mit 811.100 EUR zu bewerten. Da aber der Eurowert des Darlehens jetzt niedriger ist als am Tag der Aufnahme des Darlehens, ist das Darlehen gem. Vorsichtsprinzip mit dem Devisenkassamittelkurs zum Zeitpunkt der Aufnahme der Verbindlichkeit, d. h. mit 892.900 EUR am Bilanzstichtag in der Handelsbilanz zu passivieren.

Steuerrechtlich handelt es sich um eine Fremdwährungsverbindlichkeit mit einer Laufzeit von mehr als 10 Jahren, d. h. aus Sicht der Steuerrechtsprechung gleichen sich Wechselkursschwankungen während der Laufzeit des Darlehens aus.[1] Somit ist das Darlehen sowohl bei einem steigenden als auch bei einem fallenden Wechselkurs stets mit dem Devisenkassamittelkurs am Tag der Aufnahme des Darlehens, also mit 892.900 EUR zu bilanzieren. ◄

6.2.2 Rückstellungen

6.2.2.1 Allgemeines

Verpflichtungen, die dem Grunde nach bestehen, und deren Höhe und Fälligkeit unbekannt ist, sind als Rückstellungen zu bilanzieren. Für die Bilanzierung der Rückstellung ist nach dem BFH-Beschluss v. 28.08.2018, X B 48/18 maßgeblich, ob am Bilanzstichtag anhand objektiver Kriterien ernsthaft mit einer Inanspruchnahme der Rückstellung zu rechnen ist.

§ 249 HGB unterscheidet abschließend drei Gruppen von Rückstellungen, die unter bestimmten Voraussetzungen gebildet werden müssen:

- Verbindlichkeitsrückstellungen,
- Rückstellungen für drohende Verluste aus schwebenden Geschäften und
- Aufwandsrückstellungen.

Diese handelsrechtlich zu bildenden Rückstellungen sind aufgrund des Maßgeblichkeitsprinzips auch steuerlich relevant, soweit es keine steuerliche Andersregelung gibt. Dies ist bspw. der Fall bei den **Drohverlustrückstellungen,** die nach § 5 Abs. 4a EStG in der steuerlichen Bilanz nicht gebildet werden dürfen (Passivierungsverbot).

---

[1] Soweit kein maßgebender Eingriff seitens einer Notenbank stattgefunden hat.

6.2 Fremdkapital

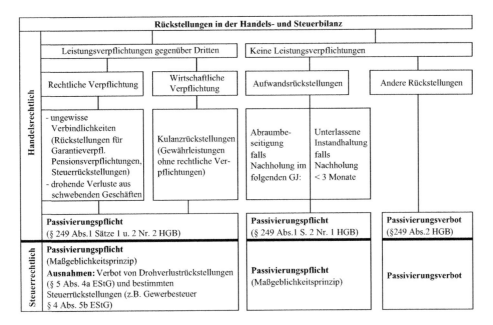

Abb. 6.7 Handels- und steuerrechtliche Rückstellungen

In der Abb. 6.7 sind die verschiedenen Rückstellungsarten handels- und steuerrechtlich gegenübergestellt.

Für die Rückstellungen für **ungewisse Verbindlichkeiten** besteht eine handelsrechtliche Passivierungspflicht. Die Bildung von **Rückstellungen für ungewisse Verbindlichkeiten** ist von zwei Merkmalen abhängig, nämlich Schuldcharakter und Ungewissheit. Schuldcharakter bedeutet, es besteht eine Verbindlichkeit oder eine hohe Wahrscheinlichkeit einer Verbindlichkeit gegenüber einem Dritten. Und diese Verbindlichkeit ist auch ungewiss bzgl. Höhe und/oder Bestehen bzw. Entstehen. Beispiele hierfür sind:

- Gesetzliche und/oder vertragliche Garantiezusagen,
- Gewährleistungen ohne rechtliche Verpflichtung (Kulanz),
- Pensionszusagen nach dem 31.12.1986,
- noch nicht rechtswirksam ergangene Steuerverpflichtungen usw.

Handelsrechtlich ist für **drohende Verluste aus schwebenden Geschäften** eine Rückstellung zu bilden. Diese Passivierungspflicht basiert auf dem **Imparitätsprinzip**, nach dem noch nicht realisierte, aber wahrscheinliche Verluste in der Bilanz auszuweisen sind (Verlustantizipation, Gläubigerschutz).

Die Bildung von **Aufwandsrückstellungen** ist stark eingeschränkt. § 249 HGB unterscheidet nur noch zwei Arten von Aufwandsrückstellungen, und zwar Rückstellungen für unterlassene Aufwendungen für Instandhaltung und für Abraumbeseitigung. Andere

Aufwandsrückstellungen wie bspw. Großreparaturen oder Generalüberholungen von Flugzeugen sind nicht zulässig.

6.2.2.2 Bilanzansatz

In der Handelsbilanz sind Rückstellungen gem. § 266 Abs. 3 Buchstabe B HGB bei Kapitalgesellschaften und bei Personengesellschaften nach § 264a HGB wie folgt auszuweisen:

- Rückstellungen für Pensionen und ähnliche Verpflichtungen,
- Steuerrückstellungen und
- sonstige Rückstellungen.

Steuerrückstellungen

Bei den Steuerrückstellungen handelt es sich grundsätzlich um noch nicht rechtswirksam ergangene Steuerverpflichtungen (Körperschaftsteuer und/oder Gewerbesteuer), die zum Bilanzstichtag zwar dem Grunde nach, aber nicht der Höhe nach feststehen. Steuerrückstellungen gehören somit in die Kategorie der Rückstellungen für ungewisse Verbindlichkeiten. Grundsätzlich sind Steuerrückstellungen auch in die Steuerbilanz zu übernehmen. Da die Körperschaftsteuer nach § 10 Nr. 2 KStG und die Gewerbesteuer nach § 4 Abs. 5 EStG nicht als Betriebsausgaben abzugsfähig sind, ist der gebuchte Steueraufwand außerbilanziell zu korrigieren.

Rückstellungen für Pensionen und ähnliche Verpflichtungen

Pensionsrückstellungen stellen Pensionszusagen des Arbeitgebers an die Arbeitnehmer dar, die entweder direkt vom Arbeitgeber (**unmittelbare Pensionszusagen**) oder mittels eines Versorgungsträgers (**mittelbare Pensionszusagen**) erfüllt werden. Als Versorgungsträger können gem. § 1b Abs. 2 BetrAVG Direktversicherung, gem. § 1b Abs. 3 BetrAVG Pensionskassen und Pensionsfonds und gem. § 1b Abs. 4 BetrAVG Unterstützungskassen fungieren. Für unmittelbare Pensionsverpflichtungen, bei denen der Pensionsanspruch vor dem 01.01.1987 entstanden ist (sog. **Altzusagen**), besteht gem. Art. 28 Abs. 1 Satz 1 EGBGB handelsrechtlich ein Passivierungswahlrecht. Hingegen besteht für Pensionsansprüche, die nach dem 31.12.1986 erworben worden sind (sog. **Neuzusagen**), eine **Passivierungspflicht**. Mittelbare Zusagen brauchen gem. Art. 28 Abs. 1 Satz 2 EGHGB nicht passiviert werden.

Steuerrechtlich darf für Pensionsverpflichtungen nur dann eine Pensionsrückstellung gebildet werden, wenn die folgenden Bedingungen des § 6a Abs. 1 EStG erfüllt sind:

- es besteht ein einklagbarer Rechtsanspruch,
- die Pensionszusage darf keine Vorbehalte auf Minderung oder Entziehung enthalten,
- die Pensionszusage ist schriftlich erteilt.

Das steuerliche Passivierungswahlrecht wird für Neuzusagen aber auf Grund des Maßgeblichkeitsprinzips zur Passivierungspflicht. Für Altzusagen gilt nach R 6a Abs. 1

6.2 Fremdkapital

	Handelsbilanz	Steuerbilanz
Unmittelbare Pensionszusagen nach dem 31.12.1986 (Neuzusagen)	Passivierungspflicht	Passivierungswahlrecht, aber wegen MGP Passivierungspflicht
Unmittelbare Pensionszusagen vor dem 01.01.1987 (Altzusagen)	Passivierungswahlrecht	Passivierungswahlrecht
Mittelbare Pensionszusagen	Passivierungswahlrecht	Passivierungsverbot

Abb. 6.8 Bilanzierung der Pensionsrückstellung

Satz 3 EStR identisch wie im Handelsrecht ein Passivierungswahlrecht. Für mittelbare Pensionszusagen besteht steuerlich ein Passivierungsverbot (Abb. 6.8).

Weiter darf die Pensionsrückstellung gem. § 6a Abs. 2 EStG erstmals für das Wirtschaftsjahr gebildet werden, bis zu dessen Mitte der Pensionsberechtigte (ab 01.01.2018) das 23. Lebensjahr vollendet hat oder die Pensionsanwartschaft unverfallbar wird (vgl. hierzu auch R 6a EStR).

Sterbegeldrückstellungen stellen ungewisse Verbindlichkeiten des Arbeitgebers gegenüber den Arbeitnehmern für die Deckung der Kosten bei Eintritt des Todes des Arbeitnehmers dar. Die Sterbegeldzusagen müssen vertraglich vereinbart sein, damit die Bildung der Sterbegeldrückstellung handels- wie auch steuerrechtlich möglich ist.

Sonstige Rückstellungen

Die Position sonstige Rückstellungen enthält alle anderen Rückstellungen, die gem. § 249 HGB zu bilanzieren sind und die nicht unter Steuerrückstellungen oder Pensionsrückstellungen fallen. Im Folgenden sollen die wichtigsten Rückstellungsarten dargestellt werden:

Bei den **Jubiläumsrückstellungen** handelt es sich um Zusagen des Arbeitgebers, den Arbeitnehmern bei Erreichen einer gewissen Dauer des Arbeitsverhältnisses eine Jubiläumsprämie auszuzahlen. Handelsrechtlich handelt es sich hierbei um ungewisse Verbindlichkeiten, die passiviert werden müssen. Künftige Gehaltssteigerungen sind dabei auch zu berücksichtigen. Steuerrechtlich dürfen gem. § 5 Abs. 4 EStG Jubiläumsrückstellungen nur dann bilanziert werden, wenn:

- das Dienstverhältnis bereits mindestens 10 Jahre besteht,
- man davon ausgehen kann, dass das Dienstverhältnis mindestens 15 Jahren bestehen wird,
- die Zusage schriftlich erteilt wurde und
- die Anwartschaft nach dem 31.12.1992 erworben wurde.

Unter den sonstigen Rückstellungen sind auch **Altersteilzeitrückstellungen** zu bilanzieren. Die Altersteilzeit stellt ein Arbeitszeitmodell dar, nach dem Arbeitnehmer ab dem 55. Lebensjahr die verbleibende Zeit bis zum Renteneintritt halbiert arbeiten und damit ihre Arbeitsstelle für Arbeitslose frei machen. Die Altersteilzeit kann als Gleichverteilungsmodell, Blockmodell oder individuell gestaltet werden. In der Praxis üblich ist das Blockmodell. Danach arbeiten die Arbeitnehmer die erste Hälfte der verbleibenden Zeit bis zum Renteneintritt in Vollzeit mit hälftigem Gehalt und in der zweiten Hälfte arbeiten sie nicht mehr, bekommen jedoch auch ein hälftiges Gehalt. Der Arbeitgeber kann das Altersteilzeitmodell durch weitere Aufstockungen fördern. Die Altersteilzeitrückstellung stellt also die Verpflichtung des Arbeitgebers gegenüber den Arbeitnehmern dar, Entgelte an einen nicht mehr arbeitenden Arbeitnehmer auszuzahlen.

Unter den Rückstellungen für ungewisse Verbindlichkeiten sind auch **Rückstellungen für Garantieverpflichtungen** einzuordnen. Soweit Unternehmen gesetzlich oder vertraglich verpflichtet sind, aufgetretene Schäden an verkauften Leistungen innerhalb eines bestimmten Zeitraums zu beheben, müssen nach dem Verursachungsprinzip und dem Grundsatz der Periodengerechtigkeit für am Abschlussstichtag noch nicht geltend gemachte Ansprüche entsprechende Rückstellungen in der Handels- und Steuerbilanz gebildet werden. Die Höhe der Rückstellungsbeträge erfolgt i. d. R. pauschal auf Basis der getätigten Aufwendungen für Garantieverpflichtungen in den vergangenen Jahren.

Nach § 249 Abs. 1 Satz 2 Nr. 2 HGB und R 5.7 Abs. 12 EStR sind auch handels- und steuerrechtliche Rückstellungen für **Gewährleistungen** zu bilden, **die ohne rechtliche Verpflichtung erbracht werden**. Diese sog. Kulanzleistungen werden nach Ablauf der vertraglichen/gesetzlichen Garantiefrist erbracht. Der Leistungsempfänger hat darauf grundsätzlich keinen rechtlichen Anspruch, trotzdem ist es unter Umständen für das Unternehmen geboten, diese Kulanzleistungen aus geschäftlichen Erwägungen zu erbringen. Diese **Kulanzrückstellungen** sind auch den Rückstellungen für ungewisse Verbindlichkeiten zuzuordnen.

Für die **Verpflichtung aus der Rücknahme und Verwertung von Altfahrzeugen** ist von Herstellern und Importeuren bestimmter Kraftfahrzeuge ebenfalls eine Rückstellung für ungewisse Verbindlichkeiten im Sinne des § 249 Abs. 1 HGB zu bilden. Auch steuerlich sind solche Rückstellungen gem. § 6 Abs. 1 Nr. 3a Buchst. d EStG zu bilden.

Handelsrechtlich ist für **drohende Verluste aus schwebenden Geschäften** eine Rückstellung zu bilden. Diese **Passivierungspflicht** basiert auf dem Imparitätsprinzip, nach dem noch nicht realisierte, aber wahrscheinliche Verluste in der Handelsbilanz auszuweisen sind (Verlustantizipation, Gläubigerschutz). Ein **schwebendes Geschäft** liegt vor, wenn bspw. ein Kaufvertrag (§ 433 BGB) noch von keinem Vertragspartner erfüllt wurde und auf einen Vertragspartner mit an Sicherheit grenzender Wahrscheinlichkeit ein Verlust zukommt.

Beispiel

Ein bilanzierender Goldschmied kauft im September 2021 1000 Feinunzen Gold zum Festpreis von 1226 US-Dollar/Feinunze. Die Lieferung erfolgt Anfang März 2022.

Am Bilanzstichtag 31.12.2021 beträgt der Preis für eine Feinunze Gold nur noch 1200 $. (Es wird unterstellt, dass sich im Betrachtungszeitraum das Währungsverhältnis US-Dollar zum Euro nicht verändert hat.)

Handelsrechtlich ist eine Drohverlustrückstellung i. H. v. 26.000 $ umgerechnet in Euro in die Bilanz einzustellen. Steuerlich darf eine solche Rückstellung nicht gebildet werden (§ 5 Abs. 4a EStG)! Es besteht ein steuerliches **Passivierungsverbot**. Das gilt aber nicht für die Ergebnisse aus Sicherungsgeschäften von derivativen Finanzinstrumenten (vgl. § 5 Abs. 4a Satz 2 i.V. m. § 5 Abs. 1a Satz 2 EStG). ◄

Die Bildung von **Aufwandsrückstellungen** ist stark eingeschränkt. § 249 HGB unterscheidet nur noch zwei Arten von Aufwandsrückstellungen, und zwar Rückstellungen für unterlassene Aufwendungen für Instandhaltung und für Abraumbeseitigung. Für im Geschäftsjahr unterlassene Aufwendungen, die im folgenden Geschäftsjahr innerhalb von drei Monaten bzw. zwölf Monaten bei Abraumbeseitigung, die im folgenden Geschäftsjahr nachgeholt werden, sind Rückstellungen zu bilden, weil die angefallenen Reparaturarbeiten bzw. die Abraumbeseitigung nach dem Perioden-/Verursachungsprinzip der laufenden Geschäftsperiode zuzurechnen sind und die Reparaturen bzw. Abraumbeseitigungen aber in die nachfolgende Periode verschoben werden. Diese handelsrechtlichen Rückstellungen sind auch steuerrechtlich anzusetzen (vgl. R 5.7 Abs. 11 EStR). Andere Aufwandsrückstellungen wie bspw. Großreparaturen, Sicherheitsinspektionen oder Generalüberholungen von Flugzeugen, die regelmäßig und in mehrjährigen Intervallen anfallen, sind nicht zulässig.

Gem. **§ 233a Abs. 2 AO sind Zinsen auf Steuernachforderungen** zu berechnen. Der Zinslauf beginnt grundsätzlich 15 Monate nach Ende des Kalenderjahres, in dem die Steuer entstanden ist und endet mit dem Zeitpunkt der Steuerfestsetzung. Da es sich hierbei um ungewisse Verbindlichkeiten handelt, sind die Zinsnachforderungen in Form von Rückstellungen zu passivieren. Die Zinsrückstellungen für Steuern sind aber nicht unter Steuerrückstellungen, sondern unter den sonstigen Rückstellungen auszuweisen.

6.2.2.3 Bewertung von Rückstellungen

Nach § 253 Abs. 1 Satz 2 HGB sind Rückstellungen in Höhe des nach vernünftiger kaufmännischer Beurteilung notwendigen Erfüllungsbetrages anzusetzen. Dieser Betrag kann im Wege einer Einzel- oder Sammelbewertung (z. B. Kulanzleistungen) ermittelt werden. Diese Ermittlung ist nach vernünftiger kaufmännischer Beurteilung vorzunehmen. Das bedeutet, dass der Betrag, den das Unternehmen mit an Sicherheit grenzender Wahrscheinlichkeit voraussichtlich zu leisten hat, passiviert werden muss. Zukünftige Preis- und Kostensteigerungen sind somit in der Rückstellungsberechnung auch zu berücksichtigen. Bei diesem Bewertungsvorgang ist gem. § 252 Abs. 1 Nr. 4 HGB das Vorsichtsprinzip zu beachten.

In der **Steuerbilanz** sind – anders als in der Handelsbilanz – für die Bewertung die Wertverhältnisse am Bilanzstichtag maßgebend, wobei künftige Preis- und Kostensteigerungen nicht berücksichtigt werden dürfen (§ 6 Abs. 1 Nr. 3a. f) EStG). Künftige

Vorteile sind gem. § 6 Abs. 1 Nr. 3a. c) EStG von der Höhe der Rückstellung wertmindernd zu berücksichtigen. Voraussetzung dafür ist, dass der künftige Vorteil mit der Rückstellung verbunden ist und er nicht als Forderung aktiviert wurde. Soweit der Wert der Rückstellung in der Steuerbilanz den Wert der Rückstellung in der Handelsbilanz übersteigt, ist gem. R 6.11 Abs. 3 Satz 1 EStR der Wert der Rückstellung in der Steuerbilanz in Höhe des handelsbilanziellen Wertes gedeckt.

Pensionsrückstellungen sind aber von dieser Regelung ausgeschlossen, da sie gem. § 6a Abs. 3 Satz 1 EStG höchstens mit dem Teilwert der Pensionsverpflichtung angesetzt werden dürfen. Steuerrechtlich dürfen Pensionsrückstellungen gebildet werden, während handelsrechtlich Pensionsrückstellungen zu bilanzieren sind. Wegen des Maßgeblichkeitsprinzips schlägt die handelsrechtliche Passivierungspflicht von Pensionsrückstellungen in die Steuerbilanz durch. Für die handelsrechtliche Bewertung von Pensionsrückstellungen kann das Anwartschaftsbarwertverfahren oder das Teilwertverfahren angesetzt werden. Nach dem **Anwartschaftsbarwertverfahren** wird den Pensionsrückstellungen jedes Jahr dieselbe Höhe des Pensionsanspruchs zugeführt, der abzuzinsen ist. Daraus folgt, dass der Barwert des zugeführten Pensionsanspruchs im ersten Jahr der niedrigste ist und sich somit jährlich erhöht. Hingegen wird nach dem **Teilwertverfahren** jedes Jahr ein gleichbleibender Barwert des Pensionsanspruchs den Pensionsrückstellungen zugeführt. Bei beiden Verfahren ist bei den Zuführungen zu den Pensionsrückstellungen die Aufzinsung zu berücksichtigen. Das Anwartschaftsbarwertverfahren und das Teilwertverfahren führen aber am Ende der aktiven Arbeitszeit des Pensionsberechtigten zu demselben Ausweis der Pensionsrückstellung. Steuerrechtlich ist jedoch nur das Teilwertverfahren zulässig (§ 6a Abs. 3 Satz 1 EStG). Auch wenn konzeptionell das Teilwertverfahren in der Handelsbilanz dem Teilwertverfahren in der Steuerbilanz gleicht, werden für die Handels- und Steuerbilanz nach dem Teilwertverfahren unterschiedliche Pensionsrückstellungswerte berechnet. Die Gründe dafür stehen in § 6a EStG. Demnach ist der steuerliche Ansatz der Pensionsrückstellungen im Detail geregelt, während es im Handelsrecht entsprechende Vorschriften nicht gibt.[2]

> **Beispiel: Bewertung von Pensionsrückstellungen in der Handelsbilanz**
>
> Das Unternehmen ABC-GmbH hat einen Pensionsberechtigten, der in 5 Jahren in den Ruhestand geht. Am Ende des fünften Jahres soll dafür eine Pensionsrückstellung i. H. v. 50.000 € bereit stehen. Für die Berechnung der Pensionsrückstellung wird ein Zinssatz von 5 % angenommen und weitere versicherungsmathematische Faktoren werden nicht berücksichtigt.

---

[2] Mayer, M und Dietrich M. 2015. Die Bilanzierung von Pensionsrückstellungen. In StuB, Bd. 8, S. 283.

6.2 Fremdkapital

Nach dem Anwartschaftsbarwertverfahren sieht die Entwicklung der Pensionsrückstellung wie folgt aus:

Anwartschaftsbarwertverfahren					
Jahr	Rückstellung zum Jahresanfang	Pensionsansprüche	Barwert der Pensionsansprüche	Aufzinsung Barwerte	Rückstellung zum Jahresende
2021	0 €	10.000,00 €	8.227,02 €	0 €	8 227,02 €
2022	8.227,02 €	10.000,00 €	8.638,38 €	411,35 €	17.276,75 €
2023	17.276,75 €	10.000,00 €	9 070,29 €	863,84 €	27.210.88 €
2024	27.210,88 €	10.000,00 €	9 523,81 €	1 360,54 €	38.095,24 €
2025	38.095,24 €	10.000,00 €	10.000,00 €	1 904,76 €	50.000,00 €

Nach dem Teilwertverfahren sieht die Entwicklung der Pensionsrückstellung wie folgt aus:

Teilwertverfahren					
Jahr	Rückstellung zum Jahresanfang	Pensionsansprüche	Barwert der Pensionsansprüche	Aufzinsung Barwerte	Rückstellung zum Jahresende
2021	0 €	10.998,80 €	9.048,74 €	0 €	9.048,74 €
2022	9.048,74 €	10.475,05 €	9.048,74 €	452,44 €	18.549,92 €
2023	18.549,92 €	9.976,24 €	9.048,74 €	927,50 €	28.526,15 €
2024	28.526,15 €	9.501,18 €	9.048,74 €	1.426,31 €	39.001,20 €
2025	39.001,20 €	9.048,74 €	9.048,74 €	1.950,06 €	50.000,00 €

Beide Verfahren führen somit zum selben Ergebnis, sie variieren nur in Höhe der jährlichen Zuführung zur Pensionsrückstellung. ◄

In der Praxis werden für die handelsrechtliche wie auch für die steuerrechtliche Bewertung von Pensionsrückstellungen, Sterbegeldrückstellungen, Alterszeitrückstellungen und Jubiläumsrückstellungen versicherungsmathematische Gutachten erstellt.

6.2.2.4 Abzinsung von Rückstellungen

Handelsrechtlich sind nach § 253 Abs. 2 HGB Rückstellungen mit einer Restlaufzeit von mehr als einem Jahr mit dem **durchschnittlichen Marktzinssatz** der vergangenen sieben Geschäftsjahre unter Berücksichtigung ihrer Restlaufzeit abzuzinsen. Der anzuwendende Abzinsungssatz wird von der Deutschen Bundesbank nach Maßgabe einer Rechtsverordnung ermittelt und monatlich bekannt gegeben (§ 253 Abs. 2 Satz 4 HGB).

Abweichend davon sind gem. § 253 Abs. 2 Satz 2 HGB Rückstellungen für Altersversorgungsverpflichtungen (**Pensionsrückstellungen**) mit dem durchschnittlichen Marktzinssatz der vergangenen zehn Geschäftsjahre abzuzinsen. Nach § 253 Abs. 6 HGB muss jedoch der Unterschiedsbetrag zwischen der Anwendung des durchschnittlichen Marktzinssatzes der vergangenen sieben Geschäftsjahre und der vergangenen zehn Geschäftsjahre ermittelt und im Anhang erläutert werden. Der Unterschiedsbetrag unterliegt einer Ausschüttungssperre. Alternativ kann gem. § 253 Abs. 2 Satz 3 HGB für Rückstellungen für Altersversorgungsverpflichtungen oder für vergleichbare langfristige Verpflichtungen eine Vereinfachungsregelung angewendet werden. Danach dürfen diese Rückstellungen pauschal mit dem durchschnittlichen bei einer angenommenen Restlaufzeit von 15 Jahren ergebenden Marktzinssatz abgezinst werden. Dies führt dazu, dass der Einzelbewertungsgrundsatz außer Acht gelassen werden kann und alle Pensionsrückstellungen pauschal abgezinst werden können.

Bei einer erstmaligen Bildung einer langfristigen Rückstellung gibt es zwei Methoden, wie die Rückstellung und die damit zusammenhängende Abzinsung erfasst werden kann. Bei der **Bruttomethode** wird zuerst die Rückstellung gebildet und in einem weiteren Schritt wird der Zinsertrag aus der Abzinsung der Rückstellung erfasst. Nach der **Nettomethode** wird die um den abgezinsten Betrag geminderte Rückstellung direkt in die sonstigen betrieblichen Aufwendungen gebucht.

Im **Steuerrecht** besteht grundsätzlich gem. § 6 Abs. 1 Nr. 3a. Buchstabe e EStG eine Abzinsungspflicht. Danach ist ein festgesetzter **Zinssatz von 5,5 %** maßgeblich. Die Abzinsung der Rückstellungen ist gem. dem BMF-Schreiben vom 26.05.2005 (BStBl 2005 699, Rz. 3) tagesgenau vorzunehmen. Aus Vereinfachungsgründen kann genau wie bei den Verbindlichkeiten ein Jahr mit 360 Tagen und ein Monat mit 30 Tagen angesetzt werden. Rückstellungen, die auf Geldleistungsverpflichtungen beruhen, die in unterschiedlichen Zeitpunkten fällig werden, sind jeweils zeitlich separat abzugrenzen und abzuzinsen. Für Pensionsrückstellungen gilt aber gem. § 6a Abs. 3 Satz 3 HGB ein Zinssatz von 6 %. Gemäß dem BMF-Schreiben vom 26.05.2005, Rz. 27 wird jedoch bei Pauschalrückstellungen der Garantie- und Gewährleistungsrückstellungen aus Vereinfachungsgründen auf die Abzinsung verzichtet.

Zusätzlich müssen weitere Rückstellungen nicht abgezinst werden, wenn folgende Kriterien vorliegen:

- die Laufzeit der Rückstellung beträgt am Bilanzstichtag weniger als ein Jahr oder
- die Verbindlichkeit, auf der die Rückstellung basiert, verzinslich ist oder
- die Rückstellung beruht auf einer Anzahlung oder Vorauszahlung.

Demnach sind Steuerrückstellungen in der Steuerbilanz nicht abzuzinsen, da die Steuernachzahlungen gem. § 233a AO zu verzinsen sind. Hingegen sind bspw. Rückstellungen

6.2 Fremdkapital

	Abzinsung	Abzinsungssatz
Steuerrückstellungen	Nein	-
Pensionsrückstellungen	Ja	6 %
Sonstige Rückstellungen	Ja	5,5%
	Nein, soweit bestimmte Kriterien erfüllt sind	-

Abb. 6.9 Abzinsung von Rückstellungen

für Rechtsstreitigkeiten mit einer Laufzeit von mehr als einem Jahr immer abzuzinsen (siehe Abb. 6.9).

Für Geld- oder Sachleistungsverpflichtungen, die zur Bildung von Rückstellungen führen, kann aus Vereinfachungsgründen anstatt des Abzinsungssatzes von 5,5 % ein maßgeblicher **Vervielfältiger** genutzt werden, der in der Anlage 2 des BMF-Schreiben vom 26.05.2005 zu finden ist.

> **Beispiel**
>
> Die ABC-GmbH ist in einen Rechtsstreit verwickelt. Am 31.12.2020 werden die Verpflichtungen aus dem Rechtsstreit auf 1.000.000 € geschätzt und es wird angenommen, dass die Verpflichtungen am 31.12.2023 fällig sein werden. Der zur Diskontierung anzuwendende durchschnittliche Marktzinssatz beträgt angenommen 5 %. Der Barwert (Erfüllungsbetrag) der Rückstellung beträgt somit zum 31.12.2020 863.838 €. Soweit die Nettomethode angewendet wird, lautet der Buchungssatz wie folgt:
>
> | Buchungssatz am 31.12.2020: | | | |
> |---|---|---|---|
> | Sonst. betr. Aufwendungen | 863.837,60 € | an sonstige Rückstellung | 863.837,60 € |
>
> Zum 31.12.2021 hat sich der Barwert der Rückstellung auf 907.029,48 € erhöht. Der Unterschiedsbetrag von 43.191,88 € (907.029,48 € - 863.837,60 €) wird dann als Zinsaufwand verbucht.
>
> | Buchungssatz am 31.12.2021: | | | |
> |---|---|---|---|
> | Zinsaufwand | 43.191,88 € | an sonstige Rückstellung | 43.191,88 € |
>
> In den drei Jahren wird insgesamt ein Zinsaufwand von 136.162,40 € verbucht. Zum 31.12.2023 wird keine Rückstellung mehr ausgewiesen, da sie in Anspruch genommen wurde.

Geschäftsjahr	Rückstellung zum 01.01.	Aufzinsung	Inanspruchnahme	Rückstellung zum 31.12.
2020	0 €	0 €	0 €	863.837,60 €
2021	863.837,60 €	43.191,88 €	0 €	907.029,48 €
2022	907.029,48 €	45.351,47 €	0 €	952.380,95 €
2023	952.380,95 €	47.619,05 €	-1.000.000 €	0 €

6.2.2.5 Rückstellungsspiegel

Der Rückstellungsspiegel ist eine übersichtliche Darstellung der Zusammenstellung und Entwicklung der einzelnen Rückstellungspositionen, die ggf. bis auf die rückstellungsbildenden Konten aufzuteilen sind. Eine gesetzliche Pflicht zur Erstellung eines Rückstellungsspiegels gibt es nicht, jedoch wird laut § 285 Nr. 12 HGB eine Erläuterung der Zusammensetzung der sonstigen Rückstellungen im Anhang verlangt, die mit Hilfe des Rückstellungsspiegels dargestellt werden kann.

In der Praxis ist es üblich, den Rückstellungsspiegel neben den sonstigen Rückstellungen auch für die Steuerrückstellungen und die Pensionsrückstellungen zu führen. Üblicherweise wird der Rückstellungsspiegel in einer tabellarischen Form erstellt. Eine mögliche Form des Rückstellungsspiegels kann wie folgt aussehen:

- Endbestände zum 31.12.20XX
- Zuführungen
- Auflösungen
- Inanspruchnahmen
- Effekte aus der Aufzinsung
- Effekte aus der Abzinsung
- Umbuchungen
- Endbestände zum 31.12.20XY
- ggf. Restlaufzeiten der einzelnen Rückstellungspositionen (bis 1 Jahr, bis 5 Jahre, mehr als 5 Jahre)

Der Rückstellungsspiegel kann somit dem Bilanzleser verschiedene Informationen liefern, die als solche aus dem Jahresabschluss nicht ersichtlich sind. Bspw., die Tendenz des Unternehmens zur Überdotierung/Unterdotierung von Rückstellungen, einzelne Effekte aus der Auf- bzw. Abzinsung der Rückstellungen usw.

Beispiel

Das Unternehmen Quark-GmbH musste im Geschäftsjahr 2021 das erste Mal eine Körperschaftsteuerrückstellung i. H. v. 30.000 € und eine Gewerbesteuerrückstellung

i. H. v. 10.000 € bilden. Des Weiteren wurde die vorhandene Pensionsrückstellung i. H. v. 120.000 € um 2000 € aufgezinst und es wurde eine Aufstockung der Pensionsrückstellung i. H. v. 20.000 € vorgenommen. Bei der Rückstellung für Gewährleistungen mit einem Betrag von 100.000 € kam es zu einer tatsächlichen Inanspruchnahme i. H. v. 88.000 €. Für den Restbetrag gibt es keine wirtschaftliche Begründung mehr. Während des Geschäftsjahrs 2021 wurden 15.000 € von der Prozesskostenrückstellung A auf die Prozesskostenrückstellung B umgebucht. Zum 31.12.2020 war die Prozesskostenrückstellung A mit 45.000 € und die Prozesskostenrückstellung B mit 5000 € gebucht.

Rückstellungsspiegel zum 31.12.2021

In € Rückstellungsarten	Endbestand 31.12.2020	Zuführungen	Auflösungen	Inanspruchnahmen	Abzinsung	Aufzinsung	Umbuchungen	Endbestand 31.12.2021
Körperschaftsteuerrückstellung	0	30.000						30.000
Gewerbesteuerrückstellung	0	10.000						10.000
Steuerrückstellungen gesamt	0	40.000						40.000
Pensionsrückstellung	120.000	20.000				2.000		142.000
Pensionsrückstellung gesamt	120.000	20.000	0	0	0	2.000	0	142.000
Gewährleistungsrückstellung	100.000		−12.000	−88.000				0
Prozesskostenrückstellung A	45.000						−15.000	30.000
Prozesskostenrückstellung B	5.000						15.000	20.000
Sonstige Rückstellungen gesamt	150.000	0	−12.000	−88.000	0	0	0	50.000
Rückstellungen insgesamt	270.000	60.000	−12.000	−88.000	0	2.000	0	232.000

◀

7 Übrige Bilanzpositionen

Im Folgenden sollen Bilanzpositionen dargestellt werden, die sowohl auf der Aktiv- als auch auf der Passivseite vorkommen. Dazu gehören die Rechnungsabgrenzungsposten und die latenten Steuern.

7.1 Rechnungsabgrenzungsposten

Zweck der Rechnungsabgrenzung ist die periodengerechte Aufteilung von Auszahlungen zu den Aufwendungen und von Einzahlungen zu den Erträgen. Somit dienen also **Rechnungsabgrenzungsposten** der periodengerechten Erfolgsermittlung eines Unternehmens. Sie sind zu bilden, wenn Zahlungsvorgänge und entsprechende Erfolgsbestandteile unterschiedlichen Perioden zuzuordnen sind. Auszahlungen, die vor dem Abschlussstichtag anfallen und erst zu einem späteren Zeitpunkt Aufwand darstellen, sind (Pflicht) gem. § 250 Abs. 1 HGB in einen **aktiven Rechnungsabgrenzungsposten** einzustellen. Der aktive RAP beinhaltet Zahlungen für Aufwendungen des nächsten Jahres, die bereits in der abgelaufenen Periode geleistet wurden. Einzahlungen, die vor dem Abschlussstichtag anfallen, aber erst zu einem bestimmten Zeitpunkt danach gem. § 250 Abs. 2 HGB als Ertrag zu erfassen sind, müssen in einen **passiven Rechnungsabgrenzungsposten** eingestellt werden. Grundsätzlich unterscheidet man zwei Arten, transitorische und antizipative Rechnungsabgrenzungen. Bei **transitorischen Rechnungsabgrenzungsposten** handelt es sich um Zahlungen eines Unternehmens, die erst in einer späteren Periode erfolgswirksam werden. Typische Beispiele dafür sind Miet**voraus**zahlungen oder gezahlte Versicherungsbeiträge für eine spätere Periode. Hingegen sind **antizipative Rechnungsabgrenzungsposten** Aufwendungen und Erträge, die erst nach dem Bilanzstichtag zu Ein- bzw. Auszahlungen führen. Beispiele sind vertraglich vereinbarte Miet**nach**zahlungen. Nur bei den **transitorischen** Abgrenzungen

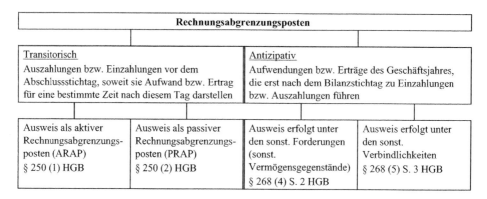

Abb. 7.1 Rechnungsabgrenzungsposten

wird zwischen **aktiven** und **passiven** Rechnungsabgrenzungsposten in der Bilanz unterschieden (§ 250 Abs. 1 und 2 HGB).

Die antizipative Abgrenzung hingegen erfolgt über „sonstige Vermögensgegenstände" als zukünftige Einzahlung bzw. als „sonstige Verbindlichkeit" als zukünftige Auszahlung. Mit Hilfe der Rechnungsabgrenzungsposten soll eine nach dem Verursachungsprinzip erfolgte Ermittlung des Periodengewinns ermöglicht werden. Dafür müssen die Aufwendungen und Erträge der Periode zugeordnet werden, in der sie entstanden sind (**Periodenverursachungsprinzip**). Es muss eine periodengerechte Abgrenzung gem. § 252 Abs. 1 Nr. 5 HGB erfolgen. Rechnungsabgrenzungsposten sind Positionen in der Bilanz, die dazu dienen, den Periodenerfolg eines Geschäftsjahres von dem eines folgenden Geschäftsjahres abzugrenzen. RAP werden grundsätzlich in der nächsten Periode wieder aufgelöst. Beziehen sich die RAP aber auf mehrere Perioden, dann müssen sie in der folgenden Periode nur zeitanteilig aufgelöst werden.

Unter den Voraussetzungen des § 250 Abs. 1 und 2 HGB besteht eine Pflicht zur Aufstellung eines Rechnungsabgrenzungspostens. Hingegen besteht bei einem **Disagio** bzw. **Damnum** als Sonderfall der Rechnungsabgrenzung bei einer Darlehensverbindlichkeit/ Anleihe nach § 250 Abs. 3 HGB handelsrechtlich ein Bilanzierungswahlrecht. Disagio ist der Unterschiedsbetrag zwischen dem Ausgabe- und Rückzahlungsbetrag einer Darlehensverbindlichkeit. Steuerlich besteht für das Disagio ein Aktivierungsgebot (Abb. 7.1).

Steuerlich sind nach § 5 Abs. 5 Satz 1 Nr. 1 und Satz 2 EStG folgende Sachverhalte als aktive RAP anzusetzen:

- Ausgaben vor dem Abschlussstichtag, soweit sie Aufwand für eine bestimmte Zeit nach dem Stichtag darstellen
- Als Aufwand berücksichtigte Zölle und Verbrauchsteuern, soweit sie am Abschlussstichtag vorhandenen Wirtschaftsgütern des Vorratsvermögens zuzurechnen sind,
- Als Aufwand berücksichtigte Umsatzsteuer auf am Abschlussstichtag auszuweisende Anzahlungen.

Während der erste Punkt der handelsrechtlichen Vorschrift nach § 250 Abs. 1 HGB entspricht, sind die zwei letzten Punkte handelsrechtlich nicht zu bilanzieren. Die steuerlichen aktiven RAP sind somit breiter gefasst.

Bei den passiven RAP gibt es zwischen Handels- und Steuerrecht keine Abweichungen. Die Definition der passiven RAP nach § 5 Abs. 5 Satz 1 Nr. 2 EStG entspricht dem handelsrechtlichen Gesetzeswortlaut nach § 250 Abs. 2 HGB.

7.2 Latente Steuern

7.2.1 Konzeption der latenten Steuerabgrenzung

Grundsätzlich ist jeder Kaufmann nach §§ 238 ff. HGB verpflichtet, einen handelsrechtlichen Jahresabschluss zu erstellen, es sei denn, ein unter § 241a HGB fallender Einzelkaufmann macht von dem Wahlrecht Gebrauch, anstelle des Jahresabschlusses eine Einnahmenüberschussrechnung zu erstellen. Für kapitalmarktorientierte Konzernunternehmen schreibt § 315a HGB verbindlich vor, den Konzernabschluss nach den IFRS-Vorschriften zu erstellen. Zusätzlich zu den handelsrechtlichen Jahresabschlüssen müssen aber noch Abschlüsse nach steuerrechtlichen Vorschriften erstellt werden. Auch wenn nach deutschem Recht die Handelsbilanz maßgeblich für die Steuerbilanz ist (Maßgeblichkeitsprinzip), wird wohl nur in Ausnahmefällen aufgrund unterschiedlicher Bilanzierungs- und Bewertungsvorschriften eine einheitliche Bilanz, eine sog. **Einheitsbilanz** erstellt werden können. In der Regel weichen also Handels- und Steuerbilanzgewinn voneinander ab, mit der Folge, dass **latente Steuern** gebildet werden. Nach § 274 HGB a. F. basierte die Bildung latenter Steuern auf dem **GuV-orientiertem Timing-Konzept**. Ziel war eine periodengerechte „Steuerabgrenzung", die sich aus den Differenzen unterschiedlicher handels- und steuerrechtlicher Jahresergebnisse ergab. Mit der Einführung des BilMoG wurde dieses Konzept durch das **bilanzorientierte Temporary-Konzept** entsprechend den internationalen Rechnungslegungsstandards (IFRS) ersetzt. Ziel des Temporary-Konzepts ist, den richtigen Vermögensausweis darzustellen. Im nachfolgenden werden beide Konzepte näher erläutert.

7.2.1.1 Timing-Konzept

Beim GuV-orientierten Timing-Konzept werden latente Steuern nur gebildet, die auf temporären Differenzen beruhen, die aus unterschiedlichen handels- und steuerrechtlichen Wertansätzen resultieren und gleichzeitig eine Ergebnisauswirkung haben. Unter den temporären Differenzen sind nur zeitlich absehbare, sich ausgleichende Unterschiede zu verstehen. Auf quasi-permanente Unterschiede und auf permanente Unterschiede sind keine latenten Steuern zu bilden. Zu den permanenten Differenzen gehören bspw. die Hinzurechnungen von nichtabzugsfähigen Betriebsausgaben, zu den quasi-permanenten Differenzen gehören bspw. Sonderabschreibungen gemäß bestimmter steuerlicher Vorschriften, die handelsrechtlich nicht angewendet werden dürfen und die sich erst mit dem Verkauf des Vermögensgegenstands auflösen. Quasi-permanente Differenzen stellen also solche Differenzen dar, die sich zwar im Laufe der Zeit ausgleichen, der Zeitpunkt des Ausgleichs aber unbestimmt ist. Gleichzeitig werden beim Timing-Konzept solche Differenzen außer Acht gelassen, deren Bildung oder Auflösung nicht erfolgswirksam ist. So sind bspw. erfolgsneutrale Zuschreibungen nicht für die Berechnung der latenten Steuern heranzuziehen. Das Timing-Konzept konzentriert sich also darauf, ob der handelsrechtliche Steueraufwand bezogen auf das steuerliche Ergebnis zu hoch oder zu niedrig angesetzt ist. Weiter versucht das Timing-Konzept, den Steueraufwand periodenverursachungsgerecht aufzuteilen.

Nachfolgend soll nach dem GuV-orientiertem Timing-Konzept ein Beispiel für die Bildung aktiver latenter Steuern aufgezeigt werden.

Beispiel

Ein Unternehmen nimmt zu Beginn der Geschäftsperiode 01 ein Darlehen i. H. v. 100.000 € mit einer Laufzeit von 6 Jahren auf. Der Auszahlungsbetrag des Darlehens beträgt 94.000 €. Das Ergebnis vor Steuern beträgt in den Perioden 01–06 in jeder Periode 81.000 €. Zum Ende der Periode 01 müssen auch die erhöhten Anschaffungskosten von einem unbebauten Grundstück i. H. v. 1.500.000 € angesetzt werden, die durch die Betriebsprüfung der Vorjahre festgestellt wurden. Der handelsrechtliche Wert dieses Grundstücks beträgt 1.400.000 €. Es wird ein Ertragssteuersatz von 30 % unterstellt.
Wie sind die latenten Steuern nach dem Timing-Konzept zu berechnen?

Lösungsvorschlag:
Das Disagio beträgt 6000 €. In der Steuerbilanz muss das Disagio aktiviert und über die Laufzeit von 6 Jahren planmäßig abgeschrieben werden. In der Handelsbilanz wird gem. § 250 Abs. 3 HGB auf die Aktivierung des Disagios verzichtet und sofort in voller Höhe als Aufwand verrechnet.
Ohne latente Steuerabgrenzung würde sich folgende handels- und steuerrechtliche Ergebnisermittlung ergeben:

	HB	StB
Periode 01		
Ergebnis vor Steuern und Abschreibungen	81.000	81.000
Abschreibung Disagio	−6000	−1000
Ertragssteuern (30 %)	−24.000	−24.000
Ergebnis nach Steuern	51.000	56.000
Perioden 02–06		
Ergebnis vor Steuern und Abschreibungen	81.000	81.000
Abschreibung Disagio	0	−1000

7.2 Latente Steuern

	HB	StB
Ertragssteuern (30 %)	−24.000	−24.000
Ergebnis nach Steuern	57.000	56.000

Ohne latente Steuerabgrenzung ist der Steueraufwand in der Periode 01 i. H. v. 24.000 €, bezogen auf das steuerliche Ergebnis, für den handelsbilanziellen Gewinn zu hoch ausgewiesen. Gemäß dem handelsbilanziellen Ergebnis sollte der Steueraufwand „nur" 22.500 € (75.000 € × 0,3) betragen. In den nachfolgenden Perioden 02–06 ist der Steueraufwand i. H. v. 24.000 €, bezogen auf das steuerliche Ergebnis, zu niedrig ausgewiesen. Gemäß dem handelsbilanziellen Ergebnis sollte der Steueraufwand 24.300 € (81.000 € × 0,3) betragen. Der um 1500 € (24.000 € − 22.500 €) höhere Steuerwand in der Periode 01 wird somit mit dem niedrigeren Steueraufwand der folgenden Perioden 02–06 ausgeglichen (24.300 € − 24.000 € = 300, 300 € × 5 = 1500 €).

Diese „Ungleichheit" in Bezug auf den Steueraufwand in der Handelsbilanz wird mit der Abgrenzung der latenten Steuern nach dem Timing-Konzept korrigiert:

	HB	StB
Periode 01		
Ergebnis vor Steuern und Abschreibungen	81.000	81.000
Abschreibung Disagio	−6000	−1000
Ertragssteuern (30 %)	−24.000	−24.000
Latenter Steuerertrag (30 %)	1500	
Ergebnis nach Steuern	52.500	56.000
Perioden 02–06		
Ergebnis vor Steuern und Abschreibungen	81.000	81.000
Abschreibung Disagio	0	−1000
Ertragssteuern (30 %)	−24.000	−24.000
Latenter Steueraufwand (30 %)	−300	0
Ergebnis nach Steuern	56.700	56.000

Der Unterschiedsbetrag aus den handels- und steuerrechtlichen Abschreibungen wird in Periode 01 als aktive latente Steuern i. H. v. 1500 € (5000 € × 0,3) bilanziert und in den folgenden Perioden 02–06 werden die aktiven latenten Steuern dann um 300 € pro Periode gemindert (−1000 € × 0,3). In der Periode 01 und in den folgenden Perioden 02–06 wird jetzt in der Handelsbilanz der richtige Steueraufwand i. H. v. 22.500 € und i. H. v. 24.300 € aufgezeigt.

Die erhöhten Anschaffungskosten des unbebauten Grundstücks i. H. v. 1.500.000 € werden nur steuerlich angesetzt. Handelsrechtlich wird das unbebaute Grundstück weiterhin mit 1.400.000 € bilanziert. Die sich aus den unterschiedlichen handels- und steuerrechtlichen Wertansätzen ergebende Differenz (1.500.000 € − 1.400.000 € = 100.000 €) stellt eine quasi-permanente Differenz dar. Entsprechend werden nach dem Timing-Konzept hierfür keine latenten Steuern gebildet.[1]

In der Handelsbilanz werden in der Periode 01 insgesamt aktive latente Steuern i. H. v. 1500 € bilanziert, die dann jährlich (Perioden 02–06) um 300 € gemindert werden. Am Ende der Periode 06 bestehen dann keine aktiven latenten Steuern mehr.

Im latenten Steuerertrag/-aufwand ist somit nur der Vermögensunterschied aus den unterschiedlichen Wertansätzen des Disagios abgebildet. ◀

7.2.1.2 Temporary-Konzept

Im Gegensatz zum GuV-orientierten Timing-Konzept werden beim bilanzorientierten Temporary-Konzept auf alle temporären Differenzen inklusive quasi-permanenten Differenzen latente Steuern gebildet. Wichtig ist nicht die absehbare Umkehrung der Differenz, sondern nur die Tatsache, dass sich die Abweichung irgendwann einmal auflöst. Bei dem Temporary-Konzept ist es auch ohne Bedeutung, ob die temporären und/ oder quasi-permanenten Differenzen eine Ergebnisauswirkung haben. Ziel des Temporary-Konzepts ist nämlich der richtige Ausweis der Vermögenslage des Unternehmens. Beim Temporary-Konzept werden also immer die Ansätze von Vermögensgegenständen, Schulden und Abgrenzungsposten in der Handelsbilanz mit den Ansätzen in der Steuerbilanz verglichen. Das Temporary-Konzept ist somit im Vergleich zum Timing-Konzept breiter gefasst.

Beispiel

Aufgabenstellung wie beim Beispiel im Kapitel Timing-Konzept.
Wie sind latente Steuern nach dem Temporary-Konzept zu berechnen?

Lösungsvorschlag:
Zu Beginn der Periode 01 wird in der Handelsbilanz das Disagio gem. § 250 Abs. 3 HGB nicht aktiviert, sondern sofort in voller Höhe als Aufwand verrechnet. Hingegen wird in der Steuerbilanz das Disagio i. H. v. 6000 € aktiviert und über

---

[1] Das IDW stellt in IDW RS HFA 6 fest, dass die Ergebnisse einer steuerlichen Außenprüfung i. d. R. nicht dazu führen, dass die handelsrechtlichen Jahresabschlüsse und die sich hieraus ergebenden Steuerbe- und entlastungen an die geänderten Werte angepasst werden müssen, es sei denn, in der Betriebsprüfung hat sich herausgestellt, dass der handelsrechtliche Jahresabschluss falsch war.

6 Jahre abgeschrieben. Am Ende der Periode 01 wird das Disagio in der Steuerbilanz mit 5.000 € angesetzt. Der Vermögensunterschied beläuft sich in Periode 01 auf 5000 €. Auf die Differenz von 5000 € werden aktive latente Steuern i. H. v. 1500 € gebildet. Am Ende der Periode 02 beträgt der Wert des Disagios in der Steuerbilanz 4000 €. Hierauf müssten eigentlich aktive latente Steuern i. H. v. 1200 € gebildet werden. Da aber in Periode 01 schon aktive latente Steuern i. H. v. 1500 € berechnet wurden, wird nur der Differenzbetrag von 300 € (1500 € − 1200 €) als Minderung der aktiven latenten Steuern angesetzt. Entsprechend ist in den folgenden Perioden 03–06 zu verfahren. Die Ergebnisauswirkung ist somit identisch wie beim Timing-Konzept.

Das unbebaute Grundstück wird am Ende der Periode 01 und auch am Ende der folgenden Perioden handelsrechtlich mit 1.400.000 € und steuerrechtlich mit 1.500.000 € bilanziert. Der aus dem unterschiedlichen handels- und steuerlichen Wertansatz resultierende Vermögensunterschied beträgt 100.000 €. Auf diese Differenz können in der Periode 01 aktive latente Steuern i. H. v. 30.000 € gebildet werden. Da es auch in den folgenden Perioden für das unbebaute Grundstück keine Anpassung der Anschaffungskosten in den Bilanzen gibt, werden die aktiven latenten Steuern i. H. v. 30.000 € unverändert fortgeführt.

Insgesamt ergeben sich folgende Ergebnisauswirkungen in der GuV-Rechnung:

	HB	StB
Periode 01		
Ergebnis vor Steuern und Abschreibungen	81.000	81.000
Abschreibung Disagio	−6000	−1000
Ertragssteuern (30 %)	−24.000	−24.000
Latenter Steuerertrag (30 %)	+31.500 (1500 + 30.000)	
Ergebnis nach Steuern	82.500	56.000
Perioden 02–06		
Ergebnis vor Steuern und Abschreibungen	81.000	81.000
Abschreibung Disagio	0	−1000
Ertragssteuern (30 %)	−24.000	−24.000
Latenter Steueraufwand (30 %)	−300	0
Ergebnis nach Steuern	56.700	56.000

In der Handelsbilanz können in der Periode 01 insgesamt aktive latente Steuern i.H.v. 31.500 € bilanziert werden, die dann in jeder nachfolgenden Periode um 300 € gemindert werden. Am Ende der Periode 06 sind dann immer noch aktive latente Steuern i. H. v. 30.000 € in der Handelsbilanz aktiviert.

Im Gegenteil zum Timing-Konzept konzentriert sich das Temporary-Konzept also nicht auf die Umverteilung des Steueraufwands über den Zeitraum des Bestehens der temporären Abweichung, sondern es kommt primär auf die Darstellung der richtigen

Vermögenslage des Unternehmens an. Bei temporären Differenzen, die eine Ergebnisauswirkung haben, besteht jedoch kein Unterschied, ob das Timing- oder das Temporary-Konzept angewendet wird. ◄

7.2.2 Ansatz latenter Steuern

Nach § 274 Abs. 1 HGB ergeben sich latente Steuern, wenn es zu Differenzen zwischen den handels- und steuerrechtlichen Wertansätzen der Vermögensgegenstände, Schulden und Rechnungsabgrenzungsposten kommt, die sich in späteren Geschäftsjahren voraussichtlich wieder auflösen. Die Bildung latenter Steuern basiert also auf temporären und quasi-permanenten Differenzen. Auf **permanente** Differenzen sind **keine** latenten Steuern zu bilden. Zu permanenten Differenzen gehören auch steuerwirksame Abschreibungen auf Kapitalgesellschaften bei Kapitalgesellschaften, deren Umkehrung den Sachverhalt nach § 8b Abs. 2 und 3 KStG auslösen würde. § 274 Abs. 1 HGB spiegelt somit das Temporary-Konzept wider.

Hierbei unterscheidet das Gesetz zwei Tatbestände, nämlich erstens **ist** eine künftige **Steuerbelastung** unter den passiven latenten Steuern zu bilanzieren (§ 274 Abs. 1 Satz 1 HGB) und zweitens **kann** (Wahlrecht) eine künftige **Steuerentlastung** unter den aktiven latenten Steuern bilanziert werden (§ 274 Abs. 1 Satz 2 HGB). Die sich insgesamt ergebende Steuerbe- bzw. Steuerentlastung kann saldiert, aber auch unsaldiert ausgewiesen werden (§ 274 Abs. 1 Satz 3 HGB). Bei einem Überhang von passiven latenten Steuern sind diese entweder unsaldiert als aktive und passive latente Steuern oder saldiert als passive latente Steuern zu bilanzieren. Bei einem Überhang von aktiven latenten Steuern müssen aber die latenten Steuern weder saldiert noch unsaldiert ausgewiesen werden.

Unabhängig davon, ob in der Handelsbilanz latente Steuern bilanziert oder nicht bilanziert wurden, ist gem. § 285 Nr. 29 HGB im Anhang der Gesellschaft anzugeben, auf welchen Differenzen und Verlustvorträgen diese latenten Steuern beruhen und mit welchen Steuersätzen die latenten Steuern berechnet wurden. In der Praxis ist es üblich, dass bei einem Überhang von aktiven latenten Steuern im Anhang ein Vermerk aufgenommen wird, dass vom Wahlrecht zur Nichtbilanzierung des aktiven Überhangs gem. § 274 Abs. 1 HGB Gebrauch gemacht wurde. Soweit latente Steuern bilanziert wurden, sind zusätzlich gem. § 285 Nr. 30 HGB im Anhang Angaben über die Steuersalden am Ende des Geschäftsjahres und die im Laufe des Geschäftsjahres erfolgten Änderungen zu machen.

Kleine und Kleinstkapitalgesellschaften sind von der Pflicht zur Abgrenzung der latenten Steuern gem. § 274a Nr. 4 HGB befreit. Demnach müssen nur mittelgroße und große Kapitalgesellschaften latente Steuern berechnen und ggf. bilanzieren. Dies gilt gem. § 264a Abs. 1 HGB auch für Personengesellschaften, bei denen mindestens ein Gesellschafter eine Kapitalgesellschaft ist. Die oben erwähnte Anhangsangabepflicht

7.2 Latente Steuern

gem. § 285 Nr. 29 HGB ist nur für große Kapital- und Personengesellschaften gem. § 264a Abs. 1 HGB verpflichtend.

Personengesellschaften (nicht Personengesellschaften nach § 264a HGB) und Einzelunternehmen müssen latente Steuern auch nicht bilanzieren. Sie können aber die Regelung nach § 274 HGB anwenden. Nach h. M. sind bei Personengesellschaften auch keine latenten Steuern auf die Sonderbilanzen zu bilden. Ergänzungsbilanzen sollten nach h. M. hingegen zur Berechnung latenter Steuern herangezogen werden.

Latente Steuern sind grundsätzlich nicht auf Ebene der Organgesellschaft zu bilden, da im Organkreis laufende und latente Steuern erst auf der Ebene des Organträgers zu erfassen sind. Sofern aber ein Teil der temporären Differenzen der Organgesellschaft auf einen Zeitraum vor Beginn der Organschaft entfällt, sind die auf diesen Teil berechneten latenten Steuern auf Ebene der Organgesellschaft zu erfassen.

Es ist auch noch darauf hinzuweisen, dass latente Steuern nur in der Handelsbilanz, **nicht** in der **Steuerbilanz** zu bilanzieren sind. Entsprechend sind die in der Handelsbilanz gebuchten latenten Steuern in der Überleitungsrechnung gem. § 60 Abs. 2 EStDV zu korrigieren. Das bedeutet, dass eine außerbilanzielle Anpassung nicht vorzunehmen ist.

7.2.2.1 Passive Latente Steuern

Passive latente Steuern entstehen bei einer zukünftigen Steuerbelastung. Da es sich hier um eine ungewisse Verbindlichkeit handelt, besteht eine Passivierungspflicht. Passive latente Steuern sind bei handelsrechtlichem Mehrvermögen und/oder bei handelsrechtlicher Minderverschuldung zu bilden. Vereinfacht dargestellt sind passive latente Steuern zu bilden sind, wenn:

a. Aktiva in der Handelsbilanz > Aktiva in der Steuerbilanz und
b. Passiva in der Handelsbilanz < Passiva in der Steuerbilanz.

Beispiel: passive latente Steuern

Sind bei folgenden Sachverhalten passive latente Steuern zu bilden?

a. Vorgenommene Sonderabschreibungen nach § 7b EStG
b. Hinzurechnung von Bewirtungskosten
c. Bildung einer steuerfreien Rücklage gem. § 6b EStG

Lösungsvorschlag

a. Bei vorgenommenen Sonderabschreibungen nach § 7b EStG handelt es sich um rein steuerlich vorgenommene Abschreibungen, die wegen dem Wegfall der umgekehrten Maßgeblichkeit nicht in die Handelsbilanz übernommen werden

dürfen. Die Aktiva in der Steuerbilanz sind somit kleiner als in der Handelsbilanz. Es müssen passive latente Steuern gebildet werden.
b. Bei der Hinzurechnung von Bewirtungskosten handelt es sich um eine permanente Differenz, auf die keine latenten Steuern zu bilden sind.
c. Die Bildung einer steuerfreien Rücklage gem. § 6b EStG ist nur in der Steuerbilanz möglich, d. h., es entsteht eine temporäre Differenz, die sich später abbaut. Entsprechend sind die Passiva in der Steuerbilanz höher als in der Handelsbilanz. Deshalb müssen passive latente Steuern gebildet werden. ◄

7.2.2.2 Aktive Latente Steuern

Aktive latente Steuern entstehen bei einer zukünftigen Steuerentlastung. Bei einem handelsrechtlichen Mindervermögen und/oder bei handelsrechtlicher Mehrverschuldung können aktive latente Steuern angesetzt werden. Aktiva latente Steuern entstehen, wenn:

a. Aktiva in der Handelsbilanz < Aktiva in der Steuerbilanz
b. Passiva in der Handelsbilanz > Passiva in der Steuerbilanz

Zuzüglich werden aktive latente Steuern gem. § 274 Abs. 1 Satz 5 HGB auch auf Verlustvorträge berechnet. Hierzu gehören nicht nur körperschaftsteuerliche- und gewerbesteuerliche Verlustvorträge, sondern auch Zinsvorträge gem. § 4h EStG (Vortrag von im laufenden Jahr nicht abzugsfähigen Zinsaufwendungen). Voraussetzung für die Abgrenzung der aktiven latenten Steuern auf die Verlust- und Zinsvorträge ist aber, dass die Verlust- und Zinsvorträge innerhalb von 5 Jahren abgebaut werden.

Soweit aktive latente Steuern bilanziert werden, ist die Ausschüttungssperre i. H. des positiven Unterschiedsbetrags zwischen aktiven und passiven latenten Steuern gem. § 268 Abs. 8 Satz 2 HGB zu beachten.

> **Beispiel: aktive latente Steuern**
>
> Sind bei folgenden Sachverhalten aktive latente Steuern zu bilden:
>
> a. Abschreibung eines entgeltlich erworbenen Firmenwertes
> b. höhere Anschaffungskosten bei Grund und Boden, die durch die Betriebsprüfung festgesetzt wurden
> c. Pensionsrückstellungen
>
> **Lösungsvorschlag**
>
> a. Ein entgeltlich erworbener Firmenwert muss, soweit seine voraussichtliche Nutzungsdauer nicht verlässlich geschätzt werden kann, handelsrechtlich gem. § 253 Abs. 3 Satz 3 und 4 HGB über 10 Jahre abgeschrieben werden. Steuerrechtlich aber muss der entgeltlich erworbene Firmenwert gem. § 7 Abs. 1 Satz 3 EStG

über 15 Jahre abgeschrieben werden. Entsprechend ist das handelsrechtliche Vermögen niedriger als das steuerliche Vermögen. Auf den Unterschiedsbetrag können aktive latente Steuern angesetzt werden.

b. Die Feststellung der Betriebsprüfung über höhere Anschaffungskosten bei Grund und Boden ist nur für die Steuerbilanz zu beachten. Daraus resultiert eine quasi-permanente Differenz zwischen dem handels- und steuerrechtlichen Wertansatz, die sich erst mit dem Verkauf des Grund und Bodens auflöst. Auf den Unterschiedsbetrag können aktive latente Steuern angesetzt werden.

c. Die Pensionsrückstellung wird gem. § 6a EStG mit einem Zinssatz von 6 % abgezinst. Handelsrechtlich ist dieser Zinssatz wegen der andauernden Niedrigzinsphase niedriger als 6 % und deshalb ist der Wertansatz der Pensionsrückstellung im Handelsrecht größer als im Steuerrecht. Auf den Unterschiedsbetrag können aktive latente Steuern angesetzt werden. ◄

[Latente Steuern im Konzernabschluss nach IFRS oder US GAAP.]
Sofern ein nach deutschem HGB erstellter Einzeljahresabschluss eines Unternehmens in einen internationalen Konzernabschluss nach IFRS oder US-GAAP einbezogen wird, stellt sich die Frage, wie in der Praxis die latenten Steuern zu berechnen sind. Grundsätzlich verfahren die Konzerne derart, dass die Tochtergesellschaften insgesamt einheitlich zuerst nach IFRS oder US-GAAP buchen und anschließend wird eine deutsche bzw. eine andere HGB-Bilanz abgeleitet bzw. wird diese parallel mit IFRS oder US-GAAP gebucht. Auf Ebene der einzelnen Tochtergesellschaften werden zuerst latente Steuern auf die Differenzen zwischen US-GAAP/IFRS und HGB ermittelt und erst anschließend die Differenzen zwischen HGB und der Steuerbilanz. Der Grundsatz des unternehmensindividuellen Steuersatzes bleibt bestehen.

Beispiel

Die deutsche ABC-GmbH ist Teil des amerikanischen Konzerns XY, der an der NASDAQ notiert ist und den Konzernabschluss nach US GAAP erstellt. Bei der ABC-GmbH wird nach US-GAAP im Jahr 01 keine Drohverlustrückstellung gebucht. Nach HGB ist im Jahr 01 eine Drohverlustrückstellung von 100.000 € auszuweisen.

Da steuerlich die Drohverlustrückstellung nach § 5 Abs. 4a EStG nicht bilanziert werden darf, entsteht zwischen dem handels- und steuerrechtlichen Wertansatz eine temporäre Differenz, auf die aktive latente Steuern bei einem angenommenen Steuersatz von 30 % i. H. v. 30.000 € berechnet werden. Im Einzelabschluss können diese aktiven latenten Steuern nach § 274 Abs. 1 Satz 2 HGB angesetzt werden. Im US-GAAP-Konzernabschluss entsteht bei diesem Sachverhalt aber keine temporäre Differenz. Die temporäre Differenz auf Grund des unterschiedlichen handels- und steuerrechtlichen Wertansatzes (+100.000 €) gleicht sich nämlich mit der temporären

Differenz auf Grund des unterschiedlichen handelsrechtlichen und US-GAAP Wertansatzes (-100.000 €) aus. ◄

7.2.3 Bewertung von latenten Steuern

Sind dem Grunde nach latente Steuern zu bilden, stellt sich noch die Frage nach deren Höhe. Grundsätzlich unterscheidet man die bilanzorientierte Liability- Methode und die erfolgsorientierte Deferred-Methode, bei der die latenten Steuern als Abgrenzungsposten zu verstehen sind.

Bei der bilanzorientierten **Liability**-**Methode** sind latente Steuern als Verbindlichkeit für zukünftig zu zahlende Steuern oder als Forderung für zukünftig zu erwartende Steuerentlastungen zu erfassen, wobei spätere Steuersatzänderungen zu berücksichtigen sind. Ziel der Liability-Methode ist, den richtigen Vermögensausweis in der Handelsbilanz zu gewährleisten. Die Bewertung latenter Steuern ergibt sich nach § 274 Abs. 1 HGB aus der sich zukünftig ergebenden Steuerbe- bzw. Steuerentlastung. Nach § 274 Abs. 2 Satz 1 HGB sind diese Beträge mit den unternehmensindividuellen Steuersätzen im Zeitpunkt des Abbaus der Differenzen zu bewerten, aber nicht abzuzinsen. Das Handelsrecht stützt sich bei der Bewertung der latenten Steuern somit auf die Liability-Methode.

Bei der erfolgsorientierten **Deferred**-**Methode** wird das Verhältnis Ergebnis und Steueraufwand in den Vordergrund gestellt, wobei im Steueraufwand latente Steuern zu berücksichtigen sind. Ziel der Deferred-Methode ist es, den richtigen Steueraufwand im Geschäftsjahr abzubilden. Latenter Steueraufwand wird als Anpassung des handelsrechtlichen Steueraufwands an den tatsächlichen Steueraufwand verstanden. Entsprechend sind die aktuellen unternehmensindividuellen Steuersätze zur Berechnung heranzuziehen. Die Deferred-Methode findet keine Anwendung im HGB.

Der von § 274 Abs. 2 HGB verlangte zukünftige unternehmensindividuelle Steuersatz ergibt sich aus dem Körperschaftsteuersatz zuzüglich Solidaritätszuschlag und aus der Steuermesszahl für den Gewerbeertrag (3,5 %) multipliziert mit dem Gewerbesteuerhebesatz der jeweiligen Gemeinde.

Bei körperschaftsteuerlichen Verlustvorträgen ist nur der Körperschaftssteuersatz zuzüglich Solidaritätszuschlag zu beachten. Dasselbe gilt auch für den Zinsvortrag gem. § 4h EStG. Bei dem gewerbesteuerlichen Verlustvortrag ist nur die Steuermesszahl für den Gewerbeertrag (3,5 %) multipliziert mit dem Gewerbesteuerhebesatz der jeweiligen Gemeinde anzusetzen.

7.2 Latente Steuern

Bilanzposition	Sachverhalt	HB </> StB	Latente Steuern
Anlagevermögen	Abschreibungen: Handelsrechtlich muss bei einer dauernden Wertminderung auf den niedrigeren beizulegenden Wert abgeschrieben werden, steuerlich besteht ein Wahlrecht auf den niedrigeren Teilwert abzuschreiben Annahme: es wird keine Teilwertabschreibung vorgenommen	A HB < A StB	aktive latente Steuern
Geschäfts- oder Firmenwert	Abschreibungsdauer: Handelsbilanziell wird der Geschäfts- oder Firmenwert grds. kürzer (in der Regel 10 Jahre) als in der StB (15 Jahre) abgeschrieben	A HB < A StB	aktive latente Steuern
Selbst geschaffenes immaterielles Vermögen	Aktivierungswahlrecht/-verbot: in der HB kann das selbst geschaffene immaterielle Vermögen aktiviert werden, in der StB besteht dafür jedoch ein Aktivierungsverbot Annahme: Aktivierung des selbst geschaffenen immateriellen Vermögens in der HB	A HB > A StB	passive latente Steuern
Sachanlagevermögen	Abschreibungsdauer: das Sachanlagevermögen kann in der HB schneller oder langsamer als in der StB abgeschrieben werden	A HB < A StB A HB > A StB	aktive oder passive latente Steuern
Umlaufvermögen	Abschreibungen: Handelsrechtlich muss stets auf den niedrigeren beizulegenden Wert abgeschrieben werden, steuerlich besteht ein Wahlrecht, auf den niedrigeren Teilwert abzuschreiben Annahme: es wird keine Teilwertabschreibung vorgenommen	A HB < A StB	aktive latente Steuern
Fremdwährungsforderungen < 1 Jahr	Niederstwertprinzip: in der HB sind solche Fremdwährungsforderungen mit dem Devisenkassamittelkurs am Bilanzstichtag zu bewerten, in der StB ist der Devisenkassamittelkurs zum Zeitpunkt der Aufnahme der Forderung zugrunde zu legen Annahme: höherer Devisenkassamittelkurs am Bilanzstichtag als beim Entstehen der Forderung	A HB > A StB	passive latente Steuern
ARAP, Disagio	Aktivierungsverbot/-pflicht: in der HB besteht ein Wahlrecht, das Disagio zu aktivieren oder sofort als Aufwand abzuschreiben, in der StB besteht jedoch eine Aktivierungspflicht Annahme: bei Nichtaktivieren des Disagios in der HB	A HB < A StB	aktive latente Steuern
Bildung steuerfreier Rücklagen	Aktivierungsverbot/-wahlrecht: in der HB dürfen steuerfreie Rücklagen nicht bilanziert werden, in der StB besteht hierfür ein Wahlrecht Annahme: in der StB werden steuerfreie Rücklagen gebildet	P HB < P StB	passive latente Steuern
Pensionsrückstellungen	Abzinsung: in der HB werden Pensionsrückstellungen wegen der Niedrigzinsphase mit einem niedrigeren Zinssatz als in der StB (6 %) abgezinst	P HB > P StB	aktive latente Steuern
Drohverlustrückstellung	Passivierungspflicht/-verbot: in der HB besteht für die Drohverlustrückstellung eine Passivierungspflicht, in der StB jedoch ein Passivierungsverbot	P HB > P StB	aktive latente Steuern
Sonstige Rückstellungen	Abzinsung: in der HB werden grds. sonstige Rückstellungen wegen der Niedrigzinsphase mit einem niedrigeren Zinssatz als in der StB (5,5 %) abgezinst	P HB > P StB	aktive latente Steuern
Verbindlichkeiten	Abzinsung: in der HB findet grds. keine Abzinsung statt, in der StB werden Verbindlichkeiten grds. mit 5,5 % abgezinst	P HB > P StB	aktive latente Steuern
Fremdwährungsverbindlichkeiten < 1 Jahr	Höchstwertprinzip: in der HB sind solche Fremdwährungsverbindlichkeiten mit dem Devisenkassamittelkurs am Bilanzstichtag zu bewerten, in der StB ist der Devisenkassamittelkurs zum Zeitpunkt der Aufnahme der Verbindlichkeit zugrunde zu legen Annahme: niedrigerer Devisenkassamittelkurs am Bilanzstichtag	P HB < P StB	passive latente Steuern
Fremdwährungsverbindlichkeiten > 10 Jahre	Höchstwertprinzip: in der HB sind solche Fremdwährungsverbindlichkeiten entweder mit dem höheren Devisenkassamittelkurs bei Aufnahme der Verbindlichkeit oder mit dem höheren Devisenkassamittelkurs am Bilanzstichtag zu bewerten, in der StB ist der Devisenkassamittelkurs bei Aufnahme der Verbindlichkeit zugrunde zu legen Annahme: keine dauernde Werterhöhung	P HB > P StB	aktive latente Steuern

Abb 7.2 Typische Sachverhalte, die zum Ausweis latenter Steuern führen

7.2.4 Typische Sachverhalte, die zum Ausweis latenter Steuern führen

Im Folgenden werden typische Sachverhalte abgebildet, die zum Ausweis von latenten Steuern führen (Abb. 7.2). Die Details zu den Sachverhalten können in den einzelnen Kapiteln nachgelesen werden.

7.2.5 Latente Steuern in Rechnungslegungen anderer Länder

Die latenten Steuern werden auch in den Gesetzen anderer Länder bzw. in den internationalen Rechnungslegungsstandards (IFRS) behandelt.

Im Folgenden werden einige dieser Vorschriften kurz erläutert:

Das Temporary-Konzept findet sich auch im **IAS 12**. Im Unterschied zum HGB besteht nach den internationalen Rechnungslegungsstandards jedoch eine Pflicht zur Bilanzierung sowohl für passive als auch für aktive latente Steuern. Im IAS 12 sind jedoch Ausnahmen von temporären Differenzen angeführt, die weder aktive noch passive latente Steuern verursachen. Bspw. sind keine latenten Steuern auf den erstmaligen Ansatz eines Geschäfts- oder Firmenwerts oder auf den erstmaligen Ansatz eines Vermögensgegenstandes oder einer Schuld, die nicht aus einem Unternehmenszusammenschluss entstanden ist und gleichzeitig beim Entstehen der Differenz weder das handels- noch das steuerrechtliche Ergebnis beeinflusst.

Im **ASC 740 US-GAAP** findet das Temporary-Konzept ebenfalls Anwendung. Nach diesem Standard sind sowohl aktive als auch passive latente Steuern zu bilden. Zudem werden aber die latenten Steuern nach US-GAAP noch in kurzfristige und langfristige latente Steuern unterteilt. Während kurzfristige latente Steuern sich innerhalb eines Jahres abbauen, neutralisieren sich langfristige latente Steuern erst nach Ablauf mehrerer Jahre. Weiter muss nach US-GAAP nachgewiesen werden, ob der latente Steueranspruch überhaupt begründet ist. So ist bei einer unter 50-%igen Wahrscheinlichkeit der Inanspruchnahme eine Valuation Allowance (Wertberichtigung) zu bilden.

In Österreich bspw. sind nach dem RÄG (Rechnungslegungsänderungsgesetz) latente Steuern wie nach den IFRS-Vorschriften auch auf der Basis des Temporary-Konzepts zu bilden. Nach dem österreichischen **Unternehmensgesetzbuch** besteht die Aktivierungspflicht für aktive latente Steuern jedoch nur für mittelgroße und große Gesellschaften. Eine Passivierungspflicht besteht für alle Gesellschaften. Im Gegensatz zum deutschen HGB besteht in Österreich jedoch eine Saldierungspflicht für die latenten Steuern.

Während also in Deutschland im HGB ein Aktivierungswahlrecht für aktive latente Steuern besteht, besteht grds. in den internationalen Rechnungslegungsvorschriften (IFRS und US-GAAP) wie auch in Österreich eine **Aktivierungspflicht.**

Weitere steuerbilanzielle Positionen

8.1 Ausgleichsposten für Organschaftsverhältnisse beim Organträger

Ausgleichsposten für Organschaftsverhältnisse beim Organträger stellen die kumulierten organschaftlichen Mehr- oder Minderabführungen der Organgesellschaft an den Organträger dar. Sie sind gem. § 14 Abs. 4 Satz 1 KStG in der Steuerbilanz des Organträgers in Höhe der Beteiligung an der Organgesellschaft zu aktivieren und/ oder zu passivieren.

Eine organschaftliche Minderabführung entsteht, wenn das an den Organträger abzuführende handelsrechtliche Ergebnis niedriger als das steuerbilanzielle Ergebnis ist und diese Abweichung gem. § 14 Abs. 4 Satz 6 KStG seit dem Entstehen der Organschaft verursacht worden ist. Die organschaftliche Minderabführung führt zur Bildung eines **aktiven organschaftlichen Ausgleichspostens,** der nach dem Anlagevermögen ausgewiesen wird. Soweit aber das handelsrechtliche an den Organträger abzuführende Ergebnis höher als das steuerbilanzielle Ergebnis ist und während des Bestehens der Organschaft temporäre oder quasi-permanente Differenzen entstanden sind, ergibt sich eine organschaftliche Mehrabführung, die zur Bildung eines **passiven organschaftlichen Ausgleichspostens** führt. Der passive organschaftliche Ausgleichsposten wird nach dem Eigenkapital, aber vor den Rückstellungen ausgewiesen.

In der Praxis werden organschaftliche Ausgleichsposten nicht separat, sondern entweder zusammen mit den Anteilen an verbundenen Unternehmen oder unter Beteiligungen ausgewiesen.[1]

---

[1] Am 24.03.2021 hat das Bundeskabinett den Entwurf des Körperschaft-Modernisierungsgesetzes verabschiedet. Danach sollen bestehende Ausgleichsposten für organschaftliche Mehr-/Minderabführungen beim Organträger in dem nach dem 31.12.2020 endenden Wirtschaftsjahr aufgelöst

8.2 Steuerlicher Ausgleichsposten

Die einzelnen Eigenkapitalpositionen, die in Abschn. 5.1 beschrieben werden, zeigen die Zusammenstellung des handelsrechtlichen Eigenkapitals. Das steuerliche Eigenkapital ist aber breiter aufgestellt. Zusätzlich zu den handelsrechtlichen Eigenkapitalpositionen ist ggf. auch der **steuerliche Ausgleichsposten** auszuweisen.

Der steuerliche Ausgleichsposten ist erstmalig im steuerlichen Eigenkapital zu bilden, wenn der handelsrechtliche Jahresüberschuss/-fehlbetrag vom steuerlichen Gewinn/Verlust abweicht bzw. wenn das handelsrechtliche Vermögen vom steuerlichen Vermögen abweicht.

Der steuerliche Ausgleichsposten zeigt also den Unterschied zwischen dem handels- und dem steuerrechtlichen Vermögen zum Ende des Wirtschaftsjahres. Der steuerliche Ausgleichsposten dient dazu, das steuerliche Eigenkapital aus dem handelsrechtlichen Eigenkapital abzuleiten und damit die Steuerbilanz auszugleichen. Soweit das handelsrechtliche Vermögen größer als das steuerliche Vermögen ist, ist mit Hilfe einer Überleitungsrechnung ein negativer steuerlicher Ausgleichsposten zu bilden. Soweit das handelsrechtliche Vermögen niedriger als das steuerliche Vermögen ist, ist mit Hilfe einer Überleitungsrechnung ein positiver steuerlicher Ausgleichsposten zu bilden. Der steuerliche Ausgleichsposten wird als zusätzliche Position dem steuerlichen Eigenkapital zugeführt.

Ein steuerlicher Ausgleichsposten ist nicht zu bilden, wenn mittels E-Bilanz nur eine Steuerbilanz ohne Handelsbilanz mit Überleitungsrechnung nach § 60 Abs. 2 EStDV an die Finanzverwaltung übermittelt wird. +

Der steuerliche Ausgleichsposten kann grds. auch zur Berechnung latenter Steuern herangezogen werden. Soweit aber bspw. in Unternehmen Verlustvorträge oder Zinsvorträge gem. § 4h EStG vorkommen oder Abschreibungen auf Beteiligungen an Kapitalgesellschaften ausgewiesen werden, kann der steuerliche Ausgleichsposten alleine zur Berechnung der latenten Steuern nicht herangezogen werden.

> **Beispiel: Steuerlicher Ausgleichspostens**
>
> Die Muster-GmbH passiviert zum 31.12.2021 erstmals eine Drohverlustrückstellung i. H. v. 10.000 €. Gleichzeitig wurden Pensionsrückstellungen gebucht, die gemäß dem versicherungsmathematischen Gutachten in der Handelsbilanz i. H. v. 11.000 € und in der Steuerbilanz i. H. v. 12.000 € zu bilanzieren sind.

---

werden. Stattdessen sollen organschaftliche Minderabführungen als Einlage in die Organgesellschaft durch den Organträger erfasst werden. Umgekehrt sollen organschaftliche Mehrabführungen als Einlagenrückgewähr der Organgesellschaft an den Organträger behandelt werden.

Wie sieht das steuerliche Eigenkapital aus, wenn das gezeichnete Kapital 25.000 € beträgt, ein handelsrechtlicher /-bilanzieller Jahresüberschuss i. H. v. 30.000 € erwirtschaftet wurde, der Gewinnvortrag 15.000 € beträgt und weitere Abweichungen zwischen der Handels- und Steuerbilanz im laufenden und im vergangenen Wirtschaftsjahr nicht feststellbar sind?

Lösungsvorschlag:
Die Drohverlustrückstellung ist gem. § 10 KStG i. V. m. § 5 Abs. 4a EStG steuerlich nicht zu berücksichtigen. Das handelsrechtliche Vermögen ist also um 10.000 € kleiner als das steuerliche Vermögen. Bei den Pensionsrückstellungen wiederum ist das handelsrechtliche Vermögen größer als das steuerliche Vermögen. Der Vermögensunterschied beläuft sich somit auf −1000 € (11.000 € − 12.000 €). Entsprechend ist in der Steuerbilanz ein steuerlicher Ausgleichsposten i. H. v. 9000 € (10.000 € − 1000 €) zu bilden.

Das steuerliche Eigenkapital sieht dann wie folgt aus:

Steuerliches Eigenkapital zum 31.12.2021	
Gezeichnetes Kapital	25.000 €
Gewinnvortrag Vorjahr	15.000 €
Jahresüberschuss des laufenden Jahres	30.000 €
Steuerlicher Ausgleichsposten des letzten Stichtags	0 €
Steuerlicher Ausgleichsposten – Mehr- und Minderergebnis des laufenden Jahres	9000 € (10.000 € − 1000 €)
∑ Steuerlicher Ausgleichsposten des laufenden Jahres	∑ 9000 €

8.3 Steuerfreie Rücklagen

Steuerfreie Rücklagen entstehen aufgrund steuerlicher Sondervorschriften und entlasten zeitlich befristet das steuerliche Ergebnis. Die Bildung der steuerfreien Rücklagen führt aber zu keiner Steuerersparnis, sondern nur zu einer Steuerverschiebung, zu einer Steuerverlagerung in spätere Perioden. Somit entsteht aber für das Unternehmen ein Liquiditäts- und Zinsvorteil.

Nach den Steuergesetzen/-richtlinien können folgende steuerfreie Rücklagen gebildet werden:

- Reinvestitionsrücklagen nach § 6b EStG,
- steuerfreie Rücklagen für Zuschüsse für Anlagegüter nach R 6.5 EStR,
- steuerfreie Rücklagen für Ersatzbeschaffung nach R 6.6 EStR.

Reinvestitionsrücklagen nach § 6b EStG: Ziel der Reinvestitionsrücklage ist es, die durch die Veräußerung eines begünstigten Wirtschaftsgutes nach § 6b Abs. 1 EStG aufgedeckten stillen Reserven nicht sofort zu versteuern, sondern die aufgedeckten stillen Reserven in eine steuerfreie Rücklage einzustellen. Diese steuerfreie Rücklage ist zum Zeitpunkt der Anschaffung/Herstellung eines neuen begünstigten Wirtschaftsgutes gewinnerhöhend aufzulösen (§ 6b Abs. 3 Satz 4 EStG) und gleichzeitig mit der Übertragung dieser stillen Reserven von den Anschaffungs- oder Herstellungskosten des neuen begünstigten Wirtschaftsgutes abzuziehen. Damit ist der gesamte Vorgang steuerneutral.

Die folgende Tabelle zeigt die Nutzung der Reinvestitionsrücklage bei den begünstigten Wirtschaftsgütern gem. § 6b Abs. 1 EStG auf:

Stille Reserven aus der Veräußerung von begünstigten WG	Abzug bei begünstigten WG
Grund und Boden	Grund und Boden, Aufwuchs auf Grund und Boden mit dem dazugehörigen Grund und Boden, Gebäude
Aufwuchs auf Grund und Boden mit dem dazugehörigen Grund und Boden	Aufwuchs auf Grund und Boden mit dem dazugehörigen Grund und Boden, Gebäude
Gebäude	Gebäude
Binnenschiffe	Binnenschiffe

Gem. § 6b Abs. 2a EStG muss die Reinvestitionsrücklage in den folgenden vier Jahren nach dem Jahr der Veräußerung des begünstigten Wirtschaftsgutes von den AHK des neuen begünstigten Wirtschaftsgutes abgezogen werden. Bei neu hergestellten Gebäuden verlängert sich die Frist auf sechs Jahre. Sofern in diesem Zeitraum die Reinvestitionsrücklage nicht auf ein neues Reinvestitionswirtschaftsgut übertragen wurde, ist sie nach § 6b Abs. 7 EStG gewinnerhöhend aufzulösen. Der Gewinn aus der Auflösung der Rücklage ist dann für jedes volle Wirtschaftsjahr, in dem die Rücklage bestand, um 6 % zu erhöhen.

Die Reinvestitionsrücklage kann aber gem. § 6b Abs. 4 EStG nur bei Vorliegen aller folgenden Voraussetzungen in Anspruch genommen werden:

- der Steuerpflichtige ermittelt den Gewinn mithilfe des Betriebsvermögensvergleichs oder ist verpflichtet, zu bilanzieren,
- das veräußerte begünstigte Wirtschaftsgut muss mindestens sechs Jahre ununterbrochen zum Anlagevermögen einer inländischen Betriebsstätte gehört haben,
- das neue begünstige Wirtschaftsgut muss zum Anlagevermögen einer inländischen Betriebsstätte gehören,
- die aufgedeckten stillen Reserven sind nicht steuerfrei, unterliegen aber vorerst einer Steuerstundung und
- die Nutzung der Reinvestitionsrücklage muss nachverfolgt werden können.

Nach R 6b.2 Abs. 7 EStR kann der Gewinn aus der Veräußerung eines begünstigten Wirtschaftsgutes, das zum Gesamthandsvermögen einer Personengesellschaft gehört, vorbehaltlich der Regelung in § 6b Abs. 4 Satz 2 EStG auf Wirtschaftsgüter übertragen werden, die zum Gesamthandsvermögen einer anderen Personengesellschaft oder zum Sonderbetriebsvermögen des Mitunternehmers bei einer anderen Personengesellschaft gehören, soweit diese Wirtschaftsgüter dem Mitunternehmer der Gesellschaft, aus deren Betriebsvermögen das veräußerte Wirtschaftsgut ausgeschieden ist, zuzurechnen sind und soweit der begünstigte Gewinn anteilig auf diesen Mitunternehmer entfällt (gesellschafterbezogene Betrachtungsweise).

Beispiel: Gesellschafterbezogene Betrachtungsweise

B ist an der B-C-OHG zu 50 v. H. beteiligt. B veräußert in 2021 ein zu seinem Sonderbetriebsvermögen gehörendes bebautes Grundstück mit einem Gewinn von 400.000 €. Im Jahr 2021 erwirbt die B-C-OHG ein Ersatzgrundstück mit AK von 1.800.000 €.

B kann (Wahlrecht) seinen Veräußerungsgewinn von 400.000 € auf die AK des im Gesamthandsvermögen der B-C-OHG befindlichen neuen Grundstückes seinem Anteil entsprechend übertragen. Das heißt, sein Anteil am Grundstück beträgt 900.000–400.000 € (Veräußerungsgewinn) = 500.000 € für seine anteiligen AK am neuen Grundstück. Damit muss er die 400.000 € zum jetzigen Zeitpunkt nicht versteuern. Die auf das Ersatzgrundstück der OHG übertragenen stillen Reserven müssen erst bei einer späteren Veräußerung versteuert werden. Es erfolgt eine Steuerverlagerung in die Zukunft.

Die von B aus seinem Sonderbetriebsvermögen eingebrachten stillen Reserven, die auch fortgeführt werden sollen, müssen zur Sicherstellung der Erhaltung der personenbezogenen Steuervergünstigung (§ 6b EStG) in einer **Ergänzungsbilanz** ausgewiesen werden, um sie bei einer späteren Auflösung dem Gesellschafter zurechnen zu können, auf den sie im Zeitpunkt der Einbringung entfallen sind. Somit wird in der Hauptbilanz der OHG das Grundstück mit den AK von 1.800.000 € bilanziert. Auf diese Weise entsprechen die Kapitalkonten den tatsächlichen Beteiligungsverhältnissen. In Höhe der eingebrachten stillen Reserven von 400.000 € durch den Gesellschafter B ist eine **negative Ergänzungsbilanz** aufzustellen, auf deren Aktivseite ein Minderkapital und auf der Passivseite ein Mindervermögen in entsprechender Höhe auszuweisen ist. Das Mindervermögen ist entsprechend der Wertentwicklung des Wirtschaftsgutes in der Hauptbilanz ertragswirksam aufzulösen.

Aktiva		Passiva	
Minderkapital	400.000 €	Mindervermögen	400.000 €
	400.000 €		400.000 €

Da Einzelunternehmen und Personengesellschaften gegenüber Kapitalgesellschaften steuerlich erheblich benachteiligt waren, hat der Steuergesetzgeber nach § 6b Abs. 10 EStG eine steuerneutrale Übertragung von Gewinnen aus der Veräußerung von Anteilen an Kapitalgesellschaften auf bestimmte Reinvestitionsgüter zugelassen. Erfolgt die Reinvestition nicht gleich im Jahr der Anteilsveräußerung, darf eine bis 500.000 € begrenzte steuerfreie Rücklage gebildet werden. Erfolgt eine Reinvestition nicht innerhalb einer bestimmten Frist, ist die Rücklage wieder steuererhöhend aufzulösen.

Steuerfreie Rücklage für Zuschüsse für Anlagegüter nach R 6.5 EStR: Nach R 6.5 Abs. 2 EStR können erhaltene Zuschüsse entweder sofort erfolgswirksam verbucht werden oder erfolgsneutral von den AHK der begünstigten Wirtschaftsgüter abgesetzt werden. Wird der Zuschuss im Voraus geleistet und soll er erfolgsneutral behandelt werden, ist gem. R 6.5 Abs. 4 EStR in Höhe des Zuschusses eine steuerfreie Rücklage zu bilden, die später erfolgsneutral von den Anschaffung- oder Herstellungskosten des begünstigten Wirtschaftsgutes abzuziehen ist.

Steuerfreie Rücklage für Ersatzbeschaffung nach R 6.6 EStR: Soweit ein Wirtschaftsgut gem. R 6.6 Abs. 1 EStR wegen höherer Gewalt oder wegen Vermeidung eines behördlichen Eingriffs aus dem Betriebsvermögen ausgeschieden ist und im selben Wirtschaftsjahr keine Ersatzbeschaffung stattgefunden hat, können aufgedeckte stille Reserven nach R 6.6 Abs. 4 EStR vorerst in eine steuerfreie Rücklage eingestellt werden. Die steuerfreie Rücklage ist erfolgswirksam im Jahr nach ihrer Bildung aufzulösen, wenn keine Ersatzbeschaffung stattgefunden hat.

8.4 Sonstige Sonderposten

Unter den sonstigen Sonderposten können alle anderen Sonderposten bzw. Rücklagen bilanziert werden, deren Begründung auf steuerlichen Vorschriften beruht und die keiner anderen Bilanzposition zugeordnet werden können. Bei den sonstigen Sonderposten kommt es genau wie bei steuerfreien Rücklagen zu keiner Steuerersparnis, sondern nur zu einer **Steuerstundung**. Zu den sonstigen Sonderposten gehören bspw. Ausgleichsposten nach § 4 g EStG und Rücklagen nach § 5 Abs. 7 EStG.

Soweit ein Steuerpflichtiger aus seiner ausländischen in der Europäischen Union ansässigen Betriebsstätte ein Wirtschaftsgut entnimmt, kann er auf Antrag gem. **§ 4g Abs. 1 EStG** für die aufgedeckten stillen Reserven einen **Ausgleichsposten** bilden. Dieser Ausgleichsposten muss aber nach § 4 g Abs. 2 EStG ab dem Jahr seiner Bildung jährlich um ein Fünftel aufgelöst werden.

Soweit ein Steuerpflichtiger Verpflichtungen von einem anderen Steuerpflichtigen übernimmt, die gem. § 5 Abs. 7 Satz 1 EStG beim ursprünglichen Steuerpflichtigen

Ansatzverboten, Ansatzbeschränkungen oder Bewertungsvorbehalten unterlagen, muss er so bilanzieren, wie es beim ursprünglichen Steuerpflichtigen ohne Übernahme zu bilanzieren gewesen wäre. Ein durch die Übernahme entstandener Gewinn kann gem. **§ 5 Abs. 7 Satz 5 EStG** in Höhe von Vierzehn Fünfzehntel in eine **Rücklage** eingestellt werden, die in den folgenden vierzehn Jahren um jeweils ein Vierzehntel aufzulösen ist.

9 Unterschiede bei den handels- und steuerrechtlichen Wertansätzen

In der nachfolgenden Abb. 9.1 werden die Unterschiede zwischen den handels- und steuerrechtlichen Bewertungsansätzen gegenübergestellt.

Merke
Für steuerliche Jahresabschlüsse sind folgende gravierende Unterschiede bzgl. des gemilderten und strengen NWP (§ 253 Abs. 3 und 4 HGB) zu beachten und zwar rechtsformunabhängig. Zudem ist immer das BMF-Schreiben v. 12.03.2010 (BStBl 2009 I S. 650) zu prüfen (!):

- Für eine **voraussichtlich vorübergehende** Wertminderung besteht für das Anlage- und Umlaufvermögen steuerlich ein striktes Abschreibungsverbot auf den niedrigeren Teilwert (§ 6 Abs. 1 Nr. 1 und 2 EStG), auch wenn das Handelsrecht im Finanzanlagevermögen ein Abschreibungswahlrecht (§ 253 Abs. 3 Satz 6 HGB) und im Umlaufvermögen eine Abschreibungspflicht vorsieht (§ 253 4 HGB).
- Bei einer **voraussichtlich dauernden** Wertminderung gilt für das Anlage- und Umlaufvermögen ein steuerliches Abschreibungswahlrecht (§ 6 Abs. 1 Nr. 1 und 2 EStG). Handelsrechtlich ist das Anlage- und Umlaufvermögen bei voraussichtlich dauernder Wertminderung auf den niedrigeren beizulegenden Wert abzuschreiben (§ 253 Abs. 3 Satz 5 und Abs. 4 HGB). Das steuerliche Wahlrecht kann unabhängig von der Handelsbilanz durchgeführt werden.
- Bei einer nur **vorübergehenden** Erhöhung von Verbindlichkeiten darf im Gegensatz zum Handelsrecht ein höherer Wert steuerlich nicht angesetzt werden (Zuschreibungsverbot).
- Bei einer **dauernden** Erhöhung von Verbindlichkeiten muss handelsrechtlich der höhere Wert (Höchstwertprinzip) angesetzt werden, während steuerlich ein Ansatz-

Handelsrecht	Steuerrecht**
Bewertung des Anlagevermögens § 253 Abs. 3 HGB	
GEMILDERTES NIEDERSTWERTPRINZIP	
Vorübergehende Wertminderung: ein niedrigerer Wert	
Darf nicht angesetzt werden ANSATZVERBOT Ansatzwahlrecht nur im Finanzanlagevermögen	Darf nicht angesetzt werden ANSATZVERBOT
Dauernde Wertminderung: ein niedrigerer Wert	
Muss angesetzt werden ANSATZPFLICHT	Kann angesetzt werden ANSATZWAHLRECHT*
Bewertung des Umlaufvermögens § 253 Abs. 4 HGB	
STRENGES NIEDERSTWERTPRINZIP	
Vorübergehende Wertminderung: ein niedrigerer Wert	
Muss angesetzt werden ANSATZPFLICHT	Darf nicht angesetzt werden ANSATZVERBOT
Dauernde Wertminderung: ein niedrigerer Wert	
Muss angesetzt werden ANSATZPFLICHT	Kann angesetzt werden ANSATZWAHLRECHT
Bewertung von Verbindlichkeiten	
HÖCHSTWERTPRINZIP	
Vorübergehende Werterhöhung: ein höherer Wert	
Muss angesetzt werden ANSATZPFLICHT ZUSCHREIBUNGSPFLICHT	Darf nicht angesetzt werden ANSATZVERBOT § 6 Abs. 1 Nr. 3 EStG ZUSCHREIBUNGSVERBOT
Dauernde Erhöhung der Verbindlichkeit: ein höherer Wert	
Muss angesetzt werden ANSATZPFLICHT	Kann angesetzt werden ANSATZWAHLRECHT

Abb. 9.1 Handels- und steuerrechtliche Wertansätze.

* Das steuerliche Ansatzwahlrecht bei einer voraussichtlich dauernden Wertminderung eines Vermögensgegenstandes (Wirtschaftsgutes) im Anlagevermögen oder des Umlaufvermögens ist grundsätzlich wegen des Maßgeblichkeitsgrundsatzes auch steuerlich zu übernehmen. Entsprechend ist bei den Verbindlichkeiten vorzugehen. Bei Kapitalgesellschaften ist jedoch § 8b KStG zu beachten. ** Vgl. auch BMF-Schreiben v. 12.03.2010. Danach können Wahlrechte in der Steuerbilanz unabhängig von der handelsrechtlichen Vorgehensweise ausgeübt werden

wahlrecht besteht. Eine Ausnahme hiervon bilden Fremdwährungsverbindlichkeiten mit einer Laufzeit von mindestens 10 Jahren.
- Bestehen die Gründe für außerplanmäßige Abschreibungen nicht mehr, besteht handels- und steuerrechtlich ein rechtsformunabhängiges **striktes**

Zuschreibungs- oder Wertaufholungsgebot (§ 253 Abs. 5 Satz 1 HGB). Die Zuschreibungsobergrenze bilden die (um planmäßige Abschreibungen verminderten) Anschaffungs-/Herstellungskosten. Von dem zwingenden Wertaufholungsgebot gibt es eine Ausnahme beim derivativen Geschäfts- oder Firmenwert. Nach § 253 Abs. 5 Satz 2 HGB ist ein in Vorperioden geminderter Wert zwingend beizubehalten.

9.1 Verzeichnis gem. § 5 Abs. 1 Satz 2 und 3 EStG

Gem. § 5 Abs. 1 Satz 2 EStG hat der Steuerpflichtige ein spezielles Verzeichnis zu führen, wenn steuerliche Wahlrechte ausgeübt werden und der Wertansatz in der Steuerbilanz vom Wertansatz in der Handelsbilanz abweicht. Das Verzeichnis ist für Posten der Aktiva (bspw. steuerrechtlich nicht vorgenommene Abschreibungen bei Finanzanlagen) wie auch für Posten der Passiva (bspw. Übertragung von steuerfreien Rücklagen auf ein Wirtschaftsgut) zu führen. Für die Bildung steuerfreier Rücklagen ist nach dem BMF-Schreiben vom 12.03.2010 (BStBl 2009 I S. 650, Rz. 22) kein gesondertes Verzeichnis zu führen, wenn die steuerfreien Rücklagen in der Steuerbilanz dargestellt werden. Soweit das Verzeichnis nicht geführt wird, kann die Ausübung des steuerlichen Wahlrechts versagt werden. § 5 Abs. 1 Satz 3 EStG schreibt vor, welche Mindestangaben dieses Verzeichnis haben soll. Demnach muss das Verzeichnis mindestens den Tag der Anschaffung bzw. Herstellung, die Anschaffungs- bzw. Herstellungskosten, die Vorschrift des ausgeübten steuerlichen Wahlrechts und die vorgenommenen Abschreibungen beinhalten. Andere Angaben wie auch die Form des Verzeichnisses bleiben dem Steuerpflichtigen überlassen.

Besonders wichtig ist die Führung des Verzeichnisses bei Finanzanlagen, da in der Praxis die handelsrechtlichen Abschreibungen steuerrechtlich grds. nicht übernommen werden (siehe dazu Abschn. 4.1.3.6 Bewertung von Finanzanlagen). In der Praxis ist es auch üblich, dieses Verzeichnis gem. § 5 Abs. 1 Satz 2 und 3 EStG mit dem Anlagengitter zu verbinden. Dies lässt auch das BMF-Schreiben vom 12.03.2010 (BStBL 2009 I S. 650, Rz 20) zu.

> **Beispiel: Verzeichnis gem. § 5 Abs. 1 Satz 2 und 3 EStG**
>
> Die Mutter-GmbH hat am 01.03.2020 100 % der Anteile an der Gewinn-GmbH mit 50.000 € erworben. Am gleichen Tag hat die Mutter-GmbH 90 % der Anteile an der Verlust-GmbH mit 55.000 € übernommen. Am 15.4.2021 hat die Mutter-GmbH die restlichen 10 % der Anteile der Verlust-GmbH mit 5000 € gekauft. Zum Bilanzstichtag 31.12.2021 wurde eine außerplanmäßige Abschreibung i. H. v. 10.000 € auf die Verlust-GmbH vorgenommen. Die Mutter-GmbH hat entschieden, das steuerliche Wahlrecht gem. § 6 Abs. 1 Nr. 2 Satz 2 EStG auszuüben und die außerplanmäßige Abschreibung steuerlich nicht wahrzunehmen.
>
> Wie sieht das Verzeichnis zum 31.12.2021 gem. § 5 Abs. 1 Satz 2 und 3 EStG aus?

Lösungsvorschlag:
Eine steuerliche Teilwertabschreibung i. H. v. 10.000 € wird nicht vorgenommen. Die Verlust-GmbH ist zum 31.12.2021 in der Steuerbilanz der Mutter-GmbH mit 60.000 € anzusetzen. Entsprechend kann das Verzeichnis gem. § 5 Abs. 1 Satz 2 und 3 EStG folgende Struktur haben:

Verzeichnis gem. § 5 Abs. 1 Satz 2 und 3 EStG zum 31.12.2021							
Bezeichnung des Wirtschaftsguts	Tag der Anschaffung/ Herstellung	Vorschrift	Steuerliches Wahlrecht	AHK Beginn des WJ	Zugang	Abgang	AHK Ende des WJ
Gewinn-GmbH	01.03.2020			50.000 €	-	–	50.000 €
Verlust-GmbH	01.03.2020	§ 6 Abs. 1 Nr. 2 Satz 2 EStG	Ja	55.000 €	5000 €[1]	–	60.000 €

Fortsetzung:

Verzeichnis gem. § 5 Abs. 1 Satz 2 und 3 EStG zum 31.12.2021						
Bezeichnung des Wirtschaftsguts	Kumulierte Abschreibungen Beginn des WJ	Zugang	Abgang	Kumulierte Abschreibungen Ende des WJ	Wert Ende des WJ	Wert Ende des vorherigen WJ
Gewinn-GmbH	–	–	–	–	50.000 €	50.000 €
Verlust-GmbH	–	–	–	–	60.000 €	55.000 €

◀

---

[1] Zugang am 15.04.2021.

10 Gewinn-und-Verlust-Rechnung

10.1 Zusammenhang zwischen GuV und Bilanz

Während in der stichtagsbezogenen Bilanz Vermögen und Kapital gegenübergestellt sind, werden in der zeitraumbezogenen Gewinn-und-Verlust-Rechnung (GuV) Erträge und Aufwendungen einer Geschäftsperiode gegenübergestellt, um das Zustandekommen des Periodenerfolgs aufzuzeigen. Erst mit dieser Erfolgsrechnung gelingt ein möglichst sicherer Einblick in die Ertragslage eines Unternehmens (§ 264 Abs. 2 Satz 1 HGB). Das in der GuV ermittelte Periodenergebnis ist auf Basis des Periodenverursachungsprinzips entstanden. Damit werden Erträge und Aufwendungen immer in der Periode erfasst, der sie ursächlich zuzurechnen sind. Eine Identität mit entsprechenden Einnahmen und Ausgaben kommt somit – wie aus dem Rechnungswesen bekannt ist – nur zum Teil vor. Die GuV ist somit keine Einnahmen-Ausgaben-Rechnung. Weiter ist zu beachten, dass bestimmte handelsrechtliche Erträge und Aufwendungen steuerlich nicht angesetzt werden können, weil bspw. Gewerbesteueraufwendungen in der Steuerbilanz nicht als Betriebsausgabe angesetzt werden dürfen. Handels- und steuerrechtliches Ergebnis stimmen folglich nicht überein (§ 4 EStG, R 4.10 ff. EStR) (Abb. 10.1).

Das Periodenergebnis wird in der Bilanz durch Gegenüberstellen des Eigenkapitals zweier Bilanzstichtage aufgezeigt. Das Steuerrecht spricht vom **Betriebsvermögensvergleich** (§§ 4, 5 EStG). Der Periodenerfolg ergibt sich damit aus der Veränderung des Reinvermögens und der Berücksichtigung von Kapital-Entnahmen und Kapital-Einlagen durch die Eigner (Rückrechnung). Da aus dieser Rechnung die Herkunft und die Zusammensetzung des Periodenergebnisses nicht erkennbar ist, wird in der GuV das Zustandekommen des Periodenerfolges erläutert.

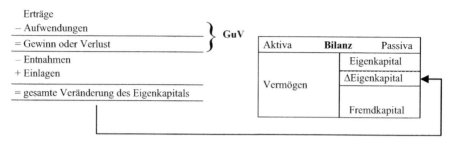

Abb. 10.1 Zusammenhang zwischen GuV und Bilanz

Die **Gewinn-und-Verlust-Rechnung** kann formal betrachtet in Kontoform oder **Staffelform** aufgestellt werden. § 275 Abs. 1 HGB schreibt für Kapitalgesellschaften verbindlich die Staffelform nach dem Gesamtkostenverfahren oder dem Umsatzkostenverfahren vor.

Bei der GuV in Kontoform stehen sich Aufwendungen und Erträge gegenüber. Sind die Erträge insgesamt größer als die Aufwendungen, ergibt sich als Saldo ein Gewinn. Ist umgekehrt die Summe der Aufwendungen größer als die Summe der Erträge, entsteht ein Verlust. Bei Anwendung der Staffelform wird ausgehend von den Umsatzerträgen und Berücksichtigung aller anderen Erträge und Aufwendungen über mehrere Zwischenstufen das Jahresperiodenergebnis berechnet (Abb. 10.2).

Die Erfolgsrechnung kann nach dem Brutto- oder Nettoprinzip konzipiert sein. Bei Anwendung des **Bruttoprinzip**s werden alle Erfolgsbestandteile ohne Saldierung ausgewiesen, wie es § 246 Abs. 2 Satz 1 HGB verlangt.

Hingegen sind beim **Nettoprinzip** Verrechnungen möglich. Im extremsten Fall würde dann nur der Periodenerfolg (Gewinn bzw. Verlust) als Saldogröße ausgewiesen werden. In einem solchen Fall würde dem geforderten Informationsgehalt an die GuV nicht Rechnung getragen werden. Aus einer Nettorechnung ist das Zustandekommen des Erfolgs nicht erkennbar. Deshalb ist nur mit einer Bruttorechnung der Einblick in die Erfolgsquellen möglich.

Abb. 10.2 Gewinn- und-Verlust-Rechnung in Staffelform

Umsatzerlöse
Bestandsveränderungen
Andere aktivierte Eigenleistungen
= **Gesamtleistung**
./. Materialaufwand
= **Rohertrag/Rohaufwand**
+ verschiedene Erträge
./. verschiedene Aufwendungen
= **Jahresüberschuss/Jahresfehlbetrag**

10.2 Verfahren zur GuV-Rechnung

Der Periodenerfolg eines Unternehmens kann mit der GuV wahlweise nach dem Gesamtkosten- oder Umsatzkostenverfahren ermittelt werden. Beim **Gesamtkostenverfahren** (GKV) werden alle in einer Abrechnungsperiode angefallenen Aufwendungen der Gesamtleistung gegenübergestellt. Die Gesamtleistung setzt sich zusammen aus den Umsatzerträgen, Bestandsveränderungen von fertigen und unfertigen Erzeugnissen sowie Eigenleistungen. Das in Abb. 10.2 dargestellte Schema einer GuV entspricht dieser Vorgehensweise. Das GKV ist damit periodenbezogen aufgebaut. Beim **Umsatzkostenverfahren** (UKV) werden den in einer bestimmten Periode effektiv am Absatzmarkt erzielten Umsatzerlösen nur die durch diese Umsätze angefallenen Herstellungskosten, den Umsatzaufwendungen, gegenübergestellt. Damit ist das UKV umsatzbezogen aufgestellt. Die US-GAAP-Vorschriften schreiben zwingend das Umsatzkostenverfahren vor und bei IFRS stellt das UKV die präferierte Methode zur Erstellung der GuV-Rechnung dar. Im Englischen spricht man von der „Cost of Sales Method".

Um ein gem. § 264 Abs. 2 Satz 1 HGB entsprechendes Bild in die Ertragslage des Unternehmens zu vermitteln, ist das Periodenjahresergebnis in einzelne Erfolgsbestandteile zu zerlegen, um damit die Informationsfunktion der GuV zu erhöhen. Mit dieser **Erfolgsspaltung** wird das Periodengesamtergebnis in Teilergebnisse zerlegt. Nach altem Recht wurde das gesamte Periodenergebnis in das Betriebsergebnis, dem Finanzergebnis, dem Ergebnis der gewöhnlichen Geschäftstätigkeit und dem außerordentlichen Ergebnis zerlegt. Mit Inkrafttreten des BilRUG ist diese **Aufteilung des Erfolgs nicht mehr möglich.** Die in § 275 HGB kodifizierten Gliederungsschemata sind für die Erstellung der GuV als Mindestgliederungen von Kapitalgesellschaften, bestimmten Personenhandelsgesellschaften (§ 264a HGB) und von Genossenschaften (§ 336 Abs. 2 HGB) anzuwenden. Nach § 276 HGB gibt es aber für kleine und mittelgroße Kapitalgesellschaften größenabhängige Erleichterungen. Bei Anwendung des GKV dürfen die Posten Nr. 1–5, bei Anwendung des UKV die Posten 1–3 und 6 zu einem Posten „Rohergebnis" zusammengefasst werden.

Die Gliederung der GuV wird ausführlich in der Abb. 10.3 dargestellt.

Beispiel zum Gesamtkosten- und Umsatzkostenverfahren

a. Stellen Sie Inhalt und Bedeutung der Gewinn- und Verlustrechnung dar. Welche Verfahren kennen Sie? Erläutern Sie diese Verfahren!
b. Erstellen Sie für die Perioden 2020 und 2021 für beide Verfahren die Gewinn- und Verlustrechnungen, wenn folg. Informationen vorliegen:

Die Herstellungskosten für ein Produkt umfassen in 2020:

Gliederung der GuV § 275 Abs. 2 und Abs. 3 HGB	
Gesamtkostenverfahren	**Umsatzkostenverfahren**
1. Umsatzerlöse	1. Umsatzerlöse
2. Erhöhung od. Verminderung des Bestands an fertigen und unfertigen Erzeugnissen	2. Herstellungskosten der zur Erzielung der Umsatzerlöse erbrachten Leistungen
3. andere aktivierte Eigenleistungen	3. Bruttoergebnis vom Umsatz
4. sonstige betriebliche Erträge	4. Vertriebskosten
5. Materialaufwand	5. allgemeine Verwaltungskosten
6. Personalaufwand	6. sonstige betriebliche Erträge
7a. Abschreibungen auf immaterielle Vermögensgegenstände des Anlagevermögens und Sachanlagen	7. sonstige betriebliche Aufwendungen
7b. Abschreibungen auf Vermögensgegenstände des Umlaufvermögens	
8. sonstige betriebliche Aufwendungen	
9. Erträge aus Beteiligungen	8. Erträge aus Beteiligungen
10. Erträge aus anderen Wertpapieren und Ausleihungen des Finanzanlagevermögens	9. Erträge aus anderen Wertpapieren und Ausleihungen d. Finanzanlagevermögens
11. sonstige Zinsen und ähnliche Erträge	10. sonstige Zinsen und ähnliche Erträge
12. Abschreibungen auf Finanzanlagen und auf Wertpapiere des Umlaufvermögens	11. Abschreibungen auf Finanzanlagen und auf Wertpapiere des Umlaufvermögens
13. Zinsen und ähnliche Aufwendungen	12. Zinsen und ähnliche Aufwendungen
= **Finanzergebnis**	
14. Steuern vom Einkommen und Ertrag	13. Steuern vom Einkommen und Ertrag
15. = **Ergebnis nach Steuern** = 14.	
16. sonstige Steuern	15. sonstige Steuern
17. = **Jahresüberschuss/Jahresfehlbetrag** = 16.	

Abb. 10.3 Verfahren der GuV-Rechnung gemäß § 275 Abs. 2 und 3 HGB

Materialkosten	100.000 €
Personalkosten	75.000 €
Abschreibungen	25.000 €

Umsatzerlöse entstehen in 2020 nicht und in 2021 in Höhe von 300.000 €.

10.2 Verfahren zur GuV-Rechnung

Lösungsvorschlag

In der Gewinn- und Verlustrechnung werden gem. § 275 HGB alle Aufwendungen und Erträge gegenübergestellt. Die Bedeutung liegt in der Erklärung des Zustandekommens des Erfolges. Es werden das Gesamtkostenverfahren (periodenbezogen) und das Umsatzkostenverfahren (umsatzbezogen) unterschieden. Beim Gesamtkostenverfahren werden alle Aufwendungen und alle Erträge periodenbezogen gegenübergestellt, wobei sich die Gesamtleistung aus den Umsatzerlösen, den Bestandsveränderungen und anderen aktivierten Eigenleistungen zusammensetzt. Beim Umsatzkostenverfahren werden den Umsatzerlösen nur die Aufwendungen für die verkauften Leistungen gegenübergestellt.

Produktion eines Produktes in 2020				
Herstellungskosten:	Materialkosten	100.000 €	Umsatzerlöse:	0 €
	Personalkosten	75.000 €		
	Abschreibungen	25.000 €		

Gewinn- und-Verlust-Rechnung am Ende der Periode 2020			
Gesamtkostenverfahren		**Umsatzkostenverfahren**	
+ Umsatzerlöse	0 €	+ Umsatzerlöse	0 €
+ Bestandserhöhung an fertigen Erzeugnissen	200.000 €	- Herstellungskosten zur Erzielung der Umsatzerlöse	
- Materialaufwand	100.000 €		
- Personalaufwand	75.000 €		
- Abschreibungen	25.000 €		
= Jahresüberschuss	0 €	= Jahresüberschuss	0 €

Gewinn- und-Verlust-Rechnung am Ende der Periode 2021			
Gesamtkostenverfahren		**Umsatzkostenverfahren**	
+ Umsatzerlöse	300.000 €	+ Umsatzerlöse	300.000 €
- Bestandsverminderung an fertigen Erzeugnissen	200.000 €	- Herstellungskosten zur Erzielung der Umsatzerlöse	200.000 €
- Materialaufwand	0 €		
- Personalaufwand	0 €		
- Abschreibungen	0 €		
= Jahresüberschuss	100.000 €	= Jahresüberschuss	100.000 €

◀

10.3 GuV-Posten

Im Folgenden wird auf die Posten der GuV nach dem GKV und UKV-Verfahren eingegangen. Die Posten „Abschreibungen" und „Herstellungskosten" werden hier nicht behandelt, da sie in Kap. 5 schon behandelt wurden.

10.3.1 Umsatzerlöse

Die Definition der **Umsatzerlöse** wurde maßgebend durch BilRUG geändert. Alle Neuerungen des BilRUG waren im Wesentlichen erstmals auf Geschäftsjahre, die nach dem 31.12.2015 beginnen, anzuwenden. Eine frühere Anwendung war möglich (Wahlrecht), wobei dann aber alle Neuerungen, auch die des AktG und GmbHG angewendet werden mussten. Die neu festgelegten Größenklassen (§§ 267, 267a Abs. 1 HGB) und die neue Definition der Umsatzerlöse (§ 277 Abs. 1 HGB) waren bereits erstmals auf Geschäftsjahre, die nach dem 31.12.2013 beginnen, anzuwenden. Führte die Anwendung dieser Vorschriften aber zu einer Erweiterung der Pflichten der Gesellschaft, dann waren diese Vorschriften erst auf Geschäftsjahre, die nach dem 31.12.2015 beginnen, anzuwenden (Art. 2 II EGHGB).

Sowohl die Neudefinition der Umsatzerlöse (§ 277 Abs. 1 HGB) als auch die Änderungen der Schwellenwerte (§§ 267, 267a Abs. 1 HGB) waren deshalb von besonderer Bedeutung, weil durch die Erweiterung der Umsatzerlöse die Schwellenwerte zur nächsten Größenklasse überschritten werden konnten und dadurch erhöhte Rechnungslegungs- und Offenlegungspflichten entstehen konnten. Deshalb machte es Sinn, die Auswirkungen bereits zum 31.12.2014 zu überprüfen, um unter Umständen entsprechende Gegenmaßnahmen ergreifen zu können (vgl. Abb. 10.4).

Nach § 277 HGB a. F. sind Umsatzerlöse und außerordentliche Erträge wie folgt definiert (vgl. Abb. 8.5)
„Als Umsatzerlöse sind die Erlöse aus dem Verkauf und der Vermietung oder Verpachtung von für die gewöhnliche Geschäftstätigkeit der Kapitalgesellschaft typischen Erzeugnissen und Waren sowie aus von für die gewöhnliche Geschäftstätigkeit der Kapitalgesellschaft typischen Dienstleistungen nach Abzug von Erlösschmälerungen und der Umsatzsteuer auszuweisen."

§ 277 HGB ist zwar im 2. Abschnitt des HGB unter den ergänzenden Vorschriften für Kapitalgesellschaften und haftungsbeschränkten Personenhandelsgesellschaften erfasst, gilt aber nach herrschender Meinung als **GoB** (Grundsatz ordnungsgemäßer Buchführung) und ist deshalb von allen Kaufleute zu beachten.

Die Zuordnung zu den Umsatzerlösen war davon abhängig, ob die Umsätze im Rahmen der gewöhnlichen Geschäftstätigkeit eines Unternehmens als typische Erzeugnisse, Waren und Dienstleistungen getätigt wurden. Ausschlaggebend war hierbei das

Abb. 10.4 Neuerungen nach BilRUG

tatsächliche Erscheinungsbild des gesamten Unternehmens und nicht die Handelsregister-Eintragung.

Unter der gewöhnlichen Geschäftstätigkeit wurden alle Lieferungen und Leistungen zusammengefasst, mit denen das Unternehmen planmäßig als Mitbewerber am Markt nach außen auftrat. Es durfte sich nicht um Gelegenheitsgeschäfte handeln, sondern es musste sich um planmäßig erbrachte Leistungen handeln. Verkaufte bspw. ein Mietwagenunternehmen einen Teilbetrieb wegen Stilllegung, stellte dieser Verkauf keine Umsatzerlöse dar. Diese Erträge waren als außerordentliche Erträge auszuweisen (§ 277 Abs. 4 HGB a. F.). Allgemein mussten außergewöhnliche Geschäftsvorfälle unter den Positionen „außerordentliche Erträge" oder „außerordentliche Aufwendungen" ausgewiesen werden.

Handelte es sich um Erlöse aus gewöhnlicher Geschäftstätigkeit, musste weiter geprüft werden, ob es sich um typische Leistungsangebote des Unternehmens handelte. Die Klassifizierung erfolgte nach der tatsächlichen Tätigkeit eines Unternehmens (Produktions-, Handels- oder Dienstleistungsunternehmen). Diese bisherige handelsrechtliche Umsatzdefinition entsprach auch nicht der Definition der „steuerbaren Umsätze" gem. § 1 UStG (vgl. Abb. 10.5).

Umsatzerlöse sind damit alle Erlöse aus dem Verkauf und der Vermietung von Produkten sowie der Erbringung von Dienstleistungen nach Abzug von Erlösschmälerungen und der Umsatzsteuer sowie sonstiger direkt mit dem Umsatz verbundenen Steuern.

Die neuen gesetzlichen Regelungen nach BilRUG ignorieren die bisherigen für die Zuordnung der Erlöse entscheidenden Kriterien „gewöhnliche Geschäftstätigkeit" und „typisches Leistungsangebot" und bewirken damit eine fundamentale Änderung der Umsatzdefinition. Der Wegfall dieser Unterscheidungskriterien führt zu einer erheblichen Erweiterung der Definition der Umsatzerlöse und hat damit natürlich auch großen Einfluss auf die Schwellenwerte (Größenklassen) für Kapitalgesellschaften i. S. der §§ 267, 267a HGB. Weiter sind von den Umsatzerlösen Erlösschmälerungen (Rabatte, Skonti etc.) und die Umsatzsteuer sowie mit dem Umsatz verbundene Steuern, also

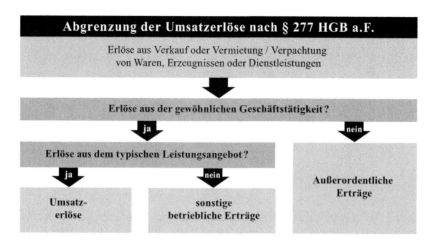

Abb. 10.5 Abgrenzung der Umsatzerlöse nach § 277 HGB a. F

Verbrauchs- und Verkehrssteuern abzuziehen. Dazu zählen bspw. die Bier-, Tabak- und die Energiesteuer.[1] Nun sind die bislang gebuchten außerordentlichen Erträge i. d. R. als Umsatzerlöse zu qualifizieren. Damit ist aber auch ein Vorteil verbunden, weil schwierige Fragen wegfallen, ob bestimmte Umsätze typisch für die gewöhnliche Geschäftstätigkeit sind oder nicht.

Die Neudefinition (vgl. Abb. 10.6) der Umsatzerlöse führt also zu wesentlichen Änderungen der Legaldefinition (vgl. Abb. 10.7). Mit „Erzeugnissen und Waren" werden die Produkte (Oberbegriff) des Unternehmens bezeichnet. So entstehen die Umsatzerlöse aus dem Verkauf von Umlaufvermögen (= Produkte), Schrottverkäufen, dem Verkauf nicht benötigter Roh-, Hilfs- und Betriebsstoffe oder Verkauf von Produkten an Mitarbeiter. Damit haben umsatzrelevante Produkte immer einen Bezug zum Umlaufvermögen. Weitere Umsatzerlöse entstehen aus der Vermietung von Maschinen und Werkswohnungen sowie aus Dienstleistungen des Unternehmens.

Hingegen sind Erträge aus dem Abgang von Vermögensgegenständen aus dem Anlagevermögen auch weiterhin nicht als Umsatzerlöse darzustellen. So sind bspw. Buchgewinne aus der Veräußerung von Anlagevermögen oder Erträge aus der Auflösung von Rückstellungen den „sonstigen betrieblichen Erträgen" zuzuordnen.

Diese Änderungen des BilRUG entsprechen im Wesentlichen auch der umfassenden Umsatzdefinition des Umsatzsteuerrechts (§ 1 UStG), das alle entgeltlichen Lieferungen oder Leistungen den Umsatzerlösen zurechnet.

---

[1] Der IDW vertritt aber die Auffassung, dass von dieser Neuregelung nur preisabhängige Steuern wie bspw. die Tabaksteuer, nicht aber mengenabhängige Steuern wie bspw. die Biersteuer betroffen sind.

10.3 GuV-Posten

> **Abgrenzung der Umsatzerlöse nach BilRUG § 277 Abs. 1 HGB n.F.**
>
> „Als Umsatzerlöse sind (sämtliche) Erlöse aus dem Verkauf und der Vermietung oder Verpachtung von Erzeugnissen und Waren sowie aus Dienstleistungen der Kapitalgesellschaft nach Abzug von Erlösschmälerungen und Umsatzsteuer auszuweisen."

Abb. 10.6 Abgrenzung der Umsatzerlöse nach BilRUG gem. § 277 Abs. 1 HGB n.F

Abgrenzung der Umsatzerlöse nach BilRUG		
Umsatzerlöse aus Verkauf oder Vermietung/Verpachtung von Waren, Erzeugnissen oder Dienstleistungen		
	Geschäftstätigkeit	
Leistungsangebot	gewöhnlich	außergewöhnlich
typisch	Umsatzerlöse	
atypisch		

Abb. 10.7 Abgrenzung der Umsatzerlöse nach BilRUG

Mit dieser gesetzlichen Neuregelung gibt es in der GuV die Position „außerordentliche Erträge" nicht mehr. So sind bspw. Erlöse, die im Zusammenhang mit Räumungsverkäufen erzielt werden, auch als Umsatzerlöse zu erfassen. Aber Kapitalgesellschaften müssen gem. § 285 Nr. 31 HGB diese Vorgänge im Anhang erläutern, soweit sie betragsgemäß nicht von untergeordneter Bedeutung sind. Innerhalb der Jahresabschlussanalyse führt die Erweiterung der Umsatzerlöse zu einer maßgeblichen Verzerrung der Umsatzkennzahlen. Überbetriebliche Vergleiche werden dadurch erheblich eingeschränkt.

Wird Anlagevermögen des Unternehmens veräußert, dann ist dieser Verkauf, soweit ein Buchgewinn entsteht, nicht unter „Umsatzerlöse" zu verbuchen. Ein entstehender Buchgewinn bzw. Buchverlust ist wie nach altem Recht als „sonstiger betrieblicher Ertrag" bzw. als „sonstige betriebliche Aufwendung" zu verbuchen. Bei einem solchen Vermögensabgang des Anlagevermögens handelt es sich nicht um Produkte i. S. des § 277 Abs. 1 HGB.

Nach § 285 Nr. 4 HGB ist eine Aufgliederung der Umsatzerlöse nach Tätigkeitsbereichen sowie nach geografisch bestimmten Märkten darzustellen, soweit sich unter Berücksichtigung der Organisation des Verkaufs, der Vermietung oder Verpachtung von Produkten und der Erbringung von Dienstleistungen der Kapitalgesellschaft die Tätigkeitsbereiche und geografisch bestimmten Märkte untereinander erheblich unterscheiden.

Für die Posten „außerordentliche Erträge" und „außerordentliche Aufwendungen" nach § 277 Abs. 4 HGB a. F. sowie das „außerordentliche Ergebnis" besteht nach neuem

Abgrenzungsbeispiele		
Beispiel eines Batterieherstellungsunternehmens	HGB a.F.	HGB n.F. (BilRUG)
Verkauft Batterien	Umsatzerlöse	Umsatzerlöse
Verkauft Vorprodukte aus der Batterieherstellung	Umsatzerlöse	Umsatzerlöse
Verkauft eine nicht genutzte Geschäftsausstattung an fremde Dritte	Sonstiger betrieblicher Ertrag	Umsatzerlöse
Aufgrund von Zwangsvollstreckungsmaßnahmen verkauft das Unternehmen einen stillgelegten Teilbetrieb	Außerordentlicher Ertrag	Umsatzerlöse
Bekommt von der Versicherung eine Entschädigung wegen einer durch Blitzschlag vernichteten Lagerhalle	Außerordentlicher Ertrag	Sonstiger betrieblicher Ertrag
Erhält als Komplementär-GmbH für die Übernahme der Haftung an einer GmbH & Co. KG eine Haftungsvergütung	Sonstiger betrieblicher Ertrag	Sonstiger betrieblicher Ertrag
Vermietet eine Lagerhalle (für das Batterieunternehmen eine atypische Dienstleistung)	Sonstiger betrieblicher Ertrag	Umsatzerlöse

Abb. 10.8 Abgrenzungsbeispiele

Recht in der GuV ein Ausweisverbot. Außergewöhnliche Aufwendungen und Erträge sind aber grundsätzlich im Anhang gem. § 285 Nr. 31 HGB anzugeben (vgl. Abb. 10.8).

Durch den Wegfall dieser außerordentlichen Posten wurde die Gliederung der Gewinn- und Verlustrechnung gem. § 275 Abs. 2 und 3 HGB n. F. wesentlich geändert (vgl. Abb. 10.3).

Die Neuerungen in der Umsatzdefinition führen natürlich auch zu der Frage der Behandlung der entsprechenden Aufwendungen. Da nach neuem Recht in den Umsätzen auch „sonstige Erträge" enthalten sind, müssen bei Anwendung des Umsatzkostenverfahrens (§ 275 Abs. 3 HGB) die Herstellungskosten der Umsatzerlöse auch die entsprechenden Aufwendungen enthalten. Das heißt, bspw. müssten dann Aufwendungen für die Kantine in die Herstellungskosten einbezogen werden.

10.3.2 Sonstige betriebliche Erträge und Aufwendungen

Unter den sonstigen betrieblichen Erträgen sind alle anderen Erträge auszuweisen, die nicht unter die Definition der Umsatzerlöse fallen und nicht als Finanzerträge oder

10.3 GuV-Posten

Steuererträge oder andere in der GuV genannten Erträge einzuordnen sind. Entsprechend sind als sonstige betriebliche Aufwendungen alle anderen Aufwendungen zu buchen, die nicht unter andere GuV-Aufwandspositionen fallen.

Gem. § 275 Abs. 5 Satz 2 HGB sind auch Erträge bzw. Aufwendungen aus der Währungsumrechnung unter den sonstigen betrieblichen Erträgen bzw. Aufwendungen abzubilden. Darunter fallen realisierte wie auch nicht realisierte Wechselkursgewinne bzw. -verluste. Wegen des Realisationsprinzips sind aber nicht realisierte Wechselkursgewinne nur bei kurzfristigen Fremdwährungsverbindlichkeiten bzw. -forderungen zu buchen. Nicht realisierte Wechselkursverluste sind hingegen bei kurzfristigen wie auch bei langfristigen Fremdwährungsgeschäften auszuweisen. Steuerlich sind nicht realisierte Kursgewinne nicht zu berücksichtigen, da bei Fremdwährungsforderungen bzw. -verbindlichkeiten die Anschaffungskosten die Wertobergrenze bzw. -untergrenze bilden. Nicht realisierte Kursverluste können grds. ausgewiesen werden, wenn eine dauernde Wertminderung bei Fremdwährungsforderungen oder eine dauernde Werterhöhung bei Fremdwährungsverbindlichkeiten vorliegt.

Auch die Bildung eines aktiven und passiven Rechnungsabgrenzungspostens und die Auflösung bzw. Bildung von sonstigen Rückstellungen ist über die sonstigen betrieblichen Erträge bzw. Aufwendungen zu erfassen.

Erträge aus dem Abgang von Vermögensgegenständen sind auch unter den sonstigen betrieblichen Erträgen abzubilden.

> **Beispiel**
>
> Die Fruchtsaft-GmbH hat von ihrem Lieferanten in Thailand mehrere exotische Früchte zur Weiterverarbeitung zu einem Gesamtpreis von 737.000 THB (thailändische Baht) bestellt. Die Rechnungsstellung und Lieferung erfolgte am 10.10.2021, Zahlungsziel 4 Monate. Der Wechselkurs beträgt am 10.10.2021 1 EUR/36,85 THB und am 31.12.2021 1 EUR/40 THB. Der Bilanzstichtag der Fruchtsaft-GmbH ist der 31.12.2021, die GuV wird nach dem GKV erstellt. Am Tag der Bilanzerstellung, dem 15.03.2021, beträgt der Wechselkurs wieder 1 EUR/36,85 THB.
>
> Wie ist die Verbindlichkeit gegenüber dem thailändischen Lieferanten am 10.10.2021 (Lieferung und Rechnungsstellung) und am 31.12.2021 handels- und steuerrechtlich zu bewerten und zu buchen?
>
> (Die Umsatzsteuer wird in diesem Beispiel außer Acht gelassen.)
>
> **Lösungsvorschlag:**
> Die Verbindlichkeit gegenüber dem thailändischen Lieferanten ist handelsrechtlich zum Zeitpunkt ihrer Entstehung mit ihrem Erfüllungsbetrag, umgerechnet nach § 256a HGB mit dem Devisenkassamittelkurs, also mit 20.000 € (737.000 THB: 36,85 THB/EUR), zu bewerten.

Der Buchungssatz lautet dann wie folgt:

| Roh-, Hilfs- und Betriebsstoffe | 20.000 € | an | Verbindlichkeiten aus LuL | 20.000 € |

Am Bilanzstichtag ist die kurzfristige Verbindlichkeit gem. § 256a HGB mit dem Devisenkassamittelkurs am 31.12.2021 zu bewerten. Das Anschaffungskostenprinzip und das Realisationsprinzip sind hier außer Acht zu lassen, d. h., die Verbindlichkeit ist mit 18.425 € (737.000 THB: 40 THB/EUR) zu bewerten.

Der Buchungssatz lautet dann wie folgt:

| Verbindlichkeiten aus LuL | 1575 € | an | Nicht realisierte Kursgewinne | 1575 € |

Steuerlich ist zum 10.10.2021 wie auch zum 31.12.2021 die Verbindlichkeit des laufenden Geschäfts mit 20.000 € zu bewerten, da die €-Kurserhöhung nicht von Dauer war und der Erfüllungsbetrag wegen des Vorsichtsprinzips nicht unterschritten werden darf. Nicht realisierte Kursgewinne können somit in der Steuerbilanz nicht entstehen. ◄

10.3.3 Erhöhung oder Verminderung des Bestands an fertigen und unfertigen Erzeugnissen

Nach § 277 Abs. 2 HGB sind als Bestandsveränderungen Änderungen der Menge und des Wertes inklusive der Abschreibungen, die in einer Kapitalgesellschaft oder Personengesellschaft nach § 264a HGB die sonst üblichen Abschreibungen nicht überschreiten, zu berücksichtigen. Zu den üblichen Abschreibungen gehören Abschreibungen auf den niedrigeren beizulegenden Wert aufgrund der aktuellen Marktlage. Zu den unüblichen Abschreibungen gehören Abschreibungen aufgrund besonderer Vorfälle (bspw. Brand- oder Wasserschaden). Unübliche Abschreibungen sind unter dem Posten „Abschreibungen" zu erfassen.

Die Bestandsänderung kann somit wie folgt berechnet werden:

+ Zugänge
./. Abgänge
./. übliche Abschreibungen
= Bestandsänderung

Grundsätzlich kann die Bestandsänderung auch als der Unterschied zwischen dem Endbestand und dem Anfangsbestand berechnet werden. Sollte aber während des Geschäftsjahres eine unübliche Abschreibung erfolgt sein, kann die Bestandsänderung bei fertigen und unfertigen Erzeugnisse nicht auf Basis des Unterschieds zwischen dem Endbestand und dem Anfangsbestand berechnet werden.

10.3 GuV-Posten

Die Position „Erhöhung oder Verminderung des Bestand an fertigen und unfertigen Erzeugnissen" kann sowohl ein Ertragsposten, als auch ein Aufwandsposten sein und ist nur nach dem GKV auszuweisen.

> **Beispiel**
>
> Das Unternehmen Metall-GmbH hat zum 31.12.2020 folgende fertigen Erzeugnisse am Lager:
>
> - 10.000 Stück Sechskantschrauben mit HK je 1 € und
> - 20.000 Stück Holzschrauben mit HK je 0,5 €.
>
> Während des Geschäftsjahres 2021 wurden weitere 5000 Stück Sechskantschrauben mit Herstellungskosten von 1,1 € pro Stück produziert. Bis zum 31.12.2021 können die Sechskantschrauben wegen der ungünstigen Marktlage nur mit 0,9 € pro Stück verkauft werden. Von den Holzschrauben wurden 10.000 Stück mit einem Preis von 1 € pro Stück verkauft und die restlichen 10.000 Stück wurden bei einem Lagerbrand vernichtet.
> Wie ist die Bestandsveränderung der fertigen Erzeugnisse für das Geschäftsjahr 2021 zu ermitteln und zu buchen?

Lösungsvorschlag:
Die Bestandsveränderung für das Geschäftsjahr 2021 ist wie folgt zu ermitteln:
 Bestandsveränderung = Zugänge − Abgänge − übliche Abschreibungen.
 wobei:

- die Zugänge bei den Sechskantschrauben entsprechen einem Wert von 5500 € (5000 St × 1,1 €),
- als Abgänge sind nur die Verkäufe der Holzschrauben anzusetzen, bewertet mit ihren Herstellungskosten, d. h. 5000 € (10.000 St × 0,5 €),
- als übliche Abschreibung ist nur die Abschreibung der Sechskantschrauben aufgrund der Marktlage auf den niedrigeren beizulegenden Zeitwert i. H. v. 2000 € (10.000 × 0,1 € + 5000 × 0,2 €) anzusehen. Die außerplanmäßige Abschreibung der Holzschrauben aufgrund des Lagerbrands stellt eine unübliche Abschreibung dar und ist hier deshalb nicht zu berücksichtigen.

Folglich ergibt sich:
 Bestandsveränderung = 5500 € − 5000 € − 2000 €
 Bestandsveränderung = −1500 €

In diesem Fall stellt die Bestandsveränderung also einen Aufwandsposten dar und der Buchungssatz lautet:

| Erhöhung oder Verminderung des Bestand an fertigen und unfertigen Erzeugnissen | 1500 € | an | Fertige Erzeugnisse | 1500 € |

10.3.4 Andere aktivierte Eigenleistungen

Andere aktivierte Eigenleistungen werden nur nach dem GKV aufgezeigt und stellen einen Ertragsposten dar. Sie erfassen auf der Haben-Seite alle Herstellungskosten, die der Herstellung bzw. Modernisierung oder Erweiterung von Anlagevermögen gedient haben. Dieser ausgewiesene Ertrag neutralisiert somit die mit der Herstellung des Anlagevermögens verbundenen Kosten. Folglich erfolgt die Aktivierung erfolgsneutral.

Beispiel

Das Unternehmen Süßigkeiten-GmbH hat in eigener Regie im Geschäftsjahr 01 einen speziellen Maschinenteil für die Produktion von Gummibärchen entwickelt und hergestellt. Für die Herstellung wurden 100.000 € für Roh-, Hilfs- und Betriebsstoffe verwendet und weiter sind 12.000 € an Löhnen und Gehältern sowie 3.000 € an sozialen Abgaben angefallen.

Wie sind die einzelnen Sachverhalte im Geschäftsjahr 01 zu buchen? Wie sieht die GuV für das Geschäftsjahr 01 aus, wenn sich die Umsatzerlöse auf 300.000 € belaufen?

Lösungsvorschlag:
In einem ersten Schritt müssen die einzelnen Kosten verbunden mit der Entwicklung und Herstellung des Gummibärchenmaschinenteils erfasst werden:

Aufwendungen für Roh-, Hilfs- und Betriebsstoffe und für bezogene Waren	100.000 €	an	Roh-, Hilfs- und Betriebsstoffe (UV)	100.000 €
Löhne und Gehälter	12.000 €	an	Sonstige Verbindlichkeiten	12.000 €
Soziale Abgaben	3000 €	an	Sonstige Verbindlichkeiten	3000 €

In einem zweiten Schritt wird der Gummibärchenmaschinenteil in der Bilanz in Höhe der angefallenen Herstellungskosten (100.000 € + 12.000 € + 3000 €) aktiviert. Die Aktivierung erfolgt jedoch nicht über die Haben-Seite der einzelnen Aufwandspositionen, sondern über die anderen aktivierten Eigenleistungen. Der Buchungssatz lautet dann wie folgt:

| Technische Anlagen und Maschinen | 115.000 € | an | Andere aktivierte Eigenleistungen | 115.000 € |

Die GuV für das Geschäftsjahr 01 hat dann folgende Struktur:

1. Umsatzerlöse	300.000 €
3. Andere aktivierte Eigenleistungen	115.000 €
5. Materialaufwand	100.000 €
a) Aufwendungen für Roh, Hilfs- und Betriebsstoffe und für bezogene Waren	100.000 €
b) Aufwendungen für bezogene Leistungen	0 €
6. Personalaufwand	15.000 €
a) Löhne und Gehälter	12.000 €
b) Soziale Abgaben und Aufwendungen für Altersversorgung und für Unterstützung	3000 €
15. Ergebnis nach Steuern	300.000 €
17. Jahresüberschuss	300.000 €

Die Entwicklung und Herstellung des Maschinenteils ist somit erfolgsneutral. ◄

10.3.5 Material- und Personalaufwand

In den **Materialaufwand** wird der Verbrauch von Roh-, Hilfs- und Betriebsstoffen gebucht. Nach dem GKV ist die Position bei großen Gesellschaften gem. § 275 Abs. 2 Nr. 5 HGB zusätzlich noch in „Aufwendungen für Roh-, Hilfs- und Betriebsstoffe und für bezogene Waren" sowie in „Aufwendungen für bezogene Leistungen" aufzuteilen. Bei Anwendung des UKV ist eine solche Aufteilung nicht ersichtlich und ist deshalb bei großen Gesellschaften gem. § 285 Nr. 8 HGB im Anhang anzugeben. Kleine und mittelgroße Unternehmen dürfen den Materialaufwand unter der Position „Rohergebnis" zusammenfassen.

Unter der Position **Personalaufwand** sind nicht nur die direkten Kosten der Beschäftigten (Löhne und Gehälter), sondern auch soziale Abgaben und Aufwendungen für Altersversorgung auszuweisen. Gem. § 275 Abs. 2 Nr. 6 HGB sind diese auch entsprechend im GKV aufzuteilen. Soweit die GuV-Rechnung nach dem UKV erstellt wird, ist die Aufteilung nach § 285 Nr. 8 HGB im Anhang vorzunehmen.

10.3.6 Vertriebskosten und allgemeine Verwaltungskosten

Unter **Vertriebskosten** sind alle Kosten zu verstehen, die im Zusammenhang mit dem Vertrieb der Produkte anfallen. Dazu gehören bspw. Marketingkosten, Verpackungskosten, Produktabsatzkosten usw. Die Vertriebskosten sind nur nach dem UKV auszuweisen.

Als **allgemeine Verwaltungskosten** sind alle anderen Aufwendungen zu definieren, die weder Herstellungskosten, noch Vertriebskosten sind. Dazu gehören bspw. Löhne, Kosten der Datenverarbeitung. Die allgemeinen Verwaltungskosten werden nur nach dem UKV aufgezeigt.

10.3.7 Finanzergebnis

Das Finanzergebnis ist im HGB nicht definiert. Nach h. M. sind darunter aber Erträge aus Beteiligungen, Erträge aus Wertpapieren und Ausleihungen des Finanzanlagevermögens, **Zinserträge**, **Zinsaufwendungen** und Abschreibungen auf Finanzanlagen und auf Wertpapiere des Umlaufvermögens zu verstehen.

Gem. § 277 Abs. 5 Satz 1 HGB sind unter den Zinserträgen und Zinsaufwendungen gesondert auch Erträge und Aufwendungen aus Ab- und Aufzinsungen zu erfassen. Handelsrechtlich sind hier also bspw. saldierte Zinserträge und Zinsaufwendungen aus dem Planvermögen, Erträge aus der Abzinsung von Rückstellungen und Zinsaufwand aus dem Disagio zu erfassen. Steuerrechtlich müssen jedoch Zinserträge und Zinsaufwendungen aus dem Planvermögen getrennt ausgewiesen werden.

Eine interessante Problematik stellt die Buchung von **negativen Einlagezinsen** dar. Handelsrechtlich gibt es grds. zwei Möglichkeiten, wie negative Einlagezinsen gebucht werden können. Entweder können sie im Soll als Zinsertrag oder als sonstiger betrieblicher Aufwand gebucht werden. Die erste Buchungsweise könnte aber unter Umständen gegen das Saldierungsverbot gem. § 246 Abs. 2 HGB verstoßen. Steuerrechtlich ist jedoch die Buchung von negativen Einlagezinsen nach dem BMF-Schreiben vom 27.05.2015 (BStBl 2015 I S. 473) nicht als Zinserträge bzw. –aufwendungen zugelassen. Deshalb sind negative Einlagezinsen folglich steuerlich als sonstiger betrieblicher Aufwand zu erfassen. Mit der Folge, dass die negativen Einlagezinsen dann weder in der Zinsschrankenberechnung nach § 4h EStG noch in den gewerbesteuerlichen Hinzurechnungen nach § 8 GewStG zu berücksichtigen sind.[2] Unter Erträgen aus Beteiligungen sind Dividendenerträge wie auch Liquidationserträge zu erfassen.

---

[2] Vgl. hierzu Endert, V., BBK 15/2017, S. 699.

10.3.8 Steuern vom Einkommen und Ertrag und sonstige Steuern

Unten den **Steuern vom Einkommen und Ertrag** sind laufende Steuern (Körperschaftsteuer samt Solidaritätszuschlag und Gewerbesteuer) und die latenten Steuern anzugeben. Auch die Bildung bzw. Auflösung einer Steuerrückstellung bzw. Steuerforderung ist über die GuV-Position „Steuern vom Einkommen und Ertrag" zu erfassen. In der Steuerbilanz samt GuV darf jedoch kein latenter Steuerertrag bzw. –aufwand ausgewiesen werden.

Als **sonstige Steuern** können alle anderen Steuern erfasst werden, die nicht aktivierungspflichtig sind (bspw. Grunderwerbsteuer sind Anschaffungsnebenkosten) und die nicht unter die Steuern vom Einkommen und Ertrag (bspw. Körperschaftsteuer) fallen. Als Beispiel können hier die Grundsteuer oder KFZ-Steuer genannt werden. Die sonstigen Steuern können aber auch als sonstige betriebliche Aufwendungen ausgewiesen werden.[3]

10.3.9 Besondere Positionen in der GuV

Gem. § 277 Abs. 3 HGB sind **Erträge und Aufwendungen aus Ergebnisabführungsverträgen,** Teilgewinnabführungsverträgen und auf Grund von Gewinngemeinschaften **gesondert** in der GuV auszuweisen. Die Erträge aus Verlustübernahme bzw. Aufwendungen aus Gewinnabführung sind dabei getrennt von den erhaltenen Gewinnen bzw. Verlusten der Tochtergesellschaften (Organgesellschaften) abzubilden.

Als eine weitere besondere Position sind auch Ausgleichszahlungen an Minderheitsgesellschafter zu erfassen. **Ausgleichszahlungen an Minderheitsgesellschafter** sind immer dann zu leisten, wenn der Gewinn der Gesellschaft nicht an alle Gesellschafter, sondern nur an einen Gesellschafter abgeführt wird, wie es bei einer körperschaft- und gewerbesteuerlichen Organschaft der Fall ist. Die Gesellschaft hat die Ausgleichszahlungen gem. § 16 KStG i. H. v. 20/17 der Ausgleichszahlung zu versteuern. Ausgleichszahlungen werden dann anhand der jetzigen oder zukünftigen Ertragslage berechnet, d. h. bei einer erhöhten Ertragsprognose ist auch eine höhere Ausgleichszahlung zu leisten.

10.4 Verkürzte GuV-Gliederung für Kleinstgesellschaften

Nach § 275 Abs. 5 HGB können KleinstKapG eine verkürzte GuV aufstellen. Gegenüber § 275 Abs. 2 und 3 HGB wurden die Mindestangaben erheblich reduziert, wobei sich die verkürzte GuV grob am Gesamtkostenverfahren gemäß § 275 Abs. 2 HGB orientiert.

---

[3] Vgl. Adler/Düring/Schmaltz § 275 HGB Tz. 143.

Die verkürzte Version kann auch von Kleinstpersonengesellschaften nach § 264a Abs. 1 HGB genutzt werden.

In Abb. 10.9 sind die Posten der Mindestgliederung im direkten Vergleich zur GuV von kleinen Kapitalgesellschaften mit Erleichterungen gem. § 276 HGB aufgelistet.

GuV von KleinstKapG § 275 Abs. 5 HGB	GuV von kleinen Kapitalgesellschaften mit Erleichterung gem. § 276 HGB
1. Umsatzerlöse	1. Rohergebnis
2. sonstige Erträge	§ 275 Abs. 2 Nr. 1–5 HGB
3. Materialaufwand	§ 275 Abs. 3 Nr. 1–3 und 6 HGB
4. Personalaufwand	6. Personalaufwand: a) Löhne und Gehälter b) soziale Abgaben und Aufwendungen für Altersversorgung und für Unterstützung, davon für Altersversorgung
5. Abschreibungen	7. Abschreibungen: a) auf immaterielle Vermögensgegenstände des Anlagevermögens und Sachanlagen b) auf Vermögensgegenstände des Umlaufvermögens, soweit diese die in der Kapitalgesellschaft üblichen Abschreibungen überschreiten
6. sonstige Aufwendungen	8. sonstige betriebliche Aufwendungen 9. Erträge aus Beteiligungen, davon aus verbundenen Unternehmen 10. Erträge aus anderen Wertpapieren und Ausleihungen des Finanzanlagevermögens, davon aus verbundenen Unternehmen 11. sonstige Zinsen uns ähnliche Erträge, davon aus verbundenen Unternehmen 12. Abschreibungen auf Finanzanlagen und auf Wertpapiere des Umlaufvermögens 13. Zinsen und ähnliche Aufwendungen, davon an verbundene Unternehmen
7. Steuern	14. Steuern vom Einkommen und vom Ertrag 15. Ergebnis nach Steuern 16. sonstige Steuern
8. Jahresüberschuss/Jahresfehlbetrag	17. Jahresüberschuss/Jahresfehlbetrag

Abb. 10.9 Verkürzte GuV für Kleinstkapitalgesellschaften und Kleinstpersonengesellschaften nach § 264a Abs. 1 HGB

10.5 Steuer-GuV

Der Gesetzgeber spricht explizit nicht von einer Steuer-GuV, jedoch wird in § 60 Abs. 1 EStDV verlangt, dass der Stpfl. mittels elektronischer Übermittlung die Bilanz, GuV und Überleitungsrechnung, aber gem. § 60 Abs. 2 EStDV eine Steuerbilanz an die Finanzverwaltung versendet, woraus man indirekt den Begriff der Steuer-GuV ableiten kann. Die Bedeutung der Steuer-GuV hat auch durch die Einführung der E-Bilanz mehr an Bedeutung gewonnen, da die Steuerbilanz und somit auch die Steuer-GuV elektronisch zu übermitteln sind.

Um die handelsrechtliche GuV an die Steuer-GuV anzupassen, kann jede Position in der GuV auf den richtigen steuerlichen Wert angepasst werden oder es wird ein Sammelposten verwendet, in dem alle steuerlichen Ergebnisauswirkungen zusammengefasst sind. In der Praxis wird solch ein Sammelposten als **Sammelposten für Gewinnänderungen aus der Überleitungsrechnung** bezeichnet. Der Vorteil von einem Sammelposten besteht darin, dass der Zeitaufwand für die Bildung einer Steuer-GuV erheblich reduziert wird. Der Nachteil des Sammelpostens besteht aber darin, dass dann gewisse Positionen in der GuV stehen bleiben, die in einer Steuer-GuV nicht gebucht werden können wie bspw. die saldierten Erträge und Aufwendungen aus dem Planvermögen.

> **Beispiel**
>
> Die Bau-GmbH hat zu Beginn des Jahres 01 ein Gebäude angeschafft. Die Anschaffungskosten des Gebäudes belaufen sich auf 1.200.000 €. Das Gebäude wird handelsrechtlich gem. seiner Nutzungsdauer mit 2 % pro Jahr (24.000 €) abgeschrieben, steuerlich beträgt die AfA nach § 7 Abs. 4 Nr. 1 EStG 3 % pro Jahr (36.000 €). Ende des Jahres 01 müssen entsprechend passive latente Steuern bei einem angenommen Steuersatz von 30 % i. H. v. 3600 € (Wert des Gebäudes in der HB 1.176.000 € − Wert des Gebäudes in der StB 1.164.000 € = 12.000 € × 0,3) bilanziert werden. In der Handels-GuV werden Abschreibungen i. H. v. 24.000 € und ein latenter Steueraufwand i. H. v. 3600 € ausgewiesen, insgesamt also ein Aufwand von 27.600 €. In der Steuer-GuV muss jedoch nur eine AfA i. H. v. 36.000 € und kein latenter Steueraufwand abgebildet werden, insgesamt also ein Aufwand von 36.000 €.
>
> Es bestehen zwei Varianten, wie die handelsrechtliche GuV an die Steuer-GuV angeglichen werden kann. Bei der Variante A werden die einzelnen GuV-Positionen an die steuerlichen Werte angepasst.

Variante A:

Handels-GuV	in €	Anpassung in €	Steuer-GuV	in €
Abschreibung	24.000	+12.000	AfA	36.000
(Latenter) Steueraufwand	3600	−3600	(Latenter) Steueraufwand	0

Bei der Variante B wird in die GuV ein Sammelposten für Gewinnänderungen aus der Überleitungsrechnung eingefügt, der in der Summe die Abweichungen zwischen der Handels-GuV und der Steuer-GuV abbildet. Die einzelnen gebuchten GuV-Positionen werden unverändert in die Steuer-GuV übernommen.

Variante B:

Handels-GuV	in €	Anpassung in €	Steuer-GuV	in €
Abschreibungen	24.000		AfA	24.000
(Latenter) Steueraufwand	3600		(Latenter) Steueraufwand	3600
Sammelposten für Gewinnänderungen aus der Überleitungsrechnung	0	+8400	Sammelposten für Gewinnänderungen aus der Überleitungsrechnung	8400

Beide Varianten führen in der Summe zum richtigen Ausweis der Aufwendungen. Folglich können beide Varianten verwendet werden. Soweit aber nur eine Steuerbilanz mit Steuer-GuV an die Finanzverwaltung elektronisch übermittelt wird, ist nur die Variante A zulässig. ◄

Maßgeblichkeitsprinzip 11

11.1 Grundsätzliches

Ist das handelsrechtliche Ergebnis, der Jahresüberschuss bzw. der Jahresfehlbetrag, im handelsrechtlichen Jahresabschluss festgestellt, stellt sich die Frage nach der Ermittlung des steuerlichen Gewinns. Hierfür gibt es grundsätzlich drei Möglichkeiten:

- Das Steuerrecht akzeptiert das handelsrechtliche Ergebnis als steuerlichen Gewinn. Damit wäre die Zahlungsbemessungsfunktion für diverse Steuerarten ermittelt.
- Das Steuerrecht ignoriert das handelsrechtliche Ergebnis vollkommen und fordert einen eigenen steuerrechtlichen Jahresabschluss (sog. „Two-book-accounting-System").
- Das Steuerrecht lehnt sich grundsätzlich an das Handelsrecht an und ermittelt den steuerlichen Gewinn noch durch Einbringen eigener steuerrechtlicher Vorgaben.

Der Steuergesetzgeber hat sich für die dritte Alternative entschieden. Nach § 5 Abs. 1 Satz 1 EStG ist das Betriebsvermögen bei buchführenden Gewerbetreibenden nach handelsrechtlichen Grundsätzen ordnungsmäßiger Buchführung auszuweisen. Diese einkommensteuerliche Vorschrift begründet die sogenannte **Maßgeblichkeit**[1] der Handelsbilanz für die Steuerbilanz. Damit sind die handelsrechtlichen Vorschriften für die steuerrechtliche Gewinnermittlung maßgeblich, soweit sie nicht zwingenden steuerlichen Vorschriften widersprechen. Diese Maßgeblichkeit kann auch gem. § 140 AO mit der derivativen Buchführungspflicht begründet werden. Das Maßgeblichkeitsprinzip stellt einen fundamentalen Grundsatz des Bilanzsteuerrechts dar. Die Intension des

---

[1] Schanz und Schanz (2009)).

Gesetzgebers war insbesondere in der Vereinfachung der steuerlichen Ergebnisermittlung auf Basis handelsrechtlicher Regelungen begründet. Damit wurde ursprünglich das Ziel einer möglichst weitgehenden Übereinstimmung handels- und steuerrechtlicher Gewinnermittlung (**Einheitsbilanz**) bei Gewerbetreibenden verfolgt, sodass dieser Grundsatz bereits im Jahre 1934 in § 5 Abs. 1 EStG gesetzlich verankert wurde. In den Ländern Sachsen und Bremen wurde der Maßgeblichkeitsgrundsatz schon im Jahre 1874 in das Einkommensteuergesetz eingebunden. Gleichzeitig wurde damit auch ein sog. „Onebook-accounting-System" installiert.

Das Maßgeblichkeitsprinzip fordert, dass gemäß § 5 Abs. 1 Satz 1 EStG in der Steuerbilanz das Betriebsvermögen nach den handelsrechtlichen Grundsätzen ordnungsmäßiger Buchführung auszuweisen ist. Dieses Prinzip basiert auf der Idee, dass die Handelsbilanz, die der Rechenschaftslegung, der Informationsvermittlung, der Gewinnermittlung, dem Vorsichtsprinzip und damit dem Gläubigerschutz und als Ausschüttungsbemessungsbasis dient, gleichzeitig auch Grundlage für die steuerliche periodengerechte Gewinnermittlung ist. Durch den Wegfall der umgekehrten Maßgeblichkeit stellt sich natürlich die Frage nach den Auswirkungen auf die Praxis. Mit Inkrafttreten des BilMoG wurde die umgekehrte Maßgeblichkeit abgeschafft und gleichzeitig die formal weiterhin bestehende einfache Maßgeblichkeit an vielen Stellen ziemlich aufgeweicht. Damit wurde die Verknüpfung zwischen Handels- und Steuerbilanz offensichtlich in Frage gestellt. Und gleichzeitig eröffnet diese Tatsache natürlich die Möglichkeit, eine eigenständige Steuerbilanzpolitik zu schaffen. Diese könnte dann unter Außerachtlassen handelsrechtlicher Zielsetzungen problemlos umgesetzt werden. Folglich könnten auch die unterschiedlichen handels- und steuerrechtlichen Zielvorstellungen realisiert werden wie der Ausweis eines möglichst niedrigen zu versteuernden Gewinns und der Ausweis eines handelsrechtlich möglichst hohen ausschüttbaren Ergebnisses.

Der Maßgeblichkeitsgrundsatz findet auch in den Ländern Belgien, Frankreich, Griechenland, Italien, Japan, Luxemburg, Portugal, Schweden, Spanien, Slowakei und in der Tschechischen Republik Anwendung. In überwiegend angelsächsisch geprägten Ländern wie bspw. in Großbritannien, Dänemark, Niederlande, der Republik Irland und den USA erfolgt die steuerliche Erfolgsermittlung im Wesentlichen ohne handelsrechtliche Rückkoppelungen.

11.2 Maßgeblichkeit in der EU und den USA

Unternehmen sind heute darauf angewiesen, sich auf den internationalen Kapitalmärkten zu refinanzieren. Deshalb ist es durchaus verständlich, die Maßgeblichkeit kritisch zu hinterfragen. Aus diesem Grund ist es vor allem für international tätige Unternehmen unabdingbar, in ihren Jahresabschlüssen transparentere, d. h. steuerlich nicht infizierte Informationen auszuweisen. Den handelsrechtlich interessierten Adressaten kann somit durch ein besseres „face-lifting" der Handelsbilanz im Sinne des

"Fair-view-Prinzips" ein aussagefähigeres Informationssystem zur Verfügung gestellt werden. Vor diesem Hintergrund und der Harmonisierungstendenzen der nationalen Rechnungslegungsvorschriften an die internationalen Rechnungslegungsstandards ist die Relevanz des Maßgeblichkeitsprinzips einmal mehr zu prüfen. So unterlagen die Rahmenbedingungen für die Maßgeblichkeit in jüngster Zeit erheblichen Einflüssen und starken Veränderungstendenzen, einmal mit der Einführung der IFRS für Konzernabschlüsse kapitalmarktorientierter Unternehmen in der EU und zum anderen durch die Anpassungen im handelsrechtlichen Einzelabschluss durch das BilMoG und BilRUG. Da in Deutschland nur konsolidierte Konzernabschlüsse nach IFRS aufzustellen sind und Einzelabschlüsse immer noch HGB-orientiert zu erstellen sind, die wiederum maßgeblich für die Steuerbilanz sind, ergeben sich diesbezüglich keine Änderungen der Maßgeblichkeit. Auch in den meisten der 27 EU-Staaten gibt es den Maßgeblichkeitsgrundsatz der Handelsbilanz für die Steuerbilanz. Der Einzeljahresabschluss ist in einigen EU-Staaten wahlweise (bspw. Niederlande) oder verpflichtend (bspw. Slowakei) nach den IFRS-Vorschriften zu erstellen. In der Slowakei ist u. a. der angepasste Jahresüberschuss/-fehlbetrag festgestellt nach den IFRS-Vorschriften für die steuerliche Gewinnermittlung maßgebend. Da es aber zwischen den IFRS-Vorschriften und den slowakischen Rechnungslegungsvorschriften Differenzen gibt, muss der nach den IFRS-Vorschriften festgestellte Jahresüberschuss/-fehlbetrag mit Hilfe einer Überleitungsrechnung an die Handelsbilanz angepasst werden, die maßgeblich für die Ermittlung der Besteuerung ist. Eine Steuerbilanz gibt es in der Slowakei nicht. Bspw. in Ungarn oder Österreich ist jedoch wie in Deutschland nur der nach nationalen Rechnungslegungsvorschriften festgestellte Jahresüberschuss oder –fehlbetrag für die steuerliche Gewinnermittlung maßgebend.

In Deutschland gibt es keine absolute Trennung der handels- und steuerrechtlichen Rechnungslegung. Aber die Tatsache, dass bspw. kapitalmarktorientierte Konzerne drei unterschiedliche Abschlüsse erstellen müssen, spricht andererseits wiederum eher für eine klare Trennung von Handels- und Steuerbilanz und die Einführung eines "two-book-accounting-systems".

In den USA besteht traditionell ein **"Two-book-accounting-System"**. Die handelsrechtliche und die steuerrechtliche Erfolgsermittlung werden getrennt ermittelt. Die Handelsbilanz nach US-GAAP ist somit nicht für die steuerliche Gewinnermittlung maßgeblich. Dies bedeutet aber nicht, dass zwingend für die Steuerbilanz separate Buchungen erstellt werden müssen, sondern, dass durch zusätzliche Buchungen die Steuerbilanz von der Handelsbilanz abgeleitet wird. Es kann aber auch eine separate Steuerbilanz gebucht werden. Dieses System wird aber in den letzten Jahren, besonders seit den spektakulären Insolvenzfällen wie bspw. Enron im Jahr 2002, auch angezweifelt. Es wird die Frage diskutiert, ob solche Insolvenzen bei einer Maßgeblichkeit der Handelsbilanz für die Steuerbilanz vermeidbar gewesen wären. Im Sinne des Fair Value hatte Enron viele Jahre hohe Gewinne nach US-GAAP ausgewiesen, obgleich die steuerlichen Ergebnisse immer negativ waren. Solche Beispiele führen natürlich dazu, die Bedeutung der Maßgeblichkeit gerade unter diesem Aspekt erneut zu diskutieren und die Anwendung des in den USA präferierten Two-book-accounting-Systems in Frage zu stellen.

11.3 Aushöhlung des Maßgeblichkeitsgrundsatzes

In Deutschland begann die materielle Aushöhlung des Maßgeblichkeitsgrundsatzes bereits durch das Steuerentlastungsgesetz 1999/2000/2002[2]. Die Maßgeblichkeit der Handelsbilanz für die Steuerbilanz wurde durch die Rechtslage ab dem VZ 1999 aber grundsätzlich nicht geändert. Dennoch führten die steuerrechtlichen Sondervorschriften des § 5 Abs. 2 bis 6 EStG zu erheblichen Abweichungen von der ursprünglichen Zielvorstellung einer weitgehenden Übereinstimmung handels- und steuerrechtlicher Gewinnermittlung (Einheitsbilanz). So wurde bspw. mit der Gesetzesänderung, dass Rückstellungen für drohende Verluste aus schwebenden Geschäften im steuerrechtlichen Jahresabschluss nicht mehr gebildet werden dürfen (§ 5 Abs. 4a EStG), ein wesentlicher Schritt zur materiellen Aushöhlung des Maßgeblichkeitsgrundsatzes vollzogen. Der Grund war wohl darin zu vermuten, dass die Jahresabschlussadressaten (Stakeholder) und deren Zielvorstellungen von Handels- und Steuerbilanz sehr unterschiedlich ausgestaltet sind. Deshalb weicht das Steuerrecht gerade dann immer von dem vom Vorsichtsprinzip geprägten Handelsrecht ab, wenn handelsrechtliche Regelungen Spielräume eröffnen, um möglichst niedrige Gewinne auszuweisen. Um das zu verhindern und damit nicht die Möglichkeit zu schaffen, die gewinnabhängige Steuerbelastung zu schmälern, hat das Steuerrecht eigene spezielle Bilanzierungs- und Bewertungsvorschriften gesetzlich verankert.

Mit Inkrafttreten des BilMoG ist das Maßgeblichkeitsprinzip der Handelsbilanz für die Steuerbilanz zwar nicht abgeschafft worden, aber der Wegfall der Umkehrung der Maßgeblichkeit gem. § 5 Abs. 1 Satz 2 EStG a. F.[3] ist für die Verfechter der Abschaffung der Maßgeblichkeit sicher ein Grund mehr, ein eigenständiges Bilanzsteuerrecht zu installieren. Die Gegner der Maßgeblichkeit weisen insbesondere darauf hin, dass durch einen steuerlich induzierten, verzerrten Gewinnausweis wesentliche Informationen für den Kapitalmarkt und deren Kapitalgeber verloren gehen. Wenn der Informationsgehalt der Handelsbilanz nicht mehr durch steuerliche Sonderheiten beeinflusst und verzerrt

---

[2] Weber-Grellet und Herzig sind einige der steuerrechtlichen Autoren, die eher für die Abschaffung der Maßgeblichkeit insgesamt plädieren und ein eigenständiges Bilanzsteuerrecht schon seit längerer Zeit rechtlich implementieren möchten (Weber-Grellet 1999; Herzig und Briesemeister 2010).

[3] Danach durften steuerrechtliche Bewertungswahlrechte bei der Gewinnermittlung nur wahrgenommen werden, wenn auch im handelsrechtlichen Jahresabschluss dieselben Werte angesetzt wurden.

werden kann, führt der handelsrechtliche Jahresabschluss damit zu einer höheren Aussagefähigkeit.[4]

11.4 Beibehaltung oder Abschaffung der Maßgeblichkeit

Nach geltendem Handelsrecht hat die grundsätzliche Beibehaltung der Maßgeblichkeit zur Folge, dass sich die durch Inkrafttreten der BilMoG-bedingten Änderungen auch auf die steuerliche Gewinnermittlung auswirken. Bei genauerer Betrachtung des BilMoG fällt auf, dass viele Änderungen entweder schon in gleicher oder zumindest ähnlicher Form im Steuerrecht enthalten waren wie bspw. die Abzinsung von Rückstellungen, der Vollkostenansatz bei der Bestimmung der Herstellungskosten, der Nichtansatz von sog. Bilanzierungshilfen oder das Passivierungsverbot für Aufwandsrückstellungen usw. Insgesamt aber sind die Abweichungen der Steuerbilanz von der Handelsbilanz durch das BilMoG umfangreicher geworden, die in der Regel zu latenten Steuern führen. Unter diesen Aspekten stellt sich deshalb wieder die Frage, ob das Maßgeblichkeitsprinzip noch aufrechterhalten werden kann, und ob es daher sinnvoll oder sogar geboten wäre, die Steuerbilanz doch vollständig von der Handelsbilanz abzukoppeln. Den Befürwortern einer vollständigen Trennung von Handels- und Steuerbilanz stehen allerdings auch Meinungen gegenüber, die Maßgeblichkeit unter allen Umständen beizubehalten. Welche Gründe für eine Beibehaltung der Maßgeblichkeit sprechen, sollen nachfolgende Ausführungen aufzeigen. Danach würde es sogar Sinn machen, die Maßgeblichkeit zu stärken. Es handelt sich praktisch um ein Plädoyer für die Stärkung der Maßgeblichkeit.

- Nur eine Finanzbuchhaltung führt zu einer Vereinfachung der Gewinnermittlung (one-book-accounting-system).
- Die handels- und steuerrechtliche Gewinnermittlung erfolgt nicht mit zwei Finanzbuchhaltungssystemen (Two-book-accounting-System).
- Durch die Vermeidung von zwei unterschiedlichen Gewinnermittlungssystemen erfolgt eine hohe Kosteneinsparung.
- Ermittlung der Gewinnermittlung erfolgt im Wesentlichen nach einer einheitlichen Rechtsgrundlage.
- Die Anknüpfung des steuerlichen Gewinns an den handelsrechtlichen Gewinn führt zu einer Besteuerung nach der Leistungsfähigkeit.
- Eine einheitliche Gewinnermittlung schützt den Bilanzierenden vor den unkontrollierbaren Zugriffen durch den Steuergesetzgeber,
- mit der Folge einer Gleichmäßigkeit der Besteuerung.

---

[4] Schanz und Schanz (2009).

- Eine einheitliche Rechnungslegung verhindert unter Umständen Insolvenzfälle wie ENRON[5].

Für die vollkommene Abschaffung der Maßgeblichkeit könnten aber folgende Punkte sprechen:

- Ein eigenständiges Bilanzsteuerrecht könnte besser die Ziele der Finanzverwaltung verfolgen (bspw. Aufwendungen könnten nur anerkannt werden, wenn sie tatsächlich auftreten).
- Die Buchung einer separaten Steuerbilanz (Two-book-accounting-System) könnte zu Zeitersparnissen bei der Erstellung der Steuererklärung führen, da eine steuerliche Analyse der Handelsbilanz und die etwaige Erstellung einer Überleitungsrechnung nach § 60 Abs. 2 EStDV entfallen würden.
- Eine separate Steuerbilanz und eine separates Bilanzsteuerrecht könnten besser im Unternehmen für Steuerplanungszwecke genutzt werden.

Herzig/Briesemeister kommen in diesem Zusammenhang zu dem Ergebnis[6], das Maßgeblichkeitsprinzip vollständig abzuschaffen und ein eigenständiges, vom Handelsbilanzrecht unabhängiges Bilanzsteuerrecht zu installieren. Die o. a. Argumente für die Beibehaltung der Maßgeblichkeit werden m. E. von den Kritikern des Maßgeblichkeitsprinzips wie Herzig offensichtlich ignoriert. Die Abschaffung der umgekehrten Maßgeblichkeit durch das BilMoG könnte als Indiz für die Einführung einer eigenständigen Steuerbilanzpolitik interpretiert werden. Mit der Streichung von § 5 Abs. 1 Satz 2 EStG a. F. wurde die umgekehrte Maßgeblichkeit abgeschafft. Damit sind steuerrechtliche Wahlrechte unabhängig von der handelsrechtlichen Bilanzierung vorzunehmen[7]. Damit wurde bislang der Informationsgehalt der Handelsbilanz für viele handelsbilanzorientierte Stakeholder durch die Wahrnehmung steuerrechtlicher Wahlrechte verfälscht. Ein Beispiel hierfür ist die Reinvestitionsrücklage nach § 6b EStG. Vor diesem Hintergrund wirkte sich die Abschaffung der umgekehrten Maßgeblichkeit positiv auf die Informationsfunktion der (Handels-)Bilanz aus und führt deshalb zu einer Entflechtung von Handels- und Steuerbilanz. Aus diesem Grund wurden die diesbezüglichen handelsrechtlichen Vorschriften der §§ 247 Abs. 3, 254, 270 Abs. 1 Satz 2, 273, 279 Abs. 2, 280 Abs. 1, 281, 285 Satz 1 Nr. 5 HGB a. F. aufgehoben. Im Ergebnis führte die Abschaffung der umgekehrten Maßgeblichkeit zu folgenden wesentlichen Veränderungen:

---

[5] Vgl. Steck (2002).
[6] Vgl. Herzig und Briesemeister (2010).
[7] Nach altem Recht mussten steuerrechtliche Wahlrechte in Übereinstimmung mit dem handelsrechtlichen Jahresabschluss umgesetzt werden.

- Die ehemals gewünschte Einheitsbilanz gibt es in dieser Form nicht mehr.
- Die bilanziellen Unterschiede zwischen Handels- und Steuerbilanz erfordern die Notwendigkeit eines „Ausgleichs" durch Bildung latenter Steuern.
- Damit wäre im Prinzip der Weg frei für eine eigenständige Steuerbilanzpolitik, mit der Konsequenz, dass steuerrechtliche Wahlrechte unabhängig von der Handelsbilanz ausgeübt werden dürfen (§ 5 Abs. 1 Satz 1 Halbsatz 2 EStG).

Somit kann als Zwischenergebnis festgehalten werden, dass der Gesetzgeber mit der Neuregelung des § 5 Abs. 1 Satz 1 Halbsatz 2 EStG den Weg für eine selbstständige Steuerbilanzpolitik grundsätzlich frei macht. Ob der Gesetzgeber dieses Ergebnis so gewollt hat, kann nicht verifiziert werden, muss aber nach Ansicht des Autors sehr angezweifelt werden.

Aber auch die Finanzverwaltung unterstützt eine eigenständige Steuerbilanzpolitik (BMF-Schreiben vom 12.03.2010, BStBl 2009 I S. 650). Die Finanzverwaltung vertritt nämlich die Auffassung, dass steuerrechtliche Wahlrechte, unabhängig vom handelsrechtlichen Wertansatz und unter Außerachtlassen des Maßgeblichkeitsprinzips, angesetzt werden können. Damit führt unverständlicherweise die gesetzlich verankerte Maßgeblichkeit der Handelsbilanz für die Steuerbilanz gem. § 5 Abs. 1 Satz 1 Halbsatz 1 EStG nicht zur Übernahme handelsrechtlicher Wertansätze in der Steuerbilanz. Die Ausübung eines steuerlichen Wahlrechts darf – so die Finanzverwaltung – unter Missachtung des Maßgeblichkeitsprinzips eigenständig umgesetzt werden. Damit wird m. E. der Gesetzeswortlaut durch die Finanzverwaltung ignoriert.

11.5 Formelle und materielle Maßgeblichkeit

Die steuerliche Gewinnermittlung erfolgt durch Betriebsvermögensvergleich gem. § 4 Abs. 2 Satz 1 EStG unter Beachtung der **Maßgeblichkeit** der Handelsbilanz für die Steuerbilanz. Maßgeblichkeit bedeutet aber nicht, dass Handels- und Steuerbilanz identisch sein müssen.

Nach der **materiellen Maßgeblichkeit** sind die handelsrechtlichen Grundsätze ordnungsmäßiger Buchführung bei der steuerlichen Bilanzierung zu beachten, es sei denn, steuerliche Vorschriften gebieten bzw. verbieten den handelsrechtlichen Ansatz oder erlauben die Ausübung eines steuerlichen Wahlrechts. Damit können die bestehenden gesetzlichen Bilanzierungs- und Bewertungswahlrechte in der Steuerbilanz unabhängig von der Vorgehensweise in der Handelsbilanz ausgeübt werden. Beide Bilanzen können, müssen aber nicht übereinstimmen. Als Beispiel hierfür kann die im handelsrechtlichen Jahresabschluss vorgenommene Abschreibung auf den niedrigeren Tageswert (beizulegenden Wert) aufgrund einer voraussichtlich dauernden Wertminderung genannt werden, die in den steuerlichen Jahresabschluss aufgrund des steuerlichen Wahlrechts, eine Teilwertabschreibung vorzunehmen, übernommen werden kann (Wahlrecht).

Die **formelle Maßgeblichkeit** bedeutet, dass die handelsbilanziellen Bilanzierungs- und Bewertungsansätze unverändert in die Steuerbilanz übernommen werden müssen. Abweichungen darf es nur geben, wenn eine steuerliche Vorschrift explizit eine abweichende Vorgehensweise vorschreibt. Als Beispiel kann hierfür die Drohverlustrückstellung genannt werden, die nach der formellen Maßgeblichkeit in die Steuerbilanz übernommen werden müsste, wegen § 5 Abs. 4a EStG aber nicht in der Steuerbilanz ausgewiesen werden darf. Viele Autoren gehen davon aus, dass die formelle Maßgeblichkeit mit der umkehrten Maßgeblichkeit identisch sei. Das ist aber nach Ansicht des Autors nicht richtig, da die **umgekehrte Maßgeblichkeit** die einheitliche Ausübung von steuerlichen Wahlrechten in der Handels- und Steuerbilanz bedeutete. Der Grundsatz der Übernahme der handelsrechtlichen Wertansätze in die Steuerbilanz unter Berücksichtigung steuerlicher Sondervorschriften blieb jedoch durch das BilMoG unberührt (§ 5 Abs. 1 Satz 1 EStG a. F. und § 5 Abs. 1 Satz 1 Halbsatz 1 EStG).

Damit stellt die formelle Maßgeblichkeit eine wesentlich engere Verzahnung zwischen Handels- und Steuerbilanz her als die materielle Maßgeblichkeit. Die materielle Maßgeblichkeit ist somit als „Erweiterung" der formellen Maßgeblichkeit zu verstehen.

Mit dem BMF-Schreiben vom 12.03.2010 wurde klargestellt, dass steuerliche Wahlrechte unabhängig von handelsrechtlichen Bewertungs- und Bilanzierungsansätzen ausgeübt werden dürfen. Nach Ansicht der Finanzverwaltung gilt dieses Abweichen vom Maßgeblichkeitsgrundsatz immer, nicht nur für ganz spezielle steuerliche Bewertungswahlrechte wie bspw. Sonderabschreibungen oder erhöhte Abschreibungen. Die Finanzverwaltung geht hierbei sogar noch einen Schritt weiter und vertritt die Meinung, dass sich steuerliche Wahlrechte nicht nur aus Gesetzen herleiten lassen, sondern auch aus Verwaltungsvorschriften wie Richtlinien (EStR) und BMF-Schreiben.

11.6 Materielle Maßgeblichkeit nach § 5 Abs. 1 Satz 1 EStG

Die materielle Maßgeblichkeit gem. § 5 Abs. 1 Satz 1 EStG wird näher im BMF-Schreiben vom 12.03.2010 spezifiziert.

Nach dem BMF-Schreiben vom 12.03.2010 (BStBl 2009 I S. 650, Rz. 4 und 5) sind folgende **Aktivierungs- und Passivierungsregelungen** zu beachten, es sei denn, steuerliche Sondervorschriften gebieten bzw. verbieten dies (bspw. Passivierungsgebot von Drohverlustrückstellungen in der Handelsbilanz und Passivierungsverbot in der Steuerbilanz):

Aktivierungs**gebote** in der HB	→	Aktivierungs**gebote** in der StB
Aktivierungs**wahlrechte** in der HB	→	Aktivierungs**gebote** in der StB
Aktivierungs**verbote** in der HB	→	Aktivierungs**verbote** in der StB
Passivierungs**gebote** in der HB	→	Passivierungs**gebote** in der StB
Passivierungs**wahlrechte** in der HB	→	Passivierungs**verbote** in der StB
Passivierungs**verbote** in der HB	→	Passivierungs**verbote** in der StB

Bei **Bewertungen** ist gem. dem BMF-Schreiben vom 12.03.2010 (BStBl 2009 I S. 650, Rz. 5 und 13) folgender Ansatz zu beachten:

- Handelsrechtliche Bewertungswahlrechte sind, soweit keine steuerlichen Spezialvorschriften existieren, auch in der Steuerbilanz zu beachten (bspw. Bewertung von kurzfristigen Jahresabschlussrückstellungen, die in der Handels- und Steuerbilanz identisch bewertet sind).
- Steuerliche Bewertungswahlrechte können aber unabhängig von handelsbilanziellen Bewertungswahlrechten vorgenommen werden (bspw. die Nutzung der gewogenen Durchschnittmethode in der Steuerbilanz und die Nutzung des FiFo-Verfahrens in der Handelsbilanz).
- Steuerliche Bewertungswahlrechte können aber unabhängig von handelsbilanziellen Bewertungsgeboten und -verboten vorgenommen werden (bspw. das Abschreibungswahlrecht bei dauernder Wertminderung bei Finanzanlagen in der Steuerbilanz und die Abschreibungspflicht in der Handelsbilanz).

▶ Steuerliche Sonderregelungen, wie bspw. steuerliche Aktivierungs- und Passivierungsverbote oder eigene steuerliche Bewertungsvorschriften durchbrechen die Maßgeblichkeit der Handelsbilanz für die Steuerbilanz, d. h. die steuerlichen Vorschriften haben Vorrang vor den handelsrechtlichen Vorschriften (**Durchbrechung des Maßgeblichkeitsprinzips**). Steuerliche Wahlrechte können sogar unabhängig von den handelsbilanziellen Ansatzverboten, -geboten und -wahlrechten und Bewertungsverboten, -geboten und -wahlrechten ausgeübt werden.

11.7 Entflechtung der Handelsbilanz von der eigenständigen Steuerbilanzpolitik – Fazit

Vor der Einführung von BilMoG mussten steuerliche Wertansätze in Übereinstimmung mit den handelsrechtlichen Wertansätzen ausgeübt werden. Mit § 5 Abs. 1 Satz 1 Halbsatz 2 EStG wurde ein sog. steuerrechtliches Bewertungsvorbehaltswahlrecht eingeführt. Danach dürfen steuerliche Wahlrechte eigenständig umgesetzt werden, ohne auf den handelsrechtlichen Wertansatz Rücksicht nehmen zu müssen. Dies gilt sowohl für rein steuerliche Wahlrechte, als auch für handels- und steuerrechtliche Wahlrechte, d. h. diese Wahlrechte können in Handels- und Steuerbilanz unterschiedlich ausgeübt werden. Die Definition des § 5 Abs. 1 Satz 1 Halbsatz 2 EStG ermöglicht eine **eigenständige Steuerbilanzpolitik**.

Auch von der Finanzverwaltung wird mit dem BMF-Schreiben vom. 12.03.2010 die eigenständige Steuerbilanzpolitik unterstützt. Die Finanzverwaltung vertritt die Auffassung, dass rein steuerrechtliche Wahlrechte, unabhängig vom handelsrechtlichen Wertansatz, ausgeübt werden können. Mit diesem BMF-Schreiben führt das

Maßgeblichkeitsprinzip der Handelsbilanz für die Steuerbilanz zu keiner Einschränkung der Ausübung steuerlicher Wahlrechte.

Mit der Änderung des § 5 Abs. 1 EStG, zeitgleich mit dem Inkrafttreten des BilMoG, wurde ein Weg in ein eigenständiges Bilanzsteuerrecht eröffnet. Die Zukunft wird zeigen, ob sich die Finanzverwaltung entscheidet, diesen Weg zu nehmen. Der Autor ist aber der Meinung, dass eine weitere Abkopplung vom Maßgeblichkeitsgrundsatz nicht stattfinden wird, da dies auch ein nicht zumutbarer finanzieller Aufwand zur Erstellung eines „Two-book-accounting-System", insbesondere für KMU, wäre. Diese Aussage wird auch dadurch unterstützt, dass es mit den letzten gesetzlichen Änderungen des EStG zu keiner Änderung des Maßgeblichkeitsgrundsatzes gekommen ist.

12 Steuerliche Einkunftsermittlungsmethoden

Handelsrechtlich hat grundsätzlich jeder Kaufmann nach § 242 HGB einen Jahresabschluss aufzustellen, der sich aus Bilanz und Gewinn- und Verlustrechnung zusammensetzt. Nur Einzelkaufleute i. S. des § 241a HGB sind davon ausgenommen. Kapitalgesellschaften erstellen nach § 264 Abs. 1 HGB einen Jahresabschluss, der um einen Anhang zu erweitern ist.

Steuerlich sind bei den drei Gewinneinkunftsarten als Einkünfte der Gewinn bzw. der Verlust festzustellen. Steuerrechtlich stehen zur Ermittlung der Einkünfte folgende Gewinnermittlungsverfahren zur Verfügung:

- Gewinnermittlung durch Betriebsvermögensvergleich,
- Gewinnermittlung durch Einnahmen-Ausgaben-Rechnung,
- Pauschale Ermittlung des Gewinns aus Land- und Forstwirtschaft,
- Pauschale Gewinnermittlung bei Handelsschiffen im internationalen Verkehr,
- Schätzung des Gewinns nach § 162 AO (wobei es sich hier nicht um eine Selbstständige Gewinnermittlungsmethode handelt).

Ein wesentliches Ziel eines jeden Unternehmens ist das Erreichen wirtschaftlichen Erfolges, der sich in Gewinn oder Verlust niederschlägt. Die Bestimmung des Erfolges dient u. a. der eigenen Wirtschaftlichkeits- und Erfolgskontrolle sowie als Bemessungsgrundlage der Steuerfestsetzung für die:

- Einkommensteuer bei den Einkünften aus Land- und Forstwirtschaft, Gewerbebetrieb und selbstständiger Arbeit (§ 2 Abs. 2 Nr. 1 EStG),
- Körperschaftsteuer (§ 7 Abs. 1 und § 8 Abs. 1 KStG),
- Gewerbeertragsteuer (§ 7 Abs. 1 GewStG).

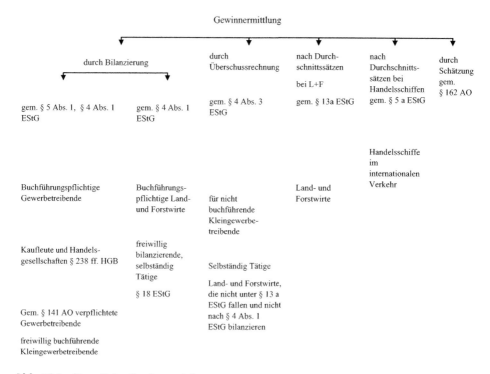

Abb. 12.1 Steuerliche Gewinnermittlung

Der Erfolg kann mithilfe der Gewinn- und Verlustrechnung durch Gegenüberstellen von Aufwendungen und Erträgen in einer Periode bestimmt werden. Übersteigen die Erträge summenmäßig die Aufwendungen, entsteht als Saldo ein Gewinn, wie umgekehrt ein Verlust entsteht, wenn die Aufwendungen größer sind als die Erträge. Die steuerliche Gewinnermittlung hingegen hat nach § 4 Abs. 1 Satz 1 EStG durch Betriebsvermögensvergleich zu erfolgen. Die Übersicht in der Abb. 12.1 stellt die Gewinnermittlungsmethoden dar.

12.1 Gewinnermittlung durch Betriebsvermögensvergleich

Die gesetzliche Grundlage für Fragen des Bilanzsteuerrechts, für steuerliche Bilanzierungs- und Bewertungsfragen findet sich in den §§ 4 bis 7k EStG. Die Bewertung einzelner Wirtschaftsgüter ist unter Einbeziehung der handelsrechtlichen Vorschriften (Maßgeblichkeit) überwiegend in § 6 EStG geregelt. Das einem ständigen Wandel unterzogene Steuerrecht hat schon immer die unternehmerische Planungssicherheit erheblich beeinträchtigt. Insofern hat in der Vergangenheit die externe bilanzielle Rechnungslegung ohne wesentliche Änderungen zu einem gewissen Ausgleich beigetragen. Inzwischen aber hat sich auch das Bilanzsteuerrecht dieser Änderungsdynamik nicht mehr entziehen können.

12.1 Gewinnermittlung durch Betriebsvermögensvergleich

Die steuerliche Gewinnermittlung einer Periode ist die zentrale Größe im Rahmen der Unternehmensbesteuerung und erfolgt grundsätzlich nach § 4 Abs. 1 EStG als Differenzgröße zwischen Betriebsvermögen am Schluss des Wirtschaftsjahres und dem Betriebsvermögen am Schluss des vorangegangenen Wirtschaftsjahres, vermehrt um den Wert der Entnahmen und vermindert um den Wert der Einlagen. Zusätzlich sind steuerfreie Einnahmen (§ 3 EStG) und nicht abzugsfähige Betriebsausgaben (§ 4 Abs. 5 EStG) zu berücksichtigen, soweit sie den steuerpflichtigen Gewinn beeinflussen. Bei Kapitalgesellschaften sind noch die den Gewinn beeinflussenden Vorschriften des § 8b KStG zu beachten.

Entnahmen (§ 4 Abs. 1 Satz 2 EStG) sind alle Wirtschaftsgüter (Barentnahmen, Waren, Erzeugnisse, Nutzungen und Leistungen), die der Stpfl. dem Betrieb für sich, für seinen Haushalt oder für andere betriebsfremde Zwecke im Laufe des Wirtschaftsjahres entnommen hat. Einlagen (§ 4 Abs. 1 Satz 5 EStG) sind alle Wirtschaftsgüter (Bareinzahlungen und sonstige Wirtschaftsgüter), die der Stpfl. dem Betrieb im Laufe des Wirtschaftsjahres zugeführt hat.

Bei der Gewinnermittlung durch Betriebsvermögensvergleich lassen sich zwei Methoden unterscheiden: einmal der allgemeine Betriebsvermögensvergleich nach § 4 Abs. 1 EStG und zum anderen der besondere Betriebsvermögensvergleich nach § 5 Abs. 1 EStG i. V. m. § 4 Abs. 1 EStG. Nach § 5 Abs. 1 EStG müssen alle buchführenden Gewerbetreibenden nach den handelsrechtlichen Grundsätzen ordnungsmäßiger Buchführung (GoB) bilanzieren, unabhängig davon, ob sie dazu verpflichtet sind oder freiwillig (z. B. Kleingewerbetreibende) Jahresabschlüsse erstellen.

Die Gewinnermittlung durch Betriebsvermögensvergleich nach § 4 Abs. 1 EStG erfolgt durch selbstständig Tätige und Land- und Forstwirte, die freiwillig Bücher führen sowie Land- und Forstwirte, die nach § 141 AO zur Buchführung verpflichtet werden, sofern

- die Umsätze mehr als 600.000 € im Kalenderjahr betragen **oder**
- der Wirtschaftswert (§ 46 BewG) der selbstbewirtschafteten land- und forstwirtschaftlichen Flächen 25.000 € übersteigt **oder**
- der Gewinn aus Gewerbebetrieb oder Land- und Forstwirtschaft mehr als 60.000 € im Wirtschaftsjahr bzw. im Kalenderjahr beträgt.

Da die AO für selbstständig Tätige i. S. v. § 18 EStG keine Verpflichtung zur Jahresabschlusserstellung vorsieht, kann die Gewinnermittlung durch Betriebsvermögensvergleich auf freiwilliger Basis nach den Bestimmungen des § 4 Abs. 1 EStG erfolgen. Hier stellt sich die Frage nach dem Unterschied der Gewinnermittlung durch Betriebsvermögensvergleich nach § 4 Abs. 1 EStG und § 5 Abs. 1 EStG. Während Stpfl., die den Gewinn nach § 4 Abs. 1 EStG ermitteln, im Wesentlichen nur die einkommensteuerlichen Vorschriften zur Bilanzierung und Bewertung von Wirtschaftsgütern beachten müssen, sind bei der Bilanzierung nach § 5 EStG neben den steuerlichen Vorschriften auch die handelsrechtlichen Vorschriften zu beachten. Es ist grundsätz-

Abb. 12.2 steuerpflichtiger Gewinn

	Betriebsvermögen 31.12.2021
−	Betriebsvermögen 31.12.2020 = 01.01.2021
+	Entnahmen 2021
−	Einlagen 2021
+	Nicht abzugsfähige Betriebsausgaben
−	Steuerfreie Einnahmen
=	Steuerpflichtiger Gewinn 2021

lich das Maßgeblichkeitsprinzip anzuwenden, d. h., die Handelsbilanz ist maßgeblich für die Steuerbilanz. Im Steuerrecht wird anstelle von Vermögensgegenständen von positiven Wirtschaftsgütern und anstelle von Schulden von negativen Wirtschaftsgütern gesprochen.

Die Gewinnermittlung durch Betriebsvermögensvergleich nach § 4 Abs. 1 und § 5 EStG erfolgt gemäß der systematischen Darstellung in der Abb. 12.2.

> **Beispiel: Gewinnermittlung nach § 4 Abs. 1 EStG**
>
> Ein Stpfl. stellt Ende des Wirtschaftsjahres 2021 für sein Unternehmen folgende Bestände an Wirtschaftsgütern durch Inventur fest:
>
> **Vermögen**
> | | |
> |---|---:|
> | Grundstücke und Gebäude | 480.000 € |
> | Fuhrpark | 120.000 € |
> | Waren | 230.000 € |
> | Forderungen aus L + L | 100.000 € |
> | Kasse, Bank, Postbank | 60.000 € |
> | | 990.000 € |
>
> **Schulden**
> | | |
> |---|---:|
> | Verbindlichkeiten aus L + L | 370.000 € |
> | Bankverbindlichkeiten | 120.000 € |
> | | 490.000 € |
> | Betriebsvermögen 31.12.2021 = 990.000 € − 490.000 € = | 500.000 € |
>
> Das Betriebsvermögen am 31.12.2020 hat 400.000 € betragen. Der Stpfl. hat weiter im Wirtschaftsjahr 2021 Waren, Nutzungen und Leistungen i. H. v. 18.000 € entnommen sowie von seinem privaten Bankkonto 60.000 € in das Betriebsvermögen eingelegt.

12.1 Gewinnermittlung durch Betriebsvermögensvergleich

Betriebsvermögen 31.12.2021	500.000 €
- Betriebsvermögen 31.12.2020	400.000 €
Zwischensumme	100.000 €
+ Entnahme	18.000 €
- Einlage	60.000 €
= steuerpflichtiger Gewinn 2021	58.000 €

◄

Wie aus dem Beispiel zu ersehen ist, ergibt sich das Betriebsvermögen als Saldo zwischen den Vermögenswerten und den Schulden einer Unternehmung. Das Betriebsvermögen entspricht in einer Bilanz dem Eigenkapital. Die Bestimmung des Betriebsvermögens kann problematisch sein, weil steuerrechtlich klar zwischen Betriebsvermögen und Privatvermögen zu unterscheiden ist. Da eine Kapitalgesellschaft keine Privatsphäre hat, ist das ganze in ihrem Eigentum stehende Vermögen Betriebsvermögen.

Bei Einzelunternehmen und Personengesellschaften fordert das Steuerrecht aber wegen der Nähe zur Privatsphäre eine klare Trennung von Gegenständen des Privat- und Betriebsbereiches. Deshalb ist hier eine klare Trennung der Vermögensgegenstände und Schulden in notwendiges Betriebsvermögen, notwendiges Privatvermögen, gewillkürtes Betriebsvermögen und Sonderbetriebsvermögen vorzunehmen. Privatvermögen ist nicht bilanzierungsfähig (§ 264c Abs. 3 HGB, § 5 Abs. 4 PublG).

Die Bedeutung der Zugehörigkeit eines Gegenstandes wird an einem einfachen Beispiel verständlich. Während sich der Verkauf eines betrieblichen Pkws erfolgs- und steuerwirksam auswirkt, ist eine private Veräußerung eines Gegenstandes grundsätzlich steuerlich irrelevant. Diese Tatsache könnte Stpfl. dazu veranlassen, die jeweils für sie optimalste Variante auszuwählen. Dies hat Rechtsprechung und Finanzverwaltung dazu bewogen, Wahlmöglichkeiten einzuschränken (vgl. z. B. R 4.2 Abs. 1 EStR). Für die Zuordnung zum privaten oder betrieblichen Vermögensbereich ist die Dreiteilung der Abb. 12.3 zu beachten.

Zum **notwendigen Betriebsvermögen** gehört ein Wirtschaftsgut, das nach seiner Art ausschließlich und unmittelbar betrieblichen Zwecken zu dienen bestimmt oder

BETRIEBS- UND PRIVATVERMÖGEN		
Notwendiges Betriebsvermögen	Gewillkürtes Betriebsvermögen	Notwendiges Privatvermögen
Betriebliche Nutzung > 50 v.H.	10 v.H. ≤ Betriebliche Nutzung ≤ 50 v.H.	Betriebliche Nutzung < 10 v.H.
Bilanzierungspflicht	**Bilanzierungswahlrecht**	**Bilanzierungsverbot**
z.B. LKW, Fabrikhalle	z.B. Wertpapiere, PKW	z.B. Schmuck

Abb. 12.3 Abgrenzung Betriebs- und Privatvermögen

geeignet ist. Ob dies der Fall ist, kann mit zwei Methoden geprüft werden. So stellt die typisierende Betrachtungsweise allein auf die Art des Wirtschaftsgutes ab. Danach sind für die Fertigung bestimmte Rohstoffe ihrem Wesen nach immer dem notwendigen Betriebsvermögen zuzuordnen. Ist aber die Verwendung eines Gegenstandes sowohl betrieblich als auch privat möglich (bspw. Pkw), kann die Zuordnung zum notwendigen Betriebsvermögen nur mithilfe der konkretisierenden Betrachtungsweise erfolgen. In einem solchen Fall kommt es allein auf die tatsächliche Nutzung und Funktion des Wirtschaftsgutes im Betriebsorganismus an. Beispiele für typische Wirtschaftsgüter des notwendigen Betriebsvermögens sind Roh-, Hilfs- und Betriebsstoffe, Maschinen für die Produktion, Fertigungshallen oder Baukräne.

Alle beweglichen Wirtschaftsgüter, die teilweise betrieblich und teilweise privat genutzt werden, deren betriebliche Nutzung aber mehr als 50 % beträgt, werden insgesamt dem Betriebsvermögen zugerechnet. Beträgt die betriebliche Nutzung eines Wirtschaftsgutes mindestens 10 % und höchstens 50 %, hat der Stpfl. grundsätzlich ein Wahlrecht, das Wirtschaftsgut als Privatvermögen oder Betriebsvermögen zu behandeln. Bei Zuordnung zum Betriebsvermögen spricht man vom sog. **gewillkürten Betriebsvermögen**.

Alle anderen Wirtschaftsgüter, die ausschließlich oder zu mehr als 90 % privat genutzt werden, sind **notwendiges Privatvermögen** und bleiben daher bei der Gewinnermittlung außer Betracht. Beispiele sind das vom Einzelunternehmer selbst bewohnte Einfamilienhaus oder die an das Finanzamt zu zahlende Einkommensteuer.

Gemischt genutzte bewegliche Wirtschaftsgüter mit einer betrieblichen Nutzung von mindestens 10 bis zu 50 % dürfen nach der BFH-Rechtsprechung (BFH-Urteil vom 02.10.2003, IV R 13/03, BFH/NV 2004, S. 152.) auch bei der Gewinnermittlung nach § 4 Abs. 3 EStG als gewillkürtes Betriebsvermögen behandelt werden.

> **Beispiel: Zuordnung im Betriebsvermögensbereich**
>
> Ein selbstständig tätiger Arzt bilanziert gem. § 4 Abs. 1 EStG. Eine Waschmaschine in seiner Arztpraxis wird wie folgt genutzt:
>
> - betriebliche Nutzung 80 %: notwendiges Betriebsvermögen;
> - betriebliche Nutzung 25 %: gewillkürtes Betriebsvermögen oder Privatvermögen;
> - betriebliche Nutzung 8 %: notwendiges Privatvermögen.
>
> Ein Wirtschaftsgut ist einem Gesellschafter (Mitunternehmer) i. S. d. § 15 Abs. 1 Nr. 2 EStG als Sonderbetriebsvermögen zuzurechnen, wenn der Mitunternehmer zivilrechtlich Eigentümer ist und er dieses der Personengesellschaft, an der er beteiligt ist, zur Nutzung überlässt. Ein Beispiel wäre die Überlassung eines bebauten Grundstückes. ◄

12.2 Einnahmen-Ausgaben-Rechnung

12.2.1 Grundlagen

Steuerpflichtige, die nicht aufgrund gesetzlicher Vorschriften verpflichtet sind, Bücher zu führen und regelmäßig Abschlüsse zu erstellen, und die auch nicht freiwillig Bücher führen und Abschlüsse erstellen, können nach § 4 Abs. 3 EStG als Gewinn den Überschuss der Betriebseinnahmen über die Betriebsausgaben ansetzen (**Einnahmenüberschussrechnung**).

Die Erfolgsermittlung (Gewinn bzw. Verlust) erfolgt nicht mit Hilfe des Instrumentariums Betriebsvermögensvergleich, sondern durch Gegenüberstellen von Betriebseinnahmen und Betriebsausgaben. Das Ergebnis dieser Einnahmen-Ausgaben-Rechnung (bzw. Einnahmenüberschussrechnung) ist der Gewinn oder Verlust. Es handelt sich um eine Gewinnermittlungsmethode, die nur bei den betrieblichen Einkunftsarten angewendet werden kann:

1. **Land- und Forstwirte**, die nicht nach § 141 Abs. 1 AO buchführungspflichtig sind und ihren Gewinn nicht nach § 13a EStG (Durchschnittssatzbesteuerung) ermitteln;
2. „Kleine" **Gewerbetreibende** und Handwerker, die zwar Einkünfte aus Gewerbebetrieb erzielen, aber nicht buchführungspflichtig sind, vor allem also Kleingewerbetreibende, die auch nicht nach § 141 Abs. 1 AO zur Führung von Büchern verpflichtet sind;
3. **Selbstständig Tätige** (im Englischen „sole trader") i. S. d. § 18 Abs. 1 EStG. Für Selbstständige, insbesondere Freiberufler wie bspw. Ärzte, Rechtsanwälte, Steuerberater etc., die keinen Gewerbebetrieb führen und auch nicht freiwillig Bücher führen, besteht keine Buchführungspflicht. § 141 AO ist deshalb nicht anwendbar, weil sich diese Vorschrift nur auf Land- und Forstwirte sowie Gewerbetreibende bezieht. Trotzdem sind auch von Selbstständigen bestimmte Aufzeichnungspflichten zu erbringen, die sich bspw. für Umsatzsteuerzwecke aus § 22 UStG ergeben. Selbstständig Tätige können jedoch freiwillig Bücher führen und Abschlüsse erstellen, dann aber nach § 4 Abs. 1 EStG.

Die Einnahmen-Ausgaben-Rechnung ist eine vereinfachte Form der Gewinnermittlung. Im Prinzip handelt es sich um eine modifizierte Gewinn- und Verlustrechnung. Nicht Erträge und Aufwendungen bestimmen den Erfolg (Gewinn oder Verlust), sondern Betriebseinnahmen und Betriebsausgaben. Die Einnahmenüberschussrechnung ist die Regelgewinnermittlungsart für die selbstständig Tätigen (Freiberufler) und die Kleingewerbetreibenden. Die Grundstruktur lässt sich wie folgt darstellen:

Betriebseinnahmen eines Kalenderjahres
− Betriebsausgaben eines Kalenderjahres
= Überschuss (Gewinn) bzw. Verlust eines Kalenderjahres
+ nichtabziehbare Betriebsausgaben § 4 Abs. 4a, 5, 5b, § 4h EStG und ähnliche Posten
− steuerfreie (nicht steuerpflichtige) Betriebseinnahmen
= steuerpflichtiger Gewinn/Verlust

Gewinn i. S. d. § 4 Abs. 3 EStG ist der Überschuss der Betriebseinnahmen über die Betriebsausgaben in einem Kalenderjahr. Im Gegensatz zur Bilanzierung ist ein vom Kalenderjahr abweichendes Wirtschaftsjahr nicht möglich. Bei der Einnahmenüberschussrechnung ist der Gewinnermittlungszeitraum immer das Kalenderjahr.

Die Einnahmenüberschussrechnung basiert auf dem Zu- **und Abflussprinzip** des § 11 EStG, d. h. auf dem Grundprinzip einer Geldrechnung (z. B. Kassenbuch), bei der grundsätzlich nur Zahlungsvorgänge, also tatsächlich erhaltene Einzahlungen und tatsächlich geleistete Auszahlungen zu erfassen sind. Eine Bestandsaufnahme des Vermögens und der Schulden wie bei der Bilanzierung erfolgt nicht.

In § 11 EStG (R 4.5 Abs. 2 EStR) ist die zeitliche Zurechnung von Betriebseinnahmen und Betriebsausgaben für einen Abrechnungszeitraum (= Kalenderjahr) geregelt. Demnach sind Einnahmen dem Kalenderjahr zuzurechnen, in dem sie zugeflossen, d. h. vereinnahmt worden sind (§ 11 Abs. 1 Satz 1 EStG) und Ausgaben sind dem Kalenderjahr zuzurechnen, in dem sie abgeflossen, d. h. verausgabt worden sind (§ 11 Abs. 2 Satz 1 EStG). Danach sind Betriebseinnahmen grundsätzlich als Zufluss liquider Mittel und Betriebsausgaben als Abfluss liquider Mittel zu verstehen. Einnahmen gelten mit der Erlangung der wirtschaftlichen Verfügungsmacht als zugeflossen. Die wirtschaftliche Verfügungsmacht wird i. d. R. im Zeitpunkt des Eintritts des Leistungserfolges erlangt. Bspw. ist die Entgegennahme eines Schecks in diesem Zeitpunkt als Einnahme zu erfassen (H 11 – Allgemeines – EStH). Betriebsausgaben sind im Zahlungszeitpunkt zu erfassen, weil da die wirtschaftliche Verfügungsmacht über dieses Geld verloren geht.

> **Beispiele: Überweisungen, Scheckzahlungen (vgl. H 11 – Überweisung, Scheck – EStH)**

Erfolgt die Zahlung an einen Lieferanten mit Scheck, dann ist die Betriebsausgabe mit der Übergabe des Schecks an den Lieferanten zu erfassen. Erfolgt eine postalische Scheckübermittlung, gilt die Betriebsausgabe mit der Übergabe an die Post als erfolgt bzw. mit Einwurf in den Briefkasten des Zahlungsempfängers.[1]

---

[1] Zur Bestimmung des Zu- und Abflusszeitpunktes regelmäßig wiederkehrender Einnahmen und Ausgaben vgl. von Sicherer, Einkommensteuer, 3. Aufl. S. 179 ff.

12.2 Einnahmen-Ausgaben-Rechnung

Ein Banküberweisungsbetrag gilt grundsätzlich als Betriebsausgabe abgeflossen, wenn der Überweisungsauftrag bei der überweisenden Bank eingetroffen ist, wenn das Konto die nötige Deckung aufweist oder ein entsprechender Kreditrahmen vorhanden ist. ◄

Das Grundprinzip der Erfassung von Betriebseinnahmen und Betriebsausgaben wird jedoch durch eine Reihe von Ausnahmen durchbrochen. So sind bei regelmäßig wiederkehrenden Zahlungen wie bspw. monatlichen Mietzahlungen, die innerhalb von 10 Tagen vor oder 10 Tagen nach dem 31.12. eines Kalenderjahres fällig sind und innerhalb dieses Zeitraums zu- oder abfließen, nicht die tatsächlichen Zahlungszeitpunkte ausschlaggebend, sondern die wirtschaftliche Zugehörigkeit zum jeweiligen Kalenderjahr (§ 11 Abs. 1 Satz 2 und Abs. 2 Satz 2 EStG sowie H 11 – Allgemeines – EStH).

Beispiele: Regelmäßig wiederkehrende Zahlungen

Die am 30.12.2020 fällige Dezembermiete wird erst am 08.01.2021 bezahlt. Nach dem Zu- und Abflussprinzip des § 11 EStG müsste diese Mietzahlung im Januar 2021 als Betriebsausgabe erfasst werden. Die Zahlungszurechnung erfolgt aber im Dezember 2020, weil

- es sich um eine regelmäßig wiederkehrende Zahlung handelt,
- die Fälligkeit der Mietzahlung innerhalb eines Zeitraums von 10 Tagen vor dem Jahreswechsel liegt und
- die Mietzahlung innerhalb von 10 Tagen (hier 8 Tage) nach Ende des Kalenderjahres 2020 geleistet wurde.

Wirtschaftlich betrachtet, ist die am 08.01.2021 bezahlte Miete dem Monat Dezember 2020 zuzurechnen. Die Leistungserbringung und die Entstehung der Mietschuld erfolgt im Dezember 2020. Somit ist die Dezembermiete im Kalenderjahr 2020 als Betriebsausgabe gewinnmindernd anzusetzen.

Anders wäre das Fallbeispiel zu lösen, wenn die Fälligkeit der Miete am 01.12.2020 ceteris paribus gewesen wäre. In diesem Fall würde die Ausnahmeregelung des § 11 Abs. 2 Satz 1 EStG nicht greifen, weil die Fälligkeit der Mietzahlung dann nicht innerhalb eines Zeitraums von 10 Tagen vor dem 31.12.2020 liegt, mit der Folge, dass die Mietzahlung am 08.01.2021 für den Monat Dezember 2020 dem Kalenderjahr 2021 als Betriebsausgabe zuzurechnen ist. ◄

Weiteres Beispiel: Zu- und Abflussprinzip

Ein Stpfl., der den Gewinn nach § 4 Abs. 3 EStG ermittelt, erwirbt im Dezember 2020 Waren im Wert von 10.000 €, die sofort bezahlt werden. Im April 2021 veräußert er diese Waren für 18.000 €.

In Höhe der Zahlung der Waren im Dezember 2020 entstehen Betriebsausgaben i. H. v. 10.000 €, obgleich wirtschaftlich betrachtet keine Aufwendungen entstanden sind, weil dem Zahlungsabgang in gleicher Höhe kein Leistungserfolg gegenübersteht. Die Veräußerung im April 2021 führt zu Betriebseinnahmen i. H. v. 18.000 € in diesem Jahr. ◄

Eine weitere Abweichung vom Grundsatz des Abflussprinzips gem. § 11 Abs. 2 Satz 2 EStG gibt es, wenn Betriebsausgaben für eine Nutzungsüberlassung von mehr als 5 Jahren im Voraus geleistet werden. In solchen Fällen ist die Ausgabe gleichmäßig auf den Zeitraum zu verteilen, für den die Vorauszahlung geleistet wird (§ 11 Abs. 2 Satz 3 EStG).

Beispiel: Nutzungsüberlassung von mehr als 5 Jahren

Der freiberufliche Steuerberater Sebastian Stich ermittelt für seine Steuerkanzlei den Gewinn nach § 4 Abs. 3 EStG. Aufgrund der stetig anwachsenden Mandantschaft benötigt er dringend zusätzliche Räume, um seine Mandantenunterlagen archivieren zu können. Am 01.10.2021 mietet er deshalb für seine Kanzlei zwei zusätzliche Räume für Archivierungszwecke an. Sicherheitshalber schließt er einen längeren Mietvertrag über den Zeitraum vom 01.10.2021 bis zum 30.09.2028 ab. Der Vermieter besteht für den Vermietungszeitraum von 7 Jahren auf eine gesamte Mietvorauszahlung i. H. v. 14.000 €.

Die Vorauszahlung von 14.000 € ist auf den Vorauszahlungszeitraum von 7 Jahren gleichmäßig zu verteilen. Für ein ganzes Mietjahr entsteht somit ein zu berücksichtigender Betrag von 2000 €. Für das Kalenderjahr 2021 sind nach der Pro-rata-temporis-Regel dann für 3 Monate 500 € als Betriebsausgabe anzusetzen (für den Zeitraum 01.10.2021 bis 31.12.2021 sind 3/12 von 2000 € = 500 €). ◄

Umgekehrt besteht für den Vermieter für die vereinnahmte Vorauszahlung für eine Nutzungsüberlassung von mehr als 5 Jahren ein Wahlrecht. Der Vermieter darf die Betriebseinnahme entweder sofort insgesamt im Jahr des Zuflusses gewinnerhöhend berücksichtigen oder gleichmäßig auf die Nutzungsdauer verteilen.

Während bei der Einnahmenüberschussrechnung grundsätzlich das Zu- und Abflussprinzip (§ 11 EStG) gilt, sind bei der Gewinnermittlung durch Betriebsvermögensvergleich nach § 4 Abs. 1 und § 5 EStG Erträge und Aufwendungen nach dem Periodenverursachungsprinzip in dem Wirtschaftsjahr zu erfassen, in dem sie entstanden sind. Der tatsächliche Zu- oder Abflusszeitpunkt der Betriebseinnahmen und Betriebsausgaben ist unerheblich. Obwohl einmal Erträge und Aufwendungen und zum anderen Einnahmen und Ausgaben den Gewinn bestimmen und dadurch in den einzelnen Perioden i. d. R. unterschiedliche Ergebnisse berechnet werden, ist über die Totalperiode betrachtet, der Gesamtgewinn nach beiden Gewinnermittlungsverfahren identisch. Dies ist damit zu begründen, dass bei einer Totalbetrachtung (gesamte Lebensdauer des

12.2 Einnahmen-Ausgaben-Rechnung

Unternehmens) jeder Ertrag irgendwann zu einer Einnahme und jeder Aufwand zu einer Ausgabe, einem Zahlungsvorgang führt oder umgekehrt.

Der über die Totalperiode gleiche Totalgewinn führt aber nicht zwangsweise zur gleichen Steuerbelastung, weil in den Teilperioden die unterschiedlichen Periodengewinne von evtl. unterschiedlichen Steuertarifen und/oder Steuertarifänderungen abhängig sind.

> **Beispiel: Ertragsentstehung**
>
> Ein Zahnarzt führt bei einem Privatpatienten im November 2020 eine Zahnbehandlung durch. Das Honorar bezahlt der Patient im April 2021.
>
> Ermittelt der Zahnarzt den Gewinn mit Hilfe der Einnahmenüberschussrechnung, ist das Honorar im Jahr des Zuflusses 2021 gewinnerhöhend zu erfassen. Bei einem Betriebsvermögensvergleich gem. § 4 Abs. 1 EStG hingegen ist das Honorar im Zeitpunkt der Leistungserbringung (Ertragsentstehung), also im Jahr 2020 gewinnerhöhend zu berücksichtigen. ◄

Bei der Gewinnermittlung nach § 4 Abs. 3 EStG gab es früher grundsätzlich nur notwendiges Betriebsvermögen. Dazu gehören Wirtschaftsgüter, die ausschließlich und unmittelbar für eigenbetriebliche Zwecke genutzt werden sowie Wirtschaftsgüter, die zu mehr als 50 %. zu eigenbetrieblichen Zwecken genutzt werden (R 4.2 Abs. 1 EStR). Wirtschaftsgüter, die diesen Voraussetzungen entsprechen, sind nicht nur entsprechend ihres prozentualen Anteils, sondern in vollem Umfang dem Betriebsvermögen zuzurechnen. Gemischt genutzte bewegliche Anlagegüter mit einer betrieblichen Nutzung von mindestens 10 bis zu 50 % durften früher bei der Gewinnermittlung nach § 4 Abs. 3 EStG nicht als (gewillkürtes) Betriebsvermögen behandelt werden (R 4.2 Abs. 1 Satz 3 EStR). Mit Urteil vom 02.10.2003 (vgl. BFH-Urteil v. 02.10.2003 – IV R 13/03, BFH/NV 04, 123)[2] hält der BFH nicht mehr an dieser Rechtsprechung fest, dass nur bilanzierende Unternehmer, sondern auch Unternehmer, die ihren Gewinn mit Hilfe einer Einnahmenüberschussrechnung ermitteln, gewillkürtes Betriebsvermögen bilden können.

> **Beispiel: Abgrenzung von Betriebsvermögen und Privatvermögen**
>
> Ein selbstständiger Physiotherapeut ermittelt den Gewinn nach § 4 Abs. 3 EStG. Ein ihm gehörender Pkw wird im Zusammenhang mit der freiberuflichen Tätigkeit für Hausbesuche zu 45 % betrieblich genutzt.
>
> Der Anteil der betrieblichen Nutzung des Pkw beträgt 45 % Der Pkw gehört deshalb nicht zum notwendigen Betriebsvermögen. Das Fahrzeug kann aber als gewillkürtes Betriebsvermögen erfasst werden. ◄

---

[2] Vgl. hierzu auch BFH Urteil v. 16.06.2020 – VIII R 9/18 BStBl 2020 II S. 845.

12.2.2 Betriebseinnahmen

Betriebseinnahmen sind Zugänge von Wirtschaftsgütern in Form von Geld oder Geldeswert, die durch den Betrieb veranlasst sind (BStBl. II 1988, S. 633, S. 995). Betrieblich veranlasst sind die laufenden und außerordentlichen (einmaligen) Einnahmen aus betrieblichen Betätigungen. Zu den Betriebseinnahmen gehören als Besonderheit auch die Einnahmen aus der Veräußerung von Wirtschaftsgütern des Anlagevermögens. Bei der Gewinnermittlung nach § 4 Abs. 3 EStG sind auch die vereinnahmte Umsatzsteuer, die der Unternehmer vom Leistungsempfänger erhält und auch die vom Finanzamt erstattete Vorsteuer (bspw. Vorsteuerüberhang) im Zeitpunkt des Zuflusses (§ 11 EStG) als Betriebseinnahmen zu erfassen (H 9b EStH, R 4.5 Abs. 2 EStR). Umsatzerlöse sind also mit dem Bruttobetrag, nicht mit dem Nettobetrag wie bei bilanzierenden Unternehmern, gewinnerhöhend zu erfassen.

Weiter sind vom Unternehmer vorgenommene Warenentnahmen oder die private Kfz-Nutzung („Eigenverbrauch") mit dem Bruttobetrag gewinnerhöhend als Betriebseinnahmen zu erfassen, sofern die Privatentnahme umsatzsteuerpflichtig ist. Auch von Kunden geleistete Anzahlungen sind gewinnerhöhende Betriebseinnahmen.

Beispiel: Betriebseinnahmen

Ein Steuerberater fertigt im Dezember 2021 für einen Mandanten die Einkommensteuererklärung für den VZ 2020 an. Gleichzeitig übergibt er seinem Mandanten folgende Rechnung:

Honorar für die erbrachten Leistungen	1.200 €
+ 19 v. H. USt	228 €
	= 1.428 €

Der Betrag i. H. v. 1428 € geht im Februar 2022 auf dem Bankkonto des Steuerberaters ein.

Der gesamte zugeflossene Betrag i. H. v. 1428 €, also auch die bezahlte Umsatzsteuer, sind als Betriebseinnahmen in 2022 zu erfassen, soweit der Steuerberater (Freiberufler) die Gewinnermittlung mit Hilfe der Einnahmenüberschussrechnung vornimmt. ◄

Geldbeträge, die dem Betrieb durch die Aufnahme von Darlehen zufließen, sind keine Betriebseinnahmen (H 4.5 Abs. 2 – Darlehen – EStH). Die für das Darlehen beim Darlehensgeber vereinnahmten Zinsen führen bei diesem Stpfl. zu Betriebseinnahmen. Beim Darlehensnehmer stellen die gezahlten Schuldzinsen Betriebsausgaben dar. Gelder, die im Namen und für Rechnung eines anderen vereinnahmt werden, sind keine Betriebseinnahmen. Es handelt sich um sog. durchlaufende Posten.

12.2 Einnahmen-Ausgaben-Rechnung

Beispiel: Durchlaufende Posten

Ein Hotelbesitzer in einem Kurort vereinnahmt von seinen Gästen eine Kurtaxe, die er an die Gemeinde abführt. ◄

12.2.3 Betriebsausgaben

Betriebsausgaben sind alle durch den Betrieb veranlassten Aufwendungen (§ 4 Abs. 4 EStG).
Typische Betriebsausgaben sind bspw. Zinszahlungen für betriebliche Schulden, Personalkosten, Telefon- und Internetkosten, Miet- und Pkw-Kosten etc. Auch gezahlte Vorsteuer aus Lieferantenrechnungen und an das Finanzamt gezahlte Umsatzsteuer (bspw. bei USt-Voranmeldungen oder Umsatzsteuerabschlusszahlungen) gehören zu den gewinnmindernden Betriebsausgaben. Auch Anschaffungen von Vorräten sind zum Zahlungszeitpunkt sofort abzugsfähige Betriebsausgaben. Diebstahl von Geld ist als Betriebsausgabe gewinnmindernd zu berücksichtigen, soweit der betriebliche Zusammenhang mit Hilfe konkreter und objektiv greifbarer Hinweispunkte bestätigt ist (H 4.5 Abs. 2 – Diebstahl – EStH).

Keine Betriebsausgaben sind bspw. die Tilgung einer betrieblichen Schuld (z. B. Darlehen), uneinbringliche Forderungen, Verluste, die durch Diebstahl, Verderb oder Schwund von Waren entstehen. Betriebsausgaben sind grundsätzlich im Zeitpunkt des Abflusses zu erfassen. Dieser Grundsatz wird bei Vermögensgegenständen (Wirtschaftsgütern) des Anlagevermögens durchbrochen. Die Anschaffungs- und Herstellungskosten abnutzbarer Wirtschaftsgüter des Anlagevermögens (Pkw, Gebäude, Maschinen) sind im Jahr der Anschaffung/Herstellung nicht in voller Höhe als Betriebsausgaben anzusetzen, sondern wie beim Betriebsvermögensvergleich über die Abschreibungsvorschriften (AFA) der §§ 7 ff. EStG auf die Nutzungsdauer der Anlagegegenstände zu verteilen, sofern es sich nicht um geringwertige Wirtschaftsgüter handelt. Teilwertabschreibungen gem. § 6 EStG sind bei der Einnahmenüberschussrechnung nicht erlaubt (BFH-Urteil vom 08.10.1987 – IV R 56/85, BStBl 1988 II S. 440 und vom 21.06.2006 – XI R 49/05, BStBl 2006 II S. 712). Dies regelt auch eindeutig § 6 Abs. 1 Satz 1 EStG.

Anlagenabgänge sind zum Zeitpunkt des Anlagenabgangs der Wirtschaftsgüter mit dem Restbuchwert als gewinnmindernde Betriebsausgaben zu erfassen.

Beispiel: Anlagenabgang von Wirtschaftsgütern

Ein zum Vorsteuerabzug berechtigter Stpfl. hat im Januar 2021 einen Pkw für 60.000 € zzgl. 11.400 € USt gekauft.

Die in 2021 bezahlte Umsatzsteuer i. H. v. 11.400 € ist in voller Höhe als Betriebsausgabe anzusetzen. Die Anschaffungskosten i. H. v. 60.000 € sind auf die betriebsgewöhnliche Nutzungsdauer von sechs Jahren zu verteilen. Bei linearer AfA kann jährlich ein Betrag von 10.000 € als Betriebsausgabe angesetzt werden. Scheidet ein abnutzbares Wirtschaftsgut des Anlagevermögens vor Ablauf der betriebsgewöhnlichen Nutzungsdauer aus dem Betrieb aus, ist zeitanteilig (pro-rata-temporis) abzuschreiben und der Restbuchwert als Betriebsausgabe (Abgang) zu erfassen. ◄

Beispiel:

Veräußerung eines abnutzbaren Wirtschaftsgutes des Anlagevermögens bei Gewinnermittlung nach § 4 Abs. 3 EStG
Der Buchwert einer Maschine beträgt zum 01.01.2021 48.000 €. Die Anschaffungskosten haben im Jahr 2013 240.000 € betragen.

Bei einer Nutzungsdauer von 10 Jahren sind jährlich 24.000 € linear abgeschrieben worden. Am 31.05.2021 wird die Maschine für 60.000 € zzgl. USt verkauft.

AK		01.01.2013	240.000 €
Buchwert		01.01.2021	48.000 €
- AfA	01.01.2021 bis	31.05.2021	10.000 €
(= 5/12 v. 24.000 €, pro rata temporis-Regel)			
= Restbuchwert		31.05.2021	38.000 €
Als **Betriebseinnahmen** sind zu erfassen:			
Nettoverkaufserlös			60.000 €
USt (19 %)			11.400 €
Als **Betriebsausgaben** sind zu erfassen:			10.000 €
AfA Maschine			
Restbuchwert (Abgang)			38.000 €
Gewinnauswirkung			23.400 €

In diesem Beispiel ist der Bruttoverkaufspreis (inklusive Umsatzsteuer) i. H. v. 71.400 € gewinnerhöhend als Betriebseinnahme zu erfassen, und die zeitanteilige Abschreibung mit 10.000 € und der Anlagenabgang mit 38.000 € gewinnmindernd als Betriebsausgaben zu erfassen. Aus dem Anlagenabgang ergibt sich somit insgesamt eine Gewinnauswirkung von 23.400 €. ◄

Nicht abnutzbare Wirtschaftsgüter des Anlagevermögens (Grund und Boden, Beteiligungen) sind weder zum Zeitpunkt ihrer Anschaffung noch während der betrieblichen Nutzung gewinnmindernde Betriebsausgaben. Die Anschaffungskosten nicht abnutzbarer Wirtschaftsgüter des Anlagevermögens sind erst im Zeitpunkt der Entnahme oder Veräußerung als Betriebsausgabe zu berücksichtigen (§ 4 Abs. 3 Satz 4 EStG).

12.2 Einnahmen-Ausgaben-Rechnung

> **Beispiel: Veräußerung eines nicht abnutzbaren Wirtschaftsgutes des Anlagevermögens**
>
> Ein Stpfl. veräußert im Dezember 2021 ein unbebautes Grundstück für 500.000 €. Die Anschaffungskosten des Grundstückes haben 200.000 € im Jahr 2015 betragen.
> Bei Gewinnermittlung nach § 4 Abs. 3 EStG muss der Stpfl. im VZ 2021 500.000 € als Betriebseinnahme und die Anschaffungskosten i. H. v. 200.000 € als Betriebsausgabe ansetzen. Im Jahr 2021 ergibt sich aus der Veräußerung des Grundstückes somit ein Gewinn i. H. v. 300.000 €. Dieselbe Gewinnauswirkung würde sich auch bei der Gewinnermittlung durch Betriebsvermögensvergleich ergeben. ◄

12.2.4 Besonderheiten ohne Gewinnauswirkungen

Andererseits gibt es Vorgänge, die keine Gewinnauswirkungen nach sich ziehen wie bspw.

- Steuerfreie Einnahmen gem. § 3 EStG,
- Nichtabzugsfähige Betriebsausgaben bspw. gem. § 4 Abs. 5 EStG,
- Bestandsveränderungen bei Waren und Roh-, Hilfs- und Betriebsstoffen,
- Durchlaufende Posten: Beträge, die im Namen und für Rechnung eines anderen vereinnahmt oder verausgabt wurden, § 4 Abs. 3 Satz 2 EStG,
- Aufnehmen von Darlehen bzw. Darlehensauszahlungen,
- Tilgungen von Darlehen,
- Forderungen,
- Verbindlichkeiten,
- Rückstellungen,
- Rechnungsabgrenzungsposten,
- Forderungsverluste sind keine Betriebsausgaben,
- Warendiebstahl und Warenvernichtung sind keine Betriebsausgaben.

12.2.5 Einlagen und Entnahmen

Einlagen und Entnahmen müssen in der Einnahmenüberschussrechnung grundsätzlich nicht berücksichtigt werden, weil Entnahmen keine Betriebsausgaben und Einlagen keine Betriebseinnahmen sind und somit keine Gewinnauswirkungen haben. Auch in § 4 Abs. 3 EStG wird über Einlagen und Entnahmen keine Aussage getroffen. Trotzdem lässt sich aus dem Grundsatz, dass über die Totalperiode der Gesamtgewinn nach beiden Gewinnermittlungsmethoden identisch sein muss, die Berücksichtigung von Einlagen und Entnahmen ableiten. Demnach sind bei der Gewinnermittlung nach § 4 Abs. 3 EStG Sach-, Nutzungs- und Leistungseinlagen wie Betriebsausgaben und Sach-, Nutzungs- und Leistungsentnahmen wie Betriebseinnahmen zu behandeln.

Die Zuführung oder Entnahme liquider Mittel (Bareinlage/Barentnahme) hingegen hat grundsätzlich keine Auswirkung auf die Gewinnermittlung. Es ist jedoch bei sog. Überentnahmen die Einschränkung des Schuldzinsenabzugs als Betriebsausgabe gem. § 4 Abs. 4a EStG zu beachten.

> **Beispiel: Gewinnauswirkung von Einlagen und Entnahmen**
>
> Ein Stpfl. hebt von seinem betrieblichen Bankkonto 10.000 € ab, um in den Urlaub zu fahren.
>
> Diese Geldentnahme hat keine steuerliche Gewinnauswirkung, wenn man von der Problematik des Schuldzinsenabzugs nach § 4 Abs. 4a EStG absieht. Die Gewinnermittlung nach § 4 Abs. 3 EStG erfasst nur betrieblich veranlasste Geldbewegungen. ◄

12.2.5.1 Sacheinlagen und Sachentnahmen

Sacheinlagen sind Betriebsausgaben, weil die eingelegten Wirtschaftsgüter irgendwann zu Betriebseinnahmen führen. Würden die Sacheinlagen nicht gewinnmindernd erfasst werden, dann würden die dadurch verursachten Betriebseinnahmen einen zu hohen Gewinnausweis verursachen. Aus diesem Grund sind die Sacheinlagen zum Teilwert als Betriebsausgaben anzusetzen. Bei abnutzbaren Wirtschaftsgütern ist die jährliche AfA als Betriebsausgabe anzusetzen. Bei nicht abnutzbaren Wirtschaftsgütern führt die Einlage erst bei Veräußerung (oder Entnahme) zu einer Betriebsausgabe (§ 4 Abs. 3 Satz 4 EStG).

Sachentnahmen sind als fiktive Betriebseinnahmen zu erfassen. Dem liegt die Überlegung zugrunde, dass dem Stpfl. bei einer Veräußerung Betriebseinnahmen zugeflossen wären. Zudem berührt eine (Privat-)Entnahme die Privatsphäre des Stpfl. Diese Tatsache unterstreicht § 12 Nr. 3 EStG, wonach Aufwendungen für die private Lebensführung den Gewinn nicht mindern dürfen.

> **Beispiel: Sachentnahmen, die zu Betriebseinnahmen führen**
>
> Ein Stpfl. betreibt ein Lebensmitteleinzelhandelsgeschäft. Im Jahr 2021 entnimmt er für den privaten Bedarf Lebensmittel.
>
> Es liegen Sachentnahmen vor, die zum Teilwert als Betriebseinnahmen anzusetzen sind. Entnahmen sind grundsätzlich mit dem Teilwert im Zeitpunkt der Entnahme zu bewerten (§ 6 Abs. 1 Nr. 4 EStG). ◄

Aber die Finanzverwaltung hat Pauschbeträge für Sachentnahmen bestimmter Gewerbezweige festgelegt, die der Vereinfachung dienen sollen. Damit können Warenentnahmen monatlich/jährlich pauschal verbucht werden und der Stpfl. ist von der Pflicht, alle Entnahmen einzeln aufzuzeichnen, entbunden. Der Vereinfachungsgedanke der pauschalen Regelung erlaubt es, individuelle persönliche Verhältnisse wie Krankheit, Urlaub oder außergewöhnliche Ess- und Trinkgewohnheiten zu vernachlässigen. Die Pauschbeträge sind Jahreswerte für jeweils eine Person. Die Pauschbeträge für unentgeltliche Wertabgaben werden auf der Grundlage der vom Statistischen Bundesamt ermittelten Aufwendungen privater Haushalte für Nahrungsmittel und Getränke festgesetzt. Diese Erfahrungswerte

12.2 Einnahmen-Ausgaben-Rechnung

bieten dem Stpfl. die Möglichkeit, die Warenentnahmen monatlich/jährlich pauschal zu verbuchen. Die Aufzeichnung einer Vielzahl von Einzelentnahmen wird damit hinfällig (§ 148 Satz 1 AO). Ein Pauschbetrag ist ein Jahreswert für eine Person. Für Kinder bis zum vollendeten 2. Lebensjahr muss kein Pauschbetrag angesetzt werden. Bis zum vollendeten 12. Lebensjahr ist der halbe Pauschbetrag anzusetzen. Bei gemischten Betrieben (z. B. Bäckerei mit Lebensmittelangebot) ist nur der jeweils höhere Pauschbetrag des entsprechenden Gewerbezweiges anzusetzen.

Durch die Oberfinanzdirektionen werden die Pauschbeträge für unentgeltliche Wertabgaben jährlich neu festgesetzt. In der Abb. 12.4 sind die entsprechenden Werte für das erste und zweite Halbjahr 2021 (Corona-Krise) dargestellt.

12.2.5.2 Einlagen und Entnahmen von Nutzungen und Leistungen

Einlagen von Nutzungen und Leistungen sind als Betriebsausgaben mit den tatsächlich privat entstandenen Aufwendungen anzusetzen. Kalkulatorische Kosten dürfen nicht angesetzt werden.

Gewerbezweig	Halbjahreswerte für eine Person ohne USt Gelten für: (01.01.2021 – 30.06.2021) und (01.07.2021 - 31.12.2021)		
	ermäßigter Steuersatz €	voller Steuersatz €	insgesamt €
Bäckerei	664	154	818
Fleischerei/Metzgerei	637	255	892
Gaststätten aller Art			
a) Mit Angabe von kalten Speisen	731	376	1107
b) Mit Angaben von kalten und warmen Speisen	1.247	443	1690
Getränkeeinzelhandel	54	155	209
Café und Konditorei	637	269	906
Milch, Milcherzeugnisse, Fettwaren und Eier	302	41	343
Nahrungs- und Genussmittel	617	309	926
Obst, Gemüse, Südfrüchte und Kartoffeln	141	121	262

Abb. 12.4 Pauschbeträge für Sachentnahmen (Eigenverbrauch) 01.01.2021–31.12.2021. (Quelle: https://www.bundesfinanzministerium.de/Content/DE/Downloads/BMF_Schreiben/Weitere_Steuerthemen/Betriebspruefung/Richtsatzsammlung/2021-06-15-pauschbetraege-2021.pdf?__blob=publicationFile&v=2 (BMF-Schreiben vom 27.08.2020 V A 4 - S. 1547/19/10.001:001))

> **Beispiele: Gewinnauswirkung von Einlagen in Form von Nutzungen und Leistungen**
>
> - Ein Stpfl. bezahlt seiner Putzfrau privat jährlich 9000 €. Ein Drittel ihrer Arbeitszeit verwendet sie für die Reinigung der Kanzleiräume des Stpfl. Es liegt eine Einlage i. H. v. 3000 € vor, die als Betriebsausgabe den Gewinn mindert.
> - Ein Stpfl. erhält für betriebliche Zwecke von Verwandten ein zinsloses Darlehen. Es liegt eine Einlage vor, die mit null Euro zu bewerten ist. Tatsächliche Zinsaufwendungen entstehen nicht, und kalkulatorische Zinsen dürfen nicht angesetzt werden.

Entnahmen von Nutzungen und Leistungen sind als fiktive Betriebseinnahmen anzusetzen. Damit werden frühere Betriebsausgaben wieder „rückgängig" gemacht.

Die Bewertung dieser Entnahmen erfolgt nicht zum Teilwert, sondern mit den tatsächlichen Selbstkosten des Stpfl. (H 4.3 EStH). ◄

> **Beispiel: Gewinnauswirkung von Entnahmen in Form von Nutzungen und Leistungen**
>
> Ein Stpfl. nutzt den betrieblich angeschafften Pkw im Rahmen seiner freiberuflichen Tätigkeit mit 70 % und für private Zwecke mit 30 % Die Nutzung wird durch ein Fahrtenbuch nachgewiesen.
>
> Da der Pkw zu mehr als 50 % betrieblich genutzt wird, stellt der Pkw notwendiges Betriebsvermögen dar. Deshalb werden die gesamten Pkw-Kosten als Betriebsausgaben behandelt. Der Kostenanteil für die 30 % private Nutzung ist bei den Betriebseinnahmen zu erfassen. Damit wird erreicht, dass nur 70 % der Gesamtkosten gewinnmindernd berücksichtigt werden. ◄

12.2.6 Aufzeichnungspflichten

Die Einnahmenüberschussrechnung ist gem. § 60 Abs. 4 EStDV grundsätzlich standardisiert nach amtlich vorgeschriebenem Datensatz („Anlage EÜR") elektronisch an das Finanzamt zu übermitteln. Ansonsten sind weder im HGB noch im EStG Vorschriften für die Erstellung der Einnahmenüberschussrechnung zur Aufzeichnung von Betriebseinnahmen und Betriebsausgaben zu finden. Trotzdem müssen Einnahmenüberschussrechner für umsatzsteuerliche Zwecke Aufzeichnungspflichten gem. § 22 UStG vornehmen. In Verbindung mit §§ 63 bis 68 UStDV besteht die Verpflichtung, Betriebseinnahmen getrennt nach Steuerbefreiungen und Steuersätzen aufzuzeichnen. Nach herrschender Meinung gelten aber diese Regelungen nicht nur für die Zwecke der Umsatzsteuer, sondern auch für Zwecke der Einkommensteuer (BFH-Urteil v. 15.04.1999 – IV R 68/98, BStBl 1999 II S. 481). Hinzu kommt, dass der Stpfl. die Beweislast für die Richtigkeit seiner steuerlich relevanten Angaben trägt. Es ist davon auszugehen, dass der Stpfl. nur bei Vorlage ordentlicher und vollständiger Belege die Vermutung der Richtigkeit seiner Angaben nachzuweisen imstande ist.

Entgegen häufiger Meinung besteht aber das Führen eines Kassenbuchs nicht, in dem alle Betriebseinnahmen und -ausgaben erfasst werden (BFH-Urteil v. 22.02.1973, BStBl II S. 504). Weiterhin gelten für Einnahmenüberschussrechner folgende Aufzeichnungspflichten:

- Aufzeichnung des Wareneingangs, § 143 AO,
- Aufzeichnung des Warenausgangs, § 144 AO,
- Inventarverzeichnis der Wirtschaftsgüter des Anlagevermögens,
- Inventarverzeichnis der Grundstücke des Umlaufvermögens, § 4 Abs. 3 Satz 5 EStG,
- Besondere Aufzeichnung von nichtabzugsfähigen Betriebsausgaben, § 4 Abs. 7 EStG.

Ansonsten kann die Abgabe der „Anlage EÜR" in Papierform nur in Härtefällen genehmigt werden, bspw. wenn der Stpfl. nachweist, dass er keinen Computer und/oder Internetzugang hat.

12.3 E-Bilanz

Mit dem Steuerbürokratieabbaugesetz 2008[3] sollen die Arbeitsabläufe zwischen Unternehmen und Finanzverwaltung durch eine möglichst vollständige elektronische Umsetzung optimiert werden. Mit diesen Maßnahmen wird primär das Ziel verfolgt, eine voll elektronische Unternehmenssteuererklärung als Regelverfahren der Kommunikation zwischen Unternehmen und Finanzverwaltung zu etablieren. Gem. § 5b EStG sind bilanzierende Unternehmen, unabhängig von der Rechtsform, verpflichtet, ihren Jahresabschluss, Bilanz und Gewinn- und Verlustrechnung nach amtlich vorgeschriebenen Datensätzen durch Datenfernübertragung an die Finanzverwaltung zu übermitteln (sog. „E-Bilanz"). Dies erfolgt im Wege des üblichen Veranlagungsverfahrens, unabhängig von der Betriebsgröße oder der Art des Unternehmens. Der Steuerpflichtige hat hierbei die Möglichkeit, entweder die Handelsbilanz, ergänzt mit einer strukturierten steuerlichen Überleitungsrechnung, oder eine gesonderte Steuerbilanz i. S. v. § 60 Abs. 2 EStDV und § 5b Abs. 1 Satz 3 EStG inklusive einer steuerlichen Gewinn- und Verlustrechnung beim Finanzamt einzureichen.

Zur Erstellung dieser E-Bilanz[4] sind Unternehmen verpflichtet, die ihren Gewinn nach § 4 Abs. 1, § 5 oder § 5a EStG ermitteln. Damit sind Kleingewerbetreibende sowie Land- und Forstwirte, die weder als Kaufleute einzustufen sind noch die steuerlichen Größenmerkmale nach § 141 AO[5] erfüllen, von der Verpflichtung zur Erstellung einer E-

---

[3] Gesetz zur Modernisierung und Entbürokratisierung (Steuerbürokratieabbaugesetz) v. 20.12.2008, BGBl 2008 I S. 2850.
[4] Vgl. von Sicherer und Čunderlíková (2019).
[5] Bei einem Jahresumsatz von mehr als 600.000 € oder Jahresgewinn von mehr als 60.000 € muss ein Jahresabschluss erstellt werden.

Bilanz befreit. Freiberuflich tätige Unternehmer sind nur dann zur elektronischen Übermittlung der Bilanz verpflichtet, wenn sie freiwillig bilanzieren.

Gem. § 5b Abs. 2 EStG i.V. m. § 150 Abs. 8 AO kann aber die Finanzverwaltung auf Antrag zur Vermeidung unbilliger Härten auf eine elektronische Übermittlung der E-Bilanz verzichten, soweit eine elektronische Übermittlung für den Steuerpflichtigen wirtschaftlich oder persönlich zu hohe Kosten verursachen würde. § 150 Abs. 8 Satz 2 AO nennt hierzu explizit als Beispiele hohen Geldaufwand zur Beschaffung der Übermittlungssoftware oder ungenügenden Kenntnisstand des Steuerpflichtigen zur Erstellung eines zu übermittelnden Datensatzes.

Der Jahresabschluss war mithilfe eines elektronischen Übermittlungsformats spätestens für Wirtschaftsjahre ab dem 01.01.2013 bzw. bei abweichendem Wirtschaftsjahr für das Wirtschaftsjahr 2013/2014 digital an das Finanzamt zu übermitteln.[6] Für viele Unternehmen war diese Neuregelung natürlich mit großen administrativen, organisatorischen und technischen Herausforderungen verbunden. Daher hat die Finanzverwaltung außer allgemeiner Nichtbeanstandungs- und Übergangsregelungen zusätzlich auch in den ersten Jahren einige Einführungserleichterungen geschaffen.[7]

Hintergrund der Einführung der E-Bilanz ist darin zu sehen, dass die Finanzverwaltung die neu gewonnenen umfangreichen Daten im Rahmen ihres Risikomanagementsystems für die Erweiterung prüfungsrelevanter Sanktionsmechanismen verwenden will. Damit kann die Finanzverwaltung jede Position des eingehenden Datenpools eines Steuerpflichtigen mit vorhandenen Referenzzahlen vergleichen. Negative Abweichungen von den Referenzzahlen ordnet die Finanzverwaltung als Indizien für prüfungsrelevante Steuerfälle ein. Referenzzahlen dienen bspw. dem Vergleich mit den Daten vergleichbarer Unternehmen (Größe, Branche, Rechtsform etc.). Auf der Basis der von allen Steuerpflichtigen eingereichten Daten ordnet die Finanzverwaltung im Rahmen ihres Risikomanagements alle Steuerfälle nach dem sog. Ampelsystem[8] in Risikoklassen ein. Die Finanzverwaltung versteht unter Risiko jede Negativabweichung der gelieferten Daten eines Steuerpflichtigen von vorgegebenen Normgrößen. Das Ampelsystem unterscheidet drei **Risikoklassen:**

---

[6] § 52 Abs. 15a EStG regelt die erstmalige Anwendung der elektronischen Übermittlung von Jahresabschlüssen ab dem Wirtschaftsjahr 2011. Abweichend von dieser gesetzlichen Regelung wird gem. § 1 der Anwendungszeitpunktverschiebungsverordnung v. 20. September 2010 ein späterer Anwendungszeitpunkt festgelegt, nämlich erstmalige Anwendung ab dem Wirtschaftsjahr 2012, BGBl 2010 I S. 2135. Das BMF hat zusätzlich aber festgelegt, dass für 2012 die Einreichung des Jahresabschlusses in Papierform nicht beanstandet wird (sog. Nichtbeanstandungsregel). Vgl. hierzu BMF, Elektronische Übermittlung von Bilanzen sowie Gewinn- und Verlustrechnungen, Anwendungsschreiben zur Veröffentlichung der Taxonomie v. 28.09.2011 – IV C 6 – S. 2133-b/11/10.009, BStBl 2011 I S. 855, RZ 27.

[7] Pressemitteilung des BMF und BMWi v. 30.05.2012, siehe www.bundesfinanzministerium.de.

[8] Vgl. Ampel-System des Risikomanagements der Finanzverwaltung, BMF, Monatsbericht 12/2002, S. 61.

1. Risikoarme Steuerfälle (grüne Risikoklasse) ordnet das Risikomanagement der Finanzverwaltung in die niedrigste Risikoklasse ein. Sieht man von stichprobenartigen personellen Betriebsprüfungen ab, erfolgt hier im Wesentlichen nur eine vollautomatisierte Plausibilitätsprüfung.
2. Steuerfälle mit steigendem Risiko führen zu häufigeren und intensiveren personellen Prüfungen (gelbe Risikoklasse). Hier finden nur noch teilautomatisierte Plausibilitätsprüfungen statt.
3. Unternehmen in der höchsten Risikoklasse (rote Risikoklasse) müssen mit garantierten manuellen Intensivprüfungen rechnen.

Die Finanzverwaltung ist nicht verpflichtet, die Risikoparameter für die Einteilung der Steuerfälle in die Risikoklassen offenzulegen. Es ist aber davon auszugehen, dass bspw. bei zu häufiger Inanspruchnahme sog. Auffangpositionen der Steuerpflichtige nicht damit rechnen kann, der niedrigsten Risikoklasse zugeordnet zu werden. Zumindest wird der Steuerpflichtige im Steuerveranlagungsverfahren mit einer höheren Nachfrageintensität der Finanzverwaltung rechnen können. Auch die Anordnung einer Betriebsprüfung ist dann nicht ausgeschlossen.

Um dies möglichst zu verhindern, müssen Unternehmen darauf achten, den Anforderungen der Finanzverwaltung bzgl. der geforderten Detailtiefe der Datenfülle im amtlich vorgeschriebenen Format (XBRL[9]) nachzukommen. XBRL ist eine elektronische Sprache für den Informationsaustausch von und über Unternehmen, vor allem für Jahresabschlussinformationen. Mit dem Übermittlungsformat XBRL sind die Daten grundsätzlich gut strukturiert und formal standardisiert. Der damit eingeforderte Informationsumfang entspricht prinzipiell dem, was der Finanzverwaltung bislang in Papierform zu übermitteln war. Die Datenübermittlung erfolgt über das System Elster mithilfe des Elster Rich Client (ERiC). Damit wird noch auf Unternehmensebene eine Datenvalidierung und Plausibilitätsprüfung durchgeführt. Bei Feststellen von Fehlern oder unvollständigen Datensätzen erfolgt keine Versendung bzw. Übermittlung an die Finanzverwaltung.

Langfristig ist den Anforderungen der Finanzverwaltung in jedem Fall nachzukommen, um ein Ansteigen der Prüfungshäufigkeit zu verhindern.

Die Finanzverwaltung verlangt Daten nach amtlich vorgeschriebenem Datensatz zu liefern, die letztendlich aus dem betrieblichen Rechnungswesen des Unternehmens gespeist werden, das wiederum in der Hauptsache auf handelsrechtlicher Grundlage basiert. Die Erstellung der E-Bilanz erfordert aber eine steuerlich orientierte Darstellung. Nachfolgend sollen deshalb vorerst die Mindestanforderungen der Steuertaxonomie dargestellt werden. Gesetzliche Grundlage hierfür bildet § 5 Abs. 4 Nr. 1b EStG. Danach

---

[9] Extensible Business Reporting Language – BMF, Schreiben v. 19.01.2010, IV C 6 – S. 2133-b/0.

ist das BMF ermächtigt, im Einvernehmen mit den obersten Finanzbehörden der Länder den Mindestumfang der nach § 5b EStG elektronisch zu übermittelnden Bilanz und Gewinn- und Verlustrechnung festzulegen.

Inhalt, Gliederungstiefe und Struktur der elektronisch zu übermittelnden Bilanz ergeben sich aus den sog. veröffentlichten **Taxonomien**.[10] Eine Taxonomie ist ein Datenschema für die Jahresabschlussdaten. Die Taxonomie definiert die Positionen einer Bilanz oder Gewinn- und Verlustrechnung bzw. weiterer Berichtsbestandteile. Die elektronische Übermittlung der E-Bilanz erfolgt grundsätzlich nach der Kerntaxonomie, die alle Positionen für sämtliche Rechtsformen beinhaltet. Ein Unternehmen muss nur die Positionen befüllen, für die tatsächlich auch Geschäftsvorfälle vorliegen und in welchem Umfang diese für die Besteuerung relevant sind. Darüber hinaus werden für bestimmte Wirtschaftszweige spezielle Branchentaxonomien erstellt. Es handelt sich hierbei um Spezialtaxonomien, bspw. für Banken und Versicherungen, oder Ergänzungstaxonomien, bspw. für Pflegeeinrichtungen, Krankenhäuser, land- und forstwirtschaftliche Unternehmen etc.

Die Taxonomie wird regelmäßig auf erforderliche Aktualisierungen geprüft, d. h. bestehende Taxonomiepositionen werden ggf. modifiziert bzw. neue Positionen werden hinzugefügt. Nach Veröffentlichung einer aktuelleren Taxonomie ist diese unter Angabe des Versionsdatums zu verwenden. Eine Taxonomie ist so lange zu verwenden, bis eine aktualisierte Taxonomie veröffentlicht wird. Die erste Taxonomie 5.0 wurde vom Bundesfinanzministerium am 14.09.2011 veröffentlicht und galt für das Wirtschaftsjahr 2012 bzw. 2012/2013.[11] Eine Taxonomie ist grundsätzlich nur für ein Wirtschaftsjahr zu verwenden. Es wird aber nicht beanstandet, wenn die Taxonomie auch für ein früheres Wirtschaftsjahr angesetzt wird. Die z. Z. für Echtfälle übermittlungsfähige Taxonomie ist die Taxonomie 6.4 vom 01.04.2020. Diese ist für Wirtschaftsjahre gedacht, die nach dem 31.12.2020 beginnen, es wird aber nicht beanstandet, wenn sie auch für Wirtschaftsjahre, die nach dem 31.12.2019 beginnen, benutzt wird. Die Übermittlung ist für Echtfälle erst ab Mai 2021 möglich.[12] Gegenüber der Taxonomie 6.3 ist der Berichtsbestandteil „steuerlicher Betriebsvermögensvergleich" jetzt verpflichtend zu übermitteln..

Die Taxonomien selbst werden wiederum in zwei Module unterteilt:

- Stammdatenmodul (sog. GCD-Modul),
- Jahresabschlussmodul (sog. GAAP-Modul).

---

[10] Vgl. BMF, Anwendungsschreiben zur Veröffentlichung der Taxonomie, Schreiben v. 28.09.2011 – IV C 6 – S. 2133-b/11/10.009, BStBl 2011 I S. 855.
[11] Vgl. Finanzverwaltung, Elektronische Kommunikation zwischen Bürgern, Unternehmen und der Finanzverwaltung, erhältlich im Internet: http://www.esteuer.de/.
[12] Vgl. BMF, E-Bilanz: Veröffentlichung der Taxonomien 6.4 vom 1. April 2020, Schreiben v. 23.07.2020.

Mit dem **Stammdatenmodul** werden Dokumentinformationen sowie Informationen zum Bericht und dem Unternehmen übermittelt. Anhand des ausgefüllten Stammdatenmoduls erkennt die Finanzverwaltung, was für eine E-Bilanz übermittelt worden ist und welchem Unternehmen sie zuzuordnen ist. Um also die Übermittlung eines leeren Stammdatenmoduls zu verhindern, wurden im Stammdatenmodul viele Mussfelder definiert, die zwingend auszufüllen sind. Somit soll garantiert werden, dass der Finanzverwaltung alle notwendigen Informationen vorliegen.

Das **Jahresabschlussmodul** erfasst viele Berichtsbestandteile wie Bilanz, Gewinn- und Verlustrechnung, Ergebnisverwendungsrechnung, Kapitalflussrechnung, steuerliche Überleitungsrechnung, steuerliche Gewinnermittlung bei Feststellungsverfahren usw., die an die Finanzverwaltung zu übermitteln sind. Die Anzahl und Art der zu übermittelnden Berichtsbestandteile hängt dabei von mehreren Faktoren ab, wie bspw. der Rechtsform des Unternehmens, der Bilanzart usw.

Genau wie im Stammdatenmodul wurden auch im Jahresabschlussmodul **Mussfelder** definiert, die ausgefüllt werden müssen. Sofern sich ein Mussfeld nicht mit Werten füllen lässt, weil die Position in der individuellen Buchführung nicht geführt wird oder weil aufgrund der Rechtsform kein dem Mussfeld entsprechendes Buchungskonto geführt wird, ist zur erfolgreichen Übermittlung des Datensatzes an die Finanzverwaltung die entsprechende Position „leer" bzw. mit einem NIL-Wert, (technischer Nullwert: „not in list") zu übermitteln.[13] Die NIL-Werte dienen dazu, unnötige Eingriffe in das Buchungsverhalten der Unternehmen zu vermeiden. Die Finanzverwaltung vertritt die Auffassung, dass ein Wert aus der Buchführung ableitbar ist, wenn er sich aus den Buchführungsunterlagen gem. § 140 AO ergibt. Für die Ableitbarkeit ist die gesamte Buchführung mit Hauptbuch und Nebenbüchern heranzuziehen.

Mussfelder, die für die Finanzverwaltung von Interesse sind, sind als „**Mussfelder, Kontennachweis erwünscht**" gekennzeichnet. Hier hat das bilanzierende Unternehmen die Möglichkeit, aber nicht die Pflicht, zusammen mit der Bilanz auch die Kontenzusammensetzung von ausgewählten Taxonomiepositionen zu übermitteln.[14] Eine freiwillige Übermittlung des Kontennachweises ist ratsam, da es eine höhere Risikoeinstufung des Unternehmens vermeiden kann.

Um die rechnerische Richtigkeit des Datensatzes sicher zu stellen, befinden sich in der Taxonomie Positionen mit der Bezeichnung „**rechnerisch notwendig, soweit vorhanden**". Sie sind zwingend nicht zu befüllen und es werden auch keine NIL-Werte an die Finanzverwaltung übermittelt. Hierunter befinden sich unter anderem auch **Auffangpositionen**, die an Stelle von Mussfeldern ausgefüllt werden können, soweit die eine durch Mussfelder vorgegebene Differenzierung für einen bestimmten Sachverhalt nicht

---

[13] Vgl. BMF, Anwendungsschreiben zur Veröffentlichung der Taxonomie, Schreiben v. 28.09.2011 – IV C 6 – S. 2133-b/11/10.009, BStBl 2011 I S. 855.

[14] Vgl. BMF, Anwendungsschreiben zur Veröffentlichung der Taxonomie, Schreiben v. 28.09.2011 – IV C 6 – S. 2133-b/11/10.009, BStBl 2011 I S. 855.

aus der Buchführung abgeleitet werden kann. Auffangpositionen sollten einerseits einen möglichst hohen Grad der Standardisierung garantieren und andererseits Eingriffe in das Buchungsverhalten der Unternehmen vermeiden. Auffangpositionen sind durch den Zusatz „nicht zuordenbar" zu erkennen.

Sollte das bilanzierende Unternehmen noch eine tiefere Detaillierung an die Finanzverwaltung übermitteln wollen, dann sind in der Taxonomie **Kannfelder** (sonstige Positionen), die man mit Werten befüllen kann, vorzufinden. Das Ausfüllen von Kannfeldern muss aber nicht erfolgen.

Die Oberpositionen (Summenpositionen) von den einzelnen zusammenaddierten Feldern bilden **Summenmussfelder**. Diese Positionen sind grundsätzlich nicht auszufüllen, da sie automatisch berechnet werden. Soweit die unteren Positionen nicht werthaltig angegeben sind, werden hier NIL-Werte übermittelt.

Sollte sich das Unternehmen schon in früheren Jahren für die E-Bilanz entschieden haben, vorwiegend Auffangpositionen und nur wenige Mussfelder zu nutzen, dann sollte die Nutzung von Auffangpositionen in den folgenden Jahren sukzessive zurückgefahren werden und durch die geforderte Gliederungstiefe des E-Bilanz-Datenpools ersetzt werden. Andererseits muss das Unternehmen mit verstärkten Nachfragen der Finanzverwaltung und der Einstufung in eine ungünstige Risikoklasse rechnen, was wiederum einen Anstieg der Prüfungshäufigkeit nach sich ziehen würde.

Wechsel der Gewinnermittlungsart 13

13.1 Handels- und steuerrechtliche Buchführungspflicht

Nach §§ 238 ff. HGB ist grundsätzlich jeder Kaufmann verpflichtet, Bücher zu führen und Abschlüsse zu erstellen. Diese handelsrechtliche Buchführungspflicht betrifft jeden Kaufmann, der ein Handelsgewerbe betreibt, es sei denn, es handelt sich um sog. Kleinstkaufleute i. S. v. § 241a HGB. Dies ist damit begründet, dass nicht kapitalmarktorientierte Einzelunternehmer einen nach Art und Umfang in kaufmännischer Weise eingerichteten Geschäftsbetrieb nicht benötigen. Deshalb können (Wahlrecht) solche Kaufleute unter bestimmten Voraussetzungen die Gewinnermittlungsart wechseln, also von der Bilanzierung zur Einnahmenüberschussrechnung wechseln. Besteht keine handelsrechtliche Buchführungspflicht, dann besteht auch keine derivative steuerliche Buchführungspflicht nach § 140 AO. Jedoch kann sich noch eine steuerliche Führung von Büchern nach § 141 AO ergeben. Diese steuerliche Buchführungspflicht greift für Gewerbetreibende und Land- und Forstwirte, wenn einer der folgenden Grenzwerte überschritten wird:

- Der Gewinn im Wirtschaftsjahr ist höher als 60.000 € oder
- der Umsatz beträgt mehr als 600.000 € im Wirtschaftsjahr.

Für Land- und Forstwirte ergibt sich eine steuerliche Buchführungspflicht nach § 141 AO, wenn der Gewinn mehr als 60.000 € im Kalenderjahr beträgt oder wenn der Einheitswert der selbst bewirtschafteten Flächen mehr als 25.000 € beträgt.

Für selbstständig Tätige, die Einkünfte aus selbstständiger Arbeit i. S. d. § 18 EStG erzielen, besteht handelsrechtlich mangels Kaufmannseigenschaft keine Buchführungspflicht. Auch steuerlich besteht nach §§ 140, 141 AO keine Buchführungspflicht. Soweit selbstständig Tätige nicht nach § 4 Abs. 1 EStG freiwillig bilanzieren, kann die Gewinnermittlung unabhängig von der Höhe des Gewinns und/oder des Umsatzes immer mit Hilfe der Einnahmenüberschussrechnung erfolgen.

> **Beispiele: Buchführungspflicht**
>
> a. Der Steuerberater Bernhard Stich erzielt im Kalenderjahr 2021 einen Umsatz von 900.000 € und einen Gewinn von 400.000 €.
>
> Der freiberuflich tätige Steuerberater erzielt Einkünfte aus selbstständiger Arbeit i. S. v. § 18 EStG. Handelsrechtlich ist er kein Kaufmann und deshalb nicht buchführungspflichtig. Auch steuerlich ist der Steuerberater gem. §§ 140, 141 AO nicht zur Buchführung verpflichtet. Der Steuerberater kann aber freiwillig bilanzieren.
>
> b. Xaver Buntschuh eröffnet seinen Gewerbebetrieb im Januar 2021 und schätzt seine Umsätze auf 800.000 € und seinen Gewinn auf 500.000 €.
>
> Der Gewerbetreibende Xaver Buntschuh ist Kaufmann i. S. d. §§ 238 ff. HGB und damit buchführungspflichtig. Somit unterliegt er auch nach 140 AO steuerlich der derivativen Buchführungspflicht. Wegen der voraussichtlichen Überschreitung der Gewinn- und Umsatzgrenzen in 2021 würde Xaver Buntschuh steuerlich nach § 141 AO in jedem Fall der Buchführungspflicht unterliegen. ◄

13.2 Gründe für den Wechsel zur Einnahmenüberschussrechnung

Handelsrechtlich kann (Wahlrecht) nur der nicht kapitalmarktorientierte Einzelunternehmer nach § 241a HGB bei Vorliegen der entsprechenden Voraussetzungen von der Bilanzierung zur Einnahmenüberschussrechnung wechseln. Steuerlich wird diese Regelung gem. § 140 AO aus dem Handelsrecht abgeleitet. Zusätzlich ist aber steuerrechtlich für eine Befreiung der Buchführungspflicht noch nachzuweisen, dass die Voraussetzungen des § 141 AO (Umsatz- und Gewinngrenzen) erfüllt sind. In einem solchen Fall endet die Buchführungspflicht mit Ablauf des Wirtschaftsjahres, das auf das Wirtschaftsjahr folgt, in dem die Finanzbehörde durch Bescheid feststellt, dass keine Buchführungspflicht mehr besteht (§ 141 Abs. 2 AO).

> **Beispiel: Aufheben der Buchführungspflicht durch das Finanzamt**
>
> Der Gewerbetreibende Heinrich Winkelmann ist buchführungspflichtig. Im Jahr 2020 sinkt sein Umsatz aus branchenbedingten Gründen auf 450.000 € und der Gewinn auf 37.000 €. Im Juli 2021 reicht er seine steuerlichen Unterlagen für das Jahr 2020 beim Finanzamt ein. Im September 2021 ergeht ein Bescheid des Finanzamtes, in dem das Finanzamt die Buchführungspflicht aufhebt. Damit darf (Wahlrecht) Heinrich Winkelmann ab 2022 seinen Gewinn aus Gewerbebetrieb steuerlich nach § 4 Abs. 3 EStG mit Hilfe der Einnahmenüberschussrechnung ermitteln. Auch handelsrechtlich

erfüllt der Gewerbetreibende die Voraussetzungen des § 241a HGB, künftig auf die Bilanzierung zu verzichten. ◂

Umgekehrt kann die steuerliche Buchführungspflicht nur aufgehoben werden, wenn keine Buchführungspflicht nach anderen Gesetzen wie bspw. dem HGB (§ 140 AO) besteht. Werden aber Gewinn- und Umsatzgrößen des § 141 AO unterschritten, kann grundsätzlich davon ausgegangen werden, dass auch nach Handelsrecht keine Kaufmannseigenschaft besteht, es sei denn, der Gewerbetreibende hat die Kaufmannseigenschaft durch Eintragung als Kannkaufmann i. S. d. § 2 HGB erworben. Diese Kaufleute tragen aber den Zusatz „e. K." (eingetragener Kaufmann). In solchen Fällen entfällt die Buchführungspflicht nur durch Löschung der Eintragung als Kannkaufmann im Handelsregister oder wenn die Buchführungspflicht bereits durch Anwendung des § 241a HGB entfallen ist.

Um willkürliche Wechsel zwischen den Gewinnermittlungsarten zu vermeiden, ist der Stpfl. nach einem Wechsel grundsätzlich für drei Jahre an die Entscheidung gebunden (H 4.6 – Erneuter Wechsel der Gewinnermittlungsart – EStH).

Mit dem Übergang zur Einnahmenüberschussrechnung ist auch eine Reduzierung des zeitlichen und finanziellen Aufwands verbunden. Der zeitliche Aufwand reduziert sich beim Übergang von der doppelten Buchführung zur einfachen Buchführung erheblich. Damit entfällt auch der Zeitaufwand bspw. für die gesamte Abgrenzungsproblematik bei der Bilanzierung. Auch der finanzielle Aufwand reduziert sich, weil keine doppelte Buchführung und keine Jahresabschlüsse durch Dritte (z. B. Steuerberater) erstellt werden müssen, sondern nur noch eine wesentlich kostengünstigere auf dem Zu- und Abflussprinzip basierende Einnahmenüberschussrechnung.

Weiterhin ist zu beachten, dass bei der Bilanzierung und damit der Gewinnermittlung durch Anwendung des Periodenverursachungsprinzips Erträge verbucht werden, die noch nicht als Zahlungen zugeflossen sind, steuerlich relevant sind. Unter diesem Aspekt kann ein Wechsel zur Einnahmenüberschussrechnung durchaus von Vorteil sein, weil hier Umsätze erst durch den Zahlungsvorgang steuerlich relevant werden.

13.3 Ermittlung des Übergangsgewinns

Da die Gewinnermittlung bei der Bilanzierung und der Einnahmenüberschussrechnung durch unterschiedliche Vorgehensweisen, einmal Abgrenzungsproblematik und Periodenverursachungsprinzip bei der Bilanzierung, und zum anderen der reinen auf Zahlungsvorgängen basierenden Einnahmenüberschussrechnung, zu unterschiedlichen Periodenergebnissen führt, sind bei einem Gewinnermittlungswechsel Gewinnkorrekturen notwendig.

Während es sich also bei der Einnahmenüberschussrechnung um eine vereinfachte Gewinnermittlung durch Gegenüberstellung von Betriebseinnahmen und Betriebsausgaben handelt, also grundsätzlich nur die reinen Zu- und Abflusszeitpunkte i. S. d.

§ 11 EStG ausschlaggebend sind, steht bei der Bilanzierung die periodenverursachungsgerechte Gewinnermittlung im Vordergrund. Aufwendungen und Erträge werden nicht nach dem Zahlungszeitpunkt, sondern nach dem Kausalitätsprinzip dem Jahr ihrer wirtschaftlichen Entstehung zugerechnet.

Obgleich die unterschiedlichen Vorgehensweisen bei der Gewinnermittlung natürlich auch zu unterschiedlichen Periodengewinnen führen, ergeben sich über die **Totalperiode** betrachtet identische Ergebnisse. Die steuerliche Gesamtbelastung über die Totalperiode muss aber nicht zwingend den steuerlichen Periodenergebnissen entsprechen, weil sich einmal wegen der Steuerprogression und zum andern evtl. wegen Steuersatzänderungen in einzelnen Jahren unterschiedliche Steuerbelastungen ergeben können.

Der Wechsel der Gewinnermittlungsart ist immer nur zu Beginn eines Wirtschaftsjahres zulässig. Deshalb sind Gewinnkorrekturen, die sich aus dem Übergang von der Bilanzierung zur Einnahmenüberschussrechnung ergeben, auf Grundlage der letzten Schlussbilanz vorzunehmen. Alle Gewinnhinzurechnungen und Gewinnkürzungen sind als Gewinnkorrektur im Jahr des Übergangs als Übergangsgewinn zu berücksichtigen. Durch den Wechsel der Gewinnermittlungsart darf der Totalerfolg nicht beeinflusst werden. Erfolgswirksame Vorgänge könnten doppelt erfasst werden bzw. überhaupt nicht berücksichtigt werden. Aus diesem Grund ist eine Übergangsrechnung zu erstellen, in der Sachverhalte, die zu einer Doppel- bzw. Nichterfassung führen könnten, in der Weise korrigiert werden, als ob der Gewinn von Anfang an mit der neuen Gewinnermittlungsmethode ermittelt worden wäre.

Neben der Ermittlung des Übergangsgewinns auf Basis der letzten Schlussbilanz ist der laufende Gewinn nach dem Zu- und Abflussprinzip festzustellen. Beides zusammen ist in voller Höhe der Besteuerung zu unterwerfen. Der Übergangsgewinn gilt als normaler Gewinn/Verlust (R 4.6 EStR, R 7.1 Abs. 3 Satz 7 GewStR) und ist beim Gewinn des Folgejahres mit zu erfassen und ist den Einkünften der Einkunftsart nach dem Übergang zuzurechnen. Für den Übergangsgewinn beim Wechsel von der Bilanzierung auf die Einnahmenüberschussrechnung sind steuerlich keine Verteilungsmöglichkeiten auf mehrere Jahre vorgesehen wie im umgekehrten Fall. Bei einem Wechsel der Gewinnermittlungsart von der Einnahmenüberschussrechnung zur Bilanzierung hingegen gibt es die Möglichkeit, den Übergangsgewinn auf maximal drei Jahre zu verteilen (R 4.6 Abs. 1 EStR, gilt auch für die Gewerbesteuer).

Die Berechnung des Übergangsgewinns **von der Bilanzierung auf die Einnahmenüberschussrechnung** auf Basis der einzelnen Bilanzposten ist nachfolgend dargestellt:

Nicht abnutzbares Anlagevermögen
Bei einem Wechsel der Gewinnermittlungsart ergibt sich keine Gewinnauswirkung. Beispielsweise bei Grundstücken kommt es bei beiden Gewinnermittlungsmethoden grundsätzlich erst bei einer Veräußerung oder Entnahme zu einer Gewinnauswirkung. Im Jahresabschluss werden Grundstücke mit den Anschaffungskosten bilanziert. Da bei der Einnahmenüberschussrechnung keine doppelte Buchführung erforderlich ist, werden Zugänge von Grundstücken nur in einem besonderen Verzeichnis aufgenommen.

13.3 Ermittlung des Übergangsgewinns

Abnutzbares Anlagevermögen

Bei abnutzbaren Vermögensgegenständen (Wirtschaftsgütern) sind unabhängig von der Gewinnermittlungsmethode die Vorschriften über Abschreibungen (AfA) zu beachten. Deshalb ergeben sich keine Gewinnkorrekturen. Sollte in früheren Jahresabschlüssen eine Teilwertabschreibung, die bei der Einnahmenüberschussrechnung nicht möglich ist, vorgenommen worden sein, dann ergeben sich trotzdem keine Gewinnauswirkungen auf den Übergangsgewinn.

Erhaltene Kundenanzahlungen

Im Falle der Bilanzierung wird die erhaltene Kundenanzahlung zunächst erfolgsneutral als Verbindlichkeit verbucht. Erst mit Realisierung des Erfüllungsgeschäftes wird die Verbindlichkeit gewinnerhöhend aufgelöst. In der Einnahmenüberschussrechnung werden erhaltene Kundenanzahlungen bereits im Zahlungszeitpunkt als Betriebseinnahme erfasst.

Da beim Wechsel der Gewinnermittlungsart von der Bilanzierung zur Einnahmenüberschussrechnung der Bestand von erhaltenen Kundenanzahlungen untergehen würde, sind bei der Ermittlung des Übergangsgewinns die erhaltenen Kundenanzahlungen als Gewinnzuschlag zu erfassen. Ansonsten würde es zu keiner gewinnmäßigen Berücksichtigung kommen.

Geleistete Anzahlungen an Lieferanten

Im Falle der Bilanzierung wird die Anzahlung an den Lieferanten zunächst erfolgsneutral als (Anzahlungs-)Forderung verbucht. Und erst bei Leistungserbringung durch den Lieferanten erfolgt eine aufwandsmäßige Erfassung. In der Einnahmenüberschussrechnung werden die an Lieferanten geleisteten Anzahlungen bereits im Zeitpunkt der Zahlung als Betriebsausgabe erfasst. Um zu vermeiden, dass sich die geleisteten Anzahlungen insgesamt aufwandsmäßig überhaupt nicht auswirken, ist in der Überleitungsrechnung in Höhe der geleisteten Anzahlungen ein Gewinnabschlag zu berücksichtigen.

Aktive Rechnungsabgrenzungsposten

Bei der Bilanzierung sind bestimmte Aufwendungen, bspw. Mietkosten, die vor dem Abschlussstichtag für das nachfolgende Jahr gezahlt werden, nach dem Verursachungsprinzip aktiv abzugrenzen. Bei der Einnahmenüberschussrechnung hingegen werden Betriebsausgaben wie Mietzahlungen zum Zahlungszeitpunkt in voller Höhe erfasst. Deshalb muss in Höhe des aktiven Rechnungsabgrenzungspostens ein Gewinnabschlag im Übergangsgewinn erfolgen.

Passive Rechnungsabgrenzungsposten

Beispielsweise Mieten oder Zinsen, die bei der Bilanzierung vor dem Abschlussstichtag vom Mieter bzw. Darlehensnehmer für nachfolgende Perioden bezahlt werden (Vorauszahlungen), müssen wegen des Periodenverursachungsprinzips in der Bilanz des Vermieters bzw. Darlehensgebers als passive Rechnungsabgrenzungsposten erfasst werden. Nach einem Wechsel zur Einnahmenüberschussrechnung können diese bereits vor dem Wechsel der Gewinnermittlung zugeflossenen Zahlungen nicht mehr gewinnerhöhend aufgelöst werden. Daher ist in Höhe des passiven Rechnungsabgrenzungspostens in der Überleitungsrechnung ein Gewinnzuschlag anzusetzen.

Rückstellungen

Bei der Bilanzierung werden auch Rückstellungen nach dem Verursachungsprinzip wirtschaftlich dem Jahr der Entstehung zugeordnet und aufwandswirksam gewinnmindernd verbucht, bspw. Jahresabschlusskosten. Da nach dem Wechsel zur Einnahmenüberschussrechnung die dann anfallende Zahlung der Jahresabschlusskosten zu einer Betriebsausgabe führt, ist diese Rückstellung im Übergangsgewinn als Gewinnzuschlag zu berücksichtigen.

Warenbestand, Bestand an Roh-, Hilfs- und Betriebsstoffen

Bei der Bilanzierung sind Anschaffungen erfolgsneutral, erst der Verbrauch wird erfolgswirksam verbucht. Bei der Einnahmenüberschussrechnung führen die Anschaffungen zu Betriebsausgaben, während der Verbrauch selbst erfolgsneutral ist. Bei einem Wechsel zur Einnahmenüberschussrechnung wirken sich deshalb in der Schlussbilanz ausgewiesene Bestände nicht erfolgswirksam aus. Daher ist in Höhe des Bestands der Schlussbilanz in der Überleitungsrechnung ein Gewinnabschlag vorzunehmen.

Kundenforderungen

Im Rahmen der Bilanzierung werden die Umsatzerträge nach dem Kausalitätsprinzip der Periode zugerechnet, zu der sie wirtschaftlich gehören. Diese Umsatzerlöse (Zielverkäufe) wirken sich also gewinnerhöhend aus, obwohl noch keine Zahlung erfolgt ist. Die Einnahmenüberschussrechnung hingegen erfasst die Umsatzerlöse inklusive Umsatzsteuer erst im Zeitpunkt der Zahlung als Betriebseinnahme. Bestehen also in der Schlussbilanz Kundenforderungen, würde es zu einer gewinnerhöhenden Doppelerfassung kommen. Deshalb ist bei der Ermittlung des Übergangsgewinns in Höhe des Bestands an Kundenforderungen ein Gewinnabschlag vorzunehmen.

Lieferantenverbindlichkeiten

Zieleinkäufe bspw. für Büromaterial werden in der Einnahmenüberschussrechnung im Zeitpunkt der Zahlung als Betriebsausgabe erfasst. Bei der Bilanzierung werden solche Aufwendungen nicht erst zum Zahlungszeitpunkt, sondern bereits im Zeitpunkt ihrer wirtschaftlichen Verursachung als Verbindlichkeit gewinnmindernd gebucht. Um diese Doppelerfassung zu vermeiden, ist in Höhe dieser Verbindlichkeiten bei der Bestimmung des Übergangsgewinns ein Gewinnzuschlag vorzunehmen.

Umsatzsteuerforderungen/Umsatzsteuerverbindlichkeiten
Bei der Bilanzierung werden Umsatzsteuer- und Vorsteuerbeträge sowie an das Finanzamt gezahlte oder vom Finanzamt erstattete Beträge erfolgsneutral verbucht. Hingegen werden bei der Einnahmenüberschussrechnung gezahlte Vorsteuerbeträge (bspw. Rechnungen von Lieferanten) und an das Finanzamt gezahlte Umsatzsteuervoraus- und -abschlusszahlungen im Zeitpunkt der Zahlung als Betriebsausgabe erfasst. Umgekehrt werden Umsatzsteuerbeträge zusätzlich zu den von Kunden bezahlten Nettoumsätzen und vom Finanzamt erstattete Umsatzsteuerbeträge als Betriebseinnahme verbucht.

Sind also in der Schlussbilanz Umsatzsteuer-Erstattungsansprüche aktiviert, ist bei der Ermittlung des Übergangsgewinns ein entsprechender Gewinnabschlag vorzunehmen. Sind umgekehrt in der Schlussbilanz Umsatzsteuerverbindlichkeiten passiviert, dann ist entsprechend ein Gewinnzuschlag vorzunehmen.

13.4 Gründe für den Wechsel zur Bilanzierung

Kleinstgewerbetreibende (früher: Minderkaufleute), die bisher eine Einnahmenüberschussrechnung erstellt haben, sind nicht mehr von der Buchführungspflicht befreit, wenn sie die Voraussetzungen (Umsatz und Jahresüberschuss) gem. § 241a HGB nicht mehr erfüllen. Steuerlich können Gewerbetreibende, die ihren Gewinn nach § 4 Abs. 3 EStG ermitteln, vom Finanzamt gem. § 141 Abs. 2 AO aufgefordert werden, Bücher zu führen. Zur Bilanzierung muss auch gewechselt werden, wenn die Gewinnermittlungsart freiwillig gewechselt wird (H 4.6 – erneuter Wechsel der Gewinnermittlungsart – EStH) und im Falle einer Betriebsveräußerung, einer Betriebsaufgabe oder bei der Einbringung eines gesamten Betriebes in eine Gesellschaft. Der Stpfl. ist jedoch grds. 3 Jahre an seine Wahl gebunden. Nur bei Vorliegen besonderer Gründe kann gem. BFH-Urteil vom 09.11.2000 (BStBl. 2001 II S. 102) vor Ablauf der Frist ein erneuter Wechsel stattfinden. Neben einer Eröffnungsbilanz auf den Beginn des Wirtschaftsjahres ist auch ein Übergangsgewinn bzw. Übergangsverlust zu ermitteln. Um für den Stpfl. sich ergebende Härten zu vermeiden, darf auf Antrag des Stpfl. der Übergangsgewinn auf das Jahr des Übergangs oder auf das Jahr des Übergangs und das folgende Jahr oder auf das Jahr des Übergangs und auf die beiden folgenden Jahre verteilt werden (R 4.6 Abs. 1 Satz 2 EStR). Ein Übergangsverlust ist immer im Jahr des Übergangs anzusetzen. Nach § 141 AO unterliegen auch Land- und Forstwirte der Buchführungspflicht, wenn ihr Gewinn im Kalenderjahr mehr als 60.000 € oder der Einheitswert der selbst bewirtschafteten Flächen mehr als 25.000 € beträgt.

Im Einzelnen sind beim Wechsel **von der Einnahmenüberschussrechnung auf die Bilanzierung** in der Eröffnungsbilanz folgende Bilanzpositionen zu beachten:

Nicht abnutzbares Anlagevermögen

Die nicht abnutzbaren Vermögensgegenstände (Wirtschaftsgüter) des Anlagevermögens sind mit den Anschaffungskosten bzw. (steuerlich) mit dem voraussichtlich dauerhaft niedrigeren Teilwert in der Eröffnungsbilanz zu erfassen. Grundsätzlich ergeben sich bei beiden Gewinnermittlungsarten keine Gewinnabweichungen. Weil aber in der Einnahmenüberschussrechnung keine Teilwertabschreibung möglich ist, muss eine in der Eröffnungsbilanz vorgenommene Teilwertabschreibung in der Überleitungsrechnung durch eine Gewinnkürzung berücksichtigt werden.

Abnutzbares Anlagevermögen

Die abnutzbaren Vermögensgegenstände (Wirtschaftsgüter) des Anlagevermögens sind mit den Anschaffungskosten bzw. (steuerlich) mit dem voraussichtlich niedrigeren Teilwert in der Eröffnungsbilanz zu erfassen. Grundsätzlich ergeben sich auch hier bei beiden Gewinnermittlungsarten keine Gewinnabweichungen. Weil aber in der Einnahmenüberschussrechnung keine Teilwertabschreibung möglich ist, muss eine in der Eröffnungsbilanz evtl. vorgenommene Teilwertabschreibung auch in der Überleitungsrechnung durch eine Gewinnkürzung berücksichtigt werden.

Aktive Rechnungsabgrenzungsposten

Bei der Bilanzierung sind bestimmte Aufwendungen, bspw. Miet- oder Zinskosten, die vor dem Abschlussstichtag für das nachfolgende Jahr gezahlt werden, nach dem Verursachungsprinzip aktiv abzugrenzen. Bei der Einnahmenüberschussrechnung hingegen werden Miet- oder Zinszahlungen bereits zum Zahlungszeitpunkt in voller Höhe als Betriebsausgaben erfasst. In der Eröffnungsbilanz sind entsprechend dem Verursachungsprinzip aktive Rechnungsabgrenzungsposten für bereits in der Einnahmenüberschussrechnung erfasste Betriebsausgaben für Miet- oder Zinszahlungen zukünftiger Perioden zu bilden. Deshalb muss in Höhe des in der Eröffnungsbilanz gebildeten aktiven Rechnungsabgrenzungspostens (RAP) in der Überleitungsrechnung ein Gewinnzuschlag erfolgen, weil es ansonsten zu einer Doppelerfassung kommen würde.

Passive Rechnungsabgrenzungsposten

Bei der Bilanzierung sind bestimmte Erträge, bspw. Miet- oder Zinseinnahmen, die vor dem Abschlussstichtag für nachfolgende Jahre gezahlt werden, nach dem Verursachungsprinzip passiv abzugrenzen. Bei der Einnahmenüberschussrechnung hingegen werden Miet- oder Zinseinnahmen bereits zum Zahlungszeitpunkt in voller Höhe als Betriebseinnahmen erfasst. In der Eröffnungsbilanz sind deshalb entsprechend dem Verursachungsprinzip passive Rechnungsabgrenzungsposten für bereits in der Einnahmenüberschussrechnung erfasste Betriebseinnahmen für Miet- oder Zinszahlungen künftiger Perioden zu bilden. Deshalb muss in Höhe des in der Eröffnungsbilanz gebildeten passiven Rechnungsabgrenzungspostens in der Überleitungsrechnung ein Gewinnabschlag erfolgen, weil es ansonsten zu einer doppelten negativen Gewinnauswirkung kommen würde.

Rückstellungen

Bei der Bilanzierung werden Rückstellungen nach dem Verursachungsprinzip wirtschaftlich dem Jahr der Entstehung zugeordnet und aufwandswirksam gewinnmindernd (Aufwand an Rückstellung) verbucht, bspw. für Jahresabschlusskosten. Da nach dem Wechsel von der Einnahmenüberschussrechnung zur Bilanzierung die dann anfallende Zahlung bspw. für die Jahresabschlusskosten sich gewinnmäßig nicht auswirken würde, ist in der Eröffnungsbilanz eine entsprechende Rückstellung zu bilden, die in der Überleitungsrechnung als Gewinnkürzung zu berücksichtigen ist.

Warenbestand, Bestand an Roh-, Hilfs- und Betriebsstoffen

Bei der Bilanzierung sind Anschaffungen erfolgsneutral, erst der Verbrauch wird erfolgswirksam. Bei der Einnahmenüberschussrechnung führen die Anschaffungen bereits zu Betriebsausgaben, während der Verbrauch selbst erfolgsneutral ist.

Beim Übergang von der Einnahmenüberschussrechnung zur Bilanzierung sind vorhandene Bestände erfolgsneutral zu aktivieren. Da im Jahresabschluss erst der Verbrauch als Aufwand verbucht wird, würde es zu einer doppelten Gewinnminderung kommen. Folglich ist der mit Anschaffungskosten oder dem voraussichtlich niedrigeren Teilwert bilanzierte Warenbestand in der Eröffnungsbilanz bei der Ermittlung des Übergangsgewinns als Gewinnzuschlag zu berücksichtigen.

Kundenforderungen

Im Rahmen der Bilanzierung werden die Umsatzerträge nach dem Kausalitätsprinzip der Periode zugerechnet, zu der sie wirtschaftlich gehören. Diese Umsatzerlöse (Zielverkäufe) wirken sich im Jahresabschluss gewinnerhöhend aus, obwohl noch keine Zahlung erfolgt ist. Die Einnahmenüberschussrechnung hingegen erfasst die Umsatzerlöse inklusive Umsatzsteuer erst im Zeitpunkt der Zahlung als Betriebseinnahme. Bei einem Gewinnermittlungswechsel von der Einnahmenüberschussrechnung zur Bilanzierung sind somit Bestände von Kundenforderungen in die Eröffnungsbilanz zu übernehmen, evtl. mit dem voraussichtlich dauerhaft niedrigeren Teilwert. In Höhe der Kundenforderungsbestände ergibt sich somit bei der Ermittlung des Übergangsgewinns ein Gewinnzuschlag.

Lieferantenverbindlichkeiten

Zieleinkäufe bspw. für Büromaterial werden in der Einnahmenüberschussrechnung im Zeitpunkt der Zahlung als Betriebsausgabe erfasst. Bei der Bilanzierung werden solche Aufwendungen nicht erst zum Zahlungszeitpunkt, sondern bereits im Zeitpunkt ihrer wirtschaftlichen Verursachung als Verbindlichkeit gewinnmindernd gebucht. Werden nun diese Lieferantenverbindlichkeiten in der Eröffnungsbilanz erfolgsneutral erfasst, hat das zur Folge, dass sich keine Gewinnauswirkung mehr ergeben würde. Um dies zu vermeiden, ist in der Überleitungsrechnung ein Gewinnabschlag vorzunehmen.

Umsatzsteuerforderungen/Umsatzsteuerverbindlichkeiten
Bei der Einnahmenüberschussrechnung werden gezahlte Vorsteuerbeträge (bspw. Rechnungen von Lieferanten) und an das Finanzamt gezahlte Umsatzsteuervoraus- und Umsatzsteuerabschlusszahlungen im Zeitpunkt der Zahlung als Betriebsausgabe erfasst. Umgekehrt werden Umsatzsteuerbeträge zusätzlich zu den von Kunden bezahlten Nettoumsätzen und vom Finanzamt erstattete Umsatzsteuerbeträge als Betriebseinnahme verbucht.

Bei der Bilanzierung werden Umsatzsteuer- und Vorsteuerbeträge sowie an das Finanzamt gezahlte oder vom Finanzamt erstattete Beträge erfolgsneutral verbucht.

Diese unterschiedliche Handhabung hat zur Folge, dass eine in der Eröffnungsbilanz ausgewiesene Position „Sonstige Forderungen", resultierend aus einer Umsatzsteuerforderung gegenüber dem Finanzamt, in der Überleitungsrechnung als Gewinnzuschlag zu berücksichtigen ist.

Umgekehrt sind in der Eröffnungsbilanz verbuchte Umsatzsteuerverbindlichkeiten bei der Ermittlung des Übergangsgewinns als Gewinnabschlag zu berücksichtigen.

Erhaltene Kundenanzahlungen
In der Einnahmenüberschussrechnung werden erhaltene Kundenanzahlungen bereits im Zahlungszeitpunkt als Betriebseinnahme erfasst. Im Falle der Bilanzierung wird die Zahlung zunächst erfolgsneutral als Verbindlichkeit verbucht. Erst mit Realisierung des Erfüllungsgeschäftes wird die Verbindlichkeit gewinnerhöhend aufgelöst.

Da beim Wechsel der Gewinnermittlungsart von der Einnahmenüberschussrechnung zur Bilanzierung der Bestand von erhaltenen Kundenanzahlungen erfolgsneutral mit den Anschaffungskosten in die Eröffnungsbilanz übernommen wird, sind bei der Ermittlung des Übergangsgewinns die erhaltenen Kundenanzahlungen als Gewinnabschlag zu erfassen. Ansonsten würde es zu einer Doppelberücksichtigung kommen.

Geleistete Anzahlungen an Lieferanten
Die an Lieferanten geleisteten Anzahlungen werden in der Einnahmenüberschussrechnung bereits im Zeitpunkt der Zahlung als Betriebsausgabe erfasst. Im Falle der Bilanzierung wird die Zahlung zunächst erfolgsneutral als (Anzahlungs-)Forderung verbucht. Und erst bei Leistungserbringung durch den Lieferanten erfolgt eine aufwandsmäßige Erfassung.

Beim Wechsel der Gewinnermittlungsart von der Einnahmenüberschussrechnung zur Bilanzierung sind die geleisteten Anzahlungen an den Lieferanten erfolgsneutral in die Eröffnungsbilanz einzustellen. Damit sich die geleisteten Anzahlungen insgesamt aufwandsmäßig nicht doppelt auswirken, ist in der Überleitungsrechnung in Höhe der geleisteten Anzahlungen ein Gewinnzuschlag zu berücksichtigen.

In der Abb. 13.1 sind die Gewinnauswirkungen bei einem Wechsel von der Bilanzierung zur Einnahmenüberschussrechnung und umgekehrt die Gewinnauswirkungen bei einem Wechsel von der Einnahmenüberschussrechnung zur Bilanzierung dargestellt. Aus der Abbildung wird deutlich, dass sich die Auswirkungen je nach Gewinnermittlungsart entsprechend umkehren.

13.4 Gründe für den Wechsel zur Bilanzierung

Bilanzposition laut Schlussbilanz	Gewinnauswirkung bei Wechsel von der	
	Bilanzierung zur Einnahmenüberschussrechnung	Einnahmenüberschussrechnung zur Bilanzierung
Aktiva • Warenbestand unfertige/fertige Erzeugnisse • Bestand an Roh-, Hilfs- und Betriebsstoffe • Geleistete Anzahlungen auf Waren, RHB • Forderungen aus L + L • Sonst. Forderungen (z.B. Umsatzsteuererstattungsansprüche gegenüber Finanzamt) • Aktive Rechnungsabgrenzungsposten • Damnum/Disagio	Kürzung	Hinzurechnung
Passiva • Verbindlichkeiten aus L + L • sonst. Verbindlichkeiten (z.B. Umsatzsteuerzahlungsansprüche des Finanzamts) • Erhaltene Anzahlungen • Rückstellungen • Passive Rechnungsabgrenzungsposten	Hinzurechnung	Kürzung

Abb. 13.1 Gewinnauswirkungen bei Wechsel der Gewinnermittlungsart

14 Sonderbilanzen und Ergänzungsbilanzen

14.1 Sonderbilanzen

Neben diesen in der Übersicht der Abb. 14.1 dargestellten Sonderbilanzen, auf die nachfolgend nicht eingegangen wird, kennt auch das Steuerrecht den Begriff der Sonderbilanz. Kaufleute haben grundsätzlich auf der Basis einer den GoB entsprechenden Buchführung einen handelsrechtlichen Jahresabschluss zu erstellen, der aber nur den Bereich des Gesamthandsvermögens umfasst. Sondervergütungen, Sonderbetriebseinnahmen und Sonderbetriebsausgaben werden darin nicht berücksichtigt. Deshalb ist in solchen Fällen zusätzlich zur Handelsbilanz eine eigene Steuerbilanz zu erstellen.

Zivilrechtliche Personengesellschaften (OHG, KG und auch die GmbH & Co. KG) bezeichnet das Steuerrecht als Mitunternehmerschaften im Sinne des § 15 Abs. 1 Nr. 2 EStG. Die wesentlichen Kriterien einer **Mitunternehmerschaft** sind die **Mitunternehmerinitiative** (Teilhabe an unternehmerischen Entscheidungen, Stimm-, Kontroll- und Widerspruchsrechte) und das **Mitunternehmerrisiko,** also Beteiligung am Gewinn und Verlust eines Unternehmens sowie an den stillen Reserven einschließlich eines Firmen- und Geschäftswertes. Zu den Einkünften eines Mitunternehmers aus einer Mitunternehmerschaft gehören außer seinem Gewinn-/Verlustanteil auch Sondervergütungen bzw. Sonderbetriebsausgaben, die der Gesellschafter von der Gesellschaft für seine Tätigkeit im Dienst der Gesellschaft oder für die Hingabe von Darlehen oder die Überlassung von Wirtschaftsgütern bezogen hat. Daher werden Wirtschaftsgüter, die ganz oder anteilig Eigentum eines Mitunternehmers sind, und die dem Unternehmen dienen, als Sonderbetriebsvermögen des Betriebsvermögens der Mitunternehmerschaft bezeichnet. Es wird zwischen Sonderbetriebsvermögen I und Sonderbetriebsvermögen

Arten von Sonderbilanzen					
Going-concern-principle					Unternehmensauflösung
		Sanierungsbilanz			
Eröffnungsbilanz bzw. Gründungsbilanz (§ 242 HGB)	Umwandlungsbilanzen	außergerichtliche Sanierungsbilanz	Insolvenzbilanz (Fortführung)	Insolvenzbilanz (Auflösung)	Liquidations-Bilanz § 154 HGB

Abb. 14.1 Arten von Sonderbilanzen. (Quelle: In Anlehnung an: Eisele, Technik des betrieblichen Rechnungswesen, S. 859)

II unterschieden. Gem. R 4.2 Abs. 2 Satz 2 EStR sind unter **Sonderbetriebsvermögen I** solche Wirtschaftsgüter zu verstehen, die unmittelbar dem Betrieb der Mitunternehmerschaft dienen. Soweit die Wirtschaftsgüter aber unmittelbar zur Begründung oder Stärkung der Beteiligung eines Mitunternehmers an der Mitunternehmerschaft dienen, handelt es sich hierbei um **Sonderbetriebsvermögen II**. Dieses Sonderbetriebsvermögen von Mitunternehmern ist in gesonderten Bilanzen zu erfassen, den **Sonderbilanz**en. Die dem Mitunternehmer von der Mitunternehmerschaft zugeflossenen Sondervergütungen und die damit zusammenhängenden Sonderbetriebsausgaben sind in einer Sonder-Gewinn- und Verlustrechnung zu erfassen.

> **Beispiel: Sonderbetriebsvermögen**
>
> An der **ABC-OHG** in München sind die Gesellschafter **A, B** und **C** zu je einem Drittel beteiligt. Der Jahresüberschuss im Wirtschaftsjahr 2021 beträgt 300.000 €.
>
> - A überlässt am 01.01.2021 der OHG ein bebautes Grundstück, das die OHG ab diesem Zeitpunkt als Lagerhalle nutzt. Am 01.01.2019 sind für das Grundstück 200.000 € Anschaffungskosten angefallen, davon 60.000 € für den Grund und Boden.
> - Das Gebäude wurde bisher linear mit 3 % abgeschrieben. In der Zeit vom 01.01.2019 bis zum 31.12.2020 wurde das Grundstück an einen anderen Unternehmer vermietet.
> - Auf dem Grundstück lasten zum 01.01.2021 Hypotheken i. H. v. 175.000 €. Die Zinsen für 2021 betragen 5500 € und die Tilgung beträgt 10.000 € mit Fälligkeit am 31.12.2021.
> - Die laufenden Grundstücksaufwendungen in 2021, die von A getragen werden, belaufen sich auf 1000 €. Die OHG bezahlt für die Nutzung an A eine Jahresmiete von 9000 €.

14.1 Sonderbilanzen

- Der Gesellschafter **B** gewährt der OHG gemeinsam mit seiner Frau – je zur Hälfte – ein Darlehen i. H. v. 180.000 € zu einem Zinssatz von 6 %; Tilgungen sind in 2021 nicht vorgesehen. Der Zinsertrag wird entnommen.
- **C** betreibt eine Spedition und übernimmt in 2021 sämtliche Warentransporte für die OHG. Hierfür erhält er eine jährliche Tätigkeitsvergütung von 95.000 €. Die Selbstkosten des C betragen 90.000 €.
- Am 01.01.2021 hat C ein Darlehen i. H. v. 200.000 € mit einem Zinssatz von nominal 1 % aufgenommen. C nutzt das Darlehen, um seinen Kapitalanteil an der OHG auf 40 % zu erhöhen. Tilgungen für dieses Darlehen sind in 2021 nicht vorgesehen.
- Die Kapitalanteile von A und B haben sich entsprechend auf jeweils 30 % verringert.
- Die Zinsaufwendungen, Zinserträge, Grundstücksaufwendungen, Tätigkeitsvergütung, Selbstkosten und Mieteinnahmen werden bei den Gesellschaftern über das Kapitalkonto abgewickelt.

Wie ist der gesonderte und einheitliche Gewinn der OHG und der Gesellschafter für das Geschäftsjahr 2021 zu ermitteln?

Lösungsvorschlag

- Bei Gesellschafter A und B handelt es sich um Sonderbetriebsvermögen I, weil die Wirtschaftsgüter dazu geeignet sind, unmittelbar dem Betrieb der Personengesellschaft zu dienen. Beim Gesellschafter C stellen die Selbstkosten und die Vergütung genau wie bei A und B Sonderbetriebsvermögen I dar. Bei dem Darlehen des C handelt es sich jedoch um Sonderbetriebsvermögen II, das der Stärkung der Beteiligung von C an der ABC-OHG dient.
- Nachfolgend wird für alle Mitunternehmer eine Sonderbilanz und eine SonderGuV dargestellt (§ 15 Abs. 2 EStG).

Gesellschafter A
Einlagen zum Teilwert (max. niedrigerer Buchwert) § 6 Abs. 1 Nr. 5 EStG

-	Grund und Boden			60.000 €
-	Gebäude			
	AK	01.01.2019	140.000 €	
	./. AfA	2019 3 %	4.200 €	
	./. AfA	2020 3 %	4.200 €	
	Buchwert	31.12.2020	131.600 €	131.600 €

A	Sonderbilanz A 01.01.2021		P
Grund und Boden	60.000 €	Kapital	16.600 €
Gebäude	131.600 €	Hypothek	175.000 €
	191.600 €		191.600 €

A	SonderGuV 2021		P
Grundstücksaufw.	1.000 €	Mieteinnahmen	9.000 €
Zinsen	5.500 €	Verlust	1.448 €
AfA (§ 7 Abs. 4 Nr. 1 EStG)	3.948 €		
	10.448 €		10.448 €

A	Sonderbilanz A 31.12.2021		P
Grund und Boden	60.000 €	Kapital	22.652 €
Gebäude	127.652 €	Hypothek	165.000 €
	187.652 €		187.652 €

In der folgenden Darstellung wird die Entwicklung des Kapitals vom Gesellschafter A in 2021 abgebildet:

	Kapital Gesellschafter A am 01.01.2021	16.600 €	
−	Zinsaufwendungen	− 5.500 €	
−	Grundstücksaufwendungen	− 1.000 €	Verlust aus SonderGuV
+	Mieteinnahmen	+ 9.000 €	i. H. v. 1.448 €
−	AfA gem. § 7 Abs. 4 Nr. 1 EStG	− 3.948 €	
+	Einlage wegen Tilgung der Hypothek	+ 10.000 €	
+	Einlage (Zinsaufwendungen)	+ 5.500 €	
+	Einlage (Grundstücksaufwendungen)	+ 1.000 €	
−	Entnahme (Mieteinnahmen)	− 9.000 €	
=	Kapital Gesellschafter A am 31.12.2021	22.652 €	

Gesellschafter B

- Nur 50 % von 180.000 € sind Sonderbetriebsvermögen I, da die Ehefrau keine Gesellschafterin der OHG ist: 90.000 €
- Zinsertrag für 2021: 5400 €
- Aufwendungen: keine
- Sonderbetriebsgewinn: 5400 €

A	Sonderbilanz B 31.12.2021		P
Forderung ggü. der ABC- OHG	90.000	Kapital	90.000
		Gewinn	5.400
		Entnahme	- 5.400
	90.000		90.000

S	SonderGuV B		H
Gewinn	5.400	Zinsertrag	5.400
	5.400		5.400

Gesellschafter C

- Sonderbetriebsvermögen I:
- Erträge: 95.000 €
- Aufwendungen: 90.000 €
- Sonderbetriebsvermögen II:
- Zinsaufwendungen: 2000 €
- Sonderbetriebsgewinn gesamt: 3000 €

A	Sonderbilanz C 31.12.2021		P
		Minderkapital	-200.000
		Gewinn	3.000
		Entnahme	- 3.000
		Darlehen	200.000
	0		0

S	SonderGuV C		H
Selbstkosten	90.000	Tätigkeitsvergütung	95.000
Zinsaufwendungen	2.000		
Gewinn	3.000		
	95.000		95.000

Die gesonderte und einheitliche Gewinnfeststellung 2021 gem. §§ 179/180 AO sieht dann wie folgt aus:

	OHG*	A	B	C
Jahresüberschuss	300.000	90.000	90.000	120.000
+ Sonderbetriebsgewinn	8.400		5.400	3.000
- Sonderbetriebsverlust	1.448	1.448		
Gewinn	306.952	88.552	95.400	123.000

*Die Beteiligungsverhältnisse haben sich bei der ABC-OHG in 2021 verändert.

◄

14.2 Ergänzungsbilanzen

Grundsätzlich müssen alle an einer Personengesellschaft beteiligten Mitunternehmer ihren Gewinn aus der Gesamthandsgesellschaft (OHG, KG) einheitlich, d. h. unter Anwendung der gleichen Bilanzierungs- und Bewertungsregeln ermitteln. Abweichungen bei der Gewinnermittlung können sich immer dann ergeben, wenn beispielsweise einzelne Mitunternehmer ihren Anteil am Gesamthandsvermögen unterschiedlich bewerten müssen. Das ist dann gegeben, wenn in einer Personengesellschaft ein Gesellschafterwechsel erfolgt und der neue Gesellschafter einen Kaufpreis für den Erwerb des Anteils bezahlt, der höher oder niedriger ist als das von ihm übernommene Kapitalkonto. Entspricht der Kaufpreis für den Mitunternehmeranteil genau dem übernommenen Eigenkapitalkonto, ergeben sich keine Probleme, soweit es sich um einen voll entgeltlichen Erwerb handelt. Die Buchwerte können fortgeführt werden. Das Eigenkapitalkonto des Veräußerers ist auf den Erwerber umzubuchen. Der Erwerber des Anteils muss nach § 6 Abs. 1 Nr. 1 EStG die Anschaffungskosten aktivieren. In vielen Fällen wird der Erwerber für die Beteiligung an der Personengesellschaft mehr bezahlen als den Buchwert des von ihm anteilig erworbenen Betriebsvermögens, weil er über den Buchwert hinaus anteilige stille Reserven und einen Teil des Firmenwerts erwirbt. Weil der Käufer der Beteiligung das erworbene Betriebsvermögen mit den Anschaffungskosten bewerten muss, sind die Buchwerte des übernommenen Betriebsvermögens bis zur Höhe der Anschaffungskosten der Beteiligung aufzustocken. Die Aufstockung der Buchwerte bedeutet eine anteilige Auflösung der in den einzelnen Wirtschaftsgütern enthaltenen stillen Reserven. Die Auflösung der stillen Reserven muss bei den einzelnen Wirtschaftsgütern gleichmäßig, entsprechend der Relation der erworbenen Beteiligung zum Gesamtvermögen, erfolgen. Dabei ist auch der gekaufte, **derivative Firmenwert** anteilig zu aktivieren. Übersteigen die Anschaffungskosten

14.2 Ergänzungsbilanzen

der Beteiligung die anteiligen Buchwerte des Betriebsvermögens und die aufgelösten stillen Reserven, ist in Höhe des Mehrbetrags ein anteiliger Firmenwert des Erwerbers der Beteiligung zu aktivieren. Die **Aufstockung** der Buchwerte und der Ausweis des anteiligen Firmenwerts können grundsätzlich in der **Gesamthandsbilanz** erfolgen. Das ist aber nur dann unproblematisch, wenn ein Gesellschafter ausscheidet und die verbleibenden Gesellschafter den Gesellschaftsanteil des Veräußerers in der Relation ihrer Beteiligung am **Gesamthandsvermögen** übernehmen. In diesem Fall führt die **Buchwertaufstockung** in der Gesamthandsbilanz weder zu einer Verschiebung in der Relation der Eigenkapitalkonten der verbleibenden Gesellschafter untereinander, die gegebenenfalls für die Gewinnermittlung von Bedeutung sein kann, noch beeinträchtigt sich die richtige Zurechnung des durch die Buchwertaufstockung gewonnen Aufwandspotenzials.

Beispiel

An der Design/Grafik-OHG sind die Gesellschafter A, B, C, D mit jeweils 25 % beteiligt. Die Bilanz der Gesellschafter zum 31.12.2021 sieht wie folgt aus:

Aktiva	Gesamthandsbilanz in €				Passiva
	Buchwert	Teilwert	Stille Reserven		
Grund und Boden	400.000	600.000	200.000	Kapital A	400.000
Gebäude	600.000	920.000	320.000	Kapital B	400.000
Maschinen	800.000	1.000.000	200.000	Kapital C	400.000
Vorräte	500.000	580.000	80.000	Kapital D	400.000
Forderungen	500.000	500.000	0	Verbindlichkeiten	1.200.000
Summe	2.800.000		800.000	Summe	2.800.000

A scheidet gegen eine Abfindung von 720.000 € aus der Gesellschaft zum 31.12.2021 aus.

B, C, D übernehmen jeweils ein Drittel des Anteils von A. Die Finanzierung erfolgt vorerst über Fremdmittel der OHG.

Wie wäre der Sachverhalt zu lösen, wenn die Gesellschafter die Abfindung aus eigenen privaten Mitteln bestreiten? Welche Lösung ergäbe sich, wenn die Finanzierung aus liquiden Mitteln der OHG erfolgen würde?

Lösungsvorschlag

Die Abfindung ist größer als das Kapitalkonto von A!

Die auf den Ausscheidenden A entfallenden stillen Reserven und der Firmenwert sind zu ermitteln und auf die Wirtschaftsgüter zu verteilen.

Stille Reserven und Firmenwert:

$$\text{Abfindung} - \text{Kapitalkonto, } 720.000 \,€ - 400.000 \,€ = 320.000 \,€$$

Anteilige stille Reserven des A:

$$25\,\% \text{ der gesamten stillen Reserven } (800.000\,€) = 200.000\,€$$

Folglich beträgt der anteilige Firmenwert 120.000 € (320.000 € − 200.000 €).

Eine Ergänzungsbilanz ist nicht notwendig, da die verbleibenden Gesellschafter den Anteil des A in gleicher Relation übernehmen.

Es erfolgt eine Aufstockung der Buchwerte in der Gesamthandsbilanz in Höhe der anteiligen stillen Reserven:

Grund und Boden	50.000 €		
Gebäude	80.000 €		
Maschinen	50.000 €		
Vorräte	20.000 €		
Firmenwert	120.000 €		
Kapital A	400.000 €	an Abfindungsverbindlichkeit	720.000 €

Demnach ergibt sich folgende Gesamthandsbilanz nach Ausscheiden des A:

Aktiva	Gesamthandsbilanz in €		Passiva
Grund und Boden	450.000	Kapital B	400.000
Gebäude	680.000	Kapital C	400.000
Maschinen	850.000	Kapital D	400.000
Vorräte	520.000	Verbindlichkeiten	1.200.000
Forderungen	500.000	Abfindungsverbindlichkeit	720.000
Firmenwert	120.000		
	3.120.000		3.120.000

Sofern die Gesellschafter die Abfindung aus eigenen (privaten) Mitteln finanzieren würden, käme es zur Erhöhung des Eigenkapitals bei den Gesellschaftern B, C und D um jeweils 240.000 €. Bei einer Finanzierung aus liquiden Mitteln der Gesellschaft käme es zu einer Verringerung des sonstigen Vermögens (Vorräte + Forderungen) um 720.000 €. ◄

Beispiel

Sachverhalt wie im letzten Beispiel, aber mit der Änderung, dass ein neuer Gesellschafter X den Anteil von A erwirbt. Dann erfolgt konsequent eine Buchwertaufstockung in der Gesamthandsbilanz.

14.2 Ergänzungsbilanzen

Aktiva	Gesamthandsbilanz in €		Passiva
Grund und Boden	450.000	Kapital B	400.000
Gebäude	680.000	Kapital C	400.000
Maschinen	850.000	Kapital D	400.000
Vorräte	520.000	Kapital X	720.000
Forderungen	500.000	Verbindlichkeiten	1.200.000
Firmenwert	120.000		
	3.120.000		3.120.000

Aus dieser Bilanz geht aber nicht hervor, dass das durch die Auflösung der stillen Reserven und die Aktivierung des anteiligen Firmenwerts gewonnene Aufwandspotenzial allein X zusteht. Außerdem hat sich durch den Verkauf des Mitunternehmeranteils an X die Relation der Eigenkapitalkonten zu Ungunsten von B, C und D verschoben. Um die damit verbundenen Probleme im Hinblick auf die Gewinnverteilung in der OHG zu vermeiden, erfolgt die Buchwertaufstockung nicht in der Gesamthandsbilanz, sondern in der neben der Hauptbilanz für den Erwerber X aufgestellten Ergänzungsbilanz.

Da A seinen Anteil an den neuen Gesellschafter X verkauft, ist wegen der aufgezeigten Probleme für diesen eine Ergänzungsbilanz zu erstellen. Die stillen Reserven und der Firmenwert sind in voller Höhe in der Ergänzungsbilanz des neuen Gesellschafter X auszuweisen:

A	Ergänzungsbilanz X in €		P
Grund und Boden	50.000	Kapital X	320.000
Gebäude	80.000		
Maschinen	50.000		
Vorräte	20.000		
Firmenwert	120.000		
	320.000		320.000

Damit ergibt sich folgende Gesamthandsbilanz:

Aktiva	Gesamthandsbilanz in €		Passiva
Grund und Boden	400.000	Kapital B	400.000
Gebäude	600.000	Kapital C	400.000
Maschinen	800.000	Kapital D	400.000
Sonstiges Vermögen	1.000.000	Kapital X	400.000
		Verbindlichkeiten	1.200.000
	2.800.000		2.800.000

Wie hoch sind die Gewinnanteile von B, C, D und X im Jahr 2022 wenn die Gesellschaft einen Gewinn in Höhe von 400.000 € erwirtschaftet hat? Die Restnutzungsdauer der Maschinen beträgt 5 Jahre!

Hier ist zu beachten, dass gem. dem BMF-Schreiben vom 19.12.2016 (BStBl 2017 II S. 34) Absetzungen für Abnutzung eines in der Ergänzungsbilanz aktivierten Mehr/- oder Mindertwerts für ein bewegliches Wirtschaftsgut auf die im Zeitpunkt des Erwerbs geltende Restnutzungsdauer vorzunehmen ist.

Gewinn der Gesellschaft: 400.000 €

Verlust des X:

AfA Firmenwert:	§ 7 Abs. 1 S. 3 EStG		8.000 €
AfA Gebäude:	§ 7 Abs. 4 S. 1 EStG		2.400 €
AfA Maschinen:	§ 7 Abs. 2	EStG	10.000 €
Summe			**20.400 €**

Einheitlich festzustellender Gewinn der OHG in 2022:

$$400.000 € - 20.400 € = 379.600 €$$

B, C und D erhalten ihren 25 %-igen Anteil vom Gewinn der OHG jeweils 25 % von 400.000 € = 100.000 €.

X erhält den Rest in Höhe von 79.600 € (100.000 € − 20.400 €). ◀

Soweit aber beim Gesellschafterwechsel die Abfindung kleiner als das Kapitalkonto des ausscheidenden Gesellschafters ist, entstehen beim neuen Gesellschafter stille Lasten und ggf. ein negativer Geschäfts- oder Firmenwert. Stille Lasten, ein negativer Geschäfts- oder Firmenwert und das damit verbundene Minderkapital sind in einer **negativen Ergänzungsbilanz** aufzuzeigen. Die Vermögensgegenstände (außer Forderungen und liquiden Mitteln) sind zuerst proportional auch unter die Buchwerte abzustocken. Somit kommt es zur Aufdeckung von stillen Lasten. Erst danach ist ein etwaiger verbleibender negativer Geschäfts- oder Firmenwert als passiver Unterschiedsbetrag auszuweisen und mit zukünftigen Verlusten auszugleichen. Die in der Ergänzungsbilanz aufgedeckten stillen Lasten sind gem. dem BFH-Urteil vom 28.09.1995 (IV R 57/94 BStBl II 1996, S. 68) entsprechend ihrem Verbrauch erfolgserhöhend aufzulösen.

Beispiel: negative Ergänzungsbilanz

Sachverhalt wie in den ersten zwei Beispielen, mit der Änderung, dass es keine stillen Reserven, sondern stille Lasten gibt. Die Gesamthandsbilanz zum 31.12.2021 sieht dann wie folgt aus (stille Lasten wurden gleichmäßig auf die Vermögensgegenstände verteilt):

14.2 Ergänzungsbilanzen

Aktiva	Gesamthandsbilanz in €			Passiva
	Buchwert	Stille Lasten		Buchwert
Grund und Boden	400.000	-200.000	Kapital A	400.000
Gebäude	600.000	-200.000	Kapital B	400.000
Maschinen	800.000	-200.000	Kapital C	400.000
Vorräte	500.000	-200.000	Kapital D	400.000
Forderungen	500.000	0	Verbindlichkeiten	1.200.000
Summe	2.800.000	-800.000	Summe	2.800.000

Wie sieht die Gesamthandsbilanz und Ergänzungsbilanz aus, wenn (jetzt) Y den Anteil von A für 200.000 € erwirbt?

Lösungsvorschlag:

Die Abfindung ist kleiner als das Kapitalkonto (200.000 € − 400.000 € = −200.000 €), entsprechend sind anteilsmäßig stille Lasten bei Grund und Boden, Gebäuden, Maschinen und Vorräten in folgender Höhe aufzudecken:

−200.000 € / 4 = -50.000 €

Die Gesamthandsbilanz mit dem Gesellschafter Y würde dann wie folgt aussehen:

Aktiva	Gesamthandsbilanz in €	Passiva	
Grund und Boden	350.000	Kapital B	400.000
Gebäude	550.000	Kapital C	400.000
Maschinen	750.000	Kapital D	400.000
Vorräte	450.000	Kapital Y	200.000
Forderungen	500.000	Verbindlichkeiten	1.200.000
	2.600.000		2.600.000

So eine Darstellung der Gesamthandsbilanz würde aber zu einer Verzerrung führen. Deshalb erfolgt die Abstockung nicht in der Gesamthandsbilanz, sondern in der Ergänzungsbilanz von Y:

A	Ergänzungsbilanz Y in €	P	
Minderkapital Y	200.000	Grund und Boden	50.000
		Gebäude	50.000
		Maschinen	50.000
		Vorräte	50.000
Summe	200.000	Summe	200.000

Anhang 15

Der Anhang ist für Kapitalgesellschaften (§ 264 Abs. 1 HGB) und Personengesellschaften i. S. v. § 264a HGB (sog. KapCo-Gesellschaften) Pflichtbestandteil des Jahresabschlusses, sofern sie nicht nach § 264 Abs. 3 HGB davon befreit sind. Der Anhang hat die Aufgabe, Informationen über die Vermögens-, Finanz- und Ertragslage einer Kapitalgesellschaft und zusätzliche Informationen, die keinen unmittelbaren Zusammenhang mit dem Jahresabschluss haben, zu vermitteln. Der Anhang trägt also zur Erläuterung der Bilanz und GuV bei und dient somit als zusätzliche Informations- und Erläuterungsquelle. Die Vorschriften über den Anhang finden sich in den §§ 284–288 HGB. Über die dort beschriebenen Erläuterungen und sonstigen Pflichtangaben sind von den Unternehmen im Anhang Angaben zu machen, soweit nicht nach § 286 HGB Angaben unterlassen werden können oder nach § 288 HGB größenabhängige Erleichterungen gewährt werden. Wie die nachfolgende Abb. 15.1 zeigt, kann zwischen Pflichtangaben, Wahlpflichtangaben, zusätzlichen Angaben und den freiwilligen Angaben unterschieden werden. Zusätzlich können freiwillige Angaben über den gesetzlichen Umfang hinaus in den Anhang aufgenommen werden. Hingegen dürfen Erläuterungen **nur** im Anhang gemacht werden, wenn das Gesetz eindeutig festlegt, dass bestimmte Angaben nur im Anhang dargestellt werden dürfen („… sind im Anhang anzugeben"), d. h. Angaben in der Bilanz und GuV sind in solchen Fällen nicht zulässig.

Im Folgenden werden beispielhaft einige Angaben aufgezählt, die im Anhang zu machen sind:

- Angaben gem. § 284 Abs. 1 Nr. 2 HGB, die bei der Ausübung eines Wahlrechts nicht in die Bilanz oder GuV aufgenommen wurden.
- Angaben gem. § 284 Abs. 2 Nr. 1 und 2 HGB über die verwendeten Bilanzierungs- und Bewertungsmethoden, sowie Abweichungen von diesen Methoden, wobei der

Anhangsangaben	
Pflichtangaben	sind in jedem Jahresabschluss zu machen, Angaben zu: · einzelnen Posten, · Inhalt, · Bewertungs- Abschreibungsmethoden und · Ausweis- und Bewertungsmethoden zur Bilanz und GuV
Wahlpflichtangaben	Angaben, die nicht in der Bilanz/GuV gemacht wurden
zusätzliche Angaben	sind erforderlich, um ein den tatsächlichen Verhältnissen entsprechendes Bild der Vermögens-, Finanz- und Ertragslage zu vermitteln
freiwillige Angaben	zusätzliche Angaben für bestimmte Adressaten

Abb. 15.1 Anhangsangaben

Einfluss auf die Finanz-, Ertrags- und Vermögenslage des Unternehmens darzustellen ist.
- Anlagengitter gem. § 284 Abs. 3 HGB, wobei zu beachten ist, dass hier Fremdkapitalzinsen in die Herstellungskosten der einzelnen Vermögenspositionen im Anlagengitter einzubeziehen sind. Diese Pflicht bezieht sich aber gem. § 288 Abs. 1 Nr. 1 HGB nicht auf kleine Kapitalgesellschaften (siehe Abschn. 4.1.2.3).
- Angaben gem. § 285 Nr. 1 HGB über die Restlaufzeit von Verbindlichkeiten und die Pfandrechte oder ähnliche Rechte von Verbindlichkeiten.
- Aufgliederung der Umsatzerlöse nach der geographischen Lage und der ausgeübten Tätigkeiten gem. § 285 Nr. 4 HGB, wobei nach § 286 Abs. 2 HGB diese Aufgliederung unterbleiben kann, soweit sie dem Unternehmen einen erheblichen Nachteil zufügen würde.
- Wird die GuV nach dem Umsatzkostenverfahren erstellt, ist gem. § 285 Nr. 8 HGB eine Gliederung des Material- und Personalaufwands wie beim Gesamtkostenverfahren vorzunehmen(siehe Abschn. 10.3.5). Von dieser Pflicht sind aber kleine Kapitalgesellschaften nach § 288 Abs. 1 Nr. 1 HGB befreit.
- Angaben gem. § 285 Nr. 11 HGB über den Sitz, Namen, die Höhe des Anteils am Kapital, das Eigenkapital der Beteiligungen und das Ergebnis des letzten Geschäftsjahres der Beteiligungen. Kleine Kapitalgesellschaften müssen nach § 288 Abs. 1 Nr. 1 HGB diese Angaben nicht machen.
- Erläuterungen gem. § 285 Nr. 12 HGB über die Zusammenstellung der sonstigen Rückstellungen, die auch mit Hilfe eines Rückstellungsspiegels erfolgen können (siehe Abschn. 6.2.2.5). Diese Angaben brauchen kleine Kapitalgesellschaften nach § 288 Abs. 1 Nr. 1 HGB nicht zu machen.
- Erläuterungen über den Abschreibungszeitraum eines entgeltlich erworbenen Geschäfts- oder Firmenwerts gem. § 285 Nr. 13 HGB. Hierbei ist es nicht

maßgebend, ob der Geschäfts- oder Firmenwert nach § 253 Abs. 3 Satz 4 HGB zehn Jahre abgeschrieben wird oder der Abschreibungszeitraum verlässlich geschätzt werden kann (siehe Abschn. 4.1.1).
- Das versicherungsmathematische Berechnungsverfahren gem. § 285 Nr. 24 HGB, wie auch der Zinssatz, Sterbetabellen usw., die bei der Berechnung der Pensionsrückstellungen angewendet wurden (siehe Abschn. 6.2.2).
- Eine Aufstellung über die Anschaffungskosten und den beizulegenden Zeitwert des Deckungsvermögens und über den Erfüllungsbetrag der Pensionsrückstellung gem. § 285 Nr. 25 HGB, soweit gem. § 264 Abs. 2 HGB eine Verrechnung der Vermögensgegenstände mit den Schulden erfolgte. Die damit zusammenhängenden verrechneten Erträge und Aufwendungen sind im Anhang ebenfalls getrennt auszuweisen (siehe Abschn. 4.3).
- Eine Aufstellung über die vorhandenen Ausschüttungssperren gem. § 285 Nr. 28 HGB.
- Angabe des Steuersatzes, der zur Berechnung der latenten Steuern angesetzt wurde und der Differenzen bzw. der steuerlichen Verlustvorträge, aus denen die latenten Steuern berechnet wurden gem. § 285 Nr. 29 HGB (siehe Abschn. 7.2). Von dieser Pflicht sind nach § 288 HGB kleine und mittelgroße Kapitalgesellschaften befreit.
- Eine Aufstellung über die einzelnen Ertrags- und Aufwandsposten von außergewöhnlicher Größenordnung oder von außergewöhnlicher Bedeutung und deren Erläuterung, soweit sie nicht von untergeordneter Bedeutung sind gem. § 285 Nr. 31 und Nr. 32 HGB. Kleine Kapitalgesellschaften müssen nach § 288 Abs. 1 Nr. 1 HGB weder eine solche Aufstellung, noch eine Erläuterung im Anhang machen. Mittelgroße Gesellschaften sind nach § 288 Abs. 2 Satz 1 HGB nur von der Erläuterungspflicht befreit (siehe Abschn. 10.3.1). Die Angaben im Anhang ersetzen die Posten „außerordentliche Erträge und Aufwendungen", die durch das BilRUG gestrichen worden sind.
- Vorgänge von besonderer Bedeutung gem. § 285 Nr. 33 HGB, die nach dem Ende des Geschäftsjahres eingetreten sind, wie bspw. der Verkauf von Anteilen an verbundenen Unternehmen (share deal) oder der Verkauf von Anlage- und/oder Umlaufvermögen (asset deal).
- Der Vorschlag bzw. Beschluss über die Verwendung des Ergebnisses gem. § 285 Nr. 34 HGB. Diese Angaben müssen kleine Kapitalgesellschaften nach § 288 Abs. 1 Nr. 1 HGB nicht machen.

Beispiel

Erstellen des Anhangs für die Muster-GmbH in München, wenn folgende Informationen vorliegen:

- die Muster-GmbH ist eine kleine Kapitalgesellschaft
- Geschäftsjahr der Gesellschaft 01.01.2021 bis 31.12.2021,

- die GuV wird nach dem Gesamtkostenverfahren erstellt,
- zum 31.12.2021 sind Forderungen i. H. v. 100.000 € bilanziert,
- eine uneinbringliche Forderung gegenüber der Verlust-AG zum 31.12.2021 besteht nicht mehr, weil die Forderung wegen Zahlungsunfähigkeit der Verlust-AG zu 100 % abgeschrieben wurde,
- Verbindlichkeiten i. H. v. 50.000 € gegenüber der Gewinn-GmbH sind erst im Jahr 2028 fällig,
- das Unternehmen hat 300.000 € Guthaben bei Kreditinstituten,
- die Muster-GmbH hat 11 Mitarbeiter.

Lösungsvorschlag:
Anhang für das Geschäftsjahr 01. Januar 2021 bis 31. Dezember 2021

I. Allgemeine Angaben
Die Muster-GmbH mit Sitz in München ist eine kleine Kapitalgesellschaft im Sinne von § 267 Abs. 1 HGB. Der Jahresabschluss der Muster-GmbH wurde nach den Vorschriften §§ 242 ff. und §§ 264 ff. HGB sowie nach den Vorschriften des GmbHG aufgestellt. Die Muster-GmbH nutzt die Erleichterungsvorschriften des § 288 HGB. Die Gewinn- und Verlustrechnung wurde nach dem Gesamtkostenverfahren erstellt.

II. Bilanzierungs- und Bewertungsvorschriften
Forderungen sind mit dem Nennwert bilanziert. Die uneinbringliche Forderung gegenüber der Verlust AG ist mit einer Einzelwertberichtigung in voller Höhe abgeschrieben worden.
Flüssige Mittel sind mit ihrem Nennwert angesetzt.
Das gezeichnete Kapital der Gesellschaft wird zum Nennbetrag bilanziert.
Verbindlichkeiten sind mit ihrem Erfüllungsbetrag angesetzt.

III. Erläuterungen der Bilanz
Forderungen i. H. v. 100.000 € umfassen Forderungen gegenüber diversen Unternehmen. Die Forderung gegenüber der Verlust-AG wurde zum 31.12.2021 wegen Zahlungsunfähigkeit vollkommen abgeschrieben.
Verbindlichkeiten i. H. v. 50.000 € bestehen gegenüber der Gewinn-GmbH. Die Laufzeit dieser Verbindlichkeit beträgt mehr als 5 Jahre.

IV. Sonstige Angaben
Das Unternehmen beschäftigte im Geschäftsjahr 2021 insgesamt 11 Mitarbeiter. ◄

> **Beispiel: Anhangsangaben zu latenten Steuern nach § 285 Nr. 29 HGB**
>
> Latente Steuern sind für temporäre und quasi-permanente Differenzen zwischen den handels- und steuerrechtlichen Wertansätzen von Vermögensgegenständen, Schulden und Rechnungsabgrenzungsposten zu ermitteln. Während passive latente Steuern zu passivieren sind, können aktive latente Steuern nach § 274 Abs. 1 Satz 2 HGB aktiviert werden. Des Weiteren können aktive latente Steuern auf steuerliche Verlustvorträge gebildet werden, sofern deren Nutzung innerhalb der nächsten fünf Geschäftsjahre erwartet werden kann. Für Zwecke der Bewertung sind die unternehmensindividuellen Steuersätze anzuwenden, die wahrscheinlich im Zeitpunkt des Abbaus der Differenzen gültig sind. Sofern die individuellen Steuersätze im Zeitpunkt der Umkehrung der Differenzen nicht bekannt sind, sind die am Bilanzstichtag gültigen individuellen Steuersätze zu verwenden. ◄

Kapitalflussrechnung 16

16.1 Grundlagen

Am 4. Februar 2014 wurde der Deutsche Rechnungslegungs-Standard 21 „Kapitalflussrechnung" (DRS 21) vom Deutschen Rechnungslegung Standards Committee (DRSC) verabschiedet. Durch den DRS 21 wurden die bisher geltenden Standards DRS 2, DRS 2–10 und DRS 2–20 abgelöst. Durch die Änderungen kam es in einigen Punkten auch zu einer Angleichung an den IAS 7, der die Ermittlung der Kapitalflussrechnung bei Unternehmen, die den Jahresabschluss nach IFRS erstellen, regelt. Da aber am 23. Juli 2015 das Bilanzrichtlinie-Umsetzungsgesetz (BilRUG) in Kraft getreten ist, war der DRSC gezwungen, diese BilRUG-Änderungen auch in den DRS umzusetzen. Am 29. Februar 2016 wurde deshalb der Deutsche Rechnungslegungs-Änderungsstandard No. 6 (DRÄS 6) verabschiedet, durch den zahlreiche bestehende Deutsche Rechnungslegungs-Standards geändert wurden. Mit diesem Standard wurde auch der DRS 21 geändert. Die Regelungen des DRÄS 6 sind erstmals für nach dem 31. Dezember 2015 beginnende Geschäftsjahre zu beachten, dürfen allerdings auch schon früher angewendet werden.

Im Konzernabschluss eines Mutterunternehmens muss der Jahresabschluss zusätzlich zur Bilanz, GuV und Anhang noch eine Kapitalflussrechnung gem. § 297 Abs. 1 HGB beinhalten. Auch kapitalmarktorientierte Kapitalgesellschaften (§ 264d HGB), die keinen Konzernabschluss erstellen müssen, sind verpflichtet, nach § 264 Abs. 1 Satz 2 HGB eine Kapitalflussrechnung zu erstellen. In der Kapitalflussrechnung werden alle Ein- und Auszahlungen des Unternehmens zusammengefasst, um das Unternehmen finanzwirtschaftlich beurteilen zu können.

Diese Zahlungsmittelströme eines Unternehmens zeigen die Entwicklung und die Veränderung der Liquidität und deren Ursachen innerhalb einer Periode auf. Die Kapitalflussrechnung ist als Finanzierungsrechnung zu verstehen, die als Instrumentarium der Informationsfunktion des JA über die Finanzlage eines Unternehmens liquiditätsorientiert berichtet. Dazu gehören die Nachweise, dass ein Unternehmen jederzeit seine fälligen Zahlungsverpflichtungen uneingeschränkt zu erfüllen in der Lage ist und die Fähigkeit besitzt, Zahlungsüberschüsse zu erwirtschaften, um damit bei den Gläubigern die Kreditwürdigkeit zu verbessern und bei den Eigenkapitalgebern die Renditeerwartungen zu erfüllen.

16.2 Ermittlung der Kapitalflussrechnung

Für die Gestaltung der Kapitalflussrechnung gibt es keine gesetzlichen Vorschriften. Auf Basis des § 342 HGB hat das private Rechnungslegungsgremium, das DRSC, entsprechende Standards verabschiedet, wie eine Kapitalflussrechnung aufzustellen ist. Grundsätzlich sind natürlich bei der Aufstellung die Grundsätze ordnungsmäßiger Buchführung (GoB) zu beachten. Die für die Erstellung der Kapitalflussrechnung bislang geltenden Standards DRS 2, DRS 2–10 und DRS 2–20 werden durch den neuen DRS 21 ersetzt. Für die Aufstellung der Kapitalflussrechnung ist die Staffelform anzuwenden. Es sind alle Ein- und Auszahlungen des Geschäftsjahres zu erfassen (Vollständigkeitsprinzip), wobei Saldierungen grundsätzlich nicht erlaubt sind (Bruttoprinzip). Wegen der Vergleichbarkeit waren nach dem alten DRS 2 noch die Vorjahreszahlen anzugeben. Dazu besteht jetzt nach DRS 21 keine Pflicht mehr. Es wird aber empfohlen, Vergleichszahlen der Vorperiode anzugeben. Weiter ist das formale Stetigkeitsprinzip und das Zu- und Abflussprinzip zu beachten. Deshalb ist das auf dem Periodenprinzip basierende Periodenergebnis aus der GuV um die nicht zahlungswirksamen Erfolgsbestandteile zu korrigieren, bspw. Abschreibungen und Zuschreibungen. Die Kapitalflussrechnung soll als Finanzierungsrechnung die für die Feststellung der Liquidität erforderlichen Zahlungsströme ausweisen. Zur Darstellung der Zahlungsströme gibt es zwei Methoden. Zum einen die originäre (direkte) Methode und zum anderen die derivative (indirekte) Methode. Bei der originären Methode werden alle Zahlungsströme unmittelbar aus der Buchhaltung abgeleitet. Bei der derivativen Methode werden die Zahlungsströme aus dem Jahresabschluss ermittelt. Die Einzahlungen und Auszahlungen werden aus den Aufwendungen und Erträgen und aus Veränderungen von Aktiva und Passiva abgeleitet. Hierbei werden die nach dem Periodenverursachungsprinzip ermittelten GuV-Positionen (Periodenergebnis) um zahlungsunwirksame Erfolgspositionen korrigiert. Weiter ist das Periodenergebnis um die Cashflows aus der Investitionstätigkeit und der Finanzierungstätigkeit zu korrigieren. Der Finanzmittelfond als Summe der einzelnen Bereichs-Cashflows darf nicht berücksichtigt werden, sonst würde es zu einer Doppelerfassung kommen.

16.3 Kapitalflussrechnung – Gestaltung

In der klassischen Gewinn- und Verlustrechnung werden gemäß § 275 HGB Aufwendungen und Erträge nach dem Periodenverursachungsprinzip gegenübergestellt und daraus der Periodenerfolg abgeleitet. Um nun bspw. die Zahlungsfähigkeit eines Unternehmens beurteilen zu können, ist die GuV nicht das optimale Instrument. Hier setzt die Aufgabe der Kapitalflussrechnung ein, deren zentrale Größe der Zahlungsmittelbestand ist. Er wird als Finanzmittelfond bezeichnet. Die Kapitalflussrechnung zeigt also die Veränderungen vom Zahlungsmittelbestand und von Zahlungsmitteläquivalenten auf. Deshalb müssen die Einzahlungen und die Auszahlungen zu verschiedenen Zahlungsstromsalden unterschiedlicher Bereiche innerhalb des Unternehmens zusammengefasst werden, die auch als Cashflows bezeichnet werden. Es sind drei Bereiche zu unterscheiden. Im Einzelnen handelt es sich um Zahlungsströme aus laufender Geschäftstätigkeit, Zahlungsströme aus Investitionsmaßnahmen und Zahlungsströme aus Finanzierungsmaßnahmen. Die Ergebnisse dieser drei Bereiche sind mit dem Ergebnis des Finanzmittelfonds identisch. Dabei richtet sich die Zuordnung im Einzelfall nach der jeweiligen wirtschaftlichen Tätigkeit des Unternehmens. Die Zahlungsströme sind bis auf die im Standard vorgesehenen Ausnahmen, wie bspw. bei der indirekten Darstellung des Cashflows aus der laufenden Geschäftstätigkeit, grundsätzlich unsaldiert auszuweisen. Ausgangspunkt der Kapitalflussrechnung ist der Finanzmittelfonds zu Beginn der Periode. Er setzt sich ausschließlich aus den Zahlungsmitteln und Zahlungsmitteläquivalenten zusammen. Zahlungsmitteläquivalente sind Liquiditätsreserven, also kurzfristige, äußerst liquide Finanzmittel, die jederzeit in Zahlungsmittel umgewandelt werden können. Wesentliche Auswirkungen ergeben sich insbesondere durch die neue Abgrenzung des Finanzmittelfonds. Jetzt besteht die Pflicht, jederzeit fällige Verbindlichkeiten gegenüber Kreditinstituten sowie andere kurzfristige Kreditaufnahmen, die zur Disposition der liquiden Mittel gehören, in den Finanzmittelfonds einzubeziehen und offen abzusetzen. Im Gegensatz dazu enthielt der alte DRS 2 ein Wahlrecht, die jederzeit fälligen Bankverbindlichkeiten in den Finanzmittelfonds einzubeziehen. Die Neuregelung des DRS 21 verhindert jetzt diese Gestaltungsmöglichkeiten und gewährleistet eine bessere Nachvollziehbarkeit. Die Anforderungen an Kapitalflussrechnungen von Kredit- und Finanzdienstleistungsinstituten sowie Versicherungsunternehmen sind nicht mehr in separaten Standards, sondern in Anlagen zum DRS 21 geregelt.

Während der Cashflow aus der laufenden Geschäftstätigkeit entweder direkt oder indirekt dargestellt werden kann, erfolgt die Darstellung der Zahlungsströme für die Bereiche der Investitions- und der Finanzierungstätigkeit ausschließlich nach der direkten Methode.

- Cashflow aus laufender Geschäftstätigkeit
- Cashflow aus Investitionsmaßnahmen
- Cashflow aus Finanzierungsmaßnahmen

Der Cashflow aus laufender Geschäftstätigkeit umfasst die Zahlungsströme aus der betrieblichen Leistungsverwertung, also Produktions- und Umsatzbereich. Ferner sind jetzt Ertragssteuerzahlungen grundsätzlich der laufenden Geschäftstätigkeit zuzuordnen und gesondert auszuweisen.

Der Cashflow aus Investitionstätigkeit erfasst alle Einzahlungen (z. B. Abgänge von Sachanlagevermögen) und Auszahlungen (z. B. Auszahlungen für Investitionen im Finanzanlagevermögen) im Investitionsbereich. Der Investitionstätigkeit zuzuordnen sind auch Zahlungsströme von Finanzmittelanlagen im Rahmen der kurzfristigen Finanzdisposition, sofern diese nicht dem Finanzmittelfonds zuzuordnen sind oder zu Handelszwecken gehalten werden. Ferner sind Zahlungsströme aus dem Erwerb und dem Verkauf von konsolidierten Unternehmen als Investitionstätigkeit zu klassifizieren.

Der Cashflow aus Finanzierungstätigkeit zeigt auf, welche Finanzmitteltransaktionen mit den Eigen- und Fremdkapitalgebern auf langfristiger Basis stattgefunden haben. Dieser Cashflow zeigt auf, wie viele Finanzmittel aus der Aufnahme von neuem Eigen- und Fremdkapital (Kapitalerhöhungen, neue Kreditaufnahmen) nach Abzug aller Auszahlungen an die Kapitalgeber (Dividendenzahlungen an die Anteilseigner, Tilgung von Krediten, Anleihen) dem Unternehmen netto zugeflossen sind.

DRS 21 sieht **neue Zuordnungsregeln** bestimmter Zahlungsvorgänge zu den Tätigkeitsbereichen vor. Bisher wurden gezahlte und erhaltene Zinsen sowie erhaltene Dividenden grundsätzlich dem Cashflow aus der laufenden Geschäftstätigkeit zugeordnet. Nach DRS 21 sind jetzt erhaltene Zinsen und erhaltene Dividenden als Entgelt für die Kapitalüberlassung zu interpretieren und sind deshalb im Cashflow aus der Investitionstätigkeit darzustellen. Gezahlte Zinsen werden als Entgelt für die Kapitalüberlassung an einen Kapitalgeber begriffen und sind daher im Cashflow aus Finanzierungstätigkeit auszuweisen.

Mit diesen Informationen kann die Kapitalflussrechnung den Bilanzadressaten einen Einblick in die Cashflow-Segmente des Unternehmens verschaffen. Die Summe der Cashflows ist mit der Veränderung des Finanzmittelfonds, also dem Bestand an den liquiden Mitteln, identisch. Mit dem Cashflow kann somit die Information abgeleitet werden, ob das Unternehmen in der Lage ist

- jetzt und künftig genügend finanzielle Überschüsse zu erwirtschaften, um geplante Investitionen durchführen zu können, und
- seine Zahlungsverpflichtungen erfüllen, wie Gewinnausschüttungen an die Anteilseigner vorzunehmen oder Fremdkapitalgeber mit Zins- und Tilgungszahlungen etc. zu bedienen
- und welche Ausschüttungen an die Anteilseigner auf dieser Basis in Zukunft zu erwarten sind.

Die folgenden Cashflow-Darstellungen (Abb. 16.1, 16.2, 16.3, 16.4 und 16.5) sind dem Deutschen Rechnungslegungs Standard Nr. 21 (DRS 21) des DRSC entnommen.

16.3 Kapitalflussrechnung – Gestaltung

1.		Einzahlungen von Kunden für den Verkauf von Erzeugnissen, Waren und Dienstleistungen
2.	–	Auszahlungen an Lieferanten und Beschäftigte
3.	+	Sonstige Einzahlungen, die nicht der Investitions- oder der Finanzierungstätigkeit zuzuordnen sind
4.	–	Sonstige Auszahlungen, die nicht der Investitions- oder der Finanzierungstätigkeit zuzuordnen sind
5.	+	Einzahlungen aus außerordentlichen Posten
6.	–	Auszahlungen aus außerordentlichen Posten
7.	/+	Ertragsteuerzahlungen
8.	=	**Cashflow aus der laufenden Geschäftstätigkeit**

Abb. 16.1 Cashflow aus laufender Geschäftstätigkeit

Cashflow aus laufender Geschäftstätigkeit bei Anwendung der indirekten Methode

1.		Periodenergebnis (Konzernjahresüberschuss/-fehlbetrag einschließlich Ergebnisanteile anderer Gesellschafter)
2.	+/–	Abschreibungen/Zuschreibungen auf Gegenstände des Anlagevermögens
3.	+/–	Zunahme/Abnahme der Rückstellungen
4.	+/–	Sonstige zahlungsunwirksame Aufwendungen/Erträge
5.	–/+	Zunahme/Abnahme der Vorräte, der Forderungen aus Lieferungen und Leistungen sowie anderer Aktiva, die nicht der Investitions- oder der Finanzierungstätigkeit zuzuordnen sind
6.	+/–	Zunahme/Abnahme der Verbindlichkeiten aus Lieferungen und Leistungen sowie anderer Passiva, die nicht der Investitions- oder der Finanzierungstätigkeit zuzuordnen sind
7.	–/+	Gewinn/Verlust aus dem Abgang von Gegenständen des Anlagevermögens
8.	+/–	Zinsaufwendungen/Zinserträge
9.	–	Sonstige Beteiligungserträge
10.	+/–	Aufwendungen/Erträge von außergewöhnlicher Größenordnung oder außergewöhnlicher Bedeutung
11.	+/–	Ertragsteueraufwand/-ertrag
12.	+	Einzahlungen im Zusammenhang mit Erträgen von außergewöhnlicher Größenordnung oder außergewöhnlicher Bedeutung
13.	–	Auszahlungen im Zusammenhang mit Aufwendungen von außergewöhnlicher Größenordnung oder außergewöhnlicher Bedeutung
14.	–/+	Ertragsteuerzahlungen
15.	=	**Cashflow aus der laufenden Geschäftstätigkeit**

Abb. 16.2 Cashflow aus laufender Geschäftstätigkeit bei Anwendung der indirekten Methode

Gem. dem **DRS-Standard** muss der **Cashflow aus laufender Geschäftstätigkeit** mindestens dem o. a. Schema entsprechen.

Cashflow aus der Investitionstätigkeit

1.		Einzahlungen aus Abgängen von Gegenständen des immateriellen Anlagevermögens
2.	−	Auszahlungen für Investitionen in das immaterielle Anlagevermögen
3.	+	Einzahlungen aus Abgängen von Gegenständen des Sachanlagevermögens
4.	−	Auszahlungen für Investitionen in das Sachanlagevermögen
5.	+	Einzahlungen aus Abgängen von Gegenständen des Finanzanlagevermögens
6.	−	Auszahlungen für Investitionen in das Finanzanlagevermögen
7.	+	Einzahlungen aus Abgängen aus dem Konsolidierungskreis
8.	−	Auszahlungen für Zugänge zum Konsolidierungskreis
9.	+	Einzahlungen aufgrund von Finanzmittelanlagen im Rahmen der kurzfristigen Finanzdisposition
10.	−	Auszahlungen aufgrund von Finanzmittelanlagen im Rahmen der kurzfristigen Finanzdisposition
11.	+	Einzahlungen im Zusammenhang mit Erträgen von außergewöhnlicher Größenordnung oder außergewöhnlicher Bedeutung
12.	−	Auszahlungen im Zusammenhang mit Aufwendungen von außergewöhnlicher Größenordnung oder außergewöhnlicher Bedeutung
13.	+	Erhaltene Zinsen
14.	+	Erhaltene Dividenden
15.	=	**Cashflow aus der Investitionstätigkeit**

Abb. 16.3 Cashflow aus der Investitionstätigkeit

Cashflow aus der Finanzierungstätigkeit

1.		Einzahlungen aus Eigenkapitalzuführungen von Gesellschaftern des Mutterunternehmens
2.	+	Einzahlungen aus Eigenkapitalzuführungen von anderen Gesellschaftern
3.	−	Auszahlungen aus Eigenkapitalherabsetzungen an Gesellschafter des Mutterunternehmens
4.	−	Auszahlungen aus Eigenkapitalherabsetzungen an andere Gesellschafter
5.	+	Einzahlungen aus der Begebung von Anleihen und der Aufnahme von (Finanz-) Krediten
6.	−	Auszahlungen aus der Tilgung von Anleihen und (Finanz-) Krediten
7.	+	Einzahlungen aus erhaltenen Zuschüssen/Zuwendungen
8.	+	Einzahlungen im Zusammenhang mit Erträgen von außergewöhnlicher Größenordnung oder außergewöhnlicher Bedeutung
9.	−	Auszahlungen im Zusammenhang mit Aufwendungen von außergewöhnlicher Größenordnung oder außergewöhnlicher Bedeutung
10.	−	Gezahlte Zinsen
11.	−	Gezahlte Dividenden an Gesellschafter des Mutterunternehmens
12.	−	Gezahlte Dividenden an andere Gesellschafter
13.	=	**Cashflow aus der Finanzierungstätigkeit**

Abb. 16.4 Cashflow aus der Finanzierungstätigkeit

16.3 Kapitalflussrechnung – Gestaltung

Finanzmittelfond

1.		Einzahlungen von Kunden für den Verkauf von Erzeugnissen, Waren und Dienstleistungen
2.	−	Auszahlungen an Lieferanten und Beschäftigte
3.	+	Sonstige Einzahlungen, die nicht der Investitions- oder Finanzierungstätigkeit zuzuordnen sind
4.	−	Sonstige Auszahlungen, die nicht der Investitions- oder der Finanzierungstätigkeit zuzuordnen sind
5.	+	Einzahlungen im Zusammenhang mit Erträgen von außergewöhnlicher Größenordnung od. außergewöhnl. Bedeutung
6.	−	Auszahlungen im Zusammenhang mit Aufwendungen von außergewöhnl. Größenordnung od. außergewöhnl. Bedeutung
7.	−/+	Ertragsteuerzahlungen
8.	=	Cashflow aus der laufenden Geschäftstätigkeit (Summe aus 1 bis 7)
9.	+	Einzahlungen aus Abgängen von Gegenständen des immateriellen Anlagevermögens
10.	−	Auszahlungen für Investitionen in das immaterielle Anlagevermögen
11.	+	Einzahlungen aus Abgängen von Gegenständen des Sachanlagevermögens
12.	−	Auszahlungen für Investitionen in das Sachanlagevermögen
13.	+	Einzahlungen aus Abgängen von Gegenständen des Finanzanlagevermögens
14.	−	Auszahlungen für Investitionen in das Finanzanlagevermögen
15.	+	Einzahlungen aus Abgängen aus dem Konsolidierungskreis
16.	−	Auszahlungen für Zugänge zum Konsolidierungskreis
17.	+	Einzahlungen aufgrund von Finanzmittelanlagen im Rahmen der kurzfristigen Finanzdisposition
18.	−	Auszahlungen aufgrund von Finanzmittelanlagen im Rahmen der kurzfristigen Finanzdisposition
19.	+	Einzahlungen im Zusammenhang mit Erträgen von außergewöhnl. Größenordnung od. außergewöhnlicher Bedeutung
20.	−	Auszahlungen im Zusammenhang mit Aufwendungen von außergewöhnl. Größenordnung od. außergewöhnl. Bedeutung
21.	+	Erhaltene Zinsen
22.	+	Erhaltene Dividenden
23.	=	Cashflow aus der Investitionstätigkeit (Summe aus 9 bis 22)
24.	+	Einzahlungen aus Eigenkapitalzuführungen von Gesellschaftern des Mutterunternehmens
25.	+	Einzahlungen aus Eigenkapitalzuführungen von anderen Gesellschaftern
26.	−	Auszahlungen aus Eigenkapitalherabsetzungen an Gesellschafter des Mutterunternehmens
27.	−	Auszahlungen aus Eigenkapitalherabsetzungen an die anderen Gesellschafter
28.	+	Einzahlungen aus der Begebung von Anleihen und der Aufnahme von (Finanz-) Krediten
29.	−	Auszahlungen aus der Tilgung von Anleihen und (Finanz-) Krediten
30.	+	Einzahlungen aus erhaltenen Zuschüssen/Zuwendungen
31.	+	Einzahlungen im Zusammenhang mit Erträgen von außergewöhnlicher Größenordnung od. außergewöhnlicher Bedeutung
32.	−	Auszahlungen im Zusammenhang mit Aufwendungen von außergewöhnl. Größenordnung od. außergewöhnl. Bedeutung
33.	−	Gezahlte Zinsen
34.	−	Gezahlte Dividenden an Gesellschafter des Mutterunternehmens
35.	−	Gezahlte Dividenden an andere Gesellschafter
36.	**=**	**Cashflow aus der Finanzierungstätigkeit (Summe aus 24 bis 35)**
37.		Zahlungswirksame Veränderungen des Finanzmittelfonds (Summe aus 8, 23, 36)
38.	+/−	Wechselkurs- und bewertungsbedingte Änderungen des Finanzmittelfonds
39.	+/−	Konsolidierungskreisbedingte Änderungen des Finanzmittelfonds
40.	+	Finanzmittelfonds am Anfang der Periode
41.	**=**	**Finanzmittelfonds am Ende der Periode (Summe aus 37 bis 40)**

Abb. 16.5 Finanzmittelfond

Literatur

Bücher/Zeitschriften

Baetge, J, Kirsch, H.-J, und Thiele, S. 2019. *Bilanzen,* (15. Aufl.). Düsseldorf: IDW.

Biergans, E. 1992. *Einkommensteuer,* (6. Aufl.). München Wien: Oldenbourg.

Coenenberg, A. A. Haller, und W. Schultze. 2021a. *Jahresabschluss und Jahresabschlussanalyse*, 26. Aufl. Stuttgart: Schäffer-Poeschel.

Coenenberg, A. A. Haller, G. Mattner, und W. Schultze. 2021b. *Einführung in das Rechnungswesen,* (8. Aufl.). Stuttgart: Schäffer-Poeschel.

Ditges, J., und U. Arendt. 2012. *Bilanzen ,* 14. Aufl. Herne: Kiel.

Endert, V. 2017. Bilanzierung negativer Zinsen. In *BBK*, Bd. 15, Berlin: NWB

Falterbaum, H., W. Bolk, W. Reiß, und R. Eberhart. 2007. *Buchführung und Bilanz unter besonderer Berücksichtigung des Bilanzsteuerrecht und der steuerlichen Gewinnermittlung ,* 20. Aufl. Erich Fleischer: Achim.

Fischer, D., et al. 2010. *Die Bilanzrechtsreform*. Bonn: Deloitte & Touche, Stollfuß Medien.

Grefe, C. 2019. *Unternehmenssteuern ,* 22. Aufl. Herne: Kiehl.

Herzig, N. 1999. *Neuorientierung im Bilanzsteuerrecht*. In: Harzburger Steuerprotokolle 1999. Köln: Sachsen-Anhalt e. V.

Herzig, N., und S. Briesemeister. 2010. *Unterschiede zwischen Handels- und Steuerbilanz nach BilMoG – unvermeidbare Abweichungen und Gestaltungsspielräume in: Wirtschaftsprüfung .* Bd. 63. Düsseldorf: Institut der Wirtschaftsprüfer.

Kirsch, H. 2017. *Einführung in die internationale Rechnungslegung nach IFRS ,* 11. Aufl. Herne: NWB.

Leffson, U. 1987. *Die Grundsätze ordnungsmäßiger Buchführung ,* 7. Aufl.

Mayer, M und Dietrich M. 2015. Die Bilanzierung von Pensionsrückstellungen. In *StuB*, Bd. 8, Berlin: NWB.

Meyer, C. und C. Theile. 2019. *Bilanzierung nach Handels- und Steuerrecht ,* 30. Aufl. Herne: NWB.

Mujkanovic, R. 2015. Abschreibung des Geschäfts- oder Firmenwerts: Aufgabe des Vorsichtsprinzips und normierter Rechtsbruch? In *StuB*, Bd. 8, Berlin: NWB.

Müller S. und Nohdurft L. 2018. Abschreibung: Praxis der Nutzungsdauerbestimmung. In *BC*, Bd. 26, München und Frankfurt: Beck

Schanz, D., und S. Schanz. 2009. *Zur Unmaßgeblichkeit der Maßgeblichkeit – Divergieren oder konvergieren Handels- und Steuerbilanz? Diskussionsbeitrag Nr. 78 Arbeitskreis Quantitative Steuerlehre, zugleich Beitrag zur Festschrift für Franz W. Wagner zum 65. Geburtstag*

Schildbach, T., et al. 2019. *Der handelsrechtliche Jahresabschluss*, 11. Aufl. Sternenfels: Wissenschaft und Praxis.

Schmiel, U., und V. Breithecker. 2008. *Steuerliche Gewinnermittlung nach dem Bilanzmodernisierungsgesetz*. Berlin: Schmidt.

Sikora, K. 2017. Wegfall der handelsrechtlichen Going-Concern-Prämisse. In *BBK*, Bd. 24, Berlin: NWB

Steck, D. 2002. Die Beibehaltung des Maßgeblichkeitsprinzips – Pro und Contra. *Steuern und Bilanzen* 10: 487.

von Sicherer, K. 2005. *Einkommensteuer*, 3. Aufl. München Wien: Oldenbourg.

von Sicherer, K. 2011. *Maßgeblichkeitsprinzip – Ist ein Ende der Diskussion abzusehen?* Beitrag zur Festschrift für Karl-Heinz Horst zum 65. Geburtstag, 105. Aachen: Shaker.

von Sicherer, K., und E. Čunderlíková. 2019. *E-Bilanz: Theoretische Fundamente und praktische Anwendung*, 2. Aufl. Wiesbaden: Springer Gabler.

Weber-Grellet, H. 1999. Der Maßgeblichkeitsgrundsatz im Lichte aktueller Entwicklungen. In *Betriebsberater*, Bd. 54 Frankfurt a. M.: Verlag Recht und Wirtschaft.

Wöhe, G. 1997. *Bilanzierung und Bilanzpolitik*, 9. Aufl. München: Vahlen.

Kommentare

Adler, H., W. Düring, und K. Schmaltz. 2009. *Rechnungslegung und Prüfung der Unternehmen*, 6. Aufl. Stuttgart: Schäffer-Poeschel.

Hermann, Heuer, und Raupach. . 2021. *Einkommensteuer- und Körperschaftsteuergesetz mit Nebengesetzen*. Köln: Schmidt.

Hoffmann, W.-D., und N. Lüdenbach. 2021. *NWB Kommentar Bilanzierung*, 12. Aufl. Herne: NWB.

Sonstige Quellen

Ampel-System des Risikomanagements der Finanzverwaltung, BMF, Monatsbericht 12/2002, S. 61.

Amtsblatt der EU – L 182/19–76 – am 29. Juni 2013

Bilanzrechtsmodernisierungsgesetz vom 25.05.2009, BGBl 2009 I S. 1102

Bundesfinanzhof (BFH) vom 3. Febr. 1969 – GrS 2/68, in: BStBl II S. 291

BFH, Beschluss v. 29.04.2011, VIII B 42/10

BFH, Beschluss v. 28.08.2018, X B 48/18

BFH, Urteil v. 22.02.1973 – IV R 69/69, BStBl II S. 504

BFH, Urteil v. 06.12.1983 – VIII R 110/79

BFH, Urteil v. 08.10.1987 – IV R 56/85, BStBl 1988 II S. 440

BFH, Urteil v. 31.10.1990 – I R 77/86, BStBl 1991 II S. 471

BFH, Urteil v. 26.07.1991 – VI R 82/89, BStBl II 1992, S. 1000
BFH, Urteil v. 28.09.1993 – VIII R 67/92, BStBl 1994 II S. 449
BFH, Urteil v. 28.09.1995 – IV R 57/94 BStBl II 1996, S. 68
BFH, Urteil v. 27.11.1996 – X X R 92/99, BStBl II 1998, S. 97
BFH, Urteil v. 15.04.1999 – IV R 68/98, BStBl 1999 II S. 481
BFH, Urteil v. 09.11.2000 – IV R 18/99, BStBl. 2001 II S. 102
BFH, Urteil v. 02.10.2003 – IV R 13/03, BStBl 2004 II S. 985
BFH, Urteil v. 26.04.2006 – I R 49, 50/04 BStBl 2006 II S. 656
BFH, Urteil v. 21.06.2006 – XI R 49/05, BStBl 2006 II S. 712
BFH, Urteil v. 23.04.2009 – IV R 62/06, BStBl 2009 II S. 778
BFH, Urteil v. 25.02.2010 – IV R 2/07, BStBl 2010 II S. 670
BFH, Urteil v. 08.06.2011 – I R 98/10, BStBl 2012 II S. 716
BFH, Urteil v. 21.09.2011 – I R 89/10, BStBl 2014 II S. 612
BMF, Anwendungsschreiben zur Veröffentlichung der Taxonomie, Schreiben v. 28.09.2011 – IV C 6 – S. 2133-b/11/10009, BStBl 2011 I S. 855
BMF, Elektronische Übermittlung von Bilanzen sowie Gewinn- und Verlustrechnungen, Anwendungsschreiben zur Veröffentlichung der Taxonomie v. 28. Sept. 2011 – IV C 6 – S 2133-b/11/10009, BStBl 2011 I S. 855, RZ 27
BMF, E-Bilanz – Verfahrensgrundsätze zur Aktualisierung der Taxonomien, Veröffentlichung der aktualisierten Taxonomien (Version 5.1), Schreiben v. 5. Juni 2012 – IV C 6 – S 2133-b/11/10016, BStBl 2012 I S. 598
BMF, E-Bilanz: Veröffentlichung der Taxonomien 6.4 vom 1. April 2020, Schreiben v. 23.07.2020
BMF, Schreiben v. 12.03.2010 – IV C 6 – S 2133/09/10001 in: Steuern und Bilanzen (StuB) 2010 S. 238 ff
BMF, Schreiben v. 19.04.1971 – IV B/2 – S 2170 – 31/71, BStBl I S. 264
BMF, Schreiben v. 08.03.1993 – IV B 2 – S 2174 a – 1/93, BStBl 1993 I S. 276
BMF, Schreiben v. 18.04.1997 – IV A 8 – S 1551 – 37/97, BStBl I 1997, S. 376
BMF, Schreiben v. 15.12.2000 – IV D 2 – S 1551 – 188/00, BStBl. 2000 I S. 1532
BMF, Schreiben v. 18.07.2003 – IV C 3 – S 2211 – 94/03, BStBlI 2003, S. 386
BMF, Schreiben v. 26.05.2005 – IV B 2 – S 2175 – 7/05, BStBl 2005 I S. 699
BMF, Schreiben v. 08.05.2009 – IV C 6 – S 2139 b/07/10002, BStBl 2009 I S. 633
BMF-Schreiben v. 12.03.2010 – IV C 6 – S 2133/09/10001, BStBl 2009 I S. 650
BMF-Schreiben v. 12.05.2015 – IV C 6 – S 2147/07/10001: 002, BStBl 2015 I S. 462
BMF-Schreiben v. 27.05.2015 – IV C 1- S 2210/15/10001: 002 IV C 1 – S 2252/10/10006, BStBl 2015 I S. 473
BMF, Schreiben v. 02.09.2016 – IV C 6 – S 2171-b/09/10002 :002, BStBl 2016 I S. 995
BMF, Schreiben v. 19.12.2016 – IV C 6 – S 2241/15/10005, BStBl 2017 II S. 34
BMF, Schreiben v. 20.10.2017 – IV C 1 – S 2171 c/09/10004: 006, BStBl 2017 II S. 1447
BMF, Schreiben v. 26.2.2021 – IV C 3 -S 2190/21/10002 :013
BMF, Extensible Business Reporting Language, Schreiben v. 19.01.2010, IV C 6 – S 2133-b/0
Bundesgesetzblatt vom 22. Juli 2015 (BGBl. 2015 Teil I, Bl. 1245 ff.)
Bundesgesetzblatt Nr. 61 v. 27. Dez. 2012 (BGBl. 2012 Teil I, S. 2751)
Bundesgesetzblatt vom 20.12.2008, Gesetz zur Modernisierung und Entbürokratisierung (Steuerbürokratieabbaugesetz), (BGBl 2008, I S. 2850)
Bundesministerium der Finanzen (BMF). 2002. Ampel-System des Risikomanagements der Finanzverwaltung. *Monatsbericht* 12 (2002): 61.
Deutscher Rechnungslegungs Standard Nr. 21 (DRS 21) des DRSC

Deutscher Rechnungslegungsänderung Standard Nr. 6 (DRÄS) des DRSC
FG Berlin-Brandenburg, Beschluss v. 29.8.2017, Az: 11 V 11184/17

Gesetze und Richtlinien

Abgabenordnung
BGB
Einkommensteuergesetz
Fördergebietsgesetz
Gewerbesteuergesetz
Grundgesetz
HGB
Körperschaftssteuergesetz
Einkommensteuerrichtlinien
Gewerbesteuerrichtlinien
Körperschaftsteuerrichtlinien

Stichwortverzeichnis

A

Abflussprinzip, 208, 210, 227, 256
Abführungssperre, 14
Abgänge, 50, 51
Abschlussprüfer, 12
Abschreibung, 48, 51, 89
    arithmetisch-degressive, digitale, 97
    außerplanmäßige, 93
    degressive, 96
    erhöhte, 89
    geometrisch-degressive, 96
    kumulierte, 51
    lineare, 94
    planmäßige, 89, 93
    übliche, 89, 182
    unübliche, 89, 182
Abschreibungsgebot, 56
Abschreibungsmethode, 92, 93
    digitale, 98
Abschreibungspolitik, 52
Abschreibungswahlrecht, 56
Abschreibungszeitraum, 250, 251
Absetzung
    für Abnutzung (AfA), 89, 94
    für Substanzverringerung, 98
Abstockung, 247
Abzinsung, 127
Accounting, 1
AfA s. Absetzung für Abnutzung
AfA-Tabellen, 92
Aktie, börsennotierte, 109
Aktiver Unterschiedsbetrag aus der Vermögens-
    verrechnung, 71

Aktivierungsgebot, 198
Aktivierungspflicht, 41, 78, 127, 158
Aktivierungsverbot, 198
Aktivierungswahlrecht, 80, 198
Altersteilzeitrückstellungen, 135
Altersversorgungsverpflichtungen, 70
Altzusagen, 134
Anhang, 3, 249
Anhangsangaben, 253
Anlagenabgang, 213
Anlagengitter, 49, 58, 250
Anlagenspiegel, 49
Anlagevermögen, 41
Anleihe, 126
Ansatzverbot, 110
Anschaffungskosten, 50, 51, 75
    nachträgliche, 77
Anschaffungskostenprinzip, 21
Anschaffungsnebenkosten, 76
Anteile
    an Investmentfonds, 110
    an verbundenen Unternehmen, 54
Anwartschaftsbarwertverfahren, 138
Arbeitshilfe zur Kaufpreisaufteilung, 49
Asset deal, 251
Auffangposition, 223
Aufsichtsrat, 12
Aufstellung, 11, 251
    des Inventars, 83
    des Jahresabschlusses, 6
    eines Rechnungsabgrenzungspostens, 146
    von Konzernabschlüssen, 8
Aufstellungsfristen, 11

Aufstockung, 242
Aufwandsrückstellungen, 133, 137
Aufwendung
　außerordentliche, 179
　sonstige betriebliche, 179, 181
Aufzeichnungspflicht, 24, 218, 219
Ausgleichsposten
　aktiver organschaftlicher, 159
　nach § 4 g Abs. 1 EStG, 164
　passiver organschaftlicher, 159
　steuerlicher, 160
Ausgleichszahlungen an Minderheitsgesellschafter, 187
Ausleihungen, 54
　an verbundene Unternehmen, 54
　sonstige, 55
Ausschüttungssperre, 14, 71, 120, 154, 251
Außenfinanzierung, 117

B
Badwill, 46
Belegprinzip, 18
Belegprüfung, 30
Bemessungsgrundlage, 92, 201
Beschäftigungsgrad, 94
Bestandsermittlung, 31
Bestandsveränderung, 182
Bestandsverzeichnis, 32
Beteiligung, 55, 243
Betrachtungsweise
　gesellschafterbezogene, 163
　konkretisierende, 206
　typisierende, 206
Betriebsaufgabe, 231
Betriebsausgaben, 203, 207, 208, 213
Betriebsausstattung, 49
Betriebseinnahmen, 207, 208, 212
Betriebsprüfung, 103, 221
Betriebsstoffe, 64
Betriebsveräußerung, 231
Betriebsvermögen, 205
　gewillkürtes, 205, 206, 211
　notwendiges, 205
Betriebsvermögensvergleich, 23, 171, 201, 202
Bewertungsfähigkeit, selbständige, 36
Bewertungsvereinfachung, 65
Bewertungswahlrechte
　handelsrechtliche, 199

　steuerliche, 199
Bilanz, 3, 38
　vereinfachte, 4
　verkürzte, 4, 38
Bilanzadressat, 13, 258
Bilanzergebnis, 120
Bilanzgewinn, 121
Bilanzierungs- und Bewertungsmethoden, 249
Bilanzierungsfähigkeit, 36, 75
Bilanzierungshilfe, 195
Bilanzierungspflicht, 25
Bilanzierungsverbot, 35
Bilanzkontinuität, 21
Bilanzrechtsmodernisierungsgesetz (BilMoG), 192, 195
Bilanzrichtlinie-Umsetzungsgesetz (BilRUG), 10, 255
Bilanzsteuerrecht, 23, 194, 196, 202
Bilanzverlust, 121
BilMoG s. Bilanzrechtsmodernisierungsgesetz
BilRUG s. Bilanzrichtlinie-Umsetzungsgesetz
Blockmodell, 136
Break-Up, 19
Bruttoprinzip, 50, 172
Buchführungspflicht, 25, 191, 225
　derivative, 191
　derivative steuerliche, 23, 225
　handelsrechtliche, 21
　originäre steuerliche, 23
　steuerliche, 23
Buchführungspflichtgrenze, 26
Buchwert, 52
Buchwertaufstockung, 243, 244
Bundesanzeiger, 10
　elektronischer, 12

C
Cashflow, 257
　aus Finanzierungsmaßnahmen, 257
　aus Investitionsmaßnahmen, 257
　aus laufender Geschäftstätigkeit, 257, 259
Corona-Krise, 93, 96, 100
Cost of Sales Method, 173

D
Damnum, 127, 146
Datenvalidierung, 221

Deckungsvermögen, 70, 251
Deferred-Methode, 156
Delkredere, 20
Deutscher Rechnungslegungs-Standard 21 (DRS 21), 255
Devisenkassamittelkurs, 68, 131
Diebstahl, 213
Differenz
    permanent, 147, 152
    quasi-permanent, 147, 150
    temporär, 147, 150
Disagio, 37, 127, 146
Discounted-Cashflow-Verfahren, 56
Dokumentationsfunktion, 15, 16
Doppelerfassung, 232
Drohverlustrückstellungen, 132, 160
DRS 21 s. Deutsche Rechnungslegungs-Standard 21
Durchschnittssatz, 32
Durchschnittssatzbesteuerung, 207
Durchschnittswert, 31
Durchschnittswertmethode
    gewogene, 84
    gewogene periodische, 84
    gleitende permanente, 85

E
E-Bilanz, 219
Eigenkapital, 113
    bei Personengesellschaften, 114
    bilanzielles, 114
    effektives, 114
    festes, 113
    fixes, 114
    nicht sichtbares, 114
    sichtbares, 114
Eigenkapitalkonto, 113, 242
Eigenkapitalquote, 15
Eigenkapitalspiegel, 4, 124
Eigenleistungen, andere aktivierte, 184
Eigentum
    juristisches, 59
    wirtschaftliches, 36, 48, 59
    zivilrechtliches, 48
Eigentümer, wirtschaftlicher, 37
Eigentumsvorbehalt, 37
Eigenverbrauch, 212

Einheitsbilanz, 147, 192, 194, 197
Einheitswert, 225
Einlagen, 203, 215
    von Nutzungen und Leistungen, 217
Einlagezinsen, negative, 186
Einnahmen, steuerfreie, 203
Einnahmen-Ausgaben-Rechnung, 201, 207
Einnahmenüberschussrechnung, 207, 208, 218, 226, 227
Einzelbewertung, 82
Einzelkaufleute, 25
Einzelunternehmen, 3
Einzelveräußerungspreis, 112
Einzelwertberechtigung, 66
Elster, 221
Elster Rich Client, 221
Entnahmen, 203, 215
Entwicklungskosten, 43, 80
Erfolgsbestandteile, 173
Erfolgskontrolle, 201
Erfolgsrechnung, 172
Erfolgsspaltung, 173
Erfüllungsbetrag, 127
Erfüllungsgeschäft, 234
Ergänzungsbilanz, 163, 242, 245
    negative, 163, 246
Ergebnisabführungsvertrag, 187
Ergebnisverwendung, 120
Erhaltungsaufwand, 82
Erinnerungsbuchwert, 92
Erläuterungspflicht, 251
Erleichterungen, größenabhängige, 173, 249
Erleichterungsvorschrift, 252
Ermessensreserven, 119
Ermittlungsfunktion, 14
Eröffnungsbilanz, 231
Ertrag
    außerordentlicher, 179
    sonstiger betrieblicher, 179, 180
Ertragslage, 173, 249, 250
Ertragswertverfahren, 56
Erzeugnisse, unfertige, 64
EÜR, 219

F
Face-lifting, 192
Fair Presentation, 9

Fair Value, 193
Fair-view-Prinzip, 193
Fefo-Methode, 88
Fehlbetrag, 123
Fehlmaßnahmen, 106
Fertigerzeugnisse, 64
Feststellung, 12
Festwert, 31, 33, 83
Festwertverfahren, 83
Fifo-Methode, 86
Fiktivkaufmann, 22
Finanzanlagen, 53, 54, 110, 167
Finanzanlagevermögen, 53, 258
Finanzberichterstattung, 15
Finanzbuchhaltung, 11
Finanzergebnis, 186
Finanzierungsrechnung, 256
Finanzlage, 250
Finanzmittelfond, 256
Finanzverwaltung, 196, 220
Firmenwert, 36, 45, 242–245
    derivativer, 44, 102
    entgeltlich erworbener, 154
Forderungen
    aus dem Cash-Pooling, 65
    aus Lieferungen und Leistungen, 65
    gegenüber verbundenen Unternehmen, 65, 67
    uneinbringliche, 66
    zweifelhafte, 20, 66
Forderungsspiegel, 65
Formel, finanzmathematische, 129
Formelmethode, 106
Formkaufmann, 23
Forschungskosten, 36, 43, 80
Freiberufler, 23, 207
Fremdkapital, 125
Fremdkapitalgeber, 20
Fremdkapitalzinsen, 80
Fremdwährungsdarlehen, 131
Fremdwährungsforderung, 68, 181
Fremdwährungsgeschäft, 181
Fremdwährungsverbindlichkeit, 129, 181
    des laufenden Geschäfts, 130

G
Garantieverpflichtungen, 136
Gebäude, 48

Geldrechnung, 208
Generalnorm, 16
Gesamthandsbilanz, 243
Gesamthandsgesellschaft, 242
Gesamthandsvermögen, 243
Gesamtkostenverfahren, 173, 187
Gesamtleistung, 172
Geschäft, schwebendes, 20, 25, 26, 132, 136, 194
Geschäfts- oder Firmenwert, 36, 250
    derivativer, 44, 242
    negativer, 46, 246
    originärer, 37
Geschäftsausstattung, 49
Gesellschaft
    a-typisch stille, 55
    typisch stille, 55
Gesellschafter, 242
Gesellschafterwechsel, 242
Gewährleistung, 136
Gewerbebetrieb, 22, 203
Gewerbeertragsteuer, 15
Gewinn, steuerlicher, 191
Gewinnabschlag, 234
Gewinnauswirkung, 215
    bei Wechsel der Gewinnermittlungsart, 234
Gewinneinkunftsarten, 201
Gewinnermittlungsverfahren, 201
Gewinnermittlungswechsel, 227
Gewinnkorrektur, 227, 228
Gewinnrücklagen, 118
Gewinn-und-Verlust-Rechnung (GuV), 172, 175
    verkürzte, 187
Gewinnvortrag, 120
Gläubigerschutzprinzip, 20
Global Player, 8
GoB s. Grundsätze ordnungsmäßiger Buchführung
Going-Concern-Prinzip, 19, 105
Größenklasse, 5, 176
Größenordnung, außergewöhnliche, 251
Grundkapital, 114
Grundlagenforschung, 80
Grundmietzeit, 59
Grundsatz
    der Beachtung von Aufbewahrungsfristen, 18
    der Einzelbewertung, 20, 82

der Klarheit, 18
der ordnungsmäßigen Buchführung (GoB), 16
der ordnungsmäßigen Bilanzierung, 18
der ordnungsmäßigen Dokumentation, 17
der ordnungsmäßigen Inventur, 18
der Richtigkeit, 17
der Überprüfbarkeit, 18
der Vollständigkeit, 17
der Willkürfreiheit, 17
Grundstücke, 48
Gruppenbewertung, 84
GWG, 98

H
Handelsgewerbe, 225
Handelsrechtsreform, 7
Handelsregister, 227
Handelsschiff, 201
Hauptversammlung, 12
Herstellkosten, 80
Herstellungsaufwand, 82
Herstellungskosten, 50, 51, 78
    anschaffungsnahe, 81
Hifo-Methode, 87
Hilfsstoffe, 64
Hinterlegung, 12
Höchstwertprinzip, 21, 127

I
IFRS, 8, 193
    Konzernabschluss, 9
Imparitätsprinzip, 20, 133
Information, wertaufhellende, 20
Informationsempfänger, 1, 15
Informationsfunktion, 15, 52, 196
Informationssystem, 1
Innenfinanzierung, 117, 118
Inventar, 3, 29
Inventur, 29
    permanente, 30, 32
    vor- oder nachverlegte, 30
    zeitlich verschobene, 32
Inventurarten, 30
Inventurformen, 30

Inventurvereinfachungsverfahren, 31
Istkaufmann, 22

J
Jahresabschluss, 3, 201
Jahresabschlussadressat, 194
Jahresabschlussanalyse, 179
Jahresabschlusserstellung, 11
Jahresabschlussmodul, 223
Jahresfehlbetrag, 121, 191
Jahresüberschuss, 120, 121, 191
Jubiläumsrückstellungen, 135

K
Kannfeld, 224
Kannkaufmann, 22, 227
Kapital, gezeichnetes, 114
Kapitalanteile, 114, 116
Kapitalerhöhung, 117
Kapitalflussrechnung, 4, 255
Kapitalgesellschaft, 4, 249
    kleine, 39, 152, 250, 251
Kapitalherkunft, 113
Kapitalkonto, 114
Kapitalmarkt, 194
Kapitalrücklagen, 117
Kapitalverwendung, 113
Kassenbuch, 219
Kaufmann, 21, 201, 225
    eingetragener, 227
Kaufmannseigenschaft, 225
Kausalitätsprinzip, 228, 230
Kennzahl, 15
Kleingewerbetreibende, 22, 203, 207
Kleinstgewerbetreibende, 231
Kleinstkapitalgesellschaft, 6, 12, 71, 152, 187
Kleinstkaufleute, 225
Kleinstpersonengesellschaft, 188
KMU (klein- und mittelständische Unternehmen), 100
Kontoform, 3, 37, 172
Konzernabschluss, 193, 255
Körperschaftsteuer, 15
Kreditwürdigkeit, 256
Kulanzrückstellungen, 136

Kundenanzahlungen, 229, 234
Kurtaxe, 213

L
Lagebericht, 4, 11
Lagerkosten, 80
Land- und Forstwirt, 203, 207
Land- und Forstwirtschaft, 201
Lasten, stille, 246
Leasing, 58
 Financial, 59
 Operating, 59
Leasinggeber, 61
Leasinggesellschaft, 58
Leasingnehmer, 58, 61
Leasingraten, 59
Leasingvertrag
 mit Kaufoption, 60
 mit Mietverlängerungsoption, 60
 ohne Kauf- oder Verlängerungsoption, 60
Lebensführung, private, 216
Leerkosten, 81
Leistungen, unfertige, 64
Leistungsabschreibung, 94
Leistungsprozess, 1
Leistungsverwertung, 1
Liability-Methode, 156
Lifo-Methode, 86
 periodische, 87
 permanente, 87
Liquiditätsreserven, 257
Lofo-Methode, 87
Lucky buy, 46

M
Marktzinssatz, 139
Maßgeblichkeit, 191, 192, 197
 formelle, 198
 materielle, 197, 198
 umgekehrte, 192, 196, 198
Maßgeblichkeitsgrundsatz, 109, 192
Maßgeblichkeitsprinzip, VII, 9, 33, 35, 37, 66, 80, 102, 111, 132, 134, 138, 147, 191, 195, 197, 204
 Durchbrechung des, 199
Materialaufwand, 185, 250

Merkeuro, 92
Methode
 deduktive, 16
 hermeneutische, 17
 induktive, 16
Micro-Richtlinie, 10
Minderheitsgesellschafter, 14
Minderkaufleute, 231
Mindestausschüttung, 14
Mindestgliederung, 188
Mittel, liquide, 69
Mitunternehmer, 163, 238, 242
Mitunternehmeranteil, 242
Mitunternehmerinitiative, 237
Mitunternehmerrisiko, 237
Mitunternehmerschaft, 55, 237
Mussfeld, 223
 Kontennachweis erwünscht, 223
Mutterunternehmen, 255

N
Negativabweichung, 220
Nennbetrag, 252
Nettomethode, 115
Nettoprinzip, 172
Neuzusagen, 134
Nichtkaufleute, 22
Nichtkaufmann, 21
Niederstwertprinzip, 21
 gemildertes, 56
 strenges, 63, 66, 89
NIL-Wert, 223
Nominalwertprinzip, 21
Not in list, 223
Nutzkosten, 81
Nutzungsdauer, 44, 47, 92
 betriebsgewöhnliche, 89, 92
 technische, 92
 wirtschaftliche, 92

O
Offenlegung, 12
Offenlegungspflicht, 12
One-book-accounting-System, 192, 195
Organgesellschaft, 118, 153, 159
Organschaft, 118, 153, 187

Organschaftsverhältnisse, 159
Organträger, 118, 153, 159
Output, 94

P
Papierform, 219
Passivierungsgebot, 198
Passivierungspflicht, 126, 133, 134, 136, 138, 153, 158
Passivierungsverbot, 137, 195, 198
Passivierungswahlrecht, 198
Pauschalwertberichtigung, 20, 67
Pauschbeträge
    für Sachentnahmen, 216
    für unentgeltliche Wertabgaben, 217
Pensionsrückstellungen, 70, 134, 138, 140, 160, 251
Pensionszusagen
    mittelbare, 134
    unmittelbare, 134
Periodenerfolg, 171
Periodenergebnis, 171, 256
Periodenverursachungsprinzip, 21, 146, 210, 256
Personalaufwand, 185, 250
Personengesellschaft, 57, 242, 249
Personenhandelsgesellschaft, 3, 4
Pflichtangabe, 249
Planvermögen, 70, 126
Plausibilitätsprüfung, 221
Pool, 99
Pool-Abschreibung, 98
Posten, durchlaufender, 212
Praxiswert, 47
Privatsphäre, 205, 216
Privatvermögen, 205
    notwendiges, 205, 206
Pro rata temporis, 91
Prüfung des Jahresabschlusses, 12
Publizitätsfunktion, 15

R
Realisationsprinzip, 20
Rechenschaftsfunktion, 15
Rechenschaftslegungsfunktion, 16
Rechnungsabgrenzungsposten, 145
    aktiver, 145, 232
    antizipativer, 145
    passiver, 145, 232
    transitorischer, 145
Rechnungslegungsgremium, 256
Rechnungswesen, 1
    externes, 1, 13
    internes, 1
Referenzzahl, 220
Reinvestitionsrücklage, 162
Rentenbarwert, 77
Reserven, stille, 117, 119, 237, 244
Restbuchwert, 213
Restlaufzeit, 68, 127, 130, 139
Risikoklasse, 220
    gelbe, 221
    grüne, 221
    rote, 221
Risikoparameter, 221
Rohergebnis, 173
Rohstoffe, 64
Rücklagen, 116, 119
    für Ersatzbeschaffung, 164
    für Zuschüse für Anlagegüter, 164
    gesamthänderische, 119
    gesetzliche, 118
    nach § 5 Abs. 7 Satz 5 EStG, 165
    statutarische, 118
    steuerfreie, 161
    stille, 117
Rückstellungen, 21, 35, 119, 125, 132, 134, 135, 194, 230, 233
    Abzinsung, 139
    Bewertung, 137
    Bruttomethode, 140
    für Garantieverpflichtungen, 136
    für ungewisse Verbindlichkeiten, 133, 134, 136
    Nettomethode, 140
Rückstellungsspiegel, 142, 250

S
Sachanlage, 47
Sachanlagevermögen, 47
Sacheinlagen, 216
Sachentnahmen, 216
Saldierungsverbot, 126
Sammelbewertungsverfahren, 85
Sammelposten, 98, 189

Sammelpostenmethode, 98
Schätzung des Gewinns, 201
Schulden, 126
Schuldzinsenabzug, 216
Schwellenwert, 176
SEC (Securities and Exchange Commission), 9
Segmentberichterstattung, 4
Selbständige, 207
Selbstfinanzierung, 118
Selbstkosten, 218
Share deal, 251
Sicherungsfunktion, 15
Sicherungsübereignung, 37
Sofortabschreibung, 98
Sonderabschreibung, 89, 100
　nach § 7g EStG, 100
Sonderbetriebsvermögen, 205, 239
Sonderbetriebsvermögen I, 238
Sonderbetriebsvermögen II, 238
Sonderbilanz, 237, 238
Sonder-Gewinn- und Verlustrechnung, 238
Sonderposten, sonstige, 164
Spezialleasingvertrag, 60
Spiegelbildmethode, 57
Staffelform, 3, 4, 37, 172, 256
Stakeholder, 1, 194, 196
Stammdatenmodul, 223
Stammkapital, 114
Sterbegeldrückstellungen, 135
Stetigkeitsprinzip, 21
Steuerabgrenzung, latente, 149
Steuerbelastung, 194
Steuerbilanz, 40
Steuerbilanzpolitik, 192, 197, 199
Steuerentlastungsgesetz, 194
Steuererklärungspflicht, 24
Steuerfall, prüfungsrelevanter, 220
Steuerfestsetzung, 201
Steuer-Gewinn-und-Verlust-Rechnung (Steuer-GuV), 189
Steuern
　aktive latente, 154
　latente, 147, 158, 251, 253
　passive latente, 153
　sonstige, 187
　vom Einkommen und Ertrag, 187
Steuerrückstellungen, 134
Steuerstundung, 164

Steuertarifänderung, 211
Steuerverlagerung, 161
Steuerverschiebung, 161
Stichprobeninventur, 32, 33
Stichtagsinventur, 30, 32
Substanzwert, 44, 112
Subtraktionsmethode, 106
Summenmussfeld, 224

T
Tageswert, 85, 86, 89, 102
　höherer, 127
　niedrigerer, 103, 197
Taxonomie, 222
Taxonomieposition, 222
Teilamortisationsvertrag, 59
Teileinkünfteverfahren, 57
Teilwert, 104, 108
Teilwertabschreibung, 57, 64, 68, 106, 108,
　110, 111, 232
Teilwertberechnung, 107
Teilwerterhöhung, 130
Teilwertverfahren, 138
Teilwertvermutung, 105, 106
Temporary-Konzept, 147, 150
Thesaurierung, 117
Thesaurierungsrücklage, 119
Timing-Konzept, 147
Totalbetrachtung, 210
Totalerfolg, 228
Totalgewinn, 211
Totalperiode, 211, 215, 228
Two-book-accounting-System, 191, 193, 195

U
Überentnahme, 216
Übergangsgewinn, 228, 231
Übergangsrechnung, 228
Übergangsverlust, 231
Überleitungsrechnung, 189, 196, 219
Umbuchung, 50, 51
Umkehrung, 152
　der Differenzen, 150, 253
　des Maßgeblichkeitsprinzips, 9
Umlaufvermögen, 62
Umsätze, steuerbare, 177

Umsatzerlöse, 176, 178, 230, 233, 250
Umsatzkennzahlen, 179
Umsatzkostenverfahren, 173
Umsatzsteuer, 25, 212
Unternehmensbesteuerung, 203
Unternehmensfortführung, 105
Unternehmer, 25
Unternehmergesellschaft, haftungsbeschränkte, 118
US-GAAP (Generally Accepted Accounting Principles), 8, 158
US-GAAP, 193

V
Verbindlichkeit, 126
    aus dem Cash-Pooling, 127
    aus Lieferung und Leistung, 126
    gegenüber Kreditinstituten, 126
    gegenüber verbundenen Unternehmen, 126
    sonstige, 127
    ungewisse, 133
Verbindlichkeitsspiegel, 127
Verbrauchsfolgefiktionen, 86
Verkehrsfähigkeit, 36
Verluste, drohende, 133, 136
Vermögensgegenstand, 36
    beweglicher, 48
    derivativer immaterieller, 43
    immaterieller, 42
    originärer immaterieller, 43
    selbst geschaffener immaterieller, 43, 44
    sonstiger, 66
    unbeweglicher, 48
Vermögenslage, 250
Versorgungsleistungen, 70
Vertriebskosten, 80, 186
Verursachungsprinzip, 229
Vervielfältiger, 128, 141
Verwaltungskosten, allgemeine, 186
Verzeichnis, 169
Vollamortisationsvertrag, 59
Vollständigkeitsprinzip, 35
Vorauszahlungen, 229
Vorräte, 64
Vorsichtsprinzip, 20
Vorstand, 12
Vorsteuer, 212

W
Währungsumrechnung, 181
Ware, 64
Wechsel der Gewinnermittlungsart, 225, 227–229, 234
Wert
    beizulegender, 63
    gemeiner, 111
    sicherer zukünftiger, 36
Wertaufhellungsgrundsatz, 20
Wertaufholung, 63, 102, 111
Wertaufholungsgebot, 56, 102, 111, 131, 169
Wertbeibehaltungswahlrecht, 102
Werteverzehr, 48
Wertminderung
    dauernde, 57, 66, 103, 167
    vorübergehende, 57, 167
Wertpapiere, 55
    börsennotierte, 69
    des Anlagevermögens, 55
    des Umlaufvermögens, 69
    festverzinsliche, 69, 110
Wiederbeschaffungskosten, 106
Willkürreserven, 119
Wirtschaftsgut, 37
    geringwertiges, 98
    negatives, 36, 204
    positives, 36, 204
Wirtschaftswert, 203

Z
Zahlungsbemessungsfunktion, 14, 191
Zahlungsfähigkeit, 257
Zahlungsmitteläquivalent, 257
Zahlungszeitpunkt, 229
Zeitwert, beizulegender, 104
Zieleinkäufe, 230
Zielverkäufe, 230, 233
Zinsaufwendungen, 186
Zinserträge, 186
Zuflussprinzip, 208, 210, 227, 256
Zugänge, 50, 51
Zuordnungsregel, 258
Zuschreibung, 51, 56, 63, 102
Zuschreibungsgebot, 56, 169
Zuschreibungsverbot, 167
Zwangsreserven, 119

Printed by Printforce, the Netherlands